本书是国家社科基金教育学西部项目"六盘山连片特困区乡村教师支持政策精准落地研究"（XMA180283）的部分成果

中国历史上的
教师教育思想研究

谢延龙 著

中国社会科学出版社

图书在版编目（CIP）数据

中国历史上的教师教育思想研究／谢延龙著 . —北京：中国社会科学出版社，2022.2
ISBN 978-7-5203-9576-2

Ⅰ.①中⋯ Ⅱ.①谢⋯ Ⅲ.①师资培养—教育思想—思想史—研究—中国 Ⅳ.①G451.2②G40-092

中国版本图书馆 CIP 数据核字（2022）第 012657 号

出 版 人	赵剑英
责任编辑	高 歌
责任校对	季 静
责任印制	戴 宽

出　版	中国社会科学出版社
社　址	北京鼓楼西大街甲 158 号
邮　编	100720
网　址	http://www.csspw.cn
发 行 部	010-84083685
门 市 部	010-84029450
经　销	新华书店及其他书店
印刷装订	三河弘翰印务有限公司
版　次	2022 年 2 月第 1 版
印　次	2022 年 2 月第 1 次印刷
开　本	710×1000　1/16
印　张	26.25
插　页	2
字　数	377 千字
定　价	148.00 元

凡购买中国社会科学出版社图书，如有质量问题请与本社营销中心联系调换
电话：010-84083683
版权所有　侵权必究

序

百年大计，教育为本；教育大计，教师为本。教师的重要性，决定了任何一位教育家，都不得不对教师进行思考。在中国历史上，有无数的教育家对"教师"，这个人类职业中无与伦比光荣的称呼，进行了思考。这些思考如一颗颗闪亮的珍珠，在中国教育思想史上熠熠生辉，为后人思考如何成为优秀的教师，如何培养优秀的教师，源源不断地提供丰富的营养。

自然，对这些伟大教育先贤们的"教师"思考，进行系统整理，进行思考的思考，就显得非常必要和重要，因为这将有助于使教师成为教师。

夸美纽斯说过，"人只有通过适当的教育之后，人才能成为一个人"，这是在告诉人们，从毫无个性的"人"中脱颖而出，成为我是我自己的"一个人"，接受适当的教育，所具有的决定性作用。

对教师而言，从"教师"到"一个教师"的转变，亦离不开"恰当的教育"。即是说，教师只有深刻理解教师是何？教师为何？教师何为？教师何以为？等等，一系列关乎教师安身立命的根本性问题，并积极践行之，才可以说，教师才能成为"一个教师"。

中国历史上的伟大教育思想家对教师的睿智思考，作为人类最高教育智慧的重要结晶，深刻回答了教师之所以为教师的几乎所有重大问题，为教师接受"恰当的教育"提供了丰沛的思想范本。以伟大教师教育思想智慧，润泽天下教师成长，构成了书写中国教师教育思想的根本原动力。

叔本华在《论作者》一文中指出:"就书的形式而言,一本书的形式具有何种特征则完全取决于写书的人。书中论述的内容也许是每个人都容易理解的或者是为人所熟知的,然而正是论述这些内容的方法,亦即如何去思考这些内容,才是一部书的价值之真正所在,而方法往往取决于书的作者。"

教师教育思想史的研究诚如叔本华所言,历史上那些著名教育思想家的教师教育思想,作为已然存在的事实内容,已经那般客观地存在。而如何梳理这些内容,用何种形式呈现这些内容,则完全取决于作者的思考,这或许就是叔本华所言的"一部书的价值之真正所在"。

教师教育思想史的研究,可以选择更加规范化、体系化的研究,主要有两种方式,一是流派式的研究,比如人文主义教师教育思想、科学主义教师教育思想,等等;二是主题式的研究,比如教师知识论、教师技能论、教师师德论,等等。

这两种方式各有其优点,但最大的不足是,割裂了某个教育思想家的整体教师教育思想,或将某个教育家进行简单的归类,打上某种教师教育思想"主义"的标签,从某种角度,对某个教育思想家的教师教育思想进行"切割",以符合流派和论题的需要。

这种"切割"式的思考方法,不能够从教育思想家作为完整"人"的角度,对其教师教育思想进行较为全面完整的把握。这正是本书选择从教育思想家这个"人"出发,一个个进行"罗列"式阐述,以期能够更加明确彰显"某人"的教师教育思想特色。当然,不管这种努力能够在多大度上达到预期目标,也算是突出了本书的"价值之真正所在"。

本书主要选取了中国教育史上十二位著名教育家,就他们的教师教育思想进行了较为系统的阐述。中国教育史上著名的教育思想家很多,基本上所有的教育思想家,都对教师教育有所思考论述,而要全部囊括这些思想并非易事。尤其是有些教育家,只是较为零散地就教师的某个问题,进行了阐解,比如王通提出"度德而师"

的思考，王廷相为师的"身教"之说，等等。因此，就只能选择对教师教育有较为独特、系统思考的教育思想家，就他们的教师教育思想进行研究。这样，一些对教师教育有所论及的教育思想家，就只能忍痛割爱，既遗憾，又无奈。

本书梳理中国历史上的教师教育思想，完全是从个体出发，而不是从整体考量，即从教育思想家个体的教师教育思想出发，而不是事先规划出一个整体的写作逻辑框架，以彰显某种逻辑的完满性。这样做，感觉似乎会使整本书陷于片段和缺乏整体的逻辑性。

但成书之后，把这些教育思想家的教师教育思想放在一起观看：孔子的"仁智之师"，孟子的"性善之师"，荀子的"起伪之师"，老子的"无为之师"，韩愈的"道存之师"，柳宗元的"交以为师"，朱熹的"学问之师"，王夫之的"自明之师"，蔡元培的"研究之师"，梁启超"趣味之师"，陶行知的"行知之师"，杨贤江的"人生之师"。很容易感觉到，有一种内在的连贯性，将这些著名教育思想家的教师教育思想串了起来，展现出的恰恰是一种整体性。也许，这就是思想史"内在逻辑理路"无形中的作用，不刻意的出发，往往就会产生某种"刻意"的结果。

每位教育思想家的教师教育思想具体内容的书写，并没有采取某种僵化固定的统一套路来写，诸如按照固定的有关教师的本体论、知识论、师德论、实践论等顺序。而是以教育思想家自己的教师教育思想逻辑为逻辑，尽量突出这些教育思想的教师教思想特色。当然，这种特色是否真的突出，仰或能够突出多少，则为作者能力所限，只能说是尽心竭力，无愧于心而已。

思想总是与个人的人生密不可分，离开了人生的作品，即使是无比伟大，也因为人的缺失，而大大影响了文字作品给人更深入切近的理解，这也是人们汲汲于探求佚名之书作者到底为谁的根由所在。

本书在每位教育思想家的教师教育思想之前，都有教育思想家的生平经历，似与这些教育思想家的教师教育思想"不相关"。然，知其人，方能真正达人之思想之至深，孟子云："颂其诗，读其书，不知其人，可乎？是以论其世也，是尚友也"，读古人之诗、书，却不了解作者，是不行的，必须要了解作者的时代和人生，才能与作者成为真正的朋友。这些教育家的人生经历与他们的思想关系极为密切，只有知其人，方能真正理解和把握他们的思想。诚如清代学者章学诚在《文史通义·文德》中所谓："不知古人之身处，亦不可以遽论其文也"，了解了教育家们的生活和人生经历，才能更深刻地理解和把握其教师教育的思想内容。

老子言"道可道非常道"，言道者必有非常之本领方可，否则，道就不可道了。就本书来说，要言说这些著名教育家之"道"，于我而言，恰恰这种言"道"的本领非常有限，言起"道"来就显得十分困难。然，终有"勤能补拙"一语，尚能在"勤"字上着力，以尽力"补拙"，方有此书呈现。

最后，与其说此书是某种知识体系，不如说只是一种个人之思的结果。倘若这思的结果，能够有点滴可取之处，便此心足矣。

谢延龙

于宁夏银川阅海万家居所

2021年9月23日

目　　录

第一章　孔子：仁智之师 …………………………………………（1）
　　第一节　孔子生平 ……………………………………………（1）
　　第二节　为师之基：温故知新 ………………………………（13）
　　第三节　为师之道：学海不厌 ………………………………（18）
　　第四节　为师之要：身正正人 ………………………………（26）
　　第五节　师生关系：无隐乎尔 ………………………………（30）

第二章　孟子：性善之师 …………………………………………（35）
　　第一节　孟子生平 ……………………………………………（35）
　　第二节　为师之乐：育之英才 ………………………………（41）
　　第三节　为师之患：好为人师 ………………………………（45）
　　第四节　为师之教：不屑之教 ………………………………（50）

第三章　荀子：起伪之师 …………………………………………（59）
　　第一节　荀子生平 ……………………………………………（59）
　　第二节　教师之用：隆礼起伪 ………………………………（63）
　　第三节　教师之教：以善先人 ………………………………（67）
　　第四节　教师修养：师术有四 ………………………………（73）
　　第五节　师生关系：非师无师 ………………………………（78）
　　第六节　教师语言：穆穆皇皇 ………………………………（83）

第四章　老子：无为之师 …………………………………………（93）
　　第一节　老子生平 ……………………………………………（93）
　　第二节　师德修养：上善若水 ………………………………（98）

第三节　师者之道：无为而为 …………………………………（106）
　　第四节　师者之教：不言之教 …………………………………（116）
第五章　韩愈：道存之师 ……………………………………………（123）
　　第一节　韩愈生平 ………………………………………………（123）
　　第二节　教师作用：学必有师 …………………………………（131）
　　第三节　教师任务：传授解也 …………………………………（135）
　　第四节　择师标准：道存师存 …………………………………（143）
　　第五节　师生关系：人无常师 …………………………………（147）
第六章　柳宗元：交以为师 …………………………………………（151）
　　第一节　柳宗元生平 ……………………………………………（151）
　　第二节　尊师敬师：不师何成 …………………………………（159）
　　第三节　为师之道：去名求实 …………………………………（164）
　　第四节　师生关系：交以为师 …………………………………（170）
　　第五节　教师修养：中焉可师 …………………………………（174）
第七章　朱熹：学问之师 ……………………………………………（179）
　　第一节　朱熹生平 ………………………………………………（179）
　　第二节　教师之教：不易之法 …………………………………（187）
　　第三节　教师发展：格物穷理 …………………………………（197）
　　第四节　教师之功：示始正终 …………………………………（207）
　　第五节　师生关系：尊师重情 …………………………………（211）
第八章　王夫之：自明之师 …………………………………………（215）
　　第一节　王夫之生平 ……………………………………………（215）
　　第二节　教师道德：恒其教事 …………………………………（221）
　　第三节　教师素养：明人自明 …………………………………（226）
　　第四节　教师之教：教不俯从 …………………………………（232）
第九章　蔡元培：研究之师 …………………………………………（238）
　　第一节　蔡元培生平 ……………………………………………（238）
　　第二节　教师道德：崇高品格 …………………………………（247）
　　第三节　教师培养：抱定宗旨 …………………………………（252）

第四节　教师素养：研究求知 …………………………………（256）
第十章　梁启超：趣味之师 ……………………………………（261）
　　第一节　梁启超生平 ……………………………………………（261）
　　第二节　为师之责：教人做人 …………………………………（271）
　　第三节　为师之能：教育趣味 …………………………………（277）
　　第四节　为师之教：道术之导 …………………………………（288）
　　第五节　师生关系：生命合一 …………………………………（299）
第十一章　陶行知：行知之师 …………………………………（304）
　　第一节　陶行知生平 ……………………………………………（304）
　　第二节　教师道德：自重奉献 …………………………………（316）
　　第三节　教师培养：立人兴邦 …………………………………（323）
　　第四节　教师职责：教人变活 …………………………………（331）
　　第五节　教师素养：创造学习 …………………………………（345）
　　第六节　师生关系：共同生活 …………………………………（359）
第十二章　杨贤江：人生之师 …………………………………（370）
　　第一节　杨贤江生平 ……………………………………………（370）
　　第二节　教师属性：被支配者 …………………………………（377）
　　第三节　教师责任：改造人心 …………………………………（382）
　　第四节　教师素养：准备自己 …………………………………（388）

参考文献 …………………………………………………………（400）

后　记 ……………………………………………………………（406）

第一章

孔子：仁智之师

> 孔子使理性在其全范围与可能性之中首次闪烁出看得见的耀眼光芒，并且这些都表现在一位来自百姓的男子汉身上。①
>
> ——卡尔·雅斯贝尔斯

第一节　孔子生平

孔子（前551—前479年），名丘，字仲尼，鲁国陬邑人，即今山东曲阜人。

孔子出生和名字的由来和一座叫尼丘的山有着密切关系。司马迁在《史记·孔子世家》中说"祷于尼丘得孔子"，大概是说孔子的出生，是其父母在尼丘山向山神祈祷的结果。据传说，孔子的母亲颜徵在怀孕时，夫妇二人非常希望能够生个儿子，就到曲阜城东南的尼丘山，向山神祈祷。祈祷之后，夫妇二人到附近一个山洞休息，不料却在洞中产下一子，即孔子。

在尼丘山出生的孔子，脑袋长得十分奇怪，据《史记·孔子世

---

① ［德］卡尔·雅斯贝尔斯：《大哲学家（上）》，李雪涛等译，社会科学文献出版社2010年版，第155页。

家》记载:"生而首上圩顶(意为头顶凹陷),故因名曰丘云。"我们一般人的脑袋,都是中间高,四周低,孔子的脑袋却相反,四周高,中间低,这和尼丘山山顶的形状一样。由此,孔子的父母便取尼丘山的"丘"字为孔子命名,即孔丘。

孔子字仲尼,他在家排行第二,"仲"就是老二的意思,"尼"取自尼丘山的尼。除了脑袋,孔子的身高也异于常人,《史记·孔子世家》有言:"孔子长九尺有六寸,人皆谓之'长人'而异之。"我国学者李零据此指出,九尺六寸有多高?按西汉尺23.1厘米计算,是221.76厘米,和穆铁柱、姚明的个子差不多。这虽有些夸张,但据现在各种推算来看,孔子身高至少也有190厘米,这也足以让人感到惊异,难怪人们给孔子起了"长人"的绰号。

孔子三岁丧父,他的母亲在家中失去了依靠,而且家庭中关系复杂,矛盾甚多,孔子的母亲便决定带孔子离开陬邑,到鲁国国都曲阜生活。在曲阜,孔子母子二人孤儿寡母,全靠自己的双手谋生,其艰难困苦自不待言。孔子就自言道:"吾少也贱,故多能鄙事。"(《论语·子罕第九》)说的是我孔子小的时候比较贫贱,生活艰难,所以能干很多粗活,诸如洗衣、做饭、挑担、推车、给人放羊、放牛等。生活的艰难使年少的孔子必须干一些力所能及的粗俗琐碎之活儿,以帮助母亲贴补家用。即便是这样,孔子仍然表现出和一般儿童不一样的地方,"孔子为儿嬉戏,常陈俎豆,设礼容"(《史记·孔子世家》),说的是孔子小时候做游戏,常常把俎豆等祭器摆列出来,练习祭祀时的礼仪动作。

孔子十七岁时,他的母亲撒手人寰,这对孔子是个巨大的打击,他突然感到手足无措,一连数日神情恍惚。毕竟,和母亲相依为命十几年,母亲对孔子的影响太深了。现在母亲突然离去,年轻的孔子孤苦无依,必须独自面对以后的生活了。

少年丧母的孔子还未从丧母之痛中彻底走出,又遇到了一件让他心痛羞辱的事。当时,鲁国贵族季孙氏发布公告,邀请士家子弟到家参加宴会。孔子听闻,觉得自己也应该去,因为他是士族出身,有士的身份，应当能够参加执掌鲁国大权的季孙氏的家宴，那是一种身份地位的象征。

当孔子兴冲冲地来到季孙氏家门口时，有个叫阳虎的家臣，拦住孔子，十分傲慢地呵斥孔子道：我们季孙家宴请的是士，谁宴请你呢！孔子只好灰头土脸地离开了。遭受如此的尴尬和侮慢，对年少的孔子来说，无疑是巨大的打击。但孔子并没有因此而灰心失望，反而更加坚定了他奋发学习的决心和信心。这也正是伟人和庸人的巨大区别，庸人遇到挫折就灰心失望，一蹶不振，伟人遇到打击则愈挫愈勇，坚忍不拔，孔子就是这样的伟人。

怎样才能改变命运？孔子坚信，只有通过努力学习，才能彻底改变命运。于是，在十九岁时，孔子决定去宋国学习殷商的文化传统。由于孔子勤奋好学，表现优异，被宋国一个大家族亓官氏看中，娶了亓官氏之女为妻。孔子结婚后，便带着妻子回到了鲁国，第二年孔子的儿子出生了。鲁国国君鲁昭公听到孔子儿子降生的消息，便立刻派人送来了一条大鲤鱼，以示祝贺。这件事非同小可，能够得到国君送来的贺礼，足以表明当时孔子已经有了一定的社会地位或名气。孔子也特别感激国君的赐礼，为了永远记住这份荣耀，孔子就给儿子起名鲤，字伯鱼。

孔子为什么能够得到鲁昭公恩赐的礼物呢？这和孔子的学习是分不开的。在孔子的时代，凡参与贵族政治，进入政界而获取一定地位的人，都必须熟练掌握礼、乐、射、御、书、数六种本领。就是说，要掌握并遵守当时流行的礼和乐、学会射箭技术、能够熟练驾驶马车、学会书写书法、具备一定的算术能力。而孔子经过刻苦勤勉的努力学习，已经熟练掌握了这些能力，成了六艺专家，自然就赢得了人们的尊敬，社会知名度也随之大增。

孔子赢得社会地位，靠的是勤学和善学，孔子的勤学和善学，从他向师襄子学琴之事可见一斑。师襄子是与孔子同时代的著名乐官，孔子向师襄子学琴，学了十天而没有学习新的曲子，师襄子对孔子说："你可以增加新的学习内容了。"孔子说："我确实已经熟悉了乐曲的形式，但还没有掌握方法。"过了一段时间，师襄子又对孔子说："你已经学会弹奏的技巧了，可以增加新的学习内容了。"孔子说："我还没有彻底领会曲子的意境。"过了一段时间，师襄子对孔子说："你已经彻底领会了曲子的意境，现在可以增加新的学习内容了。"孔子却说："我对作者了解得还不透彻。"

又过了一段时间，孔子神情俨然，仿佛进入了新的境界：时而神情庄重穆然，若有所思；时而怡然高望，志意深远。孔子说："我彻底懂了作者是谁了：那个人有黑黑的皮肤，颀长的体形，眼光明亮远大，像个统治四方诸侯的王者，若不是周文王，还有谁能撰作这首乐曲呢？"师襄子听了孔子的这番话，赶紧起身拜了两拜，感叹地说道："老琴师传授此曲时，就是这样说的，这支曲子就叫《文王操》啊！"

可以看出，孔子对待学习的态度是锲而不舍的，直至达到真正学会为止。学习不是给别人看的，而是自己能够真正领悟其中深刻的道理，用心投入，由表及里，锲而不舍，不半途而废。如此，才能有更深、更广、更入微的体会，也才能真正豁然贯通，学有所得。

鲁国的执政上卿季平子，就是三年前孔子赴宴被拒绝进门的那家主人，听闻孔子精通六艺，便聘请孔子到他家做家臣，这是孔子第一次入仕做官。孔子做的第一个官是委吏，就是管理仓库的官，后来改做乘田，就是管理牧场的官。虽然这两个官并不大，但孔子都干得非常好。他在管理仓库时，账目都清楚公正；在管理牧场时，牛羊的繁殖率比别人的高。伟人的伟大往往从细小处可见，孔子就是这样，认认真真、踏踏实实干好自己分内的每一件事，要么不干，要干就一定干出个样，不管干什么，都是业内的优异者。

但孔子并没有忘记自己年少时定下的人生目标，即"吾十有五而志于学"，即把"志于学"当作人生的追求。孔子的"志于学"不是为了单纯的谋生，因为谋生可以做工、务农、经商。当然孔子为学也不是单纯为了当官，而是有着更高的追求，他要把读书做学问作为终生追求的事业。人不仅需要现实的东西，更需要超越性的东西，孔子这里的"志于学"，就是为了道义的探讨，就是为了人类形而上的理念和精神的追求而进行研究。事实上，历史上真正能够长久影响人类社会发展的永远是精神、理念和思想，而那些实用性的器物，都会从历史舞台上或早或晚地退出。

于是，孔子离开了官场，在三十岁的时候，创办了自己的学校，开始了设教收徒讲学的生涯。孔子创办私学这一举动，不仅是中国教育史上开天辟地的一件大事，对后世有着深远的影响，而且对孔子个人亦具有重大意义，"孔子年过三十，殆即退出仕途，在家授徒设教，至是孔子乃成为一教育家。其学既非当时一般士人之所谓学，其教亦非当时一般士人之所为教，于是孔子遂成为中国历史上特立新创的第一个以教导为人大道为职业的教育家。后世尊之曰'至圣先师'"。[1]

孔子创办的私学是非公益性的，他要养活自己，就需要收取一定的费用，"自行束脩以上，吾未尝无诲焉"（《论语·述而第七》），只要自愿给我拿来一束干牛肉的人，我从来没有不给他教诲的。这就是孔子的收徒标准，只要愿意学习，并能够支付最低的学费，即一束（即十条）干牛肉，孔子都来者不拒。

当然，孔子的私学在刚开始时，学生很少，只有两三名。但在办学几年后，就吸引了众多学生，"弟子弥众，至自远方，莫不受业焉"（《史记·孔子世家》）。而且，孔子的私学也引起了贵族的注意，不但齐景公和齐国执政晏婴到鲁国访问时向孔子问礼，而且更为重要的是，鲁国最显赫的三大家族之一的孟孙氏宗主孟懿子和他的弟弟南宫敬叔，都拜孔子为师，这意味着孔子的私学得到了鲁国显贵的承认，这使孔子的私学名声大噪。

孔子收南宫敬叔为徒，得到了额外的好处，那就是南宫敬叔向鲁昭公请求带孔子一起去东周。这使得孔子有机会到东周王都洛阳问礼，在东周孔子还和前辈智者老子会见，向老子求教，《史记·老

---

[1] 钱穆：《孔子传》，生活·读书·新知三联书店 2002 年版，第 12 页。

子韩非列传》中记载了孔、老的这次相会。在这次相会中，老子教给孔子三条重要的人生原则。

一是"且君子得其时则驾，不得其时则蓬累而行"（《史记·老子韩非列传》）。意思是说，君子如果时运好，就出来做官干一番事业；君子如果生不逢时，就随波逐流，听从命运安排，就像蓬草一样随风翻转。对一直主张坚韧进取的孔子来说，老子一句话点醒了梦中人：人生要知进退！锐意进取、百折不挠当然很好，但人生更重要的是要知进退，不仅要学会坚持，更要学会放弃，要根据不同的环境决定如何取舍，这才是人生的大智慧。老子的思想深深地影响了孔子，孔子后来之言"天下有道则现，无道则隐"（《论语·泰伯第八》），基本就是老子思想的翻版。

二是"良贾深藏若虚，君子盛德容貌若愚"（《史记·老子韩非列传》）。意思是说，优秀的商人从不炫富，而是将自己的财富隐藏起来，好像和一般人一样没有多少财富；修养深厚的君子，道德内藏，表面看起来却像愚鲁的人一般。这是老子教导孔子要藏智、守拙，卖弄聪明、炫耀才华才是真正的愚蠢，深藏不露、大智若愚则是一种更高的境界。

三是"去子之骄气与多欲，态色与淫志，是皆无益于子之身"（《史记·老子韩非列传》）。意思是说，除去你的骄横傲慢之气和过多的欲望，也除去你自负自大之色和过高过大的志向，因为这些东西都对你毫无益处。

老子的这些话对孔子来说太重要了。当时孔子三十出头，正是意气风发、锐意进取、积极作为、志向远大的年龄，老子以过来人的感悟启迪孔子，孔子大为受益，也为老子的人格魅力所折服。

孔子的学生就问他："老师见了老子，感觉此人如何？"孔子感慨地说："鸟，吾知其能飞；鱼，吾知其能游；兽，吾知其能走。走者可以为罔，游者可以为纶，飞者可以为矰。至于龙，吾不能知其乘风云而上天。吾今日见老子，其犹龙邪！"（《史记·老子韩非列传》）意思是说，鸟，我知道它能飞；鱼，我知道它能游；兽，我知道它能跑。会跑的可以用网捕获它，会游的可以用丝线去钓它，会飞的可以用箭去射它。但对于龙，我就不知道了，它能乘着风云而上天，我今天见老子，他就像龙一样！把老子比作高不可攀的龙，足见孔子对老子的推崇。

孔子三十五岁时，鲁国发生了一件大事，鲁昭公为铲除专权的世卿季孙氏，率军攻击季孙氏。不料鲁国另两家专权的世卿孟孙氏和叔孙氏，联合季孙氏共同攻击鲁昭公，鲁昭公大败，逃到了齐国。孔子由于站在鲁昭公一边，得罪了三大家族，不得不随鲁昭公流亡至齐国。在齐国，孔子为了能够接近齐景公，投靠了名声不太好的齐国贵族高昭子，这件事使后人引以为耻——圣人怎么能够做小人的家臣呢？！

不过孔子确实如愿获得了和齐景公见面的机会。齐景公曾两次向孔子问政，孔子的回答，其一是"君君、臣臣、父父、子子"，其二是"政在节财"（《史记·孔子世家》）。无非告诉齐景公，治理国家最重要的两件事，一是要有君臣父子的秩序，二是要节省财政用度不要浪费。齐景公对孔子颇为赏识，想封赏孔子使他成为一个有采邑的齐国贵族。这遭到了齐国重臣晏婴的反对，晏婴说了孔子一些不好的话，齐景公从此开始冷淡孔子。再加上齐国有些大夫想谋害孔子，孔子只好离开齐国，回到了鲁国。

孔子三十七岁从齐国回到鲁国，一待就是十四年，直到五十岁。这段时期是孔子从"三十而立"进入"四十不惑""五十而知天命"的过程，是孔子人生非常重要的阶段。孔子回到鲁国之后的十四年里，就干了一件事，即教书育人。在传道授业解惑的过程中，孔子每天和学生一起道学问、谈仁义、论德性、说志向，十分惬意。可以说，这是孔子一生中最快乐的时光。

孔子五十一岁时，开始了在鲁国四年出仕为官的经历。起初，鲁定公任命孔子为中都宰。中都是今天山东汶上县，孔子当的官大概相当于中都县的县长。官虽不大，孔子却做得非常好，一年之内就把中都县治理得井井有条，成为周边各地学习的榜样。"孔子为中都宰，一年，四方皆则之"(《史记·孔子世家》)，孔子任县长一年，周围各地都开始效仿中都县的做法。

鲁定公对孔子的成就和才华非常赏识，立即把孔子从地方官提拔到中央，官至小司空。司空是掌管国家经济的官员，如农业、水利、建筑等，司空是孟孙氏世袭的官职，小司空相当于协助司空的助理。孔子在小司空任上，亦不负众望，很短时间内就取得了斐然的政绩，鲁国的农、林、牧、副、渔各业，在他手里被管理得有条有理。

鲁定公对孔子大为赞赏，迅速提拔他为鲁国的大司寇。大司寇可不是一般的官，而是鲁国中央政权中和司徒、司马、司空三卿并列的官职。"司"即管理，"寇"指坏人，司寇就是管理坏人的意思，是主管监狱诉讼等司法工作的官。孔子任大司寇，在判断狱讼方面，采取了独创性的方法，他一反当时断案依靠个人独断专行的做法，而是集思广益，综合大家的意见，进而作出最合理的判决。"孔子为鲁司寇，断狱讼，皆进众议者而问之曰：'子以为奚若？某以为何若？'皆曰云云。如是，然后夫子曰：'当从某子几是'"(《孔子家语·好生》)。意思是说，孔子作为鲁国的大司寇，在办案时，总是把了解案情的人和对案件有意见的人召集起来，询问他们的看法：你对此案有何意见？某某对此案有何看法？等等。待大家都发表了意见后，孔子才斟酌众意，作出最终的裁决：应该按照某某的意见办理才是，这颇具当今陪审团的意味。

孔子担任大司寇时，还同鲁定公一道参加了夹谷会谈，并在整个会谈中展现出卓越的外交家风采。鲁定公十年（公元前 500 年），齐鲁两国在夹谷（今山东莱芜县境内）举行会盟，当时齐国强大，鲁国弱小，齐国想利用这次会盟，使鲁国屈服。两国国君见面后，齐国就提出让夹谷当地人来跳舞助兴，实则"项庄舞剑，意在沛公"。果然，由齐国选出的当地人手拿刀枪，冲鲁定公扑来，想乘势胁迫鲁定公。孔子见此阵势，迅速上前，把鲁定公挡在身后，并命令鲁国武士上前保护，同时对齐景公怒斥道：我们两国国君进行友好会盟，齐国却用这些粗鲁的夷狄之人来捣乱，完全失礼失德，这难道就是齐国的待客之道吗？齐景公大感意外，急忙把那帮人斥退。

但齐景公不甘心失败，在最后签订盟约时，加了一条，就是齐国征战时，鲁国必须出三百乘兵车相从，否则就是破坏盟约。这实际上是让鲁国做齐国的附庸。鲁国作为弱国，此条难以拒绝。但孔子要为鲁国争取最大的利益，就提出也要加上一条，那就是齐国要把侵占的鲁国国土纹阳之地还给鲁国，否则也是破坏盟约。齐国没办法，也只好接受。夹谷之会，孔子随机应变，以弱胜强，展现了一个外交家的智慧和胆略。

夹谷之会使孔子获得了极高的声望，也使孔子在鲁国的地位急剧上升，"由大司寇行摄相事"（《史记·孔子世家》），即是说，孔子虽然不是宰相，却实际上在负责处理宰相职责内的事务，孔子也达到了他仕途的顶峰。

这时孔子面临的一个问题是鲁国三卿势力过大，于是孔子决定采取"堕三都"的办法，达到强公室（提高鲁定公的实际统治权力）、抑三卿（抑制三卿势力）的目的。"三都"实际上是鲁国三卿控制的三个城堡，即季孙氏控制的费邑、叔孙氏控制的郈邑和孟孙氏控制的成邑。"堕三都"就是把这三个城堡的城墙给拆掉，使三卿失去和中央对抗的能力，从而达到强化鲁国国君权力的目的。但是孔子"堕三都"的计划遭到了鲁国三卿的反对，而这三卿掌握了鲁国四分之三的军队，结果"堕三都"的计划以失败告终。孔子遭到了三卿的反对，在鲁国的仕途自然也就很难持续下去了。

公元前497年，孔子五十五岁时，被迫离开鲁国，开始了长达十四年的列国周游，以寻求出仕为官，实现自己仁政德治的政治主张。孔子的列国周游，是在当时交通条件极差的情况下进行的。他率数十个弟子，历尽艰险，四处碰壁，屡败屡战，这种为实现理想而不息奋斗的精神，确实令人十分敬慕。

孔子最先到的国家是卫国。孔子的学生子路劝孔子到卫国，因为子路的妻兄在卫国做大夫，可以随时照顾。于是，孔子一行便到了卫国国都帝丘（今河南濮阳西南），令孔子感到十分欣慰的是，卫国人口繁庶，这是国家较为发达的象征，这使孔子对在卫国大干一场充满了希望。

孔子做过鲁国的大司寇，已经是政界名人了，他受到了卫国国君卫灵公的接见，卫灵公问孔子："先生，能不能给我讲讲排兵布阵的事情？"孔子却回答说："祭祀之类的事情我倒可以和你讲讲，至于战争的事情，我不懂。"卫灵公大为扫兴，从此他对孔子表面上十分尊敬，供吃供喝，却对孔子的政治主张毫无兴趣，从没让孔子参与过政事。

而且，孔子还和卫灵公的夫人南子传出了绯闻。"子见南子，子路不说，孔子矢之曰，予所否者，天厌之，天厌之"（《论语·雍也第六》），意思是说，孔子去见了南子，子路听说孔子见了南子这个名声不好的卫灵公夫人，很不高兴。孔子连忙解释说，如果我做了什么不该做的事情，就让上天来惩罚我吧。孔子在卫国既不能施展才华，又和卫灵公夫人传出尴尬之事，他在卫国也就待不下去了，不得不离开卫国，去寻找新的能够实现自己抱负的舞台。

孔子离开卫国，来到宋国。这时宋国司马桓魋为自己造了一口石椁，花了三年时间还没完成。孔子就批评说，这样奢靡浪费，死了，倒不如快些烂掉的好！桓魋听闻，大怒，要加害孔子。"（孔子）与弟子习礼大树下。宋司马桓魋欲杀孔子，拔其树。孔子去"（《史记·孔子世家》）。孔子和弟子们正在大树下学习礼，宋国司马桓魋想杀害孔子，就命令手下把大树给拔了，孔子趁乱，换成老百姓的衣服逃走，一路来到了郑国国都新郑。这时孔子和弟子们走散，孑然一身，被郑国人形容为"累累若丧家之狗"。

最后，落难的孔子来到了陈国，经一个朋友推荐，获得了一个有名无实的职务。鲁哀公六年大概是六十三岁的孔子最倒霉的一年。这一年吴国攻打陈国，陈国国都宛丘（今河南淮阳）处于危险之中，孔子在陈国也待不住了，便带领众弟子往楚国逃难。结果在陈国和蔡国交界处陷入了困境，"绝粮，从者病，莫能兴"（《史记·孔子世家》），孔子和弟子们的粮食断绝了，很多弟子都饿病了，有的人饿得连站都站不起来了，"七日不火食，藜羹不糁，弟子皆有饥色"（《荀子·宥坐》）。孔子一行七天都没有吃到熟食，甚至野菜羹中没有掺一点米，孔子的学生们都面露饥饿的神情。

在饥饿面前，孔子的弟子们都不免露出不满的情绪，甚至有的学生发生了动摇。孔子的大弟子子路，甚至对老师的教诲都产生了怀疑，"子路愠见曰：君子亦有穷乎？"子路恼怒地见到孔子说：君子也有穷困的时候吗？而孔子则非常镇静，继续讲学、弹琴、歌唱、诵诗不止。这种临危不惧的精神，大大地鼓舞了他的弟子们，大家齐心协力渡过了难关。

摆脱了绝粮危机，孔子一行来到了楚国的蔡邑，受到了镇守蔡邑的叶公的善待。但孔子最终没有见到楚王，也没有获得出仕施展理想抱负的机会。而常年在外漂流的孔子这时也想家了，想回到鲁国。恰巧孔子的弟子冉有在鲁国做官，并率领鲁国军队击败了入侵的齐军，冉有就向季康子谏言，让孔子回到鲁国。季康子听了冉有的话，派人以厚礼聘请孔子。于是孔子在外奔走了十四年后，终于结束了流浪生活，回到了鲁国，这时孔子已经六十八岁了。

孔子回到鲁国，从六十八岁至七十三岁去世，又生活了五年。这五年孔子经历了自己所说的"六十而耳顺，七十而从心所欲，不逾矩"（《论语·为政》）的历程。这是孔子在思想、学术、品德上达到了成熟的阶段，即任何事情，听到之后都能辨别真伪是非（耳顺）；凡是自己想做的事情，都能够做得符合规矩和准则（不逾矩）。

回到鲁国后，"然鲁终不能用孔子，孔子亦不求仕"（《史记·孔子世家》），意思是说，然而鲁国最终没有重用孔子，孔子自己也不再在仕途上谋求一官半职了。孔子主要把精力集中在两件事上：一是整理保存传统古代文化典籍，即六经，尤其是《周易》。"孔子晚而好易，为之韦编三绝"（《汉书·儒林传》），意思是说，孔子晚年喜欢周易，整天拿着竹简翻阅琢磨，就连穿竹简的绳子都多次断掉了。二是教学授徒，传播文化，培养优秀人才是孔子终生的事业。

孔子晚年经历了一系列生死离别之苦，这对孔子打击很大。在孔子回到鲁国的前一年，他的妻子离他而去。漂泊十四年，回到家，看到的是物是人非的景象，那是怎样的一种难以言说的酸楚！这还不算，回到鲁国的第二年，孔子唯一的儿子孔鲤也撒手人寰，终年五十岁。白发人送黑发人，这对一个七十岁的老人，又是怎样的一种痛苦的打击。

妻儿都已离他而去，更大的打击又来了，一年后，孔子最得意的弟子颜回也离开了人世，年仅四十二岁。颜回是孔子姥姥家的孩子，孔子对他视如己出，他也是孔子最疼、最爱、常夸的学生。颜渊之死对孔子的打击非常大，"颜渊死，子哭之恸。从者曰：'子恸矣'！"颜渊死时，孔子哭得非常哀伤哀痛，他的弟子说，老师哭得太哀痛了！这还不算，孔子甚至失去理智地大声哀叹，"子曰，天丧予，天丧予"（《论语·先进》），意思是说，孔子哀叹道："天灭我呀，天灭我！是老天不让我活呀！"一年后，七十二岁的孔子又收到噩耗，他的弟子子路在卫国内乱中被砍成肉酱。颜渊之外，子路是孔子最重要的弟子，也是追随孔子时间最长的弟子。子路死后，孔子失声痛哭，呼天抢地，这无疑是对已经陷入绝望中的孔子临终前最后的沉重打击。

公元前479年，孔子七十三岁，这是孔子生命的最后一年。一天早上，孔子似乎冥冥之中对自己生命末日的到来有某种预感，他扶杖站立门前，满怀感慨地唱起了歌："泰山其颓乎！梁木其坏乎！哲人其萎乎！"（《礼记·檀弓上》）意思是说，高高的泰山要崩塌了！直直的梁柱快要折了！哲人要离去了！唱完这首歌，孔子进屋，当户而坐，不禁长长叹息一声："予殆将死也！"（《礼记·檀弓上》），意思是说：我大概是要死了啊！之后，孔子便一病不起，大概七天后，就去世了，享年七十三岁。

孔子死后，除了鲁哀公参加了孔子的葬礼，并在仪式上发表了一篇天嫉英才之类的悼词外，整个官场似乎对孔子更多的是诋毁，

"当时的官场对孔子很冷漠,不但冷漠,还流言蜚语,就像'毁'人不倦的媒体炒作和网络陷阱,越说越难听,好像破鼓乱人捶。闻一多写过《死水》,'这是一沟绝望的死水,清风吹不起半点涟漪',谁都可以往里泼脏水,扔'破铜烂铁',撒'剩菜残羹'。孔子死后的处境,就是这样的'死水'"。①

但孔子在后世却获得了巨大的成功,他的学问、品格和道德赢得了后人无比的爱戴和敬仰。司马迁在《史记·孔子世家》中不无感慨地说:"诗有之:'高山仰止,景行行止。'虽不能至,然心向往之。余读孔氏书,想见其为人。……天下君王至于贤人,众矣,当时则荣,没则已焉。孔子布衣,传十余世,学者宗之。自天子王侯,中国言六艺者折中于夫子,可谓至圣矣!"孔子在现实中遭遇的是政治上无奈的失败,可他在思想上获得的却是前无古人后无来者的成功,这是孔子本人所始料未及的。对有些人来说,有时候过度参与现实政治,不如退而结网,或许能获得更大的意想不到的成就。

孔子一生四处碰壁,晚年又在凄凉中死去,但他对理想和美好的追求,总能让人从中获取前进的力量,正如德国哲学家卡尔·雅斯贝尔斯所言:"孔子热爱世间的美、秩序、真诚以及幸福,而这一切并不会因为失败或死亡而变得没有意义。"②

第二节　为师之基:温故知新

《论语·为政》中讲:"温故而知新,可以为师矣。"

这是孔子关于教师的一条核心命题,也是孔子对教师的基本理解,具有深刻的内涵和意蕴,展现出孔子深邃的教育智慧。

---

① 李零:《何枝可依:待兔轩读书记》,生活·读书·新知三联书店2009年版,第70页。

② [德]卡尔·雅斯贝尔斯:《大哲学家(上)》,李雪涛等译,社会科学文献出版社2010年版,第154页。

什么人才能当老师？这是一个自教育产生以来，一直被追问，但随着教育的发展，却愈来愈令人困惑不解的问题。孔子仅用"温故而知新"这寥寥五个字，就道出了深刻而耐人寻味的为师之道。

温故而知新，道出的是，为师者，要有历史的眼光和未来的视野。李泽厚先生解释道："温习过去，以知道未来，这样便可以做老师了。"[①] 南怀瑾先生亦有同样的看法："认识了过去，就知道未来。"[②]

故与新，过去与未来，不仅是一个时间概念。它首先展现的是过往与历史，是一个国家或民族，甚至是整个人类社会历史上已有的文明成果。这就意味着，一个人要成为教师，无论他喜欢与否，都要不断学习和认识国家、民族和整个人类社会的文明成就，体味历史上人类文明中蕴含的内容与精神，这是一种传承和铭记。因此，广博的阅读就成为为师者的一种刚性素质要求。

但作为教师，并不能止于温习和认识过去，还需要一种面向未来的找寻和指引。所以温故，既不是袭故，也不是简单地习故，更不是传故、授故、解故。温故是要面向未来、指向未来的，要有未来的远见和眼光，既能站在今天看明白昨天，又能从昨天看明白明天，是在对历史与现实尊重与继承的基础上所获得的对未来的了解与认识。

故此，一个人要成为教师，就需要具有远见。死读书难以形成远见，远见是在广泛阅读的基础上，进行深入思考的结果，它要求有创新、有独见。一个人要想成为教师，就不能只停留于阅读，而是要读而有思，读而有新，对所读内容进行深刻的思考，逐渐形成深邃悠远的独到眼光，进而逐步具备知道未来的能力，这就是知新。

"温故而知新"道出的是，为师者，要重视自我主观内在的精神和心灵的充盈。

[①] 李泽厚：《论语今读》，安徽文艺出版社1998年版，第60页。
[②] 南怀瑾：《论语别裁》，东方出版社2014年版，第93页。

杨伯峻先生在《论语译注》一书中解释说："在温习旧知识时，能有新体会、新发现，就可以做老师了。"[1] 孙钦善先生在《论语本解》一书中解释为："温习旧的知识，却能有新的领悟，这样的人便可做老师了。"[2]

故，是旧知识，是指某一具体的个人，在过去某一时间内，曾经学习过的内容。新，是新的体会、领悟和发现，是指某一具体个人新近所获得的认识和感受。

在这里，过去的旧知识，是一个人自己在过去某个时间所学习过的知识，饱含着此人过去的旧认识和旧所知，它是属于个体一己性、个人的内在的获得的，是个体心灵和精神的过去。

个体的心灵和精神不能仅停留在过去，它需要有新的认识和感受，即是说，心灵和精神要在时间上不断获得延续和拓展。这种内在精神和心灵的发展，是以过去的体会和认知为基础的，是由过去生发的新知。而这种新知，又是一个人成为教师所必需的，仅停留在重复昨天的故事阶段，则不可为师。

无论是旧知还是新得，都纯粹是指一个人一己性的主观内在精神的成长与发展，是指一个人个体精神与心灵的创构与滋长。假如一个人只是反复温习自己过去所阅读的书籍、所获得的知识，并不妨碍他成为教师。只是他要成为教师，还需要创新，有心得，有新得，使自己的心灵时刻保持充盈，不能为贫乏、虚空和重复所占据，这是成为教师的刚性条件。

教师这种对"故"的学习是"温"，"温"字用得极好，有两层含义。

"温"，一方面意味着教师的学习，不是一次，而是多次、反复地学习。朱熹在《论语集注》中指出"温，寻绎也"，就是连续不断地追问、求索的意思。要想成为一名合格的教师，就需要反复地、

---

[1] 杨伯峻:《论语译注》，中华书局2009年版，第17页。
[2] 孙钦善:《论语本解》，生活·读书·新知三联书店2009年版，第15页。

经常地学习历史典籍。

"温",另一方面意味着教师的学习,讲求的是慢功夫,不是心急火燎、走马观花、蜻蜓点水。钱穆先生在《论语新解》中讲:"温,温燖义。燖者以火熟物。后人称急火曰煮,慢火曰温,温犹习也。"① 教师对旧有知识的学习,需要平复急躁的心态,循序渐进,慢慢消化。

故,是温的;新,是知的,即启发感悟。教师的学习,不仅要去深入思考、领其意,更要会其神、有新知,"师所不传,若仅温故不能知新,则必有学绝道丧之忧矣"。② 知新是学、道传承过程中的决定性因素,没有知新,就会导致学绝道丧的可怕后果。

教师的学习,积累虽然有益,但创造发现最为重要。《礼记·学记第十八》有言:"记问之学,不足以为人师。"所谓"记问之学",就是只会读死书、死读书地温故,而没有进一步去知新。这样的人,头脑就像一只只会装别人东西的口袋,装得再多,终究不是属于自己的东西。这样的人,是不配做教师的。

想成为教师,其立足点为故,其成为点为新。对教师而言,相对于故,新更为重要。甚至可以说,故服务于新,从属于新,是新的本有内涵之一。

不与新联系起来的温故,不过是机械式的重复或复制,这样的人充其量只能是"留声机"或"复印机":"他们认真且严肃地讲述着或描述着根本'没有他们'的各种观点或理论,进而认真且严肃地讲述着或描述着根本'没有他们'的各种问题,甚至是理论问题";"他们认真且严格地复制着根本'没有他们'的各种观点或理论,进而认真且严格地复制或放大着根本'没有他们'的各种问题,甚至是理论问题"。③ 如果这样的人做教师,他就只能成为过去知识

---

① 钱穆:《论语新解》,生活·读书·新知三联书店2002年版,第37页。
② 钱穆:《论语新解》,生活·读书·新知三联书店2002年版,第37页。
③ 邓正来:《反思与批判》,法律出版社2006年版,第34页。

的搬运工，虽然不至于必然有害，却很难达到真正有益于后学。在孔子看来，这种仅以知识复制为己任的人，是不够资格成为教师的。

在孔子这里，温故不是单纯地机械重复，而是德勒兹主义式的"重复"。法国哲学家德勒兹（Deleuze）认为，重复是生产性的，是革命性的，正是在重复中，真正新的东西得以产生。帕尔（Adrian Parr）指出，德勒兹主义的"重复"意味着"去重复，就是去重新开始；就是去认肯全新之物与不可预见之物的力量"。① 创新是重复本身的根本状况和构成性因素，每次重复，都能产生出新变化，都能使新表述、新感受、新视角、新论断不断涌现。重复就是从熟悉的旧东西中形成新知，温故而知新，就是最纯粹的"重复"，正如齐泽克（Slavoj Zizek）所指出的，"并不仅仅是重复系新之显现的方式之一，而是新惟有通过重复才能显现"，人类世界只要有重复，就不可能"太阳底下没有新东西"。②

孔子强调温故而知新，就是要求为教师者，要把知新作为内发的动力，促使自我不断提升，不断进步。否则，教育教学就失去了探索的必要，学也好教也罢，就沦为僵化单纯的机械复制，这是孔子所极力反对的。

所以，在孔子看来，不去知新，不去求新，不能创新，就不可为师。

只有在浩瀚无边、奥妙神奇的知识海洋中沉潜涵咏，并能够以此为基础，不断进行新知识的创造，这样的人才可以为师。

只有在知识的百味鼎镬之中，品味咀嚼，体会揣摩，进而将各种知识融会贯通，抽丝剥茧一般，酝酿出新的知识，才叫温故知新。

冯友兰先生在《中国哲学简史》中把孔子的身份确定为"一位教师"："就历史说，他生前主要是一位教师，是许多教师中的一

---

① A. Parr, "Repetition", in Parr（ed.）, *The Deleuze Dictionary*, Edinburgh: Edinburgh University Press, 2005, p. 223.

② Slavoj Zizek, *Organs Without Bodies*, New York: Routledge, 2004, p. 12.

位。"① 但孔子又不是一个普通的教师，他之所以不普通，是因为他是一位能够创造性地提出自己思想见解的教师，是善于总结教育教学经验，并提出许多具有创见性教育教学认识的教师。正是创见、创造和创新造就了一代宗师，孔子深刻认识到了这一点，才把"知新"提高到为师的根本标准。事实上，现在很多教师陷于平庸，或拥有教师的外衣而失去教师的内核，恰恰是因为在教育教学中缺乏创造和创见之故。

孔子的言论，用词准确有力，在精微的语言中包含着深刻奥妙的道理和意义，此"温故而知新，可以为师矣"，貌似很好理解，但仔细品味，却意蕴深刻，而真正践行起来，又需要克服一定的困难。关于为师的标准，孔子仅用了十个字，就把教师之为教师的故与新，学与教，阐释得淋漓尽致。

第三节　为师之道：学诲不厌

孔子在《论语·述而》中讲："学而不厌，诲人不倦，何有于我哉？"这段话的意思是说，做教师的要持续不断地学习，从不感到厌烦，教诲学生要有极大的耐心，永远不会感到疲倦，这对我来说，除此之外还有什么呢？这是孔子为师的深刻心得和体悟，也是孔子认为成为一个教师必须具备的两个最基本的品质和追求。

学而不厌指向教师的内心，是教师内在灵魂的自我不断更新，"体现着教师内心的开放、自强不息和不断进取"②。诲人不倦指向教师之外的学生，是教师自我价值的外在实现，体现着教师对学生的爱心、耐心、信心和责任心，更是教师敬业精神的体现。

---

① 冯友兰：《中国哲学简史》，新世界出版社 2004 年版，第 41 页。
② 肖川：《学而不厌与诲人不倦》，《基础教育课程》2016 年第 9 期下半月刊，卷首语。

学而不厌是教师的基本人格要求，从你成为教师的那一刻起，直至你的生命终结，你必须不断地学习，这样才能使自己的内心持续保持开放和鲜活，也才能不断接受新事物、新观念，与时俱进，使自己的思想具有时代的气息，具有新鲜旺盛的生命力，进而使自己所从事的教育事业永葆先进性和生动性。

教师要学习，而且要毫不厌倦地恒久学习。这是因为教师自我内心需要改进，灵魂需要洗涤，心灵需要陶冶，人性需要丰盈，智慧需要提升。正是学习，才使教师的精神、气质和品性不断得以改变，"腹有诗书气自华"，教师的气场就在于持续不断地学习所带来的气质品味和人格魅力。李泽厚先生曾言："因为学非手段，乃目的自身，此学即修身也。所谓'活到老，学到老，改造到老'亦斯之谓乎？"[①] 学习是教师修身的手段，通过学习修身，塑造人格，是教师学而不厌的内在追求。

只有学而不厌，教师才能不人云亦云，保持自主和创新。现实中，很多教师放弃了学习，被惰性裹挟，喜欢盲从，思考变得奢侈，内心变得浮躁。他们习惯于顺从权威的声音，轻信流行的观点，以他人的思考代替自我的思考。他们丧失了独立思考，精神世界变得贫乏与干瘪，在不学习中，失去了自我。只有成为学习者，才能成为思想者，也才能保持头脑独立。因此，教师唯有学而不厌，才能真正实现自我的自主和创新，也才能走得更远、更好。

现实中，很多教师教了几年书，就开始感到厌倦，一个重要原因就是缺乏学习，安于现状，得过且过。由此，教师的教育教学没有新意，成了枯燥重复的劳动，时间一长，教师就难免表现出教育教学热情枯竭、消极冷漠等负面的情绪和行为，当然也就会越教越厌倦。相反，一个热爱学习、善于学习、终身学习的教师，就会体验到"越教越要学，越学越快乐"的境界。正如陶行知先生所讲："我们做教师的人，必须天天学习，天天进行再教育，才能有教学之

[①] 李泽厚：《论语今读》，生活·读书·新知三联书店2008年版，第206页。

乐而无教学之苦。"① 可以这样说，放弃学习，是教师一切不幸的核心；终身学习，才能让我们享受做教师的乐趣和幸福。

教师的学对学生的学影响巨大，是学生学的榜样，可以说，只有学而不厌的教师，才能教出学而不厌的学生。倘若教师自己都不学习，却让学生去努力学习，那么学生绝对不会真正相信。教师作为学生的示范，"身教重于言传"，如果教师希望学生学习，那首先必须自己做到"学而不厌"。"亲其师，信其道"，教师只有自己成为一个终身学习者，才能要求学生成为一个终身学习者。"好学是传染的"，教师的学习就像传染性极强的传染病，会很快带动起学生的好学。

只有作为学习者的教师，才能体味到学习所带来的真正思想和智慧是什么，才能感受到学习过程和结果所带来的乐趣，也才能更好、更真切地向学生传授从学习中所获得的这一切。正因为学而不厌对教师如此重要，才有"学不厌，智也"（《孟子·公孙丑上》）的说法，即教师在学习上从不感到厌烦，才能形成教育智慧。

要想给学生一碗水，教师有一桶水或一缸水是远远不够的，教师必须有源源不断的源头水才行。因此，作为教师，不能满足于自己所具备的那点水，倘若不学习更新，这点水即便是一潭水，也不过是一潭死水。教师必须要学而不厌，永不停歇自己知识更新和提升的步伐，才能使自己在教育教学的职业生涯中做到游刃有余。否则，"水之积也不厚，则其负大舟也无力，风之积也不厚，则其负大翼也无力"，教师知识储备不足老化，视野狭隘，在教育教学中必然会捉襟见肘。对学生而言，他们往往可以原谅教师的严厉刻板甚至错误，但却永远无法原谅教师的不学无术和学识浅薄，而教师只有学而不厌，才能具备深蓄厚养的学识。

孔子作为教师，不但提出了教师要学而不厌，而且孔子自己也好学乐学，活到老学到老。孔子认为，自己在别的方面并不比别人

---

① 陶行知：《陶行知文集》，江苏教育出版社2008年版，第817页。

强多少,唯一值得骄傲和自豪的长处就是学习。他曾非常自信地说:"十室之邑,必有忠信如丘者,不如丘之好学也。"(《论语·公冶长》)意思是说,即使只有十户人家的小村子,也一定有像我这样讲忠信的人,但却未必有像我这样好学不厌的人。身为教师的孔子,本人就是学而不厌的典范,甚至达到了忘食、忘忧的境界,"其为人也,发愤忘食,乐以忘忧,不知老之将至云而"(《论语·述而》)。意思是说,孔子这个人发愤用功学习,连吃饭都忘了,学习带来的快乐,使他把一切烦忧都忘在脑后,不知不觉已经老了,如此而已。《史记·孔子世家》亦有记载,孔子晚年喜欢《周易》,读《周易》至韦编三绝,可见其好学不倦的精神。

　　孔子认为,教师要做到学而不厌,最为关键的是要养成学习的兴趣,对学习爱之乐之,要把学习当做是一种兴趣和乐趣。《论语》开篇即说:"学而时习之,不亦说乎。"学了之后,又反复进行温习,感觉非常愉悦快乐,学习在孔子这里是一件非常快乐的事情。孔子又说:"知之者不如好之者,好之者不如乐之者"(《论语·雍也》),懂得学习的人比不上喜爱学习的人,喜爱学习的人比不上以此为乐的人。即是说,教师学而不厌就是要把学习当作一件快乐的事,能切实地从学习这件事情本身或者所学习的对象内容之中体会到乐趣,而不是把学习当作一种外在的负担或压力。

　　教师学习是教师自己的事情,"古之学者为己,今之学者为人"(《论语·宪问》)。过去人们学习,是完全出自自我的需要;现在人们学习,却完全出于装饰自己给别人看。教师学习只有有了来自自我的需要,才能产生浓厚的学习兴趣,也才会从内心真正喜欢学习,学习自然就成为一件快乐的事情,甚至会对学习产生如醉如痴的追求。如好学的颜回一样,达到"一箪食,一瓢饮,在陋巷,人不堪其忧,回也不改其乐"(《论语·雍也》),吃着一竹篮饭,喝着一瓢水,住在破陋的巷子里,人们都因无法忍受这种环境而感到忧虑,可是颜回却乐在其中。教师只有具备了以学为乐的态度和精神,并且在思想、观念和内心真正喜欢学习,才能自愿主动去学习探索,这样的学习才会持久。

　　学而不厌贵在坚持，不厌的核心就是坚持。因为在学习过程中，不可能总是一帆风顺，总免不了遇到一些困难和挫折，还可能为外在世俗虚名蝇利之争所牵碍于心。这就要求教师有锲而不舍的学习精神，勇敢地迎接学习过程中出现的各种挑战，坚持不懈。当然教师的这种坚持不是"学海无涯苦作舟"般的坚持，无涯的学海，以苦为舟，一辈子受苦，那对学习而言是要命的，也没有人愿意学习了。坚持学习是积极向上的，充满快乐和趣味的，虽免不了苦，但也是苦中有乐、乐中有苦的，"苦心中，常得悦心之趣"①，苦乐交融，以乐为本才是教师坚持学习的真意。

　　教师要做到学而不厌，还要有一种学习的紧迫感和使命感。"学如不及，犹恐失之"（《论语·泰伯》），学习好像在追赶什么，总怕赶不上，赶上了又怕被甩掉。教师学习就需要具备这种"瞻前顾后""患得患失"的态度，既唯恐学不到新知识，又怕把刚刚学到的旧知识丢了。即是说，做教师者，倘若未能及时学习所未知的知识，就应有种怕永远也无法学到它的紧张感，一旦学有所得，就应时时温习，以使其不致生疏。这正是《论语》中所谓的："日知其所亡，月无忘其所能，可谓好学也已矣"（《论语·子张》），每天学习一些过去所不知道的知识，每月都不忘记已经学习的知识，这就可以叫作好学了。因此在孔子看来，教师只有时刻保持对学习的紧张和紧迫，才能感到任何时候都不会认为自己已没有东西可学了，反而始终都只会担心将有许多东西学不到，这样才能不断进取、孜孜以求地去学习知识，真正做到学而不厌。

　　学而不厌还在于为师者要向周围的人学习，向贤者学习。子曰："三人行，必有我师焉。择其善者而从之，其不善者而改之"（《论语·述而》），多个人在一起行走，其中一定有可以做我老师的人，应当学习他们的优点，对于他们的缺点，要反省自身，如果自己也

---

　　① 洪应明：《菜根谭》，岳麓书社2006年版，第151页。

有，就要进行改正；如果自己没有，也要加以预防。向他人学习，是教师学而不厌的重要方面，书本知识的学习只是学习的一个方面，教师善于向他人甚至自己的学生学习，才能使自己不断进步，无论是贤者还是不贤者，教师都要善于进行学习，"见贤思齐焉，见不贤而内自省也"（《论语·里仁》），看到贤能有才华的人，就向他学习，希望和他看齐，看到没德行的人，自己的内心就要反省，是否有和他一样的错误。作为教师，就要善于见贤与不贤，并进行学习，且学而不厌，使自己能够不断借鉴他人的优点，吸取他人过错的教训，增进和提升自身的品格和才能。

如果说学而不厌更多地指向教师自我的话，诲人不倦则重点关注的是教师所面对的学生。教育最终是要面对学生的，从这个意义上讲，诲人不倦对教师而言尤显重要，学而不厌亦是服务于诲人不倦这一目的。

诲人不倦最初的理解是一种教师直接对学生施加影响的言教方式，后来成为一种教师教育学生所追求的态度和精神境界。

何谓"诲"？《说文解字》说："诲，晓教也。""晓教"又是什么呢？清代训诂学家段玉裁在《说文解字注》中这样解释："晓教者，明晓而教之也。训以柔克，诲以刚克，《周书·无逸》：'胥训告，胥教诲'是也。晓之以破其晦，是曰诲。"

在这里，"明晓而教之也"，意思是说教师明白要"诲"的内容，直言于学生，使学生知道。"训以柔克，诲以刚克"，意思是说"训"更婉转，显得柔些，"诲"更直接，显得刚些。

"晓之以破其晦，是曰诲"，"晦"字《说文解字》中说，"晦，月尽也"，月尽即农历最后一天，月亮不出，黑无光，又指日暮、夜晚。所以，"晦"就是日光昏暗、幽暗不明之貌，这里用来指人的暗昧、愚昧、蒙昧。"诲"就是解释事理，破除疑难，破晦见明，即用言语破人之暗昧、愚昧、蒙昧。

所以，"诲，晓教也"，意思就是教师用直接告诉的方法来教育学生，通过言语告诉学生怎样做，使学生明白地知晓。即是说，诲是直接告诉的意思，诲的内容，教师一般比较清楚明白，直言于学生，使学生知道。

由于"诲"的意思非常明确，"诲人不倦"可以理解为是一种言教的方式，直接对学生施加影响，而不感到疲倦。

在孔子这里，诲人不倦已经从其本意升华为一种教师教育学生的态度、精神和境界。孔子在《论语·宪问》中说："爱之，能勿劳乎？忠焉，能勿诲乎？"意思是说，我热爱学生，能不为学生操劳付出吗？我对学生忠诚无私，尽心竭力，能不尽心对学生进行劝导教诲吗？可以看出，孔子的诲人不倦，显现出的是一种由衷关爱学生的态度和精神。

诲人不倦意味着教师对学生充满了信心，相信每一个学生都是可以教好的。布鲁姆认为，教育中最具破坏性和浪费性的就是教师的消极的期望，就是教师不相信学生。信哉，此言！你很难想象一个对学生悲观失望的老师，还能够不倦地对学生付出，勤恳地对学生进行教诲。

孔子提出为师要诲人不倦，其实体现的是孔子这样一种教育信念，即教师的天职就是相信每一个学生都能教好。苏联著名教育家苏霍姆林斯基曾说："每一个儿童身上都蕴藏着某些尚未萌芽的素质，这些素质就像火花，要点燃它，就要火星，……教育最最重要的任务之一，就是不要让任何一颗心灵里的火药未被点燃，而要使一切天赋和才能都最充分地发挥出来。"诲人不倦就蕴含着教师要相信儿童身上具备"某些尚未萌芽的素质"，教师内心应当对学生和学生身上的良好素质具有无限的信心。这样，教师才会对学生的发展充满无比的信心，也才能在教育教学实践中产生强烈的进取精神，勇于面对在教育学生过程中遇到的任何困难和挫折。诲人不倦提示为师者们：对每一个学生的成才失去信心，是教师最不能容忍、最危险的缺点，对学生失望才是教师（或教育）的最大失败。

诲人不倦蕴含着教师对学生无限的耐心和恒心。诲人需要教师具备一定的学识经验和教育智慧，教师经过一定的学习和实践，或许并不难达到，因为诲人考验的是教师自我修炼的本领，更多的是教师自我所能决定的事。不倦严格来讲是一个和教师职业生命长度相等的时间概念，考验的是教师的耐心和恒心，不是一件容易做到的事，因为不倦很大程度上不是教师自我所能决定的，它很大程度上和学生的表现相关。教师做到不倦，就是在职业生命中永不感到疲倦，就是要对学生的任何表现，对任何表现的学生，都要做到恒久地付出，全身心地投入，且无怨无悔。

得天下英才而教育之，自然是快乐的，也很容易做到不倦。但倘若所得皆为天下之"笨才""愚才"和"蠢才"，那教师教育起来，恐怕非但不能快乐，甚至会很快感到厌倦。诲人不倦对教师之所以重要，恐怕不是对英才所说，而主要是对这些难以教诲的"笨才""愚才"和"蠢才"而言的。当老师面对这些难教的学生时，没有相当的耐心和恒心，内心就难免生出鄙视和不满，就会表现出急躁冲动、冷言冷语、讽刺挖苦等伤害孩子的反教育行为，天长日久，教师对教育就会感到厌倦不堪。

所以，一个真正的教师，必须要有诲人不倦的精神和信仰，这样才能以足够的耐心、付出、给予和牺牲去面对每个学生，去教诲每个学生。正是因为诲人不倦需要教师巨大的辛苦付出，故而才有"教不倦，仁也"（《孟子·公孙丑上》）之说，即教育而不知疲倦，是一种巨大的仁爱。

学而不厌和诲人不倦又是一种什么关系呢？

"学而不厌是诲人不倦的前提、基础和条件。'学而不厌'，作为教师尤其要做到这一点。作为教师，只有学而不厌，才能保持内心的开放和鲜活，才会有不断增长的与人分享的内在需要。否则，诲人不倦就只能是无休无止地唠叨，空洞的说教，就只可能教师'教'得辛苦，学生'学'得痛苦，就只可能是'教'的低效、无效甚至负效。"① 教师对学生的教，取决于教师自己的学，学才能保证教得好。否则，教的无效，学的亦难有效。

"夫子总是把'诲'同'学'联系在一起。'学'是'诲'的源泉。"② 没有了学，诲就成了无源之水，无本之木。在这种情况下，教师若是丧失了学而不厌，那么越是诲人，也就越可能是在毁人，教师的诲人不倦就会走向"毁人不倦"。

可见，没有学而不厌，就不可能真正做到诲人不倦。倘若一个老师整天都不学习，却说自己能够诲人不倦，那必然是虚假的，这样的老师很可能是在不断地毁灭人才。所以，才有"学而不厌"，也才有"诲人不倦"，也才使孔子很自豪地称自己与众不同的身份就是教师，"若圣与仁，则吾岂敢。抑为之不厌，诲人不倦，则可谓云尔已矣"（《论语·述而》），意思是说，如果说到圣与仁，那我孔子是绝对不敢当的！不过，我不断努力学习而不感到厌烦，教诲别人也从不感觉疲倦，则还是能够做到的。从这个意义上说，孔子不愧为我国第一位真正意义上的教师。

第四节　为师之要：身正正人

子曰："其身正，不令而行。其身不正，虽令不从。"（《论语·子路》）意思是说，教师只有自身端正，做出表率模范，即使一句话不说，学生也会效法教师，以教师的所作所为为榜样行事；倘若教师自身不端正，即使让学生去做事，学生也不会服从。

子曰："不能正其身，如正人何?"（《论语·子路》）意思是说，如果教师连自身都不能端正，又怎么能够去端正学生呢？

---

① 肖川：《学而不厌与诲人不倦》，《基础教育课程》2016 年第 9 期下半月刊，卷首语。

② 陈桂生：《孔子身教研究》，《江苏教育研究》2012 年第 3A 期。

作为教师，自身正，方能正学生，教师只有以身作则，成为表率模范，才能让学生心服口服，教师对学生的教育，也才能产生真正的作用，这便是所谓的"身教"。

身教是教师自己要造就一种人格理想，这种人格理想体现出的是教师的模范形象和模范素养，这是对学生产生重要影响的力量。孔子对自己的人格理想塑造是"子温而厉，威而不猛，恭而安"（《论语·述而》），意思是说，孔子温和而严厉，有自然的威仪而并不凶狠，一副庄重而安详的神态，这是孔子的学问修养表达在"身"上的状态，是孔子人格理想的展现。

"温而厉"，意味着教师对学生要亲切温和，但却不失严肃，在温和中又使学生不至过于随便。"威而不猛"，意味着教师要从庄重中透显出威仪，要沉稳内敛，使学生望而生敬畏之心。但教师不可因为有威而咄咄逼人，蔑视学生。"恭而安"，意味着有修养的教师在学生面前要谨慎、矜持，表现出谦让、恭敬之态度。但教师内心要有定见，不优柔寡断，不过分迁就学生，即是说，教师面对学生的恭敬是安详坦然和真诚的。

孔子深知教师身教的巨大作用，所以在教育实践中，孔子大力倡导教师要躬亲示范，用自己的实际行动和表现来教育学生。"孔子的教育就是一种效法典范的行为，他通过自我修养使自己成为典范，并在教育过程中通过自己的'典范力量'而与学生之间实现一种'真实的品格传播'，从而塑造出新的'合适的榜样'。"[①] 教师的"典范"就是一种教育力量，在这里，教师的身教问题，被提高到孔子全部教育力量的高度来理解，足以看出身教在孔子教育思想中的地位。

孔子倡导教师"其身正"的身教，是因为教育的效果不取决于教师的说教，而在于教师的示范行动。法国伟大教育家卢梭在《爱弥儿》中也曾说过"真正的教育不在于口训，而在于实行"，教师

---

① 杜钢：《美国汉学研究中的孔子教师形象》，《教育学报》2015年第4期。

在教育中"身教"更重于"言教"。"以身教者从，以言教者讼"（《后汉书·钟离宋寒列传》），意思是说，教师用自己的实际行动教育学生，学生就会心悦诚服；如果只用空泛的说教去教育学生，学生就会难以相信，甚至会产生怀疑，进而与教师发生争吵。孔子说："我欲载之空言，不如见之于行事之深切著明也。"（《史记·孔子世家》）意思是说，我与其进行空洞的说教，不如深切显明地在行为上表现出来。对教师来说，行为的巨大现实感召力和征服力，就是现实巨大的教育力。

信其师，方能亲其道，美国教育家布鲁纳（Bruner）曾说："教师也是教育过程中最直接的有象征意义的人物，是学生可以视为榜样并拿来同自己作比较的人物。"[1] 教师之"身"是学生心目中最崇高、最有威信的榜样，对学生具有最直接的无可替代的影响。教师必须求知、修身、养性，谨言慎行，以身作则，才能作为学生学习的榜样，对学生产生积极的影响，收到潜移默化的教育效果。

身教的作用不仅在于教师的示范可以激发学生的行动，更为重要的是，教师的身教本身体现了一种价值导向，即教师所展现的确实是应该被实行的。教师身教的价值导向告诉学生，这样做是正确的，正确的东西是必须要学习的，也是前进的方向和目标。

教师自己不正，是没有资格和能力去正人的，"吾未闻枉己而正人者也"（《孟子·万章上》），我没有听说过自己行为都不端的人，却能去匡正别人。教师如果说一套，做一套，表里不一，是无法教育学生的，"如果教育者仅仅言教而不能做到身教，……受教育者便会产生反感，认为教育者言行不一、虚伪、欺骗和不公正：把自己不愿做的事让别人做。"[2] 教师自己质非文是、言行脱节、名实不副，就无法取信于学生，更不可能有什么教育效果。

---

  [1] ［美］布鲁纳：《教育过程》，邵瑞珍译，文化教育出版社1982年版，第98页。
  [2] 王海明：《论言教与身教》，《中国大学教学》2008年第3期。

对此，孔子也明确地指出："巧言令色，鲜矣仁！"（《论语·学而》）花言巧语，装假正经，很少是品质完美的人。如果教师任何事情只是自己说，而让学生做，即便是说得天花乱坠、头头是道，也只能停留于空洞的说教，使学生感到教师口是心非、言不由衷。这样，教师讲得越多，就越遭学生反感，结果就会彻底丧失教育的力量。

因此，孔子更强调无言之教，身教就是无言之教。有一次孔子对学生说，以后的教育"予欲无言"（《论语·阳货》），即是说，我不打算用语言来教诲你们了。

子贡一听就急了，不解地问道："子如不言，则小子何述焉？"（《论语·阳货》）老师你不说话进行教诲，我又怎么学习呢？

孔子解释道："天何言哉？四时行焉，百物生焉，天何言哉？"（《论语·阳货》）上天又何尝说过话呢？但现实世界中，四季不是照常运行，百物也照样生长。世界如此和谐地运行，上天又何曾说了什么话呢？

孔子所欲行之无言之教，不是彻底放弃了用语言进行教育，而是指教师要像上天那样，以无言的、自然而然的示范，告诉学生应该学什么、做什么，这才是最好的教育。

在孔子看来，作为教师，身教的作用更大，它重于言教。子曰："先行其言，而后从之。"（《论语·为政》）教师要先去践行自己想要说出来的话，等到真正做到了以后，才把要说的话说出来。教师要用实际行动和榜样示范来感染、熏陶和教育学生，而不是只停留于口头的说教。"桃李不言，下自成蹊"（《史记·李将军列传论》），桃树李树有芬芳的花朵、甜美的果实，虽然不说话，但仍然能吸引很多人到树下赏花尝果，以至于树下走出一条小路来。教师身教能够使教育内容具体化、人格化，对学生具有强烈的感染力、吸引力和鼓舞作用，能够在无形中对学生产生巨大的作用。

孔子作为教师，在自己的教育实践中，经常把"以身作则，为人师表"作为自己的一项重要自我要求，凡是孔子要求学生做的，他自己必然是"以身先之"。

孔子要求学生要做到:"知之为知之,不知为不知,是知也!"(《论语·为政》)知道就是知道,不知道就是不知道,这就是真正的知道,不要强以不知以为知。孔子这样要求学生,自己也是这样做的,他自己说自己是"盖有不知而作之者,我无是也"(《论语·述而》),即是说,世界上可能有种人,自己十分无知,却经常凭空造作,我孔子从来没有做过这种事。在知与不知的问题上,孔子为学生做了表率。

孔子要求学生要正确对待自己的错误,做到"过则勿惮改"(《论语·子罕》),自己有了过错,就不能因为害怕而掩饰自己的错误,而是要勇于改正自己的错误。因为"君子之过也,如日月之食焉。人皆见之,更也,人皆仰之"(《论语·子张》),君子的过错就像日食月食一样,有过错的时候,人人都看得见;改正了错误,人人都心存敬仰。而且,"法语之言,能无从乎?改之为贵"(《论语·子罕》),正确的告诫,能不听从吗?听了后改正自己的错误,才最为可贵。

孔子要求学生这样做,他自己也是如此践行。他在鲁昭公是否知礼的问题上,说错了话,当有人指出后,孔子立即愉快地说:"丘也幸,苟有过,人必知之"(《论语·述而》),我孔子真是太有幸了,如果犯了什么错,大家都一定会知道并向我指出来。孔子自己在过错面前表现出的知过不讳、闻过则喜的态度,清楚地表明了孔子不但不会掩盖自己的错误,反而能够像自己教育学生那样,心情愉悦地接受监督,并改正自己的错误。

第五节 师生关系:无隐乎尔

子曰:"二三子,以我为隐乎?吾无隐乎尔。吾无行而不与二三子者,是丘也。"(《论语·述而》)孔子说:学生们,你们以为我对你们有什么隐瞒的吗？我对你们毫无隐瞒。我没有什么事情是不可以告诉你们的，这就是我孔丘。

在这里，师生间的无隐关系，不仅是师生间知识传授的无隐，更是师生间人际相处的无隐。可以说，好的师生关系胜过许多教育，师生间无隐的程度越深，师生关系也就越好，教育也就越成功，师生间无隐程度的深浅最终决定了教育的深浅。

在这里，孔子和学生的关系以"无隐"二字呈现，无疑是师生关系的最高境界。可以想象，做老师的，能够天天都和学生们在一起，个人的喜怒哀乐怨都能和学生分享，在教育教学中遇到的困难和艰辛都能和学生一起扛，教师和学生间没有了心理隔阂，任何东西都可以开诚布公。师生之间真正做到了亲密无间、推心置腹、风雨同舟、同甘共苦，这种教师和学生间无隐的关系，难道不是师生关系的最高境界吗？

孔子和学生间的无隐，一个重要体现是学生在孔子面前无拘无束，畅所欲言。"子路、曾皙、冉有、公西华侍坐。子曰：'以吾一日长乎尔，毋吾以也'。"（《论语·先进》）子路、曾皙、冉有、公西华陪侍老师闲坐，孔子说，因为我比你们年纪大一点，你们不要因为我年长就不敢说话了。孔子和学生闲坐，想让学生们随便畅谈自己的理想，一句"毋吾以也"，彻底打破了师生、长幼间的界限，消除了学生在老师面前的拘束，使学生能够无拘无束、畅所欲言。

"闵子侍侧，訚訚如也；子路，行行如也；冉有、子贡，侃侃如也。子乐。"（《论语·先进》）孔子的弟子们在其身边站着，闵子骞表现出恭敬端庄的样子；子路则是心不在焉，不断在动，好像坐不住的样子；冉有、子贡，表现出潇洒和乐的样子。弟子们在孔子面前，毫无拘束，各尽其性，整个氛围十分活泼、宽松，孔子非常高兴。

这时候，孔子突然说："若由（子路）也，不得其死然。"（《论语·先进》）即是说，像子路站的这个样子，恐怕是难以善终啊！正是看到子路的"行行如也"与众不同，显得奇怪，和整个环境氛围不是很协调,孔子忍俊不禁,立刻说出"不能善终"的话。完全忘掉了师生之间的身份,玩笑随时就开了,而且还开得毫无顾忌,并略显"恶毒",倘若孔子和学生之间不是达到了"无隐"的程度,怕是也不敢开如此的玩笑。

其实师生之间的玩笑,能开到什么程度,从一个侧面体现了师生之间无隐程度的高低。孔子和学生之间的玩笑,可以百无禁忌,正说明了孔子和学生之间无隐程度之高,这正体现了孔门师生关系之好。另一则故事,也在玩笑中体现了这种无隐的师生关系。

子之武城,闻弦歌之声。夫子莞尔而笑,曰:"割鸡焉用牛刀?"子游对曰:"昔者偃也闻诸夫子曰:君子学道则爱人,小人学道则易使也。"子曰:"二三子!偃之言是也。前言戏之耳"。(《论语·阳货》)

孔子来到武城,听见了弹琴唱歌之声,便嘴巴一咧,微微一笑,半开玩笑地说:杀鸡怎么用宰牛的刀呢?子游回答说:以前我听先生说过,君子学习了礼乐就能爱人,小人学习了礼乐就容易听指挥。孔子说:学生们,言偃的话是对的。我刚才说的话,只是开个玩笑而已。

在学生面前,从孔子的"莞尔而笑""戏之耳",可以清楚看出孔子和学生之间无隔阂的融洽关系,超出了一般的师生关系。

还有一次,孔子在匡地被围,颜渊晚到,孔子直接冒出一句:"吾以汝为死矣!"(《论语·先进》)孔子对晚到的颜渊说,我还以为你死了呢!让人不免一惊,老师怎么能对学生说这样的话呢!谁知颜渊的回答则让人顿时乌云尽散,不禁甚感其中的师生情味。颜渊说:"子在,回何敢死?"(《论语·先进》)老师,你年纪比我大,你都还没有死,我是你的学生,比你年轻多了,又怎么会先你一步而死呢?亦师亦友,幽默风趣,只有孔子和学生相互认为是毫无隔阁的朋友才可能做到。

孔子对学生骂得自然，也是一种师生无隐关系的表现。谁才能肆无忌惮地随口就骂一个人，只有父亲对自己的孩子才能这样说。一次，弟子宰予大白天睡觉，没来上课，孔子十分生气，随口就骂了一句："朽木不可雕也，粪土之墙不可圬也。"（《论语·公冶长》）宰予呀，你这个人，就像一块腐朽的木头，根本无法雕刻，更像一堵粪土垒的墙，根本无法粉刷。孔子骂学生是"朽木"和"粪墙"，虽然貌似"恶毒"，实则更是一种亲切、自然、率真的表现，更能体现出孔子和学生的亲近程度之深。

孔子与学生的无隐，是以师生间深厚的情感为基础的。孔子有个学生叫冉耕，字伯牛，伯牛很不幸，得了当时属于无药可医的恶疾麻风病，孔子去看望伯牛，《论语·雍也》中是这样记载的："伯牛有疾，子问之，自牖执其手，曰：'亡之，命矣夫！斯人也而有斯疾也！斯人也而有斯疾也！'"

伯牛得了恶疾，病入膏肓，孔子前往探望，由于此病可能传染，不能进到屋内探病，孔子只好隔着窗户，拉着伯牛的手叹息道：命不久矣，这就是命呀！这样的好人怎么会得这种病呢？这样的好人怎么会得这种病呢？

伯牛与闵子骞、颜回并称为"仁德三杰"，是孔门弟子中仁德修养最好的三个人。但就是这么一个好人，却得了一个在当时被认为是没有德行的人才应得的病，怎能不令作为老师的孔子叹息不止。

问题不在这里，而在于孔子的"自牖执其手"，充分体现了孔子和学生之间的无隐之深厚感情。因为，伯牛得了传染病，是不能和人接触的，孔夫子去探望伯牛，虽然不能进屋和伯牛近距离接触，但孔子并没有丝毫嫌弃伯牛，尽最大可能在窗户上和伯牛相见。更为可贵的是，还不怕传染，紧紧地握着伯牛的手。从孔子窗户握手这一亲切的举动中，体现出了老师对学生深深的关切之情，也让我们感触到孔子对伯牛的深厚情感。

孔子的另一个学生颜回，英年早逝，孔子极为伤心，悲痛欲绝，如失去了自己的亲生儿子一般，体现了孔子师徒间深厚的情谊。"颜渊死，子哭之恸。从者曰：'子恸矣。'曰：'有恸乎？非夫人之为恸而谁为？'"（《论语·先进》）

颜渊死了，孔子哭得极其悲痛。跟随孔子的人说：您悲痛过度了！孔子说：是太悲伤过度了吗？我不为这个人悲伤过度，又为谁呢？孔子哭得情真意切、伤心欲绝，的确是发自内心肺腑，出自内心真情实感，不是无隐的师生关系，能做到如此吗？

孔子和学生的无隐还体现在，孔子对学生充满了无比的信任和信心。子曰："后生可畏，焉知来者之不如今也？"（《论语·子罕》）孔子说，后辈学生们具有可怕的发展潜能，非常值得敬畏，谁又敢说他们将来会不如今天这一辈人呢？可以看出，孔子非常相信和敬畏学生，对学生发展没有任何私心，不但毫不担心学生可能会超过自己，反而非常希望学生能够比自己更为优秀。

为此，孔子还鼓励学生："当仁，不让于师。"（《论语·卫灵公》）以仁为己任，在仁德面前，就是自己的老师，也不需要谦让。这是孔子在告诉学生，在学问面前，师生是平等的，只以真理正义为追求，即使是自己最敬爱的老师，也无须过多考虑，这正和西方大哲人亚里士多德的"吾爱吾师，吾更爱真理"不谋而合。没有良好的师生关系，没有孔子无隐的博大胸怀，很难做到这一点。

第 二 章

孟子：性善之师

> 孟子深信人性本善，所以不主张被动的和逼迫的教育，只主张各人自动的教育。①
>
> ——胡适

第一节　孟子生平

孟子，名轲，战国中期邹（今山东邹县）人。孟子生于约公元前372年，其先祖是鲁国的贵族孟孙氏，后来家道衰落，迁居邹国。孟子自幼丧父，家境贫寒，由母亲抚养长大。

孟子求学于儒家子思一派，后世并称子思、孟子为"思孟学派"。孟子十分推崇孔子，并以学习孔子为人生的理想。后世并称孔子、孟子为"孔孟"，在历史上孟子也被称为仅次于孔子的"亚圣"。

孟子后来的成功，与其母亲的早期教育密不可分。可以说，没有孟母的启蒙和向导，就没有日后的孟子。孟子的母亲认识到，良好的环境对人的成长和发展十分重要，为了让孟子有一个良好的学

---

① 胡适：《中国哲学史大纲》，上海古籍出版社1997年版，第214页。

习环境，孟子的母亲不惜三次迁居，成就了"孟母三迁"的佳话。

据《列女传·母仪传·邹孟轲母》记载：孟子小时候，他家开始住在离坟地很近的地方，年少的孟子喜欢在坟墓之间嬉游玩耍，孟母见此，认为这样的环境不适合孩子成长，就把家搬到了一个市场附近。岂料，孟子又玩闹着学商人买卖的事情，孟母觉得此处亦不适合居住，就把家搬到了一所学堂旁边。此时，孟子便模仿儒生学做礼仪之事。孟母很高兴，认为这才是孩子应该学习的，就定居下来了。

"孟母三迁"的故事说明环境对人教育的决定性作用，甚至可以说，有什么样的环境，就很可能产生什么样的人，环境的潜移默化影响就是最大的教育。一代国学大师王国维，曾经做过溥仪的老师，在南书房行走，深受溥仪的爱戴，王国维作为一代国学大师，除了文学研究之外，酷爱收藏古董。王国维生前曾邀请已经不再是皇帝的溥仪来自己家里做客，聊得起兴，就拿出了自己珍藏的稀世珍宝让溥仪欣赏。谁知，溥仪竟没怎么仔细鉴赏，就脱口而出道：这东西是假的，我可以用人格保证。王国维感觉非常尴尬，也就没再仔细追问，心想这肯定是溥仪的一句戏言！自己收藏珍宝这么多年，还没收过假东西呢？不过，王国维心里也有点好奇，难道真的如溥仪所说，有假吗？就拿着这些古董，找了一些懂行的朋友进行鉴定，结果大出意料，几个朋友都一致认定溥仪所说的东西是假的！王国维很奇怪，自己收藏这么多年，还不如自己学生看了一眼！后来王国维问溥仪是怎么回事，溥仪很简单地回答说：这些东西就是感觉和我家里以前那几件不一样，就这么简单。原来溥仪的鉴宝知识来自生长的环境，可见学习环境对学生学习是多么重要。

《三字经》中有句家喻户晓的话"子不学，断机杼"，说的就是孟母"断织喻学"或"断机教子"的故事。孟子小时候不好好上学，逃了三天学，孟母知道了儿子逃学之事，非常生气，就当着孟子的面，拿起一把剪刀，把织布机上正在织的布匹，给剪断了。孟子见此情景，非常害怕，因为他们维持家计的唯一来源就是母亲织的布。孟子急忙跪地，请问原因。

孟母对孟子说：你读书就像我织布一样。织布要一线一线地连成，现在剪断了，就无法织成了。求学也是如此，必须日积月累，勤奋学习，才能学到真知。你贪玩逃学，荒废时光，半途而废，就会像这段被割断的布匹一样，成为没用的东西。听了母亲的教诲，孟子深感愧疚，从此以后专心读书，发愤图强，再也没有逃过学。

据《韩诗外传》记载：有一次，孟子问母亲，邻居杀猪做什么，孟母随口应了一句：给你肉吃呀，孟子听说有肉吃，非常高兴。孟母本是一句玩笑话，说完就后悔了。但一想到自己经常教育儿子要诚实守信。如果孟子吃不到肉，那就是自己在向孩子撒谎。为了不失信于孩子，孟母不顾家里经济拮据，还是买了一块肉，给孟子吃，兑现了诺言。

父母是孩子的老师，老师欺骗了孩子，就会失去孩子的信任，而且还给孩子树立了一个坏榜样，即用自己的欺骗来教孩子欺骗。为师者，自己的一言一行，本身就是教育孩子的鲜活样本，会直接影响孩子的人品和性格，此样本不是教师刻意为之的教程，而是教师日常生活中随意的言行，就像孟母一样，为人师者必须对自己的言行负责，不能失信于孩子。

孟子十五岁时，赴鲁游学，"受业子思之门人"（《史记·孟子荀卿列传》），即是说，孟子在子思学生的学生那里学习。子思即孔伋，是孔子的孙子，所以从孔子作为儒家第一代，到孟子已是第五代了。孟子一生对孔子极为推崇，"自生民以来，未有盛于孔子也"（《孟子·公孙丑上》），自从有人类以来，还没有比孔子更伟大的人；"圣人，百世之师也"（《孟子·尽心下》），孔子是千秋万代人的老师。

因此，孟子也以能成为孔子的学生为理想，"乃所愿，则学孔子也"（《孟子·公孙丑上》）。孟子的理想愿望，就要向孔子学习，而且孟子也常以孔子的学生自居，"予未得为孔子之徒也，予私淑诸人也"（《孟子·离娄下》），意思是说，我孟子没能直接成为孔子的学生,但我是孔子的"私淑"弟子。

　　《韩诗外传》记载,孟子二十岁时,出了欲休妻的故事。当时,孟子的妻子独自在屋,坐姿很是不雅,伸开两腿坐着。孟子进屋,看见妻子如此形态,便对母亲说:我的妻子不讲礼仪,请允许我休了她。孟母说:为什么?孟子说:她伸开两腿坐着。孟母问:你是怎么知道的?孟子说:我亲眼看见的。孟母说:那就是你没礼仪,而不是你妻子没礼仪。《礼记》上不是说,进屋之前,要先问问屋中有谁在;要进入厅堂之时,要故意弄出一点声音,让里面的人知道;要进屋之时,必须眼往下看。这是为了让屋里人提前有所准备。现在你到妻子居住的房间,悄悄进屋,没有声响,所以她才没有准备,让你看到了她两腿伸开坐着的样子,这是你没礼仪,而不是你妻子没礼仪!孟子认识到自己的错误,也就不再提休妻了。由此,为师者,在看学生的错误之时,要时刻反思,是不是自己的错误,才导致学生犯错。事实上,学生的很多错误行为,恰恰是老师无意识的错误教育所导致的,教师从自身找原因,很可能比从学生身上找原因更接近事情的真相。

　　孟子二十六岁时,从鲁国学成回到邹国,创办了子思书院,广育天下英才。子思书院创立之后,在孟子的勤奋努力下,逐渐成为天下青年纷纷慕名的求学之地。这些人来到子思书院,孟子都会尽心竭力地进行教诲,很多人达到了很深的造诣。虽然孟子收的徒弟没有孔子那么多,但先后也有几百人之多,其中孟子最得意的弟子有万章、公孙丑、乐正子等人。在创办子思书院的过程中,孟子的名声也越来越大,传遍了各诸侯国,被人们尊称为"孟子"或"孟夫子"。

　　孟子在子思书院教书,一直到四十二岁,直到公元前329年,四十三岁的孟子才开始了人生的另一段旅程,即周游列国实现自己的政治理想抱负。他从平陆出发,来到国力强盛的齐国都城临淄。适时,齐威王在临淄成立稷下学宫,招天下俊杰之士,孟子便来到稷下学宫,成了一名稷下先生。此时的孟子,已经在整个中原各国小有名气，齐威王也早就听说过孟子的贤名，十分尊重孟子，给了孟子很高的待遇，列孟子为客卿，出门时"后车数十乘，从者数百人"（《孟子·滕文公下》）。但却对孟子的仁政主张十分冷漠，毫不热衷。

孟子在齐国不受重用，郁郁不得志，便萌生去意。在他离开齐国时，齐威王馈赠他一百镒的上等金，被他谢绝了。陈臻问孟子为什么要这样做，他回答说："若于齐，则未有处也。无处而馈之，是货之也，焉有君子而可以货取乎？"（《孟子·公孙丑下》）大意是说，我在齐国没有任何理由接受齐威王送给的金钱，这等于是齐威王在拿钱来收买我，哪里有君子能被金钱所收买的呢？

公元前326年，孟子得知宋公子偃称王，准备实行仁政，十分高兴，决定离齐去宋。孟子到了宋国，经过一段时间的观察，发现宋王耽于酒色，并不准备真正实行仁政，孟子也自始至终也没能见到宋王。在宋国他依然不得志，只好又率领学生们返回了邹国。

不久，孟子又来到滕国。滕文公亲自向孟子请教如何治理国家，孟子提出"民事不可缓也"（《孟子·滕文公上》）的建议，即关心百姓是国君最急迫的任务。后来，当滕文公发现，齐国将要在滕国附近的薛筑城，滕国面临被齐国吞并的危险时，很是焦急，就向孟子请教，孟子则告诉滕文公要继续施行仁政，滕文公没有采纳孟子的建议。孟子也感到，滕国不过是一个方圆不足五十里的小国，靠它的力量是不可能施行仁政的，恰逢此时梁惠王重礼招纳贤者，孟子决定前往魏国。

公元前320年，五十二岁的孟子来到魏国。梁惠王见到孟子，第一句话就问："叟，不远千里而来，亦将有以利吾国乎？"（《孟子·梁惠王上》）孟老先生，你不远千里来到魏国，将为我的国家带来什么利益呢？孟子对曰："王！何必曰利？亦有仁义而已矣。"（《孟子·梁惠王上》）意思是说，大王，何必谈利益呢？你只要谈仁义就足够了。孟子最反对国君言利，因为儒家讲的是仁义，孟子就对梁惠王讲了一套施仁政于民的办法。他告诉梁惠王，仁政果真能够实施，就是用木棒也可以抗击拥有坚甲利兵的秦楚军队。梁惠王想要的是雄霸天下的具体办法，孟子却讲了一通空泛的道理。在一个弱肉强食、天下逐利的时代，孟子的主张注定不可能得到梁惠王的青睐。

此后，齐威王死，齐宣王嗣位，孟子便离开魏国，于公元前318年再次到了齐国。齐宣王对孟子很是重视，任命孟子为公卿。孟子在齐国不但当了官，而且还是三卿之一的大官，这使得孟子对齐宣王抱有很大的信心。孟子以效法"先王"，实行"仁政"为核心，引导宣王树立王天下的决心和信心，并提出了民贵君轻的思想："民为贵，社稷次之，君为轻。是故得乎丘民而为天子，得乎天子为诸侯，得乎诸侯为大夫。"（《孟子·尽心下》）意思是说，百姓最重要，土神谷神次要，国君最轻。所以，得到民心的做天子，得到天子欢心的做诸侯，得到诸侯欢心的做大夫。

然而，孟子对齐宣王的很多进言，并未得到宣王的实施。相反，宣王还要求孟子"姑舍女所学而从我"（《孟子·梁惠王下》），先放弃你的仁政主张，按我说的去办吧！宣王非但不接受孟子的主张，还叫孟子舍弃王道仁政，这对孟子无疑是当头棒喝。所以，孟子在接受齐国的卿位后，没有接受卿的俸禄，他对此解释道："于崇，吾得见王，退而有去志，不欲变，故不受也。"（《孟子·公孙丑下》）意思是说，当初我在崇地和齐王见过后，觉得齐王不可能实现我的政治理想，就有了离开的念头，后来我虽然在齐国做官，但离去的念头一直未变，既然天天都想着离开，就不要领人家的俸禄了。

孟子本来打算依靠齐宣王，推行他的政治主张，但齐宣王更倾向于把孟子当作一位德高望重的贤者来尊重。孟子很明白这一点，便决定离开齐国。齐宣王派人告诉孟子："我欲中国而授孟子室，养弟子以万钟，使诸大夫、国人皆有所矜式。"（《孟子·公孙丑下》）意思是说，我齐宣王想在临淄城中，给孟子造一幢大房子，用万钟之粟来养活他们师生，使我国的官吏和人民都有所效法。结果被孟子推掉，因为孟子并不需要被人养起来当门面，成为御用学者，他要实现的是自己的政治理想。

既然在齐国推行"仁政"的愿望落空，孟子只得离开齐国，回到了家乡邹国。这时，孟子已经六十多岁了，在近二十年的各国游历中，孟子以推行王道政治为己任，所到之处，影响甚大，但却没有一国真正实质性地接受他的政治主张。孟子老了，对实现自己的政治理想已不抱希望，他也没有力量率众出游了。于是他隐居乡里，以讲学、著书立说为务，并和学生万章等人整理经典，阐发孔丘的思想学说，并写成《孟子》一书，共七篇。

公元前289年冬日的一天，在屋外寒风呼啸，漫天飞雪中，伟大的教育家、思想家孟子溘然长逝，享年八十四岁。孟子，这位坚持"人性本善"的智者，这位以推行"仁政"为政治理想的学者，这位高喊"虽千万人吾往矣"（《孟子·公孙丑上》）的勇士，这位一辈子孜孜不倦教书育人的圣贤，离开了这个世界。

第二节　为师之乐：育之英才

孟子说："君子有三乐，而王天下不与存焉。父母俱存，兄弟无故，一乐也；仰不愧于天，俯不怍于人，二乐也；得天下英才而教育之，三乐也。"（《孟子·尽心上》）

君子有三大快乐，称王天下不在其中。父母都健在，兄弟姐妹无灾无难，平安幸福，这是第一大快乐；对上无愧于天，对下无愧于人，这是第二大快乐；得到天下优秀的人才，对他们进行教育，这是第三大快乐。

孟子的三大快乐可以概括为三个方面，即家庭平安是一乐、心地坦然是一乐、教书育人是一乐。孟子认为，这三大快乐是任何荣华富贵都无法相比的。

其中，得天下英才而教育之，涉及的是教书育人之乐，也就是为师之乐。育英才之乐，只有从事教师的人，或从事过教师职业的人才能感受到。"至于第三种幸福'得天下英才而教育之',其实是更为明显的幸福。一旦能够做到这一点,对内而言,可以使自己的所学所问传有后人,对外而言,可以使圣学得以发展,使天下得以平治,这也是一种事业,自然也是一件很高兴的事情。"① 世间职业如此之多,孟子唯独把做教师之乐,作为人生三乐之一,既见教师职业的特殊性,又见为教师者之幸福。

身为教师,首要在"得"之乐。得什么,值得做教师的感到无比快乐呢?当然是英才。

得英才,一是得个别少数智商超群的人才,这对于教师而言,是可遇不可求的事情。毕竟天资纵横的英才是极少数,更多的是资质平平的普通人。如此,岂不是只有少数教师是幸运的,得到英才而教,大部分教师只能教普通学生。所以,能得天下才华横溢的英才,殊为不易,倘若果真得之,那就必然如遇到千里马般喜不自胜,做教师的必定是笑逐颜开。

得英才,另一层意思是指教师要善于发现英才。资质平平的普通人未必就不能成为英才,关键在于自己之才能否被发现。每个人都有自己的特长,能够发现这种特长,并培养之,就可能会使每个人都成为英才。所以,英才在于教师的发现。而每个人的特长都处于潜伏状态,发现并不容易。倘若教师善于发现每个人的特长,使每个人都成为英才,看到学生能在自己的鉴别培养之下,个个都成为英才,那当然是最快乐的事情。

得英才,更为根本的是一种得知己之乐。千古知音最难觅,人生难得一知己,在教师的生命过程中,得英才就如同得到学问上的知己。亦师亦友,说的就是为师者能够和学生在学问上、思想上产生共鸣,看似师生,实则是知己的好友。但非英才者,则难以和教师进行真正的思想碰撞,往往是教师曲高和寡之状常见。只有英才,才能够真正理解教师的为学、为人,才能够真正在"懂你"的前提

---

① 杨泽波:《孟子与中国文化》,贵州人民出版社 2000 年版,第 137 页。

下，和教师相互学习，和教师成为志同道合的挚友，对教师而言，这难道不是件非常快乐的事吗？

当然，得英才之乐，并不在于得的结果之乐，更在于得的过程之乐。教师得英才，不是被动消极等待地突然得到了，而是一个积极主动寻求的过程，教师之乐，就在于主动寻求的过程。何处寻求，要寻遍"天下"，"天下"是何其大的范围，寻求人才，无异于大海捞针，希望渺茫。在渺茫的希望面前，教师依然抱着积极主动的态度寻找，这是因为教师在寻的过程中内心总是希望满满的，没有哪怕一丝一毫的气馁和绝望。而一切的快乐都在自己的心里，快乐源于教师的内心，当一个教师在寻找英才时，内心总是充满了期盼，与其说他是在寻找，不如说他是在享受这寻找的过程，这就是得之过程之乐。

由此，得一英才，对教师而言，就有可能成为最快乐、最幸福的人。身为教师，更重要的是在"教育"之乐。教师的"教育"之乐，是一种泽人为己之乐。

为师者，乐见学生进步，青出于蓝而胜于蓝，体现的是一种乐见人善的道德品质。英才之所以是英才，就意味着他可能会产出巨大的成就，甚至超越老师。作为教师者，必须有宽广的胸怀，以无私的奉献为自豪，以他人的进步和成长为乐，才能对英才倾心教授，才能以英才超越自己为目标，并为目标的达成产生无比的快乐。这是一种道德上的满足感给教师带来的快乐。

否则，教师嫉妒英才，时刻困扰于学生比自己优秀，那教师体会到的不仅不会是快乐，而只能是无尽的痛苦。英国伟大的化学家汉弗里·戴维（H. Davy），发现了科学天才迈克尔·法拉第（M. Faraday），并将这位铁匠之子、小书店的装订工招收到皇家学院做他科研助手，可谓独具慧眼。然而，当戴维得知，法拉第在他失败的领域取得了巨大的成功时，他感到区区小实验员超过了作为大科学家的自己，学生超过了老师的声誉，不免自尊心受到了严重挫伤，产生了嫉妒；他不但在学术打压自己的弟子，而且内心充满了懊恼与纠结，学生的成功带给他的只是痛苦。然而，在戴维临死之前，一位守在床前的友人，向他提问并记录遗言：

　　汉弗里·戴维，你一生最伟大的发现是什么？是钠、钾、钙、镁、钡、锶、硼？戴维摇了摇头。
　　是首创电化学？戴维还是摇头。
　　是发明拯救千万生命的安全矿灯？戴维痛苦地闭上眼睛，死神已经逼近……
　　是……是一个人！戴维猛然睁开双眼，在胸前乱舞的手，紧紧抓住友人的胳膊，用尽最后一口气：
　　是……一个人……一个人，法拉第！

　　在离开世界之时，作为老师的戴维终于肯定了法拉第，并以法拉第为自己毕生最大的荣耀，相信在这一天，戴维才真正体会到为师之乐。事实上，使英才成为真正的人才，凸显的是生命价值实现的高贵，教师在实现学生生命价值的时刻，正是教师自身价值真正实现的时刻。为此，教师看到自己的学生成才成人，就会有一种发自肺腑的快乐。

　　为师者，能找到可以传授之英才，将自己毕生之所学进行传授，使自己之所学不至于断绝，并恩泽后人，自然是无比快乐的。英才之为英才，就在于其具有超越常人的资质，以此资质为依凭，既可以很好地继承先辈的文化知识，又能够创造性地开创未来。教师与英才相遇，很大程度上是机缘，甚至是可遇不可求的，倘真能遇到可以托付之英才，倾其所能教育，使自己的学问传诸于后，怎能不欣然自乐。

　　为师者，最大的价值就体现在成就人，成就学生的过程就是教师自我价值实现的过程。教师的奉献不是自我价值的放逐，更不是"春蚕到死丝方尽，蜡炬成灰泪始干"的自我毁灭过程，而是一个成就自我的过程。只不过教师自我的成就，是在成就学生的过程中实现的。

即是说，教师的价值很大程度上不取决于教师，而取决于学生，当你所教的学生一无是处时，作为教师自然也就没有多大存在的价值。从这个意义上讲，当教师由于教育问题，而命丧学生之手时，就是教师最大的失败。相反，学生成就越大，说明教师自我价值实现得越完美，那教师也就越快乐。

教育英才，能够使教师自我价值最大化地实现，当然也就最快乐，孟子以"得天下英才而教育之"为君子三乐之一，这种"乐"绝不仅仅是一般意义上的愉悦和享受，其深层意蕴和实质是教师追求实现自我的人生价值。

当然，英才的教育并不容易，教师之乐的获得并非易事。庸才愚笨，教之甚难，付出很多，且成效甚微，就一般的选择而言，人们大多不愿意教庸才。英才则不同，有聪慧的天资，似乎教起来容易许多，不仅省事省心，还容易出成效，教育英才自然是每位教师梦寐以求的。殊不知，英才之育并不容易，甚至比庸才更难，因为你得了英才，就意味着你只许成功，不许失败。这要求教师自身不仅有卓越的德行和才识，还要有能教育英才的方法，这就并非一般教师所能达到的。从这个意义上看，也只有作为"亚圣"的孟子，才能提出"得天下英才而教育之"作为人生一乐。

第三节　为师之患：好为人师

孟子曰："人之患在好为人师。"（《孟子·离娄上》）人的忌讳和毛病，在于喜欢做别人的老师。

在这里孟子提出了自己极力反对的师道观，即以真理占有者自居，以道义代表者自持，以权威姿态教导他人。也许正是因为如此，好为人师者，事实上很难成为他人之师，对此，明代大儒李贽也不禁感叹道："'好为人师'，哪个去师他？"（《四书评》）

清代著名乾嘉考据学家钱大昕,在一篇《与友人论师书》的文章中指出:"孟子曰:'人之患在好为人师。'古之好为师也以名,今之好为师也以利。"意思是说,古人喜欢做别人的老师,多是为了求名声;今人喜欢做别人的老师,多是为了获得利益。

人们之所以对好为人师趋之若鹜,是因为其中蕴藏着巨大的名和利。教师收取名人学生、官员学生、老板学生等众多弟子,不是为了传道授业,而是从中获取个人的名或利。这些人貌似老师,实则是挂着教师的羊头,卖着名利的狗肉,此教师依然是伪教师了。好为人师,以名利记,目的不纯,只能玷污了教师之名,实是为师之最大忧患。

就"为人师"而言,并没有什么好与不好,孟子所反对者,最为关键处就在于一个"好"字。当"好"和"为人师"结合在一起时,好为人师就体现出一种反教师的态度和行为,就走向了教师的反面。

好为人师的老师,往往以自己的无知为有知,一副装腔作势的姿态,不知羞耻、不知深浅地向学生传授。这种无知的好为人师,一是缺乏真正的教育教学知识,视野狭隘,每天除了应付上课还是应付上课,不关注教育动向,缺乏广泛阅读,不参与教育研讨,不进行任何教育反思,日复一日,随遇而安。这种教师好为人师,就会表现出不懂装懂,装模作样,自己还没真正弄明白到底是怎么一回事儿,却向学生滔滔不绝地讲授,其实不过是徒具其形,而他内在的苍白,必然会误人子弟。

无知的好为人师,另一种情况并不是知识素养的无知,而是缺乏教育智慧的无知。这种教师貌似有知,实则经常受困于教育教学的技能、策略和手段,而很少对自我作颠覆性的反思和提升,缺乏自我心灵的修缮,缺少真正智性方面的修养。

这种教师好为人师,总是自命不凡地妄想着高人一等地拯救他人的心灵,事实上,他们教得越多,就越是在不断地提醒学生们:"你们什么都不懂,你必须得听我的。"也就越可能让学生们越感到自己是多么地无知，甚至失去了继续求知的动力和信心。这也就是法国美学家雅克·朗西埃（Jacques Rancière）所说的"愚蠢化"过程，在这个教育教学过程中，学生被彻底愚蠢化了，失去了自我和创造的能力。

孟子反对好为人师，是因好为人师的教师，把为人师看作自己虚荣心的满足。这种老师把为人师看作一种面子，认为能成为他人的老师是一种表面上的荣耀和光彩。在教育教学中，常常从个人动机出发，将一种暂时、表面、虚假的效果，作为自己行动的动力，对来自他人的表扬和赞美过分渴求，而不允许别人对自己的教育教学提出任何意见。一旦他人对自己有一点儿不同的意见和看法，为了顾全作为别人榜样的面子，即使出了错也不承认，更不用说改过了。

好为人师的教师，一旦把为师与虚荣心联系起来，就会自以为是地教导别人，总以为自己有与生俱来的清高、优越，在教育教学工作中好大喜功、盲目攀比。为了面子，不但失去了自己的本性，而且还试图扭曲别人的本性。

法国哲学家亨利·柏格森（Henri Bergson）曾说过：虚荣心很难说是一种恶行，然而一切恶行都围绕虚荣心而生，都不过是满足虚荣心的手段。好为人师的虚荣心使教师眼中无孩子，而只有名和利，孩子的一切都成了服务于其虚荣心的手段。如此之恶，是教育中绝对不能容忍的；如此之人，又焉能为师哉？

好为人师的老师，很容易自高自大，常常以老师自居，处处在学生面前显示、炫耀自己如何如何的博学，妄图以此说明自己很"能"，本事很大，妄图使学生在心理上永远臣服在自我的脚下，把自己当作偶像一样崇拜。更有甚者，还经常用各种头衔，或自我表扬的介绍，将自己包装起来，使自己在学生面前显得更加高大、高深，学生除了拜服还是拜服。或许这种好为人师的老师，真有点本事，或有点真本事，但如果是从事别的行业或也可以，但却永远不是合格的老师，因为他从根本上否定了学生的创造性和主动性。

王勉曰："学问有余，人资于己，以不得已而应之可也。若好为人师，则自足而不复有进矣，此人之大患也。"① 人们之所以求知、求学，其根本目的在于丰富自我，只有在不得已的情况下，别人来向自己询问，不能不应答而应对一下就可以了。如果只是为了喜欢做别人的老师，就容易自我满足而不求进步，这是做人的一个最大的忧患。

教师有一颗谦逊的心极为重要，尤其对学生，不但能够发现学生值得自己学习的地方，实现教学相长。更为重要的是，能够使学生真正成为学习的主人，最大可能发挥学生在学习中的主动性和创造性。好为人师的教师以炫耀为目的，只是出于逞己之意，他以矜己夸人为追求，觉得自己比别人优越，往往自以为是，自以为有学问，自以为正确，一副高高在上的姿态。对自己来说，很容易陷入自满自足，故步自封，不思深造精进的境地。对学生而言，教师的一言一行都对学生有着巨大的影响，好为人师的教师抬高了自己，贬低了学生在教育中的地位，无疑是对教育的一种极大损伤。

好为人师的教师喜欢以权威姿态教训学生，以为自己的看法是绝对正确的，不容学生进行辩解，表现出绝对的权威。这种好为人师的教师，其实质是把为人师作为一种特权，一种能够把自己的认识和观点强加给学生的特权。表现为教师高高在上，动辄以老师的身份对学生发号施令或教训学生，或者以灌输的方式将自己的想法强加于学生，以此来显示自己在学生面前的威严。

把为人师作为一种权威，就会以"师"压人，不尊重学生的需求，容易以自己的经验来否定学生的做法，习惯于将自己的看法观点强加于学生。这种好为人师的教师逻辑是，我是你的教师，我"吃的盐比你吃的饭多""过的桥比你走的路多"，你作为学生，必须对我言听计从，必须严格服从我的要求和管理，把老师当作自己的楷模榜样，否则就是对老师的不尊重。

---

① 朱熹：《四书章句集注》，中华书局2010年版，第286页。

孟子曰:"人病舍其田而芸人之田,其所求于人者重,而所以自任者轻。"(《孟子·尽心下》)一个人最容易出现的毛病往往在于,舍弃了自己耕种的田地,却到别人的田地里去除草。对别人的责求很多很严,却对自己要求很少很轻松。对教师而言,就是教师的好为人师,这种教师最大的毛病就在于,忘记了教师的本职在于自我不断进步而使学生不断进步,不对自己严格要求,却对学生经常指手画脚,自己都不学习,还大言不惭地要求学生学这个学那个。

孟子曰:"贤者以其昭昭使人昭昭,今以其昏昏使人昭昭。"(《孟子·尽心下》)意思是说,好的教师先使自己明白,然后才去使别人明白,今天的教师则是自己都没有搞清楚,却想去使别人明白。前半句是为人师者的所为,后半句是好为人师者的所为。

好为人师的教师,经常自己都还模模糊糊,没搞清楚,却去教育学生,妄图"以其昏昏使人昭昭",非但不能达到目的,反而会出现相反的后果。更为可怕的是,好为人师的心理会使这些老师不但不去自我反思,而且还要责备学生,如此,必然是谬种流传,误人子弟。

孟子曰:"缘木求鱼,虽不得鱼,无后灾。以若所为,求若所欲,尽心力而为之,后必有灾。"(《孟子·梁惠王上》)意思是说,缘木求鱼虽然得不到鱼,但却没有什么不好的后果。以你的所作所为,追求你想得到的,则越是努力,越是后患无穷。对于好为人师的教师而言,你越是努力,可能对你学生的教育而言,也就越可能是灾难。

所以孟子才谆谆告诫道,做教师的要"以其昭昭使人昭昭"。一个称职的教师绝不好为人师,而是自己知道多少就向学生传授多少,时刻在学生面前保持谦逊的态度。很多时候,做老师的不是在向学生教授什么,而是在向学生学习着什么。譬如医生和患者,医生貌似总在患者之上,什么都比患者懂得多,一旦医生有一天生病了,成了患者,才真正知道作为一个患者的真实感受,才明白向患者学习如何面对疾患方是医生的重要修炼。

孟子曰："行有不得者皆反求诸己，其身正而天下归之。"（《孟子·离娄上》）意思是说，凡是自己的行为得不到预想的效果，都应该反过来思考一下自己。其实只要自身端正了，天下所有的人都会佩服。作为教师的，要在自己所知晓的范围内，尽心竭力地为学生答疑解难，如果遇到确实不懂的问题，就要潜下心来研究一番，得出结论且验证无误，再向学生讲解。由此，教师要克服好为人师的毛病，最重要的还是从自身做起，如孟子所言，时时刻刻对自我进行反思，这样才能真正赢得学生的信任和信服。

第四节 为师之教：不屑之教

孟子曰："教亦多术矣。予不屑之教诲也者，是亦教诲之而已矣。"（《孟子·告子下》）意思是说，教育本来就有很多种方式方法。我之所以不屑进行教诲，其实这种不屑之教本身，就是一种最好的教诲方式。

"教亦多术"是孟子所强调的教育方式方法，主要意思是要求教师要根据不同学生采取不同的方法，有因材施教的意思。为了更好地说明"教亦多术"的思想，孟子又提出了"君子之所以教者五"的思想。

"君子之所以教者五：有如时雨化之者，有成德者，有达财者，有答问者，有私淑艾者。"（《孟子·尽心上》）意思是说，君子进行教育，大概可以分为五种重要的方式：有像及时雨一般进行润泽教化，有偏重于德行培养，有重在才能通达善于任事，有善于解疑答问与释疑解惑，有让学生私下学习以修养自身。

这五种教育方式正体现了孟子"教亦多术"的思想，即是说五种教育方式针对的是五种不同的学生情况，教师的多术是根据学生的多种来进行的。具体而言，孟子用五种教育方式，分别针对五种学生进行教育，不同的学生应根据其不同的发展特性，有所区别地进行教育，这可以说是孔子因材施教思想的进一步具体化的发展。

在孟子看来，"教亦多术"的第一种教育方式是"有如时雨化之者"。这种教育方式的核心在"化"，即所谓"润物细无声"的效果，重在强调教师的点化是一种无形的影响。教师的这种潜移默化的影响，对学生而言就像一场及时雨。

宋代大儒朱熹把对学生的这种教育比喻为"草木之生，播种封植，人力已至而未能自化，所少者，雨露之滋耳；及此时而雨之，则其化速矣。教人之妙，亦犹是也"。意思是说，人们种植草木，细心地播种栽培，草木却不能够自然化育，人们已经付出了最大的努力，所缺少的只是雨露的滋润，这时候下一场及时雨，那草木就会很快生长起来。教育人的神奇之处，就像给草木来一场及时雨一般。

这里朱熹强调的是外在的"雨"的重要性，是说教师的外在引导作用就像"雨"一样，看得见，摸得着。这自然没错，但却忽视了更为重要的"化"的作用，"孟子作为性善论者，相信仁、义、礼、智根于心，而不相信'外铄'的力量。朱熹所解，重'时雨'而轻'化'，属死扣比喻之误"。[1] "化"的作用是无形的，教师轻轻一点，学生内部就会发生巨大的变化，瞬间豁然开朗。

一个"化"字，点出了教育的奇与妙。虽然教育无痕，其力量却惊人，润物虽无声，但却能"于无声处听惊雷"。这种教育方式，正如印度诗人泰戈尔的诗句所言，"不是槌的打击，乃是水的载歌载舞，使鹅卵石臻于完美"[2]，不是有形的手段，而是无形的影响，这才是"时雨化之"的教育。

"时雨化之"的教育，强调的是教师对学生精神内部产生的巨大作用，而要达到这种教育效果，学生则必然是高水平的，求知若渴的，"是程度最高、修养最好、发展最为全面的学生。对这类学生施

---

[1] 陈桂生：《"君子之所以教者五"辨析》，《湖北大学学报》（哲学社会科学版）1997年第5期。

[2] [印度]泰戈尔：《飞鸟集》，郑振铎译，中国书籍出版社2007年版，第85页。

教，只需抓住紧要关节稍加点化，便能豁然贯通"①，这类学生，大概也就是孟子所谓的"天下英才"吧。教师面对这样的学生，要以"化"的方式进行教育，对教师也提出了很高的要求。一个能把握"化"的度，并对学生精神世界产生巨大的无形影响的教师，非有很高的教育教学修养，是达不到的。

　　孟子把"教亦多术"的第二种教育方式定为"有成德者"。"成德者"是针对有长于德行的学生而采取的一种教育方式，之所以采取这种教育方式，是因为这类学生偏重或擅长德行修养，"有成德者，以其因固有之德，但教而成之也"②。意思是说，教师之所以培养这类学生的德行，是因为这类学生本来就有发展德行的优异素质。教师只是采取适合的教育方法，成就了学生自身的高尚品德，使学生成为德行很好的人而已。

　　"有达财者"是孟子强调的第三种教育方式，即所谓的"达财"之教。"达财"也就是"达材"，意思是使学生通达、成才。孟子的意思是说，对于有才识、有才能的学生，要根据其素质才识，施以"达财"之教，使学生的才能得到发挥，成为才识博贯、通达多能的人。

　　"有答问者"作为孟子的第四种教育方式，是指通过问答的方式，对学生进行解惑和释疑，可称为"答问"之教。孟子认为，对学生进行教育，教师应采取问答的方法进行，要做到有问必答，不厌其烦，这样才能使学生得到快速发展。虽然孟子强调"答问"之教的重要性，但孟子也并非什么问都回答，孟子提出："挟贵而问、挟贤而问、挟长而问、挟有勋劳而问，挟故而问，皆所不答也。"（《孟子·尽心上》）意思是说，倚仗权势向我问问题，仗恃贤能向我问问题，依靠辈分向我问问题，凭借功劳向我问问题，以及依傍

---

① 王炳照、阎国华：《中国教育思想通史》（第一卷），湖南教育出版社1996年版，第253页。

② 李学勤：《十三经注疏·孟子注疏》（卷13下），北京大学出版社2000年版，第441页。

交情向我问问题，以这些方式向我问问题，我都不回答。依靠外在的强势力量进行提问，已经不是教育范畴的问题，对这些脱离教育范畴的问题，孟子明确表示绝不回答。

孟子第五种教育方式是"有私淑艾者"。"私淑"是指未能亲自接受老师授业，但敬仰老师的学识，并在私下尊之为自己的老师，故此种教育方式亦可称为"私淑"之教。"私淑"之教强调教师以自己的学识风范感化他人，使之成为自己的私淑弟子。

"私淑"之教针对的是未能亲自当面受业的学生，这类学生表面上由于各种原因见不到老师，不能直接接受老师的教诲，但却私下里学习老师的学问品行，并以此善治其身，这也是一种教育方式。虽然如此，但"'私淑'之法，必不能如时雨化物般及时，也不及其他三法能亲聆教诲，更能得其所需。因此，'私淑'之法，对于不得入其门者来说，实在是迫不得已的一种无奈之法"①。作为"教亦多术"的一种方法，"私淑"之教作为被迫而不得已的选择，更强调学习者自得的重要。从"教"之"术"的意义上来讲，与其说是老师教学生，不如说是学生自己教自己，体现出的是一种自教之术。

孟子从宏观上列举出了"教亦多术"的五种重要之"术"，但这并不意味着"多术"就这五种，孟子只是从自己的切身体会概括出这五种"术"而已。当然，这里教育的方式方法也只是停留在"术"的层面，至于可操作的具体的方法，还要靠为师者自己在教育教学实践中去探索和总结。

教亦多术之后，孟子明确指出了"不屑之教"的思想。由此也可以看出，"不屑之教"应是"教亦多术"中之一术，但又不和上述五种教之术并列，在这里单独列出来，足见其在孟子心中的重要性。事实上，孟子之所以在这里明确提出"不屑之教"，是因为孟子把它看作教之最高境界。

---

① 黄季鸿、朱成涛：《"君子之所以教者五"与"学生层次"论》，《古籍整理研究学刊》2016年第5期。

对于孟子的"不屑之教",一种惯常的理解是,我之所以不肯对他进行教诲,就是让他感到羞愧自惭,进而发愤向上。教师在对学生正面教导效果不佳时,采取故意放弃教育的方法,让学生感到因为自己的原因,教师才疏远自己,不仅羞愧难当,进而努力学习,通过改变自己,重新赢回教师的信任和关注。

这里,"不屑之教"是不从正面讲道理,而从反面激发学生的自尊心,进而激起学生求学的愿望,这自然也算是一种教育的方式。不过,这种理解把"不屑之教"作为一种教育手段来看待,显然是降低了"不屑之教"的深刻意涵。

宋代大儒程颐对孟子的"不屑之教"提出了颇具慧眼的见解,他指出:"不屑之教诲,所以深教之也。"(见朱熹《论语集注》卷九)程子把"不屑之教"看作一种具有深刻意涵的教育方式。"孟子的这种'予不屑之教诲'方法已超越有形有声的教法,而化为了一种高超的'此时无声胜有声'的教育艺术。"[①] 事实上,孟子的"不屑之教"也决不能仅作表面的理解,而应从孟子教师之教最高境界之高度,进行更加深入深刻的剖析。

对学生而言,孟子讲"不屑之教",强调的是学生独立思考的重要性。学习是学生的事,教师不教,就是让学习真正回归学习的主人,这样在学习中才能真正有所收获。孟子曰:"君子深造之以道,欲其自得之也;自得之,则居之安;居之安,则资之深;资之深,则取之左右逢其源,故君子欲自得之也。"(《孟子·离娄下》)大意是说,学生学习是希望自己有所收获,自己有所收获,才能够掌握牢固所学。学生只有牢固掌握了所学,才能逐渐积累深厚。积累得深厚,用起来就能够左右逢源。所以,学生自己学习,必须学有所得。

学生自己学习若想获得收获,就必须进行独立思考,"思则得

[①] 冯文全、冯碧瑛:《论孟子对孔子德育思想的传承与弘扬》,《教育研究》2013年第1期。

之，不思则不得"(《孟子·告子上》)，思考就会有所得，不思考就无收获。学生自己学习，重要的是要主动自觉地去思考，这样才能学有所得，否则就会一无所获，失去了自学的意义。

"不屑之教"的教，就是要充分发挥学生在学习中的积极性和主动性。因为学生在学习中只有自己主动思考，才能对所学东西留下深刻印象。倘若仅听老师讲，自己不深入思考，得到的东西就不太深刻。"不屑之教"要求教师要充分尊重学生学习的独立性，重视学生自主思考带来的体验性，使学生的学习成为一个富有生机的思考过程。

激发学生积极主动思考的"不屑之教"，并不是教师不进行任何传授，而是为了给学生自求自得创造条件，要求教师要做到"不轻授"，即教师要做到适时、有限施教。清代著名学者黄宗羲在《明儒学案·发凡》中记载：

> 胡季随从学晦翁，晦翁使读《孟子》。他日问季随："至于心，独无所同，然乎?"季随以所见解，晦翁以为非，且谓其读书鲁莽不思。季随思之既苦，因以致疾，晦翁始言之。古之人于学者，其不轻授如此，盖欲其自得之也。[①]

意思是说，朱熹（晦翁）教胡季读《孟子》，朱熹问一个问题，胡季答错了，朱熹没有立即予以指正，而是要学生自己去思考。直到胡季思考得生了病，朱熹才把正确答案告诉他。

为此，黄宗羲感叹道：古之人于学者，其不轻授如此，盖欲其自得之也。黄宗羲的意思是说，朱熹之所以不轻易告诉胡季答案，是因为朱熹认为，只有胡季自己思考领悟出来的结果，才会在他心中留下深刻的印象。如果轻易把答案说出来，那么很有可能被学生

[①] 黄宗羲：《明儒学案（全两册）》，沈芝盈点校，中华书局1985年版，第18页。

视为儿戏而不重视。

　　教师"不屑之教"在"不轻授"层面上理解，意味着教师是在学生自求自省而不能自得时，教师才不得已而进行传授，在这里，教师的传授是被动的，学生的学习是主动的。师授与生学，主动与被动，取决于教师一方，教师越是主动地教，学生也就越可能被动地学；反之，教师的教显得被动，学生的学主动性就更强一些，当然，主动与被动相互转化需要一定的度，教师是把握度的关键。

　　朱熹在理解孟子的"不屑之教"时曾说："所谓不屑之教诲也。其人若能感此，退自修省，则是亦我教诲之也。"这里特别强调了学生的"退自修省"，恰恰是教师不屑于教的根本目的，即让学生自己主动思考解决问题，并有所收获。在"退自修省"之前，教师一般是不进行传授的，如此，"由于教师'不轻授'，学生的学自然上升到了教学的首位，学生成为学习的主体"。① 教师貌似未进行教诲，却使学生学习的主体意识提高，对教师的依赖程度降低，其效果胜于教诲。

　　教师的"不屑之教"不是不教，而是不要进行过度教育，以顺应学生自然发展之教。教师对学生的教育不可急于求成，以教代替学，孟子曰："必有事焉，而勿正；心勿忘，勿助长也。无若宋人然：宋人有闵其苗之不长而揠之者，芒芒然归，谓其人曰：'今日病矣！予助苗长矣！'其子趋而往视之，苗则槁矣。天下之不助苗长者寡矣。以为无益而舍之者，不耘苗者也；助之长者，揠苗者也，非徒无益，而又害之。"（《孟子·公孙丑上》）

　　意思是说，去做一件事情，不要有过多预期；但在内心中却要时时刻刻都要想着这件事，只是不要一厢情愿地去刻意强求事情的发生进展。不要像宋国的某人一样：宋国的这个人，嫌自己家种的禾苗老是长不高，于是到地里去，用手把禾苗一株一株地拔高，累

---

　　① 甘民：《论孔子"不轻授"施教方式及其历史影响》，《教学研究》2004年第4期。

得气喘吁吁地回到家，对家里人说：今天可真把我累坏啦！不过，在我的帮助下，总算让禾苗一下子就长高了！他的儿子跑到地里一看，禾苗已经全部死了。天下很少有不犯这种拔苗助长错误的人，认为养护庄稼没有用处而不去管，不过是只种庄稼而不除草的懒汉；妄图一厢情愿地去帮助庄稼生长的人，就是这种拔苗助长的人，非但没有益处，反而害死了庄稼。

以教替学，就是拔苗助长，貌似在很辛苦地教，实则是在很辛苦地毁，教师费了九牛二虎之力，不但对学生没有好处，还会产生坏的影响。教师的"不屑之教"，就是要避免拔苗助长，教师对于学生学习的变化，不可太过主观决定，那样就会拔苗助长，破坏学生学习的正常进行。

但教师的"不屑之教"又意味着教师并非毫不在意，而是要心中时时想着学生的进步。"不屑之教"似是"无教"，而"无教"中终有"教"在，正如明代大儒王阳明所云："我此论学，是无中生有的工夫。"[①] 教师的"不屑之教"就是"无中生有"的功夫，"无"是"勿助"，"生"就是"勿忘""惦念"，"有"就是"效果""结果"。如果没有"生"，使"无"与"有"相隔，不能从"无"中"生"出"有"，那就成为沉空守寂，是彻底的"忘"。教育之道，须从"无"中"生"出"有"，孔子曰："亡而为有，虚而为盈，约而为泰。"（《论语·述而》）无可以转化为有，虚空可以生成饱满丰盈，贫困中蕴藏着富有。教师"不屑之教"的"无中生有"，乃是"无外物而有"，"外物"即教师的教，即是说，学生的学习不必执于外在的教。

"不屑之教"的最高境界是不教而教，就是教师彻底放弃教。在这里，不教意味着教师真正放弃的是教的形式甚至内容，教与教师的身融为一体，就是教师以其身形成的一种势，用孟子的话说就是："引而不发，跃如也；中道而立，能者从之。"（《孟子·尽心上》）

[①] 王阳明：《译注传习录》，邓阳译注，花城出版社1998年版，第149页。

教师的教就如同教射箭一样，教师只拉开弓，作出跃跃欲试的样子，却并不发箭；教师只需自己立于正确的道路上，有能力的人便自然会跟着来。

　　事实上，对于教师和学生而言，如果师弟子之间能够达到彼此的契合无间，学生自可随时体会到教师的教诲。否则，倘若学生与教师心心相隔，那么教师再多的教诲，对学生而言也没有任何作用，即使教师表面上教了，学生也表面上学到了，事实上却不能深入领会，只是强记住知识，无法真正学到东西。正如孟子所说："梓匠轮舆能与人规矩，不能使人巧。"（《孟子·尽心下》）能工巧匠只能够教会别人规矩法则，但却不能教会别人解决问题的能力或技巧。学生之所学，最核心的部分恰恰是教师不教的部分，是学生自我领悟的部分，这部分内容并不是教师可以代替学生实现的。

第 三 章

荀子：起伪之师

两千年政治，既皆出于荀子矣，而所谓学术者，不外汉学、宋学两大派，而其实皆出于荀子。然则两千年来，只能谓之荀学世界，不能谓之礼学世界也。①

——梁启超

第一节　荀子生平

荀子，名况，字卿，战国末期赵国猗氏（今运城临猗）人，时人尊称"荀卿"。西汉时期，要避汉宣帝刘询讳，因"荀"与"孙"二字古音相通，故又称孙卿。荀子生于公元前313年，逝世于公元前238年，享年七十五岁。

荀子是战国时期一位儒家大师，在中国思想史上有着重要的地位，冯友兰先生指出："孟子以后，儒者无杰出之士，至荀卿而儒家壁垒始又一新。"② 荀子又是第一个使用赋的名称和用问答体写赋的人，同屈原一起被称为"辞赋之祖"。

---

① 梁启超：《饮冰室合集·文集三》，中华书局1936年版，第57页。
② 冯友兰：《中国哲学史》（上册），东师范大学出版社2000年版，第212页。

荀子尊崇儒家，据说是孔子的第四代弟子馯臂子弓（即，子弓）的弟子，这一点，从《荀子》一书中可看出一些端倪。在《荀子》一书中，曾经多次把孔子和子弓并提，并给予子弓高度评价。另外，荀子年少时，还经常往来于燕赵之间，遍访名儒宿学，师从根牟子、虞卿等人，学习《诗》《春秋左氏传》等儒家经典，打下了坚实的儒学基础。

荀子十五岁时，开始到齐国游学，东汉应劭在《风俗通义·穷通》中有此记载："齐宣王之时，孙卿有秀才，年十五，始来游学。"① 齐宣王的时候，荀子年少英俊、才能突出，年方十五，开始到齐国游学。齐宣王之时，稷下学宫兴盛，一时成为当时天下学术思想的中心，各家各派著名学者于此会集，他们聚徒讲学，著书立说，蔚为大观。荀子到齐国过后就进入稷下学宫，研究各家各派学说，结识饱学之士，丰富自我学识。就这样，荀子在稷下学宫一待就是十四年，为他日后综贯百家融合为一，奠定了坚实的学术基础。

齐宣王去世，齐闵王执政，不重视稷下学宫，学宫的贤士、先生们纷纷散去，学宫逐渐走向衰落。这时荀子向齐相进言说：治国不能只凭借权力地位，而是要施行"圣人之道"。当今楚国在我们前面牵制，燕国在我们后边威逼，魏国在我们右边虎视眈眈，……一旦有一个国家对我们发动攻击，其他三国必然会乘机进犯，这样必然会导致齐国四分五裂，国家就有灭亡的危险。但是，荀子的意见未被采纳，道不同不相为谋，荀子只得悻悻地离开了齐国。此后，齐国果然被燕国大将乐毅率领的五国联军所败，并攻入齐都临淄，下七十余城，齐闵王也逃往至莒，最终为楚将所杀。

荀子离开齐国，到了楚国，这是荀子第一次到楚。到楚国后，荀子投奔春申君黄歇，做了其家臣。这次荀子在楚国待了七年，他详细考察了楚国的政治、军事和风土人情等，结识了楚国的达官贵

---

① 杨倞：《注荀子》，东方朔导读，王鹏整理，上海古籍出版社 2010 年版，第 3 页。

人，提高了在楚国的影响。荀子在楚国期间，楚国不断遭到秦国的攻击，国势衰微，国都被占，城市被焚，楚国被迫向东北迁都于陈，整个楚国陷入一片混乱。

面对着楚国的混乱，荀子留楚之心已死，此时，齐国的齐襄王把燕国从齐国领土逐出，收复了失地，正力图重修稷下学宫，荀子听到消息，便第二次来到齐国。到了齐国，荀子受到高度重视，齐襄王让他参加了稷下学宫的重建。当时，田骈、邹衍等稷下学宫的元老们已经去世，慎到、接子等学术领袖又不在齐国，荀子在学宫里学问最为渊博，资历威望甚高，成为众望所归的学术领袖。"齐襄王时，而荀卿最为老师。"（《史记·孟子荀卿列传》）这里"老师"的意思是指，学问十分优异、资历最深的学者。这也是我国教育史上"老师"二字首次一起使用，后来，"老师"二字普遍用来称呼教学生的人。因此我们可以说，"老师"的称呼源自荀子。就这样，"最为老师"的荀子，被稷下先生们三次推举为学宫祭酒即学宫的最高领导人长达十四年。后来，荀子遭受谗言，不得不离开齐国，到秦国进行考察。

来到秦国，荀子见到了秦昭王和宰相范雎。荀子劝说秦昭王放弃武力征讨，施行圣王统治，重用儒生，实行王道，完成统一天下的大业。秦昭王非常赏识荀子的才华，但由于秦国实行法治耕战，没有采纳他的政治主张。汉代刘向在《校书序录》中记载："孙卿之应聘于诸侯，见秦昭王。昭王方喜战伐，而孙卿以三王之法说之，及秦相应侯，皆不能用。"大意是说，荀子向秦昭王推销自己的政治主张，秦昭王则喜欢征战讨伐，而荀子以遵三王之道、行三王之法向昭王游说，秦昭王和秦相范雎都没有采用他的主张。荀子以儒治国的思想在秦国无法推行，无奈之下只能选择离开。当此之时，恰有楚国春申君诚心邀请荀子入楚为政，荀子也顺势离开秦国，第二次来到楚国。

在公元前255年前后，也就是荀子五十九岁的时候，来到了楚国。在楚国，荀子很受春申君黄歇赏识，被封为兰陵令，这大概是荀子唯一一次正式担任行政职务，也是荀子一生中的最高官职。荀子任兰陵令后，一批擅权专政的楚国士大夫们，嫉妒荀子的才能，决意将荀子驱逐出楚国。刘向在《别录》中记载："人或谓春申君曰：'汤以七十里，文王以百里，孙卿贤者也，今与之百里地，楚其危乎！'"有人对春申君进谗言说，成汤以方圆七十里的地方统一天下，文王以方圆百里的土地让诸侯臣服，荀子是个贤名的人，却给他百里之地，楚国危险了！春申君顿时心生疑窦，便辞掉了荀子。荀子被迫无奈，只得离开楚国，前往赵国。

在赵国，荀子被赵孝成王待为上卿。荀子曾与临武君议兵于赵孝成王前，以为"用兵攻战之本在乎壹民"，"善附民者，是乃善用兵者也"（《荀子·议兵》），意思是说，用兵作战的根本在于使百姓和自己团结一致，善于使百姓归附的人，才是真正善于用兵的人。荀子的军事思想得到了临武君和赵孝成王的交口称赞，但赵孝成王并未真正采用荀子的观点。不得已，荀子只好离开母国，重返齐国稷下学宫。荀子在齐国待了不久，又遭人造谣中伤，只好再次离开齐国。

荀子离开齐国，正彷徨不知所往之时，楚国有人向春申君建议说："昔伊尹去夏入殷，殷王而夏亡，管仲去鲁入齐，鲁弱而齐强。夫贤者所在，君尊国安。今孙卿，天下贤人也。君何辞之？"（《战国策·楚四》）意思是说，当年伊尹离开夏进入殷，殷就称王而夏就灭亡了。管仲离开鲁国来到齐国，鲁国就变得衰落，而齐国则逐渐强盛起来。因此，贤人到了哪里，哪里的国君就能得到尊重，国家就能兴旺发达。当今的荀子，是天下闻名的贤人，您为什么要辞退他呢？此时，春申君也后悔当初把荀子赶走，就立刻派人把荀子请到楚国来。

荀子到了楚国，再次出任兰陵令，一干就是十七年。此间，荀子一边从政，推行"节用以礼、裕民以政"的政策，农工商各业繁荣向上；一边写作，实现了著书立说的夙愿。荀子在楚国期间还有一大贡献，他把屈原的"楚骚"文体，与《诗》中"赋"的模式相结合，开创了介于诗歌与散文之间的崭新文体，即"赋"。《荀子·赋篇》共诗赋十篇，由荀子创作，在我国文学史上，是第一部以赋名篇的文学作品。正是因为荀子是第一个使用赋的名称和用问答体写赋的人，他和屈原才一起获得了"辞赋之祖"的美誉。

在楚考烈王二十五年，楚相春申君被其门人李园杀害，荀子受牵连被免去兰陵令。去官之后，荀子就在兰陵定居，继承孔子的传统，在家聚徒讲学，传授儒家学说，直至去世。就这样，荀子走完了他游学、问政、立说的人生。

荀子一生并没有获得显赫的官位，但他所创立的思想，既赓续了儒家的思想，又成为开启后世思想的源泉。对此，李泽厚先生明确指出："荀子可以说上承孔孟，下接易庸，旁收诸子，开启汉儒，是中国思想史上从先秦到汉代的一个关键。"[1] 近代学者谭嗣同更是将荀子的学问，夸张地提高到了无以复加的地位，"二千年来之政，秦政也；二千年来之学，荀学也"。[2] 此说固然言过其实，却也在一定程度上体现了荀子学说的巨大影响力。

第二节　教师之用：隆礼起伪

荀子非常重视教师对国家的作用，把教师的地位，提高到国家兴衰存亡的高度来认识。在中国教育史上，荀子是第一个明确地把教师与天、地、君、亲并称的思想家。荀子以振聋发聩的语言指出："国将兴，必贵师而重傅，贵师重傅则法度存。国将衰，必贱师而轻傅。贱师而轻傅，则人心快，人心快，则法度坏。"（《荀子·大略》）国家将要振兴强盛的时候，一定会尊敬教师，教师受到尊重，

---

[1]　李泽厚：《荀易庸纪要》，《文史哲》1985年第1期。
[2]　谭嗣同：《谭嗣同全集》（增订本），蔡尚思、方行编，中华书局1981年版，第335页。

国家的法律制度就能得到保存和施行。国家走向衰败之时，必然鄙视轻贱教师，教师不被尊重，人们就会肆意放纵，国家的法律制度就会遭到破坏。可以看出，荀子把教师的地位抬高到前无古人、后也鲜有来者的崇高地位，把是否尊重教师，看作一个国家盛衰的晴雨表。

荀子进一步指出："天地者，生之本也；先祖者，类之本也；君师者，治之本也。无天地，恶生？无先祖，恶出？无君师，恶治？"（《荀子·礼论》）天地是人类生命存在的本源，祖先是我们族类的根本，君师是国家治乱的根本。没有天地，就没有生命的存在，没有祖先，就没有我们族类的存在，没有教师，就没有天下天平。

正是滥觞自荀子，才有了对后世影响甚深的"天地君亲师"的排序。著名国学大师钱穆先生曾指出："天地君亲师五字，始见荀子书中。此下两千年，五字深入人心，常挂口头。其在中国文化、中国人生中之意义价值之重大，自可想象。"[①] 天、地自不必说，人类生命存在的基本环境，不可缺少。亲乃血缘关系，自是和君、师不同。君治理国家靠的是权力，教师则直指人心，师之所以和君并列，"因为有君无师，单纯依靠权势，依靠政令和法律来强制人民，也治不成。就是说，没有师进行道德教育、文化教育，养成才德兼备的各类人才，养成淳厚美善的社会风尚，单靠赏罚，单靠压制，就杀也不服，赏也不服。不服则大乱起，而国家就治不了"[②]。治理国家，既要有外在的权力，更需要人心的教化。教师承担的就是人心教化的责任，涉及国家的安定，地位自然是其他职业所不能比。

荀子将师的地位进行如此的拔高，还有一层更重要的意涵，即天下人莫不有师，有师，方能明事理，正己误。君王亦有师，有君无师，君不虚心请教明师，非但不能作出什么事功，很可能会走向国破身亡的下场。

---

① 钱穆：《晚学盲言》，广西师范大学出版社2004年版，第242页。
② 王维庭：《天地君亲师考释》，《文史哲》1984年第4期。

教师不但地位高，而且更是礼的化身。儒家把礼看得很高，"礼者，天地之序"（《乐记·乐论》），认为礼是天地间秩序的象征。荀子也指出："人无礼，则不生；事无礼，则不成；国家无礼，则不宁。"（《荀子·修身》）做人不讲礼，就无法生存；做事不讲礼，就不可能成功；一个国家不讲礼，就不会安宁。在荀子看来，师与礼是一体的，而且师更为根本，师是礼之本，"故礼，上事天，下事地，尊先祖而隆君师，是礼之三本也"（《荀子·礼论》），礼有三个根本、天、地和人间的君、亲、师，教师是礼的根本之一。

作为礼的化身的教师，肩负着端正礼法的职责，"礼者，所以正身也；师者，所以正礼也。无礼何以正身？无师，吾安知礼之为是也？"（《荀子·修身》）礼，是用来端正身心的；老师，是用来端正礼法规范的。没有礼，用什么来修正自己的身心？没有老师，我怎么知道礼之所以是礼的根由？

荀子高度尊崇礼法，又认为礼法离不开教师，教师是礼法的守望者和看护人，没有教师，人们也就难以真正从内心接受礼法。即是说，只有通过教师，礼才能得以推行，深入人心，才能真正达到礼对人们思想行为规范的目的。

礼只有通过教师才能真正发挥作用，离开了教师对礼的阐释，就可能走向妄乱："不是师法，而好自用，譬之是犹以盲辨色，以聋辨声也，舍乱妄无为也。"（《荀子·修身》）不遵照老师教导的礼法规定去做，而喜欢自搞一套东西，就好像是叫盲人去辨别颜色，叫聋子去辨听声音，除了这些荒唐的举动之外，是不可能有别的作为的。在这里，荀子形象地把"礼"比喻为颜色、声音，而教师则是辨色之目、辨声之耳，离开了教师的教导，就好比是聋子辨声、盲人辨色，肯定会陷入虚妄和混乱。可见，在荀子看来教师就是礼义的化身，只有向教师学习礼义，才能掌握礼义规范；如果没有教师的教导，人在本性的诱使下，只能走向放纵无序。

荀子认为，在个人发展中，教师起着化性起伪的作用。荀子说："人之性恶，其善者伪也。"（《荀子·性恶篇》）人的本性趋向于邪恶，人们善良的行为是后天努力改变的结果。人性在本源上是恶的，但这种恶是可以改变的，人能够通过后天的教育，改变这种恶性而走向善。

教师则在人性的改造中，有着不可或缺的作用，"今人之性恶，必待师法然后正，得礼义知后治。今人无师法，则偏险而不正；无礼义，则悖乱而不治。"（《荀子·性恶篇》）人的本性是邪恶的，一定要依靠教师进行礼法的教化，才能端正，一定要得到教师进行礼义的引导，才能治理好。倘若人们没有教师进行礼法教化，就会走向偏邪险恶和不端正；没有教师进行礼义引导，就迈向叛逆作乱而不守秩序。可以看出，人类社会之所以向好的方面发展，是因为有教师的存在，正是教师对人们进行礼法的教化，才使人们改变邪恶的本性，使人们向善。

正是教师承担着改变人性的责任，荀子才坚定地指出："有师法者，人之大宝也；无师法昔，人之大殃也。人无师法，则隆性矣；有师法，则隆积矣。"（《荀子·儒效》）有老师教授礼法，是人存在于世上最为宝贵的东西。没有老师教授礼法，是人存在于世最为糟糕的事情。人要是没有老师传授礼法，就会推崇发展恶的本性了。有了老师传授礼法，就会增加学习积累而向善了。

反之，"人无师无法而知，则必为盗；勇，则必为贼；云能，则必为乱；察，则必为怪；辨，则必为诞。人有师有法而知，则速通；勇，则速威；云能，则速成；察，则速尽；辨，则速论。"（《荀子·儒效》）人如果没有老师的教导又不懂得法度，当他具有智慧时，就会成为强盗；当他具有勇气时，就会成为窃贼；当他具有才能时，就会造成祸乱；当他具备洞察力时，就会发表奇谈怪论；当他善辩时，就会虚妄欺诈。人如果有了老师的教诲，懂得法度，当他具有智慧时，就能很快显达；当他具有勇气时，就能很快威武无比；当他具有才能时，就会很快取得成功；当他具备洞察力时，就能很快通达事理；当他善辩时，就能很快辨别是非。

人性的改变存在于教师的言传身教中，教师是保证个人正确发展的最重要因素。荀子认为，任何人都有两种发展的可能，要么任由其本性发展，最终走向恶；要么对人"化性起伪"，改造人之最初邪恶的本性，使之向善发展。而人要祛除邪恶，发展为善，关键就在于有没有可供效法的教师，荀子曰："干、越、夷、貉之子，生而同声，长而异俗，教使之然也。"（《荀子·劝学》）干国、越国、夷族和貉族的孩子，生下来时而他们的哭声是一样的，他们长大后却习俗不同，这是因为后天教师教化的结果。人的才质不是一成不变的，人的天性是可以由后天的人力进行改变的。"生而同声"的人，之所以"长而异俗"，就是由于接受了教师教诲的结果。

荀子曰："人虽有性质美，而心辩知，必将求贤师而事之。"（《荀子·性恶》）人虽有良好素质，较好的辨别能力，但也定要找优秀的教师学习。教师在人的进步中，起着教育感化与引导促进作用，人必须寻求教师进行学习，才能进步。

正是"教师"，为人性由恶改变为善提供了"入口"，没有这个"入口"，人性只能在邪恶的圈子里游荡徘徊。从这个意义上可以说，无师就无人，一个人只有受过教师的教导，才能称为真正的人。由此，在荀子看来，礼以师为准，师是一切言行的准则，教师以身作则、以己示范于人，就显得特别重要。

从荀子关于教师地位和作用的论述来看，教师这一称谓，在荀子心中，具有至高的地位。这和荀子对教师的认识全面深刻不无关系，"荀子对于教师的认识，其全面深刻的程度，已远远超过前代的许多大师"。[①]

第三节　教师之教：以善先人

荀子曰："以善先人者谓之教，以善和人者谓之顺；以不善先人

---

① 王炳照、阎国华：《中国教育思想通史》（第一卷），湖南教育出版社1996年版，第297—298页。

者谓之谄，以不善和人者谓之谀。"（《荀子·修身》）意思是说，用善来引导人就叫作教诲，用善来响应人就叫和顺；用不善来引导人就是谄佞，用不善来附和人就是阿谀。

对于教师而言，教的本质就是以善来引导学生。"以善先人"对教师而言，有两层意思，一是教师之善，二是教师引导学生向善。

教师引导学生向善，才谓之教诲，荀子在这里，把善作为教育的根本目的，这与赫尔巴特把道德作为教育的最高目的有异曲同工之妙。对教师而言，传授给学生知识固然重要，但更根本的是教会学生做人，使学生成为一个善良的人。

教育是善的事业，教师是从事善的事业的引路人，这要求善的品质是教师的第一素养。教师要引导学生为善，首先要求教师要自己先为善，"夫师，以身为正仪而贵自安者也"（《荀子·修身》）。老师就是以身作则的人，教师只有不断提高自我、完善自我、净化自我，不断加强自我善德的修炼，才能使自己成为一个品德高尚的人。荀子说："君子絜其身而同焉者合矣，善其言而类焉者应矣。"（《荀子·不苟》）品德高尚的人正是因为自身高洁，才能使其他想成为节操高洁的人产生应和，品德高尚的人言论充满了善，才能使其他想成为言善者主动响应。只有品德高尚的人才能引导他人向上，只有品德高尚的教师，才具备引导学生向善的资格，也才懂得怎么去引导学生向善。荀子说："上者下之师也，夫下之和上，譬之犹响之应声，影之象形也。"（《荀子·强国》）品德高尚的人是其他人学习的老师，其他人向老师学习，就好像声音的回音，人的影子。

教师要做到先善，就要做到化性起伪。荀子曰："人之性恶，其善者，伪也。"（《荀子·性恶》）人的本性是邪恶的，那些善良的品行，是通过人为的努力而形成的。在荀子看来，教师为善的过程，就是消除自我人性中本有的邪恶，通过不断的努力，形成善的品性。

教师善品性的形成，在荀子看来"积"的功夫至关重要。荀子曰："性也者，吾所不能为也，然而可化也。积也者，非吾所有也，然而可为也。注错习俗，所以化性也；并一而不二，所以成积也。"

（《荀子·儒效》）本性是我们无法造就的，但可以通过教育使之发生改变。善性的积累，是通过我们努力而造就的。对人的安排措置以及习惯风俗，是用来改变本性的；专心致志地学习而不三心二意，才能使人的习性积聚成美德。

对教师而言，善性需要通过不断努力积累才能形成。教师善德的形成，主要是靠后天的学习和努力，只要你从事教师这个职业，就意味着你要在教育教学生活中，不间断有意识地去形成善德，这是教师这个职业本身的要求。

"积"不是一个一蹴而就的过程，而是一个每时每刻都在做的过程。这要求从一件件很微小的事情做起，要"善小而为"，以使教师内心每时每刻发生微小的改变，最终就能够"积善成德"。正如荀子所说："积土成山，风雨兴焉；积水成渊，蛟龙生焉；积善成德，而神明自得，圣心备焉。"（《荀子·劝学》）意思是说，积土成为山，风雨就会从那里兴起；积水成为深潭，蛟龙就会在那里生长；积累善行，就会能达到很高的道德境界，圣人的修养也就具备了。教师善品性的积累，一旦达到一定程度，发生了质变，就会产生教师所需要的真正善的境界。

荀子曰："故人知谨注错，慎习俗，大积靡，则为君子矣；纵性情而不足问学，则为小人矣。"（《荀子·性恶》）所以人们知道谨慎地注重行为举措，慎重地处理习俗，有大的积累，就能成为品质优异的人；放纵自己的情绪和性格，而不从点滴做起，去问去学，就会成为品质恶劣的人。品质优秀的教师和品质不良的教师，区别就在于"积"和"纵"。一个时常关注并反思自己教育教学品行，从中不断积累有益养分的教师，就会成为品质优秀的教师；反之，倘若教师放纵自我，不进行自我约束，轻则使自己陷于平庸，重则足以使自己成为品质不良的教师。

具备一定的道德操守，是教师先善的重要支撑力量。荀子曰："德操然后能定，能定然后能应，能定能应，夫是之谓成人。"（《荀子·劝学》）有了坚定的道德操守，才能有坚定不移的立场；有了坚定不移的立场，才能对各种诱惑应对自如；有了坚定不移的立场和对诱惑的应对自如，才能成为道德高尚的人。也就是说，教师要想成为道德高尚的人，就要始于有道德操守。教师只有具备坚贞的道德操守，才能不断地维护、保有和发展由"积"而来的善，才能逐渐养成高尚的师德境界。

教师应具备什么样的道德操守呢？荀子曰："是故权利不能倾也，群众不能移也，天下不能荡也。生乎由是，死乎由是，夫是之谓德操。"（《荀子·劝学》）权力和利益面前不会有邪念，人多势众也不能使之屈服，天下一切之物都不能动摇他的信念，到死也不会改变，这就叫作有道德操守。教师要有道德操守，就意味着教师要有自我为师的道德坚持、道德信念和道德信仰，也就是孟子的"贫贱不能移，富贵不能淫，威武不能屈"所蕴含的坚定的道德意志。没有道德操守这种力量的支撑，教师之善德就无法保持始终如一，甚至可能会突破道德底线，滑向失德的危险。

教师之教，除了自己要为善之外，更重要的是要引导学生向善。荀子所谓的"以善先人者谓之教"，就是讲教师的教要以善为目的和根本追求。正所谓"师也者，教之以事而喻诸德者也"（《礼记·文王世子》），所谓教师，就是既要向学生传授事理，也要对学生进行道德教化。用荀子的观点来看，传授事理的"教之以事"只是一种手段，而进行道德教化的"喻诸德"才是最终的目的。即是说，教师之教，在传授给学生"谋事之才"与"立世之德"之间，传德则更为根本。

如何向学生进行善的教诲呢？

荀子认为，教师为学生营造一个善的学习环境至关重要。荀子认为环境在人性的改变中，具有决定性意义，甚至把环境对人性的影响，看作无形的量变的积累。荀子说："居楚而楚，居越而越，居夏而夏，是非天性也，积靡使然也。"（《荀子·儒效》）在楚国居住的人，就按照楚国的习俗生活；在越国居住的人，就按照越国的习俗生活；在中夏居住的人，就按照中夏的习俗生活。这并非人的天性，而是习俗的积累，才使他们形成这样的习惯。一个人长时期在某种习俗的环境中接受影响，积累到一定程度，就必然会改变自己的人性发展方向。

荀子说："蓬生麻中，不扶自直，白沙在涅，与之俱黑……故君子居必择乡，游必就士，所以防邪辟而近中正也。"（《荀子·劝学》）蓬草生长在笔直的丛麻中，不须扶持，就能长得和麻一样挺直；把白沙丢在黑泥里面，就会和黑泥一样黑。所以，君子居住，就要选择一个良好的居住环境，交朋友就要选择有道德的人，这其实就是防止邪恶、接近正道的一种方法。可以看出，荀子非常重视良好道德环境在培养人美好道德品质中的作用和意义。对于教师而言，要培养学生善良的道德品质，教给学生一些重要的道德知识以提高学生的道德认识固然需要，但更重要的是为学生营造一个有组织、有目的、有选择的良好道德环境，这对学生的改变可能更具根本性作用。毕竟，即使是道德品质优良的人，处在污秽的道德环境里，也很可能会随着污秽的环境而变坏。

教师对学生进行善的教诲，还要"善假于物"。荀子说："登高而招，臂非加长也，而见者远；顺风而呼，声非加疾也，而闻者彰；驾舆马者，非利足也，而致千里；假舟楫者，非能水也，而绝江河。君子生非异也，善假于物也。"（《荀子·劝学》）登到高处招手，手臂并没有加长，远处的人却能看到；顺着风向呼喊，声音并没有加大，听的人却能听得更加清楚；驾乘车马的人，并不是自己脚走得快，却可以到达千里之外；乘坐舟船的人，并不是自己水性特别好，却可以横渡大江大河。品德高尚的人并非天生就和别人不一样，他之所以品德高于一般人，只不过是善于借助外物罢了。

"善假于物"意味着当对学生进行善的教诲时，除了要向内挖掘教育潜力之外，还要向外争取最大的可能，充分利用周围已有的教育教学条件，善于借助一切对实现目标有利的形势和机会，让外部力量在学生品格教育中发挥最大的作用。这是在告诫教师，不要遗忘了外在于自身和教育的东西，那很可能是教师借以走出黑暗的光明。真正有头脑的教师，往往善于利用自己身边的一切事物，去获取最大的教育效能。教师教育无法取得成效的瓶颈，很多时候在于教师自己眼光的方向，那无意的向外一瞥，可能就是突破瓶颈的出路。很多时候，我们只是闷头搞自己的教育，但这恰恰是自己教育搞不好的根本原因。譬如历史的经验，很多教师对历史上那些熠熠生辉的教育智慧置若罔闻，不去读、不愿读、不想读、不会读，只停留在且满足于自己那点轻浅的经验之上，就是一种典型的不"善假于物"。

教师对学生善的教诲，还体现在敢于指出学生的错误。荀子说："非吾而当者，吾师也。"（《荀子·修身》）指出我的缺点和错误，对我进行中肯批评的人，是我的老师。指出别人错误，会让别人感到不舒服，甚至会引起别人的敌视，作为旁观者清之人，除非父母和老师，没人会指出你的错误。所以，在荀子看来，除了父母，能够真诚指出我的错误的人，就是我的老师。事实上，批评也是一种善，是一种指明恶并寄希望克服恶的善，教师对学生进行善的教诲，必须要善于运用批评，指出学生身上出现的需要克服的过错，这是学生走向善的重要途径。

教师教诲学生向善，更重要的是对学生要有不抛弃、不放弃的锲而不舍精神。荀子说："锲而舍之，朽木不折；锲而不舍，金石可镂。"（《荀子·劝学》）如果雕刻几下就丢掉不再雕刻了，就是腐朽的木头也不可能刻断；如果坚持不停地用刀刻，就连金属和石头这样坚硬的东西，也能够雕刻成花饰。孩子向善品性的形成，绝不是一朝一夕的事情，且每个学生的具体情况相差甚大，教师在教育学生向善的过程中，肯定会遇到这样那样的困难，甚至会出现让教师感到绝望的充满失败感的挫折，倘若没有锲而不舍的精神为支撑，恐怕很难取得好的教育成效。荀子强调作为教师，最最可贵的精神就是绝对不能放弃每一个孩子，这是做教师者的最基本责任，也是最高责任。对教师来说，放弃了孩子，就等于放弃了教育，教师放弃了教育，还是教师吗？可以说，放弃了孩子，在孩子失败的同时，也是教师的失败。

第四节　教师修养：师术有四

荀子说："故近者歌讴而乐之，远者竭蹶而趋之，四海之内若一家，通达之属莫不从服。夫是之谓人师。"（《荀子·儒效》）意思是说，身边的人会歌颂他、爱戴他，远方的人会不辞辛劳去投奔他，四海之内就像一家人一样，凡是能到达的地方，没有谁不佩服之至。这样的人就可以称作老师了。在荀子看来，老师就是能够得到他人由衷赞赏佩服的人，服人之人才可以为师。

那么，什么样的老师才能让人佩服呢？荀子认为，教师只有达到以下四点，才能让人佩服。

荀子说："师术有四，而博习不与焉；尊严而惮，可以为师；耆艾而信，可以为师，诵说而不陵不犯，可以为师；知微而论，可以为师。"（《荀子·致士》）意思是说，教师除了具备渊博的知识这一基本条件之外，还必须具备四种素养：有尊严、让人敬畏者，可以为师；有高尚信仰、丰富经验者，可以为师；诵说有条不紊，能循序渐进者，可以为师；精通细微的道理，有独到见解者，可以为师。

在这里，荀子虽然说的是师术有四，但却有一个前提，即"博习不与焉"，就是教师要具有渊博的知识这一点，应是教师最根本的一点，是成为教师的前提条件。而后面提到的四个方面，也不是说做教师的就具有这四个条件就行了。从荀子的论述来看，教师还应具备这四点之外的其他一些条件，这四点只是核心。故就严格的师术有四言，可以概括为"一个前提，四个核心"。

作为教师，具有渊博的知识，这自不必言，无知者是不能为师的。荀子曾嘲讽地说："今学曾未如肬赘，则具然欲为人师。"（《荀子·宥坐》）当今有些人，自己的知识学问不但少而且毫无用处，却自满自足、恬不知耻地想做别人的老师。自己腹中空空，又如何能教别人呢。荀子在这里提到"博习不与焉",即抛开博习不说,其实并不是不说,而是觉得如此之浅显道理,就不用多说了,"'博习',同为师,并非无干,相反,同荀子所提到的'师术'相比,孤陋寡闻,更不堪为师"。① 为师者,不能博习,就只能会误人子弟不浅,所以,知识渊博是师之为师的根本和前提。

"尊严而惮,可以为师""无论中外,尊严的初始含义基本上都是指人的高贵、威严与神圣不可侵犯"②,对于教师,"尊严"二字具有至高的意义,因为它们饱含着教师教化天下的炽热之情,知识分子的责任担当,和为师者的强烈使命感。一个真正有尊严的教师,才会全身心投入以生命温暖生命、以灵魂碰撞灵魂的教育中去,才能真正实现师之为师的内在价值,才能彰显教育的本真。

教师作为学生心灵完满和实现的助推者,唯有以自己的思想深厚,方能实现自己的使命。帕斯卡尔说:"人的全部尊严就在于思想。"③ 教师尊严的本根在于思想,教师显然是因为思想而存在的,教师的全部责任也在于按恰当的方式思想。教师只有保持思想独立,才能产生独立的人格和求知欲望,才能在教育教学中体现与实践自己的思想,才能最终获得作为教师的尊严。

康德说:"只有道德以及与道德相适应的人性,才是具有尊严的东西。"④ 教师只有具备了完善的道德人格,才能支撑起尊严。马克思指出:"尊严是最能使人高尚起来、使他的活动和他的一切努力具有更加崇高品质的东西,是使他无可非议、受到众人钦佩并高出于众人之上的东西。"⑤ 那些最能使教师高尚起来,并使教师的活动和

---

① 陈桂生:《荀子"师术"说辩析》,《云梦学刊》1997 年第 3 期。
② 高德胜:《人的尊严与教育的尊严》,《高等教育研究》2012 年第 2 期。
③ [法] 帕斯卡尔:《思想录》,何兆武译,商务印书馆 1985 年版,第 157—158 页。
④ [德] 康德:《道德形而上学原理》,苗力田译,上海世纪出版集团 2005 年版,第 55 页。
⑤ 《马克思恩格斯全集》(第一卷),人民出版社 1995 年版,第 458 页。

努力具有高尚品质的东西，就是教师至高意义的体现，即尊严。所以，尊严者，才可以为师，荀子的话可谓至理名言。

惮，畏也，是要求教师要有所敬畏，敬畏什么呢？畏不知其所畏者是什么，畏是没有对象的，不是就某一件事而感到害怕。对做教师者而言，畏意味着，要时时刻刻小心翼翼，谨慎自己的思想言行，无论有没有外在的监督与提醒，都要谨慎儆戒，都要如此这般地行为思想。"是故君子戒慎乎其所不睹，恐惧乎其所不闻。莫见乎隐，莫显乎微，故君子慎其独也"（《礼记·中庸》），品德高尚的人，在无人能看见、无人能听见的地方，也能谨慎言行，保持清醒。最隐蔽的东西，最能体现一个人的品质，最微小的东西，最能看出一个人的灵魂，品德高尚的人，在独处之时，也不会做任何不道德的事。畏之所畏者，就是教师这个词，所蕴含的意义和价值，它不彰不显，但一想到教师这个词，就能让为师者时刻保持谨慎清醒。

"耆艾而信，可以为师"。古以六十岁为耆，五十岁为艾，耆艾，泛指上了年纪，有德有知有经验，并为人们所敬仰的老人。按照荀子的意思，人只有到了一定年纪，方可为师，年老才能为师，"老思死，则教"（《荀子·法行》），意思是说，年纪大了而不去教育下一代，死也不能瞑目。"幼不能强学，老无以教之，吾耻之"（《荀子·宥坐》），意思是说，小时候不勤奋学习，到老之时没有学问教给别人，我对此感到羞耻。

在荀子看来，师和年龄岁月密切相关，无老不成师，老师称谓之意蕴，怕是荀子开其滥觞的。当然，对荀子此言的理解，不能只限于把"老"理解为年龄，应从知识、品行的"老"来理解，意思是教师这个行业，需要长期的知识、品行积累，否则不能为师。荀子此言是在提醒我们，绝不要低估教师这个行业的难度。

为师者只有"老"还不成，还必须要有"信"。"信"字在《荀子》出现了107次，是荀子非常重视的一个主题，荀子把信与教师联系起来，是因为在荀子看来，信是教师之为教师的一种重要修养，无信者不可为师。教师之信，首先是一种信仰，意味着教师要有崇高的教育信仰,教师的教育信仰是教师的情感、意志和愿望的集中体现,是教师对教育极度尊崇的情感状态,是渗透教师教育生命、并撑持教师进行教育活动的内在精神。教师信仰教育并选择教育,才可能在教育教学的实践中真正体验到生命的意义和价值。

在荀子看来,教师之信,还是一种"诚意之信"和"实言之信"。"荀子之'信'既是与言说相关的一个概念,又是与意识相关的一个概念。在言说领域,'诚信'或'信'是指出于诚心而非虚情假意的实言;在意识领域,'信'是指实言所由以出之的诚意——前者是'实言之信',后者是'诚意之信'。'实言之信'是指对别人所讲的话完全出于自己的一片诚心,绝无虚情假意的成分;而'诚意之信'则与'忠'同指实言所由以出之的诚意。"① "荀子更将'信'作为一种道德情感——'诚意之信'加以提倡,以求人们以真诚之心彼此相待。"② 其实,荀子所言教师之信,既有"实言之信"之意,又有"诚意之信"之意。

教师的"实言之信",要求教师在言语上不欺学生,说到做到。而且,教师对学生的言语,既不是虚张声势的夸赞,也不是装腔作势的告诫,不管是告诫还是赞扬,决不能虚情假意,要实言相告。

教师的"诚意之信",就是要求教师要以真心对待学生,要发自内心,诚心待之,不能有半点做作和敷衍。学生的心,如水晶一样,明亮剔透,能敏感地捕捉到教师内心深处发出的信息,"君子者,信矣,而亦欲人之信己也"(《荀子·荣辱》),品德高尚的人,对别人真心诚意,也希望别人对自己真心诚意。教师唯有诚意待学生,方能换来学生诚意的回馈。

"诵说而不陵不犯,可以为师。"诵,是朗读之意;说,是解读、讲解之意。诵说是荀子对教师进行语言讲授的要求。教师总要通过

---

① 周可真:《儒道之"信"探微》,《杭州师范大学学报》(社会科学版)2015年第3期。
② 周可真:《儒道之"信"探微》,《杭州师范大学学报》(社会科学版)2015年第3期。

语言来进行讲授，同样的内容，不同的老师讲授，会有不同的效果，教师的语言讲授力水平高低具有决定性作用。荀子对教师诵说提出的要求是"不陵不犯"，陵，是超越、逾越之意；犯，是抵触、违反之意。不陵不犯，就是要求教师的诵说不要逾越和违反诵说的要求。

那么，教师诵说的要求有哪些呢？应从三个层面理解。

一是诵说的语言。教师诵说的语言是有一些技术要求的，通过诵说语言的技术修炼，可以使教师的课堂语言简练清晰，生动流畅，顿挫有致，韵味纯厚，委婉动听。在具体的技术上，教师的诵说语言，要达到语音清晰、标准，发音准确、响亮，音色圆润、优美，语调急缓、强弱适度。从语言类型来看，教师的课堂语言是日常语言、书面语言的加工融合，既有日常"大白话"，又有经过锤炼加工的口头语，更有优美严密的书面语言。

二是诵说的逻辑。教师课堂诵说的逻辑性，不同于文字表达的逻辑性，它们只有一定的相关性，这就是本身文字逻辑很好的文章，即使是很有语言表达力地一字不差地读出来，其效果也大打折扣的原因。毕竟，对于受众的学生，听教师说和自己读是不一样的。教师诵说的逻辑更偏向于循序渐进、轻重分明、条理清晰、令人信服等方面。

三是诵说的情感。教师课堂诵说的最高境界是教师情感融入其中。黑格尔说："声音只有通过把一种情感纳入它里面去，又由它共鸣出来，才成其为真正的意味深长的表现。"[1] 教师有感情地诵说，可以最大程度地表达出课本内容的灵魂，可以最大限度地与学生产生共鸣。之所以如此，是因为情感融入的教师诵说，本质上是教师精神的融入和体现，"灵魂灌注生气于声音，使它成为一种完满的自由的整体，在它的时间上的运动和实际的声响里提供一种精神的表现"[2]。教师在用自己的精神浇灌自己的课堂语言，语言就成了人的

---

[1] ［德］黑格尔：《美学》（第三卷），朱光潜译，商务印书馆1979年版，第388页。

[2] ［德］黑格尔：《美学》（第三卷），朱光潜译，商务印书馆1979年版，第357页。

性格，教师的外在语言与内在灵魂融为一体，这种课堂语言只可欣赏而不可学，因为每个人的精神只属于他自己，只属于他长年累月的素养积累。

不过，荀子也指出了教师诵说的限度，即不陵不犯，就是说教师的诵说不能违反和越过相应的规范，这是教师需要时刻进行自我警醒和反思的地方。

"知微而论，可以为师。""微"，小的意思，这里指精微的道理，事物的萌芽之状。对于"微"，教师要具备两种能力，一是知，能知"微"是教师的一种能力和修养；二是论，教师还要能够对"微"有所阐发、引申和创见。

教师要知"微"，就必须具有一定的敏感力、洞察力和探究力，这样才会发现"微"，因为"微"之为"微"，就在于它不容易被发现，不是每个人都能发现，只有具备一定素养的人才能发现，这样的人才具备了为师的资格。

知"微"只是第一步，更重要的是要论"微"，不但要把"微"讲清楚，还要讲深刻，更要讲出有创见的理解。因为，"微"只是在一定条件下的微小，它内在地蕴含着大道，饱含着事物未来发展的轨迹和全部信息，正所谓"合抱之木，生于毫末"（《道德经·六十四章》），合抱的大树，生长于细小的幼苗。以小见大，见微知著，教师的论"微"，不能仅停留在精通和讲授精微的道理，更高层次也是更重要的要求是教师能够从精微的道理出发，有新预见，有新阐发。

第五节　师生关系：非师无师

荀子说："非礼是无法也，非师是无师也。不是师法而好自用，譬之是犹以盲辨色，以聋辨声也；舍乱妄，无为也。"（《荀子·修身》）意思是说，违背礼仪，那就是无视法度；违背老师，那就是没有老师。违背老师的教诲，目无礼仪，刚愎自用，自以为是，就等于在让瞎子来辨认颜色，在让聋子分辨声音，除了胡说妄为、混乱不堪之外，是不会有什么好事的。

荀子提出"非师无师"的思想，充分体现了在师生关系上，教师应受到学生的尊崇，也奠定了我国师生关系中尊师的传统基础。此后，我国有"欺师灭祖，天诛地灭"之说，把欺负师傅与背叛祖先并列，列为大逆不道之事，恐怕与荀子的"非师无师"思想有一定渊源。

荀子说："言而不称师，谓之畔；教而不称师，谓之倍。倍畔之人，明君不内，朝士大夫遇诸涂不与言。"（《荀子·大略》）发言论的时候，违背老师的教诲，就是背叛；施教的时候，不尊崇老师的教诲，就是背离。背叛背离老师的人，贤明的君主绝对不会举用，朝中的士大夫就算在路上遇见，也不会和他说话。

荀子要求学生要时刻谨记教师的教诲，服从教师的教诲，要做到以教师之言为准则，以教师之教为准绳，不能怀疑、议论老师，更不能有任何违反教师的言论行为，否则就是一个人人不齿的背叛之人。"所以教师也就成了最高权力和权威的象征，要求学生必须无条件地服从于师，唯师必是，唯师是听，且言行皆以师为准则，不能有丝毫异议。"[1]

荀子要求学生"师云而云，则是知若师也"（《荀子·修身》），老师怎么说就怎么说，这就是在思想和智慧上和老师一样。这里体现了荀子十分强调教师的尊严，他认为教师具有绝对的权威。这并没有错，因为学生跟着老师学习，首先是要深刻理解领会老师的思想智慧，能够做到这一点，本身就是很大的智慧。

事实上，在没有学会理解领会老师之前，是谈不上创新和自主的。现实中，很多学生，并没有真正理解领会教师的思想，就妄自

---

[1] 王炳照、阎国华：《中国教育思想通史》（第一卷），湖南教育出版社 1996 年，第 301 页。

尊大、自以为是，往往会聪明反被聪明误，直到碰得头破血流，方自知。

在师生关系上，荀子"师云而云"的绝对尊师思想，历来被批判为教师绝对权威论，荀子被指责过分强调教师的地位。问题是，荀子为什么要把尊师置于如此之高的地位呢？

在古代，知识的传递方式和现代大不相同，古代书籍简册，多藏于官府，在民间，知识的传递主要是口耳相传，离开老师，知识就无法传递。这样，老师在古代就是知识的代表，凡是学习，都必然要有老师，无师则无学，老师在知识上具有绝对地位。因此，在口传耳授的知识传授形式下，教师是知识的绝对拥有者，现实就决定了荀子非常重视教师权威的主张，也决定了学生对老师的尊重具有重要意义。

在知识上谈尊师过于绝对，这尚可讨论；在道德上，学生尊师的绝对性，则不容置疑，这是人之为人的基本伦理要求。亚里士多德所谓"吾爱吾师，吾尤爱真理"，只是知识意义上的，而在道德上，想必应该是"吾爱真理，吾尤爱吾师"。因为，道德上的尊师与知识上的怀疑或争议，本就不是同一性质的问题。所以，师生朋友论、师生平等论等诸如此类的提法，只是人格意义上的，在知识和道德意义上，师生不平等恰恰是平等的体现。

在师生关系上，荀子除了认为学生应绝对尊重教师之外，还认为学生应主动亲近教师。荀子说："学莫便乎近其人，学之经莫速乎好其人。"（《荀子·劝学》）学习的途径没有比亲近老师更便利的了，教师教学生最好的途径，莫过于让学生喜欢自己。

学习是一个主动的过程，向老师学习，和老师越是接近，就越可能了解老师的学问和性情，也就越可能和老师形成默契，接受老师潜移默化影响也就越深，学起来也就越容易。相反，学生躲着老师或等着老师主动来找自己，只会让自己和老师的距离越来越远。教师和学生物理空间距离越大，他们之间知识的距离、情感的距离也就越大，如此又怎能学到东西呢？

当然，荀子要求学生接近的老师是贤师，而非一般的老师。荀子说："夫人虽有性质美，而心辩知，必将求贤师而事之，择良友而友之。"(《荀子·性恶》) 一个人即使有美好的素质，较强的识辨能力，也一定要寻求贤师，并跟随贤师进行学习，选择品质高尚的人成为朋友，并向他学习。

如果学生遇到的是一位愚蠢的老师，和老师亲近就只会让自己更愚蠢。"今与不善人处，则所闻者欺诬、诈伪也，所见者污漫、淫邪、贪利之行也，身且加于刑戮而不自知者，靡使然也。"(《荀子·性恶》) 如果一个人结交的都是不善之人，所接触的都是欺骗、巧诈、虚伪的言行，所看到的都是邪污卑下、放荡邪曲、贪图利益的行为，则会使自己遭受处罚而不自知，这就是潜移默化的结果。学生跟什么样的教师学习，也是一样的道理，贤师方能出高徒，亲近贤师才能使自己获得优异的发展。因为贤师与一般老师有着根本的区别：贤师在教人，名师在教学；贤师讲自己的思想，老师说别人的语言；贤师能创造知识，老师只传授知识；贤师能著书，老师会用书；名师关注学生的发展和未来，老师强调学生的对错和当下。

对教师来说，能尽快地让学生接纳和喜欢自己，能持久地得到学生的仰慕和崇拜，也是教师教育教学能获得大成功的奥秘所在。事实上，作为教师，学生只有喜欢你，愿意和你亲近，才会向你靠拢和学习，缺少这种情感的距离，教师只是停留在把一些理论、概念讲给学生，那教学效果肯定有限。现在我们很多老师，自己的人格学识缺少吸引力，无法吸引学生产生向师之情，得不到学生的敬爱，却喜欢向学生传授教诲，结果越教学生就越反感。

荀子强调学生要尊师，要求师生间保持亲密关系，更认为学生要感恩老师，懂得回报师恩。荀子说："水深而回，树落则粪本，弟子通利而思师。《诗》曰：'无言不雠，无德不报。'此之谓也。"(《荀子·致士》) 意思是说，水深了就会有回旋，树叶落下来，就给树根施了肥，学生成功了，就会想到回报老师。《诗》中说：说话总会有应答，施恩总会有报答。说的就是这种道理。正是因为荀子的话，才有了回报师恩的经典词语"叶落归根"，学生对师恩的回报，就像叶子成熟之后，最终会落到树根旁，为曾经培育过它的树根补充营养一样。

荀子为什么要求学生要回报师恩？因为在荀子看来，人之所以是人，就在于人有感恩之心，回报之心。人之感恩，首要的是给予我们自然生命的父母，没有父母，就没有"我"的存在，就失去了"我"在世的前提，人当然要感恩给予自己生命的父母。人从自然生命发展成为一个有精神生命的真正意义上的人，离不开造就自己精神生命的人——老师。是老师，塑造了"我"的精神生命，"我"当然要感恩。故，父母给了我自然生命，我要感恩；老师给了我精神生命，我更要感恩。

荀子把教师权威强调得如此之高，对学生而言，不免会出现极端的发展，即会使学生成为老师的附庸或奴隶，导致学生彻底丧失自我。事实上，荀子在提出尊师的同时，也提出了学生发展主动性的思想。

荀子说："青，取之于蓝，而青于蓝。冰，水为之，而寒于水。"（《荀子·劝学》）靛青是从蓝草中提取出来的，可却比蓝草的颜色更深；冰是水凝结而成的，却比水更为寒冷。

可以看出，荀子主张在学习上和知识上，学生必须超过老师，体现出荀子爱生敬生，对学生进取精神的由衷赞叹和鼓励。看来荀子强调教师权威，并非为了压制学生学习的主动性，教师权威和学生创造性，也并非一种对立关系。在这里，学生向老师学习的最终目的，就是要超过老师，一代更比一代强，这一观点类似于孔子的"后生可畏，焉知来者之不如今也"（《论语·子罕》），年轻的后辈是值得寄予厚望的，怎么能知道后代人的将来不如前代人呢！

而且，后生才华横溢，让老师心生敬佩的同时，会有学习的紧迫感和压力感，也就会产生不努力将被淘汰的危机感，这样就会督促着老师进行学习。如此，也就有了"教学相长"的意味。

第六节 教师语言：穆穆皇皇

"言语之美，穆穆皇皇。"（《荀子·大略》）这是荀子对语言之美发出的由衷赞叹。教师教诲学生，语言表达至关重要，甚至可以说，教师语言决定了教育，教育本质的直接体现，是通过教师语言进行的。"穆穆皇皇"是形容语言的极美状态，教师语言的至高境界，就是"穆穆皇皇"。

教师是个靠语言"吃饭"的行当，荀子很早就注意到了语言对教师的重要性，认为教师应当"之于言无厌"。荀子说："故君子之于言也，志好之，行安之，乐言之。故君子必辩。凡人莫不好言其所善，而君子为甚。故赠人以言，重于金石珠玉；观人以言，美于黼黻文章；听人以言，乐于钟鼓琴瑟。故君子之于言无厌。"（《荀子·非相》）

意思是说，优秀的老师，对待自己的言说，必然是发自内心，见诸行动，乐于进行传授的。所以，优秀的老师必定是善于言说的人。任何人都喜欢向人讲述自己认为是好的东西，优秀的老师更是如此。

所以，优秀的老师，以恰当的言语教诲学生，比赠给学生金石珠玉更有价值。让学生领悟理解到精妙而有意义的言语，比让学生观看绣满色彩绚丽花纹的礼服还要华美。让学生聆听充满思想的言语，比让学生听到优美的钟鼓琴瑟之乐还要快乐。所以，优秀的老师对于语言的追求永不感到厌倦。

荀子重视教师语言，是因为教师只有具备了优异的语言素质，才能将学生的注意力紧紧地吸引过来，使学生乐意且热烈期盼接受老师的教诲。相反，语言很差的教师，一张口，就等于把学生推向了自己的反面，又何谈教育学生呢？从这个意义上讲，没有语言，就没有教师，没有优异的语言修炼，就不可能有优异的教师。教师必须终身不断锤炼自己的语言,这正是荀子强调教师语言给我们的启示。

对于教师的语言,荀子提出了总的要求:"谈说之术:矜庄以莅之,端诚以处之,坚强以持之,譬称以喻之,分别以明之,欣驩芬芗以送之,宝之,珍之,贵之,神之,如是则说常无不受。虽不说人,人莫不贵,夫是之谓能贵其所贵。"(《荀子·非相》)

意思是说,教师对学生的语言言说,要表现出严肃庄重的语气、正直诚恳的语态和坚定强大的信心。教师要善用比喻的方法诱导启发学生,善用分析的方法让学生容易明白,热情和蔼地把自己的思想传达给学生。教师要珍爱、珍惜、重视、崇信自己的言说,这样,教师所讲的内容,学生就没有不接受的。即使教师所说让学生感到不快,学生也会尊重老师,这就叫作能让自己所重视的思想学说,得到学生的重视。

在这里,荀子重点强调了教师语言的三个方面。

一是对教师语言的态度提出了明确的要求,即"矜庄""端诚"和"坚强"。这非常重要,教师对学生说话,和领导对下属说话、朋友对朋友说话、家人对家人说话等有所不同,但这种不同是什么,在荀子之前没有专门提出来。荀子提出的教师说话态度的六字方针,指明了教师言说之态的基本要求,对教师言说的修炼具有重要意义。

二是教师语言运用的方法是"譬称以喻之,分别以明之"。其一,强调"譬喻"在教师教育教学语言中的应用。譬喻,就是比喻、打比方,就是"举他物而以明之也"(《墨子·小取》),通过一个事物来说明另一个事物。荀子要求教师要用学生所知道的事物,来说明学生所不知道的事物,以使学生明白自己所不知道的事物。对教师而言,譬喻至关重要,因为教师所接受的知识思想,或教师所知道的知识思想,学生并不知道。对学生而言,要接受教师的知识思想,有一定困难,这就要求教师,要以学生具体而熟悉的形象事例,让学生明白自己所讲授的知识思想。其二,强调"分别"在教师教育教学语言中的应用。分别,就是分析、辨别之意。荀子要求教师语言具有分析能力，和一般的分析能力不同，是要用语言表达来清晰地体现出教师的分析。教师的一般分析能力体现为，教师能够在面对一个看似复杂的教育教学问题时，通过理性思维的加工，把其中的思想、方法及其他隐蔽因素揭示出来，使之变得简单化、规律化。荀子要求的教师语言分析，是在一般分析的基础上，教师能够轻松、明晰、顺畅地向学生表达出来，使学生能够明白接受。这是对教师更高的要求，现实中很多教师自己很有思想，分析能力也很强，但却不能很好地用语言表达自己的分析，甚至可能出现让学生越听越糊涂的状况。

三是教师要认真对待自己的言说。教师说的话对学生影响至深，教师作为说者无心，学生作为听者就可能有意，教师不经意的一句话，甚至能够影响学生一生。教育无小事，老师是学生最崇拜的人，教师在对孩子进行言说时，是谨言慎行，还是口不择言，是精心打磨地言说，还是草率粗糙地言说，是精致优雅地言说，还是无所顾忌地言说，对学生的影响大相径庭。教师不同的言说，或可能创造一个奇迹，或也许扼杀一个天才；或在孩子心中播下美好的希望，或使孩子心中自信的火花泯灭。

教师语言是教育力量赖以栖居的心灵家园，教师要珍爱、珍惜自己的语言。面对学生，教师要谨慎于那些漫不经心，不假思索、脱口而出的话语，教师要避免责备羞辱、嘲讽奚落、训诫指责的话语。面对学生，教师不是想怎么说就怎么说，想批评就批评，想斥责就斥责。优秀教师的语言，是一种正面向上的力量，是给学生心灵带来光明的力量，他的每一句话，都是推动学生走向成功的一缕微风。

荀子也充分认识到，教师用语言对学生进行劝说是一件非常不容易的事。他说："凡说之难：以至高遇至卑，以至治接至乱，未可直至也，远举则病缪，近世则病佣。善者于是间也，亦必远举而不缪，近世而不佣；与时迁徙，与世偃仰；缓急、羸绌，府然若渠匽、檃栝之于己也；曲得所谓焉，然而不折伤。"（《荀子·非相》）

意思是说，老师劝说教育学生的最大困难在于：说话者和听话者之间知识阅历的巨大差异，用所谓的"大道理"劝说捣蛋的学生，这正是很多老师在教育学生时所遭遇的最大问题，也是很多老师屡次劝说学生没有效果的症结所在。

对此，荀子提出，教师不能直截了当地对学生讲"大道理"，因为说的道理太深，离学生实际太远，显得太虚，学生没有切身感受。说的道理太浅，又太小儿科，没有说服力，学生根本不屑于理睬。

真正优秀的教师和学生谈话，是介于上述两者之间。教师教诲学生时，既不把道理讲得太深，也不流于肤浅，而是善于举过去和当前的例子，切近学生实际，又没有谬误，不陷于庸俗，学生容易接受。

而且，教师教诲时，要随着时间和背景的改变，而改变劝说的内容和方式。是说得和缓些，还是说得急切些，是多说一些，还是少说一些，都能适应情况，就像阻拦流水的渠坝、矫正竹木的工具那样控制自己的言说。婉转地把所要说的内容，都讲给了学生听，而又不挫伤学生。

可见，荀子把教师对学生的言说看作一件非常有难度的事情。教师的言说充满了技巧和时机，需要教师细心拿捏，精心把握，更需要教师进行长期的自我修炼。可以毫不夸张地说，真正优秀的教师，都是语言大师。

荀子认为教师的语言可以分为"小人之辩""君子之辩"和"圣人之辩"三种类型等次。荀子说："有小人之辩者，有士君子之辩者，有圣人之辩者。不先虑，不早谋，发之而当，成文而类，居错、迁徙，应变不穷，是圣人之辩者也；先虑之，早谋之，斯须之言而足听，文而致实，博而党正，是士君子之辩者也。听其言则辞辩而无统，用其身则多诈而无功；上不足以顺明王，下不足以和齐百姓；然而口舌之於噡唯则节，足以为奇伟、偃却之属；夫是之谓奸人之雄。"（《荀子·非相》）

意思是说，有小人之类的辩说，有君子之类的辩说，有圣人之类的辩说。不预先思考，不提前谋划，一说话就恰到好处，十分得当，既富有文采，又体系严整，语言措辞和话题改换，都能够做到应变自如，而不会穷于应答，这是圣人一类的辩说。

事先经过周密思考，提前进行详细谋划，瞬时仓促的话语，也能够打动人，值得一听，既有文采又质朴平实，既渊博又公正，这是士君子一类的辩说。

听他的言说，虽然振振有词，却没有系统、缺乏要领，任用他做事，则狡诈多端，却没有真正的成就；上不能合乎贤名君主的心意，下不能使百姓和谐一致。但是，他讲话或夸夸其谈，或唯唯诺诺，调节得宜，颇为恰当；这类人足以靠口才而自夸自傲，可称为坏人中的奸雄。

荀子对教师语言三种类型的特征和内涵进行了描述，可以看出，圣人之辩和君子之辩，才是荀子要求教师语言要追求的目标。概括而言，就是要求教师说话，必须具备较强的应变能力，最好事先有所准备和思考，言谈要恰到合适，语言还要有系统、有文采，质朴动人。其中，圣人之辩是理想状态，君子之辩是必须达到的目标，而小人之辩则是荀子所竭力反对的。

在君子之辩和小人之辩的区分上，荀子提出了一个重要的标准——"仁"。"是以小人辩，言险；而君子辩，言仁也。言而非仁之中也，则其言不若其默也，其辩不若其呐也；言而仁之中也，则好言者上矣，不好言者下也。故仁言大矣。"（《荀子·非相》）

意思是说，小人之类的言说，本身就是邪恶之术；而君子之类的言说，本身就是仁爱之道。说话如果不符合仁爱，那么，与其去说话，还不如沉默不语，与其能说会道，还不如笨嘴拙舌；说话与仁爱符合，如果能言善说，那就是上等了，如果不善于谈说，那就是下等了。因此，言论符合仁爱，才是最重要的。

在荀子看来，"仁"，即道德性，才是教师言说的唯一标准。教师的言说必须有道德性，说话的内容、目的和方式都必须是道德的。在此基础上，如果教师又能掌握言说的技巧和方法，那就善之善者也。荀子坚决反对教师言说的不道德,那种巧言令色、善于辞令、夸夸其谈者,貌似说得很好,却与仁不符,本身就是一种邪恶,为师者一定要避免这样的言说。

所以,荀子说:"多言而类,圣人也;少言而法,君子也;多少无法而流湎然,虽辩,小人也。"(《荀子·非十二子》)话说得多而合乎道德,便是圣人;话说得少而合乎道德,就是君子;说多说少都不合道德而放纵沉醉在其中,虽然能言善辩,却也是个小人。在这个意义上看,教师的言说,多少并不是问题,能言善说或者不善言谈亦不是问题,关键是说话的内容和目的,是不是真心在使学生向善。那种打着为学生着想的旗号,却实际上为自我的某种需要服务的教师,比如为自己的教学成绩或其他功利性的目的服务,说多说少,都是小人的行径。

以此为基础,荀子又详细区分了"君子之言"和"愚者之言"。

荀子说:"君子之言,涉然而精,俛然而类,差差然而齐。彼正其名,当其辞,以务白其志义者也。彼名辞也者,志义之使也,足以相通则舍之矣;苟之,奸也。故名足以指实,辞足以见极,则舍之矣。外是者谓之讱,是君子之所弃,而愚者拾以为己宝。"(《荀子·正名》)

意思是说,品质高尚者的言说,深入精妙,又符合人情世故,表面上看,各种说法参差错落,实际上却是从不同角度在说明同一个问题。此种言说之人表达自己的思想学说,用词正确无误,恰当贴切,如此而已。所以,言说所用的名称辞句,只不过是言说者的工具,只要能够充分地表达思想就可以了,反之就是邪说。因此,名称能够用来表达事物,词句能够用来阐释主旨,其他的就可以舍弃了。离开这个标准,就是在故意讲一些费解难懂的话,这是品质高尚的人所必然抛弃的,愚蠢的人却拿来当作自己的宝贝。

荀子这是在告诉教师,真正好的言说,不在于标新立异的华丽辞藻;最简洁的语言,最准确的思想表达,才是最重要的。

对于愚者之言,荀子说:"故愚者之言,芴然而粗,啧然而不类，諵諵然而沸。彼诱其名，眩其辞，而无深于其志义者也。故穷藉而无极，甚劳而无功，贪而无名。故知者之言也，虑之易知也，行之易安也，持之易立也；成则必得其所好而不遇其所恶焉。而愚者反是。"（《荀子·正名》）

意思是说，愚蠢之人说话，轻浮粗鲁，吵闹无条理，啰唆嘈杂。他们炒作概念，搬名称，词句华丽，思想表达却极其肤浅粗俗。因此，这种人没完没了地假借各种名称词句，却抓不住思想主旨，费力却收效甚微，贪求名声却无法得到名声。

荀子的愚者之言，正是教师要避免的。现实中，我们的一些教师在教育学生时，却不乏愚者之言，经常说一些大话、空话和啰唆话，动辄神侃大道理。言必为你好之类，貌似很正确，实则俗不可耐，抽象空洞，简直是愚不可及。

正是因为语言的重要性，荀子才从语言出发，把人的智慧进行等级划分，这应是历史上第一次以语言为标准对人的智慧进行分类。荀子从语言把人的智慧分为四个层次，即圣人之知、士君子之知、小人之知和役夫之知。

荀子说："有圣人之知者，有士君子之知者，有小人之知者，有役夫之知者。多言则文而类，终日议其所以，言之千举万变，其统类一也，是圣人之知也。少言则径而省，论而法，若佚之以绳，是士君子之知也。其言也谄，其行也悖，其举事多悔，是小人之知也。齐给便敏而无类，杂能旁魄而无用，析速粹孰而不急，不恤是非，不论曲直，以期胜人为意，是役夫之知也。"（《荀子·性恶》）

意思是说，有圣人的智慧，有士君子的智慧，有小人的智慧，有奴仆的智慧。话说得多，但有文采、有体系，总是讲述自己的理由和依据，虽然说起话来旁征博引、千变万化，但所说之言前后主旨始终如一，这是圣人的智慧。

话说得不多，但直截了当，简洁精练，言之有理而循文法，就像用墨线量出来一样，这是士君子的智慧。

说话谄媚讨好，所作所为却与之相悖，做事经常后悔，这是小人的智慧。

　　说话快速敏捷却无主旨，说话技能高超、旁征博引却无用，分析问题迅速、遣词造句熟练却无关紧要，不顾是非曲直，只以战胜别人为追求，这是奴仆的智慧。

　　上述荀子所言可概括为：主旨归一，圣人智慧；言而有法，士君子智慧；言不由衷，小人智慧；无类无用，奴仆智慧。

　　教师的智慧其实和教师的语言密不可分，用什么样的语言表达自己，用什么样的语言处理问题，展示的是一种教育智慧。荀子在提醒为师者要注意：言不由衷（如为表扬而表扬学生）、无类无用（如以说服学生为唯一目的）之言，绝不是什么教育智慧。

　　教师智慧的高低，就在于用语言说服学生的水平高低，真正有智慧的教师，往往数言片语，就能打动学生，彻底说服学生。由此，教师智慧的修炼，就是教师语言的修炼过程。毕竟，言为心声，"说合于心，辞合于说"（《荀子·正名》），言语是思想水平的表征，是师生交流与沟通的法宝。因此可以毫不夸张地说，对教师而言，词语破碎处，无教育存在。

　　荀子还提出，教师要注意，沉默也是一种言语方式。荀子说："言而当，知也，默而当，亦知也。故知默犹言也。"（《荀子·非十二子》）说话恰到好处是一种智慧，沉默不语恰到好处，也是一种智慧。因此，知道该沉默的时候不说话，也是一种言语方式。

　　对教师而言，该说时说，不该说时就不说，这才是真正的教育智慧。啰里啰唆，说不完的大道理，恰恰是一种教育愚蠢。教师的智慧，不在于说不说话，话说得多或少，而在于言语是否得当，是否恰到好处。教师对学生说话，也要做到言、默相间，该说的时候，要说到点子上，避免让学生感到啰唆；不该说的时候，就要适可而止，甚至不说，让学生去自我反思。

　　默也是一种言说，甚至这种沉默比说话更有用，更有效。这与庄子的"渊默而雷声"（《庄子·在宥》）有异曲同工之妙，教师的沉默就像深渊，但是其中所蕴藏的力量，一旦爆发就如惊雷。教师真正能让学生领悟到自己所传递的教育力量,是不能通过语言来表达的。

当然,荀子在强调教师沉默之言更深的一层所指,是教师的德行。荀子说:"君子至德,嘿然而喻。"(《荀子·不苟》)品德高尚的人,即使不说话,人们也会明白他的意思。

对教师而言,教师的德行才是言说的核心,沉默不语不仅是一种教师的语言存在状态,更指向教师自身的德行,说话与修身、成德联系在一起。真正品德高尚的教师,才能够达到不言而学生为其所化的境界;反之,品德败坏的老师,虽然巧言善辩,学生也不会信服。

荀子要求教师对学生说话,要多善言,"与人善言,暖于布帛,伤人以言,深于矛戟"(《荀子·荣辱》)。用美好的言辞与人交流,比布帛更温暖人心;用语言伤人,比长矛利戟伤人更严重。荀子此言正所谓"良言一句暖三冬,恶语伤人六月寒",教师的语言可以给学生带来愉悦和温暖,也能给学生带去深深的痛苦和折磨。

教师面对的是成长中的孩子,成长孩子的内心是极其敏感的,最容易留下好与坏的烙印。教师的语言对成长的心灵而言是神奇的力量,教师的善言,就像美丽的音符,能将炫彩的乐章传入学生的心魂,更如甜美的糖果,能把甜香沁入学生的心脾。教师的恶言,则如一柄无形的锋利匕刃,能够瞬间刺痛学生内心的最深处,虽然身体表面仍如原样,但却在学生心底的最软处,留下了即使岁月更迭也无法愈合的伤痕。

当学生有了过失或是处于困境的时候,教师一句善意的话语,对学生而言就是一个希望、一份温暖、一缕阳光,会使他倍感温暖。而教师不经意的一句讽刺、挖苦、嘲笑的言语,哪怕是出于无心,也是对学生自尊心和自信心的伤害,带给学生的是羞愧和痛苦。在教育中,对学生伤害最深的不是成绩不好,而是教师的语言,对学生关爱最切的不是物质上的奖励,而是教师的语言。荀子所期盼的,是一个"与人善言"的老师,是一个语言充满了善意、热忱、友爱和关怀的老师。

  由此，荀子才说："善其言而类焉者应矣。故马鸣而马应之，牛鸣而牛应之，非知也，其势然也。"（《荀子·不苟》）言辞美好者才能吸引同样言辞美好之人。马鸣叫就有马来应和，牛鸣叫就有牛来应和，这并不是因为它们聪明，而是大势所趋。"物以类聚，人以群分"（《周易·系辞上》），教师有什么样的语言修养，就会带动学生形成什么样的语言修养，学生趋师就是一种趋势，教师是造"势"者，他能无形中形成一种感染学生的势。教师善言，"善其言"就会形成大势，感染学生，驱使学生，影响学生，使学生理解、感受乃至产生共鸣，亦成为善言者。

第四章

老子：无为之师

就某方面而言，老子是平凡的，就另一个方面而言，他是最不平凡的人，他不是像佛陀一样的不平凡，他的不平凡以一种完全不同的方式呈现出来，他的不平凡并没有那么明显，它是一个隐藏的宝藏，他不像克里虚纳那么奇迹般的，他没有做出任何奇迹，但是他的整个存在就是一个奇迹——他走路的方式、他看起来的样子、他存在的方式。他的整个人就是一个奇迹。①

——奥修

第一节　老子生平

老子（前571—前471年），姓李名耳，字聃，出生于春秋时期陈国苦县（今河南省鹿邑县）。老子是中国古代伟大的思想家、哲学家、教育家，道家学派的创始人，被唐朝帝王追认为李姓始祖。

老子的《道德经》是全球文字出版发行量最大的著作之一，20

---

①　[印度]奥修：《老子心解》，谦达那译，陕西师范大学出版社2007年版，第5页。

世纪80年代，据联合国教科文组织统计，在世界文化名著中，译成外国文字出版发行量最大的是《圣经》，其次就是《道德经》。1987年，《纽约时报》还将老子评为古今十大作家之首。

老子出生在一个史官贵族世家，对于老子的家世，宋末元初的书法家赵孟頫在《赵郡李氏世谱》中指出：老子是颛顼皋陶的后裔，因为皋陶担任大理一职，所以后人就以"理"为氏。之后，由于先祖逃难之时，靠吃李树果而得以生存，为了感恩，就把"理"改为"李"。这就是老子姓氏的由来。

关于老子的名字，有一些有趣的说法：据说老子出生之时，耳朵长得很特别，又大又垂，老子的字"聃"就源于此，聃即耳漫之意，就是耳垂大。老子的名字李耳，相传与他的耳朵也有一定的关系。不过，李耳这个名字还有另一来源，据说是老子出生之年，恰逢农历庚寅虎年，人们就叫他"小李耳"，即"小老虎"之意，因为当时人们将"老虎"称作"李耳"，据西汉扬雄《方言》中记载："虎，陈、魏、宋、楚之间，或谓之李父；江淮南楚之间，谓李耳。"明代思想家方以智所撰《通雅·卷四十六》也说："（虎）或曰狸儿，转为李耳"。老子的小名叫小老虎（狸儿），音转为李耳。渐渐地，亲邻好友们就只知道老子的小名李耳，时间一长，人们就把小名当大名传了下来。

至于"老子"的称呼，《老子西升化胡经·序说第一》中写道："以为圣人生有老容，故号为老子"，意思是说，老子生下来的时候，就是白胡子白眉毛，容貌如老年人一般，因此就称为老子。这当然是传说，事实上，周代分封有公、侯、伯、子、男五等爵位，"子"本来是其中的一种爵位，后来它成为一种称谓，是对有道德、有学识、受人尊敬之人的尊称，老子是人们的一种尊敬的称谓。

老子的童年，是不幸和孤苦的童年，他还没有出生，父亲就已经去世。在族人的帮助下，老子拜商末殷纣王时期主掌礼乐的著名贤者商容为师。据说，一次商容得了重病，老子前去探望，商容随即问了老子三个问题。

商容问道：任何一个人，在经过故乡的时候都要下车，你知道这是为什么吗？老子回答说：这是表示，无论人如何飞黄腾达，都不应该忘记家乡和根本。商容听了，点头表示赞许。

商容接着又问：人经过高大的树木时，都要弯腰鞠躬，这么做又是为什么呢？老子回答说：人们之所以在高大的树木下弯腰，是一种对老人的尊重之意。商容听了，十分满意。

然后商容问了第三个问题，他张开嘴，让老子看，然后问道：你看我的舌头在吗？老子回答说：在呀。商容又问：看看我的牙齿还在吗？老子摇了摇头说：全掉光了。商容问道：你知道这是为什么吗？老子思考了一会儿回答说：舌头之所以还在，是因为它柔弱；牙齿之所以掉光，是因为它们太刚强。商容见老子小小年纪，竟然能对这些问题有如此深刻的理解，内心非常欣慰。

商容对老子教诲：要记住，水虽是至柔之物，但滴水却能穿石；舌头虽然没有牙齿坚硬，但舌头却能以柔克刚。最柔软的东西里面，往往蕴藏着人们不容易看见的巨大力量，这种力量甚至能够穿透世上最坚硬的东西。现在我已经把天下最根本的道理都告诉你了，我已经没有什么可以教你了。

对此，《淮南子·缪称训》中指出："老子学商容，见舌而知守柔矣。"可以看出，老子"贵柔"的思想，就是从商容这里学来的。

商容老先生教授了老子三年后，便向老子的母亲请辞。商容说，不是我教授无终也，也不是聃儿学习不勤快，实在是自己学问有限，但聃儿的求学热情无穷，以有限应对无穷，我实在是感到困窘不堪呀。同时，商容向老子的母亲说，让老子到周朝的国都继续深造，并推荐了一位学识渊博的老师，即自己的师兄周太学博士。

老子到了周都，拜见博士，进入太学，天文、地理、人伦，无所不学，博士老师还推荐老子进入守藏室为吏。守藏室是周朝的国家图书馆，集天下典籍之藏，收天下之书，汗牛充栋，无所不有。老聃处其中，如饥似渴博览群书，学问大有长进。后又升任守藏室史，名闻遐迩，声播海内。

公元前526年，二十五岁的孔子学识已大为长进，但孔子认为自己对周礼的学习尚不够系统深刻，就决定到周朝都城洛邑去学习周礼。而老子博古通今，通礼乐之源，于是，孔子和南宫敬叔来到洛邑向老子求教。老子很热情地接待了孔子，并对孔子的问题给予耐心的解答，孔子从老子那里学到了很多周礼方面的知识，甚是满意。

当孔子向老子告别时，老子诚恳地对孔子说：我听说富贵的人赠送给别人以钱财，有优良品德的人送给别人以良言。我就送给你几句忠言吧。老子问道：你在庙堂的台阶前，看到一尊"三缄其口"的金人，他背后的铭文，你能背下来吗？

孔子回答说，能够背下来，但有几句话依然不是很明白，即"无多言，多言多败；无多事，多事多患"。

老子说，这正是我要送你的金玉良言：一个人自以为很聪明，喜欢议论别人的长短，以为自己的认识深刻，那这种人也就接近于死亡了。真正聪明的人，是不会多言多说的，因为他懂得多言必有失，多言必多败的道理。一个人自以为知识渊博，什么都懂，总是喜爱揭露别人的隐私或错事，那这种人就已经身处危境了。真正聪明的人，好像无知无识、愚笨无比。孔丘急忙顿首道：弟子一定谨记在心！

老子在国都任守藏史没几年，周王室发生内讧，大批典籍被掠，老子受到牵连，蒙受失职之责，丢了官职，不得已回到了阔别三十多年的家乡。

孔子自洛邑访学问礼于老子后，学识日益精进，但他不满足于自己的成就，不断到各地访问学习。一天，子路对孔子说：周王室的守藏史老子，被免职回到老家居住。老师要把书籍典册藏于周王室，可以让老子推荐一下。

于是，孔子带着准备藏于周王室的书册来见老子，请老子推荐。不料，老子竟然拒绝了孔子的请求，这不仅是由于周王室藏书已名存实亡，更由于此时的老子已经达到了一个新的境界。但孔子不了解老子的新境界，他引述六经，试图以六经中的理论来说服老子。但孔子和老子对社会、对世界的看法存在着根本的分歧，谁也说服不了谁，孔子的这次访问并没有达到预期的目的。

从公元前551年起，吴楚之间发生了多次战争，战火蔓延到老子的家乡鹿邑附近，在弟子和家人的劝说下，老子来到了沛地（今江苏沛县）避乱隐居。此时，老子已经与周礼决裂，开始形成道法自然、以无为本、有无统一的天道观。而在鲁国的孔子听说老子隐居沛地，便决定再一次拜访老子。

老子对孔子讲了一番自己理解的大道，而孔子则似懂非懂，一直在琢磨老子所说的大道，整整三天一言不发，"孔子见老聃归，三日不谈"（《庄子·天运》）。

弟子们见孔子如此，就问道：老师见到老子，是什么情况呢？孔子回答说：鸟，我知道它们善于飞翔；鱼，我知道它们善于游泳；兽，我知道它们善于奔跑。对于擅长奔跑的野兽，可以用网来捕捉；对于擅长游泳的鱼，可以用钩去钓取；对于擅长飞翔的鸟，可以用箭射获。至于龙，我就不知道是怎么回事了，龙能够乘风驾云，飞上九天！我所见到的老子，就像龙一样。老子的学识，渊博深奥，高深莫测，志向志趣高邈，难以探知，既像蛇一样随时屈伸，又如龙一样随时而变化。老子才是我真心佩服的老师呀！

孔子走后，老子决定西游秦国，便骑一青牛，欲出函谷关。函谷关守关官员尹喜，一日夜晚在楼观上忽见东方紫云聚集，长约三万里，形如飞龙，由东向西滚滚而来，不仅自语道："紫气东来三万里，圣人西行经此地。青牛缓缓载老翁，藏形匿迹混元气。"尹喜早闻老聃大名，心想莫非老子将来？果然，没过几日，老子便倒骑青牛而来。

尹喜认为老子学问渊深，是个非常有智慧的人，于是就请求老子著书，以流传后世，教化子孙。老子本不想留下什么文字的，但在尹喜的劝说下，不得已撰写了五千余言的文章，分上下篇。上篇以"道可道，非常道"起首，被后人称为"道篇"；下篇以"上德不德，是以有德"开头，被后人称为"德篇"，合称为《道德经》（又名《老子》），这也是老子唯一的一部著作。可见，学问之深，并不在于著作等身。

尹喜对老子写下的著作视为至宝，临死时对儿子说：这是一部无价珍宝，要一代接一代地珍藏下去，万不可丢失！到了汉朝，尹喜子孙受朋友哄骗，《道德经》被人偷走。从此，社会上流传的都是《道德经》的抄本，到了唐朝，皇帝李渊追尊老子为始祖，《道德经》被大量翻印，广为流传。

老子写完《道德经》后，过函谷关继续西去，不知所终，"莫知其所踪"（《史记·老子韩非列传》），直至驾鹤西去。一说老子出了函谷关，在青羊宫得道成仙；另一说老子到了终南山附近修道，最后死在扶风，葬在槐里；更有甚者说老子骑青牛去了印度，后来到了迦毗罗卫国，迦毗罗卫国的贤圣乔达摩·悉达多闻讯，前去向老子求道，后来得老子点化，居然悟道成佛了。

无论如何，老子的肉身已经逝去，但蜡烛和柴薪的燃烧是有穷尽的，火却传承下来，永远没有穷尽之时。老子留给我们的思想和学说，影响着一批批后世之人。德国哲学家尼采曾指出："老子思想的集大成——《道德经》，像一个永不枯竭的井泉，满载宝藏，放下汲桶，唾手可得。"鲁迅先生也说："不读《老子》一书，就不知中国文化，不知人生真谛。"

第二节　师德修养：上善若水

老子说："上善若水。水善利万物而不争，处众人之所恶，故几于道。居善地，心善渊，与善仁，言善信，政善治，事善能，动善时。夫唯不争，故无尤。"（《道德经·八章》）

意思是说，最高的道德品质就如水一般。水的高贵品质就在于，它滋润万物，是万物的生命之源，但水却从不与万物争高下，它甘愿停留在人们所厌恶、所不愿居住的地方，所以水的品性与为人的"道"相似。处世要像水那样，安于处在低下的位置；存心养性要像水那样，持守深沉宁静；与人交往要像水那样，具有真诚仁爱之心；说话言谈要像水那样，保持诚实守信；为政要像水那样，进行温良、公正、有条理的治理；办事要像水那样，灵活固通相机而行。正因为人的道德品质像水那样与世无争，才不会有过失和怨恨。

在这里，老子以水来比喻教师所应具备的最高道德人格，它包含着非常丰富的师德修养内涵。

水的最大特性是柔，柔也是教师所应具备的重要道德品格。老子说："天下莫柔弱于水，而攻坚强者莫之能胜，以其无以易之也。弱之胜强，柔之胜刚，天下莫不知，莫能行。"（《老子·七十八章》）意思是说，天下没有什么比水更柔弱的，但是它无坚不摧，没有什么能够胜过它、替代它。柔能够战胜刚，弱能够战胜强，天下没有哪个人不懂得这个道理，但却几乎没有人能够这样做。

柔作为教师的道德品质，意味着柔韧和坚韧。柔不是消极地软弱，不是无力地懦弱，它是教师将柔升华为自觉的柔的选择，体现的是一种力量。教师柔的道德品质，包含有坚韧不拔的力量，"水这一看似最为柔弱的物质，却能以异乎寻常的'力量'，改变甚至毁灭一切看似强大有力的事物。水，可让高山低头，可使险峰让路，可毁灭利剑，可穿透顽石。在水身上，老子会意到一种最高的'力量'，那就是顽强的韧性和坚定的意志。"[①] 柔弱只是表象，在骨子里却是满满的力量，顽韧而不松脆。正是这种柔韧，才体现了教师人格中的真正力量；正是这种坚韧，才包含着教师品性中无穷的动力，正如弓箭，柔性越强之弓，其箭也就能射出越远。

教师要具备水柔韧的品格，在教育教学过程中，不怕困难和挫折，敢于锐意进行教育教学改革，从教育教学中的点滴做起，一步

[①] 沈明明：《"水德"：老子哲学思想的灵魂》，《福建论坛》（人文社会科学版）2010年第3期。

一个脚印地跋涉，屡败屡战，不气馁、不妥协、不低头，不急不躁，百摧不折，反复实践，不断总结，就像水之柔弱一样，貌似一次次地被困难打倒，实则在一次次坚韧地抗争，在一次次柔韧中积蓄力量。一旦这种柔弱的力量得以彻底充分展现，它就足以摧毁面前一切困难，正所谓"天下之至柔，驰骋于天下之至坚"（《老子·四十三章》），天下最柔弱的东西，可以在天下最坚硬的东西中畅通无阻。

教师的柔韧品格不仅是教师在遇到挫折时能够从中走出的反弹能力，更是教师在日常教育教学中保持平衡的能力。老子说："守柔曰强"（《老子·七十六章》），教师在教育教学的日常中，能够守住柔弱，就是一种坚强。教师的日常教育教学生活，并不是时刻都充满诗意的，它更是一种琐事、杂事、烦心事交织的生活，喜、怒、哀、乐、愁五味杂陈的生活，或是倦怠、失望袭来，或是兴奋、幸福眷顾。对教师而言，不怕自己柔弱，只怕自己守不住柔弱，正如水，天下没有比水更柔弱的了，但却没有什么东西能够改变水的本性，"击之无创，刺之不伤，斩之不断，焚之不然（燃），天下固无有可以变此水之物也"（奚侗《老子集解》）。面对这些教育教学日常，教师需要如水之柔弱一般，持守本性，以柔化之，使自己内心始终充满生机、希望和决心，柔就是守住日常的坚强。

柔作为教师的道德品质，意味着爱。柔软是爱，"什么是世界上最柔软的东西？世界上最柔软的东西有两种：在外在世界，最柔软的东西是水；在内在世界，最柔软的东西是爱。水和爱这两样东西在很多很多方面都类似，它们必须被了解。"[①] 爱不仅是一种情感，更是一种品质，如水一般柔软的品质，"水善利万物"，水对万物充满了柔软的爱，万物似乎感觉不到，这正是水的品质，在柔软中展示爱，诠释的是爱而无私。你爱过一个人吗？你感受过一个人的爱吗？爱是那么地柔软，如细水轻轻地抚摸你的心房，但爱又是那么

[①] ［印度］奥修：《老子心解》，谦达那译，陕西师范大学出版社2007年版，第143页。

地有力量，它能在无声无息中融化内心。

爱是教师最高的道德品质，师爱是柔软的，如水一般，经过它揉抚过的孩子们的心，才是幸福的。师爱的柔软，自然、温暖和衷心，正如那潺潺的流水，幽幽而来，流入学生心田，你不知它之所起，但静默流转间都是亲切的喜欢。柔软的师爱，你或许无法感知，但却暖自深处，深深地抓住孩子们的心，"骨弱筋柔而握固"（《老子·五十五章》），筋骨虽然柔弱，但能够把拳头握得很紧，师爱的品质，虽然柔软，但却能将孩子们的心紧紧握住。因为师爱的温暖，只与心有关，它宛若涓涓溪水，久久地滋润着、慰藉着、浇灌着孩子们的心灵，它是那么自然地、那么由衷地牵引着教师和学生，在彼此灵魂深处的路口相拥。

柔作为教师的道德品质，意味着尊重生命的本性。在老子看来，柔弱的实质是对生命本性的遵从，老子说："人之生也柔弱，其死也坚强。草木之生也柔脆，其死也枯槁。"（《老子·七十六章》）意思是说，人充满生命活力的时候，也是身体最柔软之时，人无生命气息之时，身体就会变得僵硬。万物草木生长的时候是柔脆的，死了就会变得干枯坚硬了。

教师以柔为德，就要尊重生命本性，顺应学生人之为人的本性，这样的教育才是有生命力的、有活力的教育。在教育中，学生的生命力首其要者体现在身体的柔弱上，即体现为身体的动态、活力、机动性、敏锐性等特点；反之，麻木、僵硬、静止、固化、单一，学生的身体似乎符合某种约束而强硬，实则是生命力丧失的呈现。一个自己都不柔弱的教师，又怎能培养出柔弱的学生呢？在教育中，违反生命本性，把人机器化、工具化，为考试而考试，为升学而求知，人的生命活力丧失，一个个生命被僵化，貌似坚强，实则人之灵气已灭，想象力和创造力早已丧失殆尽。教育中缺乏的不是坚硬，而是柔弱，柔弱的教育需要有柔弱素养的教师。

柔作为教师的道德品质，意味着向学生示弱。敢于向学生示弱是教师的一种高尚的道德品质，老子说："故坚强者死之徒，柔弱者生之徒。是以兵强则灭，木强则折。强大处下，柔弱处上。"(《老子·七十六章》)意思是说，坚僵强硬的东西，标志着死亡，柔弱的东西，标志着成活。因此，用兵太过逞强好胜就会走向灭亡，树木僵硬就会被摧折。貌似强大无比，实则处于下位，看似最为柔弱的，反而处于上位。教师对学生示弱，是一种教育力量。老师在学生面前，一般是权威和长者，却要在学生面前示弱，从心理上不大容易接受，但恰恰是教师的这种示弱，比起强势来说，却更得教育的真谛和神韵。

教师对学生的柔弱，不是软弱和懦弱，而是对教育、对学生有仁慈之心，不忍亵渎，不忍伤害，它是一种能渗透学生内心深处的柔和的高贵气息。林格先生在《教育是没有用的：回归教育的本质》一书中指出：要孩子的心灵乐于依靠，教育者应有一个美德——让自己变得柔弱起来。只有自己的内心变得柔弱，才能缩短孩子的心灵与你的心灵之间的距离，才能把话说到孩子的心里去。教师与孩子间心灵距离的缩短，不是教师强硬接近孩子的心灵，那样只会让孩子把内心更加严密地保护起来。因为强硬的力量，只会引来孩子的恐惧和不安，正如那则北风和太阳的故事一般：

> 有一天，北风和太阳相遇，北风提议说：我们两人各显神通，看谁能先让路上的人把衣服脱下来，谁就获胜。太阳说：好！你先来。
>
> 于是北风施展威力，猛烈地刮了起来，路人们纷纷把衣服裹起来，没有人脱下衣服，而且北风越吹得厉害，人们就裹得越紧。
>
> 这时候，太阳开始大显身手，刹那间阳光普照，路人们感觉到阵阵暖热，开始一件件地脱下衣服。
>
> 北风见识到太阳的威力，只好认输。

可以看出，要想改变一个人，像北风那样用强硬手段，很可能适得其反，只有像太阳那样，用柔和的方式，才能真正地打动人。对学生也是如此，柔软的力量胜过强硬的力量。

教师只有变得柔弱起来，才能让孩子更愿意接近，目光柔和了，学生感受到的是爱意；声音柔和了，学生感受到的是温暖；感情柔和了，学生感受到的是诚意；心灵柔和了，学生感受到的是魅力。

老子说："挫其锐，解其纷；和其光，同其尘。是谓玄同。"（《老子·五十六章》）意思是说，去除自身的锐气，化解与他人的纠纷，柔和自己的光芒，放下自己的身份，将自己顺同于尘世，这就是所谓深远意义的统一。

对教师和学生而言，要想实现深远意义的师生一体化，就要求教师首先柔软起来，消除自己在学生面前的锐气和戾气，去除自己的锋芒，将自我融入学生的世界。从这个意义上说，一个真正甘心向学生"示弱"的教师，才是一个对学生负责的教师，才是一个充满人情味的教师，才是一个有教育智慧的人。

老子说："善为士者，不武；善战者，不怒；善胜敌者，不与；善用人者，为之下。"（《老子·六十八章》）优秀的战士，不会崇尚武力；善于作战的人，不是靠强悍；善于胜敌者，不在于动辄跟敌人争斗；善于用人者，总是很谦卑。

教师要变得柔弱起来，才更像教师，与强硬的训斥、说教、颐指气使的教育方式相比，教师敢于"装傻"，勇于做"后知后觉者"，敢于在学生面前示弱，这才更能显示出教师的心性修养和智慧。

"我们的声音柔和了，就更容易渗透到辽远的空间。我们的目光柔和了，就更轻灵地卷起心扉的窗纱。我们的面庞柔和了，就更流畅地传达温暖的诚意。我们的身体柔和了，就更准确地表明与人平等的信念。"[①] 教师的柔和，目的是让孩子成长，而非显示自己的聪明与才华。教师的柔弱能让孩子更愿意依靠，能让孩子更愿意接触，

[①] 毕淑敏：《柔和》，《教师》2011 年第 1 期。

能让孩子更愿意倾听，教师只有具备这种柔和的气息，才能把成长精神的能量，渗透到孩子的心灵深处。

教师的柔弱是一种理智的忍让。老子说："受国之垢，是谓社稷主；受国不祥，是谓天下王。"(《老子·七十八章》)意思是说，为国家而承受巨大屈辱的人，才配做社稷之主；为天下而承受灾难的人，才配做天下之王。为了学生而忍让，才配做学生的老师，如若你连学生带来的误解都不能承受，那就不配做老师。面对学生的误会，甚至曲解，身为教师，要能禁得住忍受、等待和煎熬。牢骚、郁闷、狂躁只会适得其反，不逃避，不放弃，积极主动地承担，才是师者之道。

总之，柔弱是教师的一种内在气质和气韵，它呈现出的是一种心态和素养，教师的柔弱，看似一种无教育，但却恰恰是最充满人情味的教育。

老子说："水善利万物而不争。""利万物"与"不争"是水的品质，也是教师应具备的道德品质。"利万物"意味着教师要具备仁爱利生，为教育无私奉献的品质。老子说："生而不有，为而不恃，长而不宰，是谓玄德。"(《老子·十章》)意思是说，生养却不占有，帮助他人却不以功高自居，成就了万物却不做他人的主宰，这是最高尚的品德。

乐于奉献对每一位教师而言，也是最基本的职业道德要求，是从事教师职业、做好教师工作的前提与基础。因为，教师要"对学生有感染力、辐射力，只有燃烧自己，才能在学生心中点燃理想之火，塑造优美的心灵"[①]，倘若教师为学生的每一点付出，都以功利的回报为出发点，那么，教师所培养出来的学生，很可能就是唯利是图的小人。教师的职业就如水一样，无怨无悔、默默无闻地滋润生命，滋养成长，让世界的未来充满生机和活力，贡献之大，无可替代。

---

① 于漪：《奉献——教师的天职》，《人民教育》1992年第4期。

"不争"意味着教师从事教育事业，教育学生，从根本上而言，不是为了功利性地争长短，而是为了滋养学生的人格人性。毕竟，教育不是争一时长短的功利性事业，而是一种长期涵养人性的事业，是一项慢的事业，教师要保有平常心。

老子说："天之道，利而不害；人之道，为而不争。"（《老子·六十八章》）意思是说，自然的规律是让万事万物都得到好处，而不伤害它们；做人的道理是有所作为却不与人相争。教师因学生而存在，教师要积极有为，为了一切学生，一切为了学生。

现实中，教师难免为名利所困，所以教师必须清楚，为了防止学生成为教师争名夺利的工具，教师就要不争功、不争名、不争利。当然，不争不代表着无所作为，不代表着自我放弃，而恰恰是为了有为，为了让学生有更好的发展。而且，名利从属于学生发展，当教师真正不争名利，一心扑在学生的发展和教育上时，反而成就伟大。"夫唯不争，故天下莫能与之争"，苏霍姆林斯基教育学生，不是为了出名，更不是为了成为教育家，但却恰恰成了教育家。

最后，"利万物"与"不争"是内在统一、相辅相成的有机体。在老子看来，倘若教师能够真正做到无私于学生的成长和发展，自然也就不会争一时之长短。而教师只有不争一时功利性的名利，才有可能真正做到以学生的发展为追求。所以，对教师而言，学生的发展是终极目的，不争是实现学生发展的重要前提。

可以看出，在老子这里，教师的最终目的是学生的发展，这就是最大的师德。教师只有做到真正从学生出发而不争，才能体现出赋予教师身上的"德"。

老子说水"居善地"，具有安于居下的品质，教师之于学生，通常居于高位，保持谦下极不容易，居下是教师应有的道德品质。老子说："江海之所以能为百谷王者，以其善下之，故能为百谷王。是以圣人欲上民，必以言下之，欲先民，必以身后之。是以圣人处上而民不重，处前而民不害。是以天下乐推而不厌。"（《老子·六十六章》）

意思是说，江海之所以能成为千百条河谷之水的汇集之处，是因为它居于最低下的位置，由此江海就成了百谷之水的王者。由此，品德高尚之人想成为万民拥戴者，必须在言辞上对百姓谦下；要想站在百姓前面，就必须先把自己的利益放在百姓的后面。所以，品德高尚之人虽然居于百姓之上，而百姓并不感到什么沉重；居于百姓之前，而百姓并没感到什么侵害。因此，天下百姓都乐意推戴而不感到厌倦。

低洼、卑微之处，一般人不愿身处之，而水能趋向之，"众人恶卑湿垢浊，水独静流居之也"①，水以此安身，最终成就了百谷之王。教师要保持谦虚处下的品质和美德，如同水一样，在学生面前，宁愿自居下流，保持谦卑，包容学生，向学生学习，实现教学相长。

老子用水善居下的品质，提醒教师要清楚地认识到善于"处下"在教师教育教学中的积极作用，在学生面前，教师切忌高高在上、居高临下，而要善于表现出谦虚谦下，对学生多一点宽容，从而具备谦虚容物、襟胸博大的品格。

这样，身为教师者，才更容易包容学生，接纳学生，亲近学生，充分发现和发掘每一个学生的特性。事实上在学生面前，为师不在于展现自己才华横溢的本领，不在于展现自己学富五车的渊博，而在于包容学生的缺点、幼稚甚至是错误，这就是一种很高的师德修养。

第三节 师者之道：无为而为

司马迁在《史记》中曾指出："老子所贵道，虚无，因应变化于无为。"② "无为"作为老子思想中极其重要的核心观念，不仅蕴

---

① 《老子道德经河上公章句》，王卡点校，中华书局1997年版，第29页。
② 司马迁：《史记》（第七册），中华书局1963年版，第2156页。

含着重要的人生原理，也饱含着非常丰富的师者为师之思想。

老子说："无为而无不为。"（《老子·八十一章》）由"无为"与"无不为"的关联，可引申出无为之师的丰富意蕴。

无为之师并非指教师无所作为、不负责、不操心。而是为了无不为，无为只是手段，有为才是最终的目的，教师无为并不是排斥有为，而是服务于有为，通过无为的手段，而达到有为的理想目的。在这里，无为被当作一种工具性的手段，这也是对老子无为思想最常见的理解。

对此，钱穆先生说得最明白："无为而无不为……此乃完全在人事利害得失上着眼，完全在应付权谋上打算也。故老子教人知其雄而守其雌，知其白而守其黑，知其荣而守其辱。彼所想象之圣人，在其心中。对于世俗间一切雌雄黑白荣辱，不仅照样分辨得极清楚，抑且计较得极认真。彼乃常求为一世俗中之雄者白者荣者，而只以雌以黑以辱作姿态，当作一种手段之运使而已。"[1]

因此，对教师而言，无不为才是核心，无为则是一种有计较的、"狡猾"的手段。无为之师，就是掌握了无为手段的教师，无为成为教师精心设计和刻意安排的，用来解决教育、教学过程中一些问题的技巧和技能。当然，手段意义上的无为之师，并不意味着教师在暗地里搞各种操作，表面上却装作无所作为，无为只是教师的一种教育技巧而已。

无为之师还意味着教师秉持一种对教育教学积极有为的原则和态度。对老子无为的解读，不能只停留在手段技巧上，它更是一种态度、原则和方法。陈鼓应先生在谈到老子的无为时指出："'无为'乃是一种处事的态度和方法。"[2] 刘笑敢先生也说："老子的无为本身就是原则和方法。"[3] 无为作为一种态度、原则和方法，本质

---

[1] 钱穆：《庄老通辨》，生活·读书·新知三联书店2002年版，第122—123页。
[2] 陈鼓应、白奚：《老子评传》，南京大学出版社2001年版，第91页。
[3] 刘笑敢：《老子古今》（上卷），中国社会科学出版社2006年版，第404页。

上强调的是有为。老子说:"为无为,则无不治。"(《老子·三章》)表达的就是以无为的态度去积极有为。有为才是无为的精气神,以"在场的东西"无为,以"不在场的东西"有为。为与无为,"无为"甚至可以看作"为"的一种特殊形态。

因此,无为之于教师,就意味着教师要秉持无为的观念和态度,充分发挥自己的主观能动性,去为,去做。"为无为,事无事。"(《老子·六十三章》)要以无为的态度去有所作为,要以不滋事的方法去处理事务。在这里,无为强调的是一种主动精神,无为之师成为一种独到的、有深刻意蕴的"有为"之师。

老子无为之师的深意还在于,无为是一种人生和生活的理想境界,是教师的教育教学人生之境,是教师的教育教学生活之境。"'无为而无不为'因揭示了'无为'的为'有为'所不及的效果而为我们展示了一个充满魅力的人生境界"[1],无为作为人生追求的境界,就在于它的超越性,即无为已经摆脱了手段和态度层面的限制,实现了与人生最高价值目标的契合。在这里,在场的有为与不在场的无为已经融为一体,无为即有为,它远远超越了手段和态度层面的"无为而有为"的追求。

对教师而言,无为已是师之为师的最高理想境界,它已彻底化为教师的职业人生和生活,成为教师的教育存在状态。老子说:"处无为之事"(《老子·二章》),就是要以无为的境界对待教育,这意味着无为作为教师的教育生活境界,就是教师的教育日常实践。"'境界'就是一个人的'灵明'所照亮了的、他所生活于其中的、有意义的世界"[2],无为就是教师的那个"灵明"。在教育日常生活中,无为作为教师的一种不自觉的、无意识的对待教育教学的气质、秉性和风格,它所照亮的就是教师一个个日常的教育教学生活事件,

---

[1] 王建疆:《从人生境界看"无为而无不为"的审美生成》,《山西大学学报》(哲学社会科学版)2006年第5期。

[2] 张世英:《新哲学讲演录》,广西师范大学出版社2004年版,第152页。

使之充盈了教育意义。

教师教育教学生活所遭际的每件事，都积淀、聚合在教师的"无为"之中，构成了教师的智慧人生。儒学大师牟宗三说，"无为而治，这当然是最高的智慧"①，教师在无为中实现了育人任务，是教师的最高教育智慧，这是一种最理想的教育境界，能够达到这个境界的老师将是无比幸福的。教师的这种理想人生境界，实现起来很难，非真正懂得教育真谛，并具备非凡创造力和付出巨大努力的教师，是不能达到的。

无为之师在价值取向上，以自然为本。"自然"是老子哲学思想中的一个核心范畴，老子所理解的自然，既不是指客观的大自然、自然界，也不是指原始社会人类的自然原始状态，而是一种与人相关的，具有精神性、人文性的价值取向，"自然的观念在老子思想体系中的确是一种普遍的根本的价值"。②"无为"作为老子哲学思想中另一个核心范畴，它与自然有着天然的牵连，王叔岷先生指出："老子所谓无为，由慎而来，以合于自然。"③ 无为就是要谨慎小心，以合于自然的价值取向。刘笑敢先生更是明确提出："自然与无为是密切相关的。自然是价值和目标，无为是方法性原则。"④ 自然就是无为的价值引领，关乎无为的精神方向，是无为的魂魄所在。

教师之无为，就是要以自然为最高的价值取向，将自然作为一种价值，体现和渗透到教师的教育教学活动中。"所谓无为者，非真无为也，为于自然，为于无为。"⑤ 对教师而言，无为的实质是有为，有为就是以自然为价值取向，并以无为作为实现自然的方法原则。自然对无为的价值引领作用，决定了无为之师的教育教学行为必须顺应自然，以自然为导向。教师之无为以自然为价值取向，从

---

① 牟宗三：《中国哲学十九讲》，台湾学生书局1983年版，第145页。
② 刘笑敢：《老子之自然与无为概念新诠》，《中国社会科学》1996年第6期。
③ 王叔岷：《先秦道法思想讲稿》，中华书局2007年版，第47页。
④ 刘笑敢：《老子之自然与无为概念新诠》，《中国社会科学》1996年第6期。
⑤ 陈柱：《诸子概论》，中国书籍出版社2006年版，第82页。

积极的肯定意义上讲，就是要顺应自然而为，从消极的否定意义上讲，就是要不违背自然而为。

自然作为无为之师的价值取向，其核心内涵就是自然而然、自己如此。古文字"自然"一词，"自"，《说文解字》曰"鼻也"，意思是自己的鼻子，代指自己。"然"就是如此。自然就是"自己如此"。自然的这种最初意思，在老子思想中得到了继承，成为老子"自然"一词最基本最普遍的理解。胡适先生在谈到老子"自然"一词时指出："自是自己，然是如此，'自然'只是自己如此。"① 陈鼓应先生亦指出："自然，自己如此。"② 对教师而言，无为就是要以"顺物自然""应之以自然"的态度来对待学生，就是让学生自己如此。

教师之无为意味着让学生自己如此，就是让学生自然本性、自然天性自我发展。自然天性是学生自身发展的根基，学生最基本、最重要的成长需求源于其自然天性。对教师而言，要做到让学生自己如此，就是要顺应学生的自然本性发展，《中庸》开篇讲道："天命之谓性，率性之谓道，修道之谓教"。"率性之谓道"，人之真心本性的自然流露就是"道"，"修道之谓教"，能够按照"道"的要求修炼就是教育。老子说"道法自然"（《老子·二十五章》），"道"是以自然为原则。由此，教师之教育就是要遵循自然原则，顺应学生的自然本性发展，这恰恰就是教育的本质。

让学生自己如此，说明学生的自然天性是教育最为本质的部分，教师的自然无为状态，就是在确立学生基于其本性的自我内在发展的主体性，这是教师从教的起点和基本秉持。老子说："人之所教，我亦教之。"（《老子·四十二章》）意思是说，其他人教人，用刚用强，我教人，则顺应自然本性。王弼对此句作注时指出："我之教人，非强使人从之也，而用夫自然。举其至理，顺之则吉，违之必

---

① 胡适：《中国哲学史大纲》，东方出版社1996年版，第46页。
② 陈鼓应：《老子注译及评介》，中华书局1988年版，第131页。

凶。故人之相教，违之则自取其凶也。亦如我之教人，勿违之也。"① 老子所谓"我亦教之"，就是王弼所说的"用夫自然""非强使人从之"。让学生自己如此，就是在确认教师对学生的教育，主要依赖于允许学生自然发展，教师就是要"用夫自然"来守护和保卫学生的自然发展。

老子说："功成事遂，百姓皆谓我自然。"（《老子·十七章》）大功告成，老百姓都说这是我没有进行强制，只是顺应事物自然本性的结果。教育的成功是学生自然而然、自我发展的结果，教师只是采取因任自然的态度，使学生保持"自己如此"之状，并顺其自然本性自为。

那么，教师作为一种外在力量，在"自然"面前，将何以自存呢？其实，老子之"自然"并不排斥教师的力量，学生自己如此、自然而然并非绝对的，只要教师的作用与学生自然发展的方向一致，那么教师这种外在的作用力，就不易被直接的感官所觉察。因此，教师的外力只是在潜移默化地起作用，学生在不自觉中，自然而然地从容接受了教师的影响。

教师自然无为除了肯定性地顺应学生自然本性之外，在否定意义上，还饱含着不违背、不破坏学生自然本性之意，呈现为教师不有意而为的"不敢为"上。老子说："辅万物之自然而不敢为。"（《老子·六十四章》）要帮助万物按照自己的本性趋势去发展，要小心翼翼，避免破坏万物的自然本性。对教师而言，"辅"字说明，对学生的自然本性发展，教师只能只可"辅"，切不可"主"。"不敢为"是指教师给学生自然本性带来破坏的盲目行动或消极行为，这是老子所极力反对的。

教师之"不敢为"，不是教师没有胆量、没有勇气进行教育，而是体现出教师对学生自然本性的敬畏之心，它时刻警醒教师，要避免把自己的主观意志强加给学生，干扰和破坏学生的本性。王弼注

---

① 王弼：《老子道德经注校释》，楼宇烈校释，中华书局2008年版，第118页。

老子时说:"万物以自然为性,故可因而不可为也,可通而不可执也。物有常性,而造为之,故必败也。物有往来,而执之,故必失矣。"① 教师对学生的教育,不可"造为之""执之",凭自己的主观意志而为,甚至采取某些强制措施,其结果必如老子所说"为者败之,执者失之"(《老子·二十九章》),即强制作为必将招致失败,过于执着必将遭受损害。

在老子看来,对于学生的自然本性,教师除了保护其生长之外,更不能强加给任何东西,不要有任何勉强作为,只顺遂学生自然本性之发展,辅助学生绽放其生命内涵。除非学生自己要求,教师才能"不得已而为",否则,就是对学生自然本性的扭曲、压抑和戕害。正是在这个意义上,老子才说:"强梁者不得其死,吾将以为教父。"(《老子·四十二章》)就是说强硬地违反自然本性,是没有好下场的,我以此作为施教的宗旨。这是在告诫教师必须遵循自然进行教育,要把遵循自然作为教师从教的第一原则。

老子的自然无为之师思想,重视学生的自然天性,具有重要的教育意义。"在教育史上,人自身的自然,或天性,一直被视为'像练马场的马那样'而被加以训练,或被视为'像花园中的树木那样'而任由人的喜好被弄得歪歪扭扭。"② 老子强调教师自然无为,将学生"天性"作为教师从事一切教育活动的中心,破除了这一教育上的"学生魔咒",与卢梭重视学生"天性"的自然教育思想在精神气质上高度相通。

无为之师的修养,具体内容就是虚静。为了能使教师达致无为之境,老子以"虚静"二字要求教师的精神修养,即"致虚极,守静笃"。(《老子·十六章》)教师之"无为",是以虚静为本的无为,就是为"虚"为"静"的无为,是为师者的一种基本人生修养。高

---

① 王弼:《老子道德经注校释》,楼宇烈校释,中华书局2008年版,第76页。
② 刘晓东:《论教育学的"哥白尼式革命"》,《教育研究与实验》2017年第4期。

明先生指出:"'虚'者无欲,'静'者无为,此乃道家最基本的修养。'极'与'笃'是指心灵修炼之最高状态,即所谓极度和顶点。"① 教师之无为在于心,而内心的无欲、无为状态就是虚静,虚静是教师无为的最高心灵修炼和人格修为。

老子的虚静,直指教师的内心和精神世界。老子的"虚"是指内心的空灵、空无,即"虚其心"(《老子·三章》),但却并非"虚幻",而是一种内心洁净,毫无杂念和成见之状。"静"是指内心不浮躁,"静为躁君"(《老子·二十六章》),内心沉静,不为外物所动,是一种精神境界,"静不是物理学中相对的运动和静止的静,而是绝对的心境,是定,是随时将心灵从现实中超拔出来,浮在上层的一种境界,是精神的"②。至于"虚极""静笃",则"此虚之致,此静之守,乃吾心之自致自守"③,教师只有保持虚静,抛除杂念,内心清静,使头脑"纯粹而不杂",方可有清醒的判断力和思维力,"心归于虚静,即有如明镜"④,一尘不染,便可直接照见教育之真意、真谛。对教师而言,并非任何精神都可以与真教育相遇,只有绝对净化了的内心和精神,才能做到这一点。教师只有以虚静的心态去观照教育之道,才会发现教育之大美,才能体会到教育的"至美至乐"。

在虚静中获得心灵自由,是老子虚静论的最根本用意所在。教师在修为上要达到虚静之境,其实质是要求教师摆脱外在世俗功名利禄的羁绊,获得一种真正的心灵自由,并以自由的心空与教育相拥。教师内心的不自由,主要来自外物的干扰羁绊,老子说:"涤除玄鉴,能无疵乎。"(《老子·十章》)"涤除者,乃日损其杂染之谓,

---

① 高明:《帛书老子校注》,中华书局1996年版,第299页。
② 牟宗三:《牟宗三全集29·中国哲学十九讲》,联经出版社2003年版,第95页。
③ 王邦雄:《老子哲学》,东大图书股份有限公司1986年版,第121页。
④ 王邦雄:《老子哲学》,东大图书股份有限公司1986年版,第121页。

玄鉴，就是恢复吾心的虚静清明"①，只有去除外物杂染的遮蔽，使内心进入虚静状态，教师的心灵才能获得自由。

如果说教育的最高境界是灵魂的教育，那么教师必须具有内心的自由，方能通往教育的最高境界。因为只有获得真正心灵自由的教师，才能穿过幻影的森林，摆脱重重困扰和障碍，最大限度地释放自我潜在的能量，去寻找教育最美的魂灵，去迎接真正的理想教育。正是老子的虚静论，明确肯定了教师的心灵和精神自由是体悟"教育之道"的根本。

虚静意味着心灵的自由，这是教师的一种人格修养。对于教师来说，置身日常教育生活的纷繁、面对各种现实利益的诱惑和外在环境条件的制约而能保持内心虚静，实现心灵自由，显示的就是一种教师所达到的高级修养境界。牟宗三先生指出："道家背后的基本精神是要求高级的自由自在，他那个自由不是放肆，不是现在这个世界所表现的这种自由。它是一种高级的修养。"② 虚静所追求的自由是教师的一种高级修养，这种高级修养是教师去除束缚内心的功利、造作、虚伪、外在形式等东西所呈现的状态，这是教师内心的一种本真虚无和静谧，也是教师所能达到的最高精神境界。这种精神境界，既是教师的自由自在境界，更是教师人格修养的最高境界。

内心自由作为教师的高级修养，是教师的本真之性，是教师在教育世界中生活的原初样式。教师的内心自由，不是脱离了教育生活具体的抽象的绝对精神存在，更不是教师个人主观意见和意向式的自由，而是教师的一种力量与理念，是一种实践智慧，这是需要教师下一番大功夫进行修炼方能达致的结果。"一个人能够像道家所说的，一切言论行动好像行云流水那么样的自由自在，这需要很大的工夫，这是很高的境界。所谓成熟、炉火纯青的时候才有这点味

---

① 王邦雄：《老子哲学》，东大图书股份有限公司1986年版，第118页。
② 牟宗三：《牟宗三全集29·中国哲学十九讲》，联经出版社2003年版，第64页。

道，可见需要很大的工夫。"① 在现实中，教师要不被外在的名利得失纷纭烦扰，以超然自由的心境自觉自愿地拥抱和践行教育之道，使自我的教育境界走向更高的超越，就必须经过一番艰苦的修炼。

教师迈向虚静无为，实现内心自由，进行自我修养境界的提升，是一种"内在于心，外在于物"的心物一体的修炼。

一方面教师虚静无为的修炼，修的是自己的内心，而不是外在有形的品格修炼的技巧、规范和要求，因为它们本身就是对教师的牵制与奴役，它们不是教师自己的内心所得，而是他人的要求与规定。老子讲"不出户，知天下；不窥牖，见天道"（《老子·四十七章》），足不出户，就知道天下的事情，不用从窗户往外看，就知道天道。可见老子并不看重外在的经验，却极端重视内在的直观体验。他认为，心灵宛如一面镜子，本来就极其洁净透明，自身就具备洞察外界、透视现实世界的能力，这表明老子要求心灵隔绝外界干扰而向内求索。对教师而言，内心的修炼不是把心性置于有局限性的确定范围内，不是达到外在的某种具体修养条件，而是内在无形的自由心性的自我养成。

另一方面老子不是引导教师仅在内心世界中超凡脱俗，而是要求在当下、在日常生活的教育世界中，实现虚静无为的修养，因为"老子哲学就是一种生活方式"。② 教育生活作为一种生活方式，教师只能把自己持续地寓于教育生活之中，从教育生活中获得教育的养分。因此在老子这里，教师只有打开虚静自由之心，向教育生活的本然道路敞开，从教育现场出发，从教育实践出发，去体悟致虚守静的内在心性，才能达到自由之心与教育生活融为一体的境域。

---

① 牟宗三：《牟宗三全集29·中国哲学十九讲》，联经出版社2003年版，第91页。
② 张永路：《"生活世界"理论下的老子哲学论析》，《理论月刊》2013年第6期。

第四节　师者之教：不言之教

不言之教是老子关于教师如何从教而提出的重要教师教育思想。在教师如何从教上，老子对教师的言教持否定态度。老子说，"多言数穷"（《老子·五章》），教师以过多的言说进行教诲，往往会使自己陷入困境，还不如沉默不言。这正如维特根斯坦所断言："凡是能够说的事情，都能够说清楚，而凡是不能说的事情，就应该沉默。"[1] 事实上，很多时候教师对学生教育的无效，甚至让学生产生强烈的抵触反感情绪，往往是因为教师们不厌其烦地耳提面命所致。因此，深入理解老子的不言之教，对教师来说具有重要的意义。

老子说："是以圣人处无为之事，行不言之教。"（《老子·二章》）品质高尚的人用无为的观点对待世事，不用语言施行教化。在这里，老子将"无为"与"不言之教"联系起来，"无为"是"不言之教"的前提。教师欲行不言之教，就要做到无为。

通常而言，教师教诲学生全靠言说，言说对教师教育学生而言就是一种最大的人为。故而，不言之教的不言，对教师而言就意味着不去人为地"说"，即不用语言（说教）去任意地有为和干涉。从这个意义上讲，不言之教就是无为之教。

老子说："道常无为而无不为。"（《老子·三十七章》）无为是"道"的特性，不言之教就与"道"契合，就是为了阐释"道"。"'圣人居无为之事，行不言之教'，即是老子对自己所主张的相称于'恒道'的教化的昭布"[2]，对于"道"的阐释理解，不能诉诸语言，老子认为只能行不言之教。因为"道"是不可言说的，老子说："道可道，非常道。"（《老子·一章》）道用语言表达出来，那就不

---

[1] ［奥］维特根斯坦：《逻辑哲学论》，商务印书馆1962年版，第22页。
[2] 黄克剑：《老子"不言之教"义趣疏证》，《哲学研究》2013年第9期。

是道本身了,"道常无名,朴"(《老子·三十二章》),道的纯真状态是不可言说的。"道"是老子哲学的最高本体,深邃而不可用有形之物来把握,语言自然无法通过表述来阐明。

对教师而言,真正的教育之道,亦是不可进行言说的。因为教育之道,道在心灵,真正的教育是人的心灵的教育,教育本质上是"一个灵魂唤醒另一个灵魂"的过程。如果教师的教化未能触及孩子们的心灵,未能引起孩子们灵魂深处的变革,就不能称为教育。

而关乎心灵的教育之"道",是教育的形而上存在,只有通过心领神会的内心体验和直觉参悟才能获得,人为的言说,其意蕴十分有限,任何言说出来的教育之"道",都是用语言对教育之"道"的限制、规定,都是片面的一管之见或一面之词,而无法呈现教育之"道"的全貌。这必然有损于教育之"道"的完整性,是对教育之"道"本真状态的遮蔽甚至毁损。因此,在真正的教育之"道"面前,教师外在的言说则显得很无力、很无能,甚至还很有害。

因此,以无为为主旨的不言之教,就在于让教师放弃人为的语言控制,解放孩子的心灵,顺应心灵的自然本性发展。正是在这个意义上,老子才说:"知者不言,言者不知。"(《老子·五十六章》)有智慧的老师不用语言进行教诲,仅凭借说教进行教诲的老师显得愚不可及。

老子主张教师放弃人为,以不言行教,顺应自然,亦是出自"道"之导引,因为"道"是取法自然的,老子说:"人法地,地法天,天法道,道法自然。"(《老子·二十五章》)王弼对道法自然注释说:"道不违自然,乃得其性,法自然也。法自然者,在方而法方,在圆而法圆,于自然无所违也。自然者,无称之言,穷极之辞也。"[1]"道"所法之"自然"是无法用语言进行表达的,倘若勉强用语言来说,自然或可谓是万事万物的本性,道法自然就是不违背自然本性,就是顺应自然本性。

---

[1] 王弼:《老子道德经校释》,楼宇烈校释,中华书局2008年版,第64页。

对教师而言，不言之教就是托教于道，施无为之教，顺任学生自然。老子说："希言自然。"（《老子·二十三章》）"希言"就是"不言"，《尔雅》释"希，罕也"。所以"希言自然"就是"不言自然"，即少说话是合乎自然的。对教师而言，不说话就是顺应自然，在学生的自然本性面前，教师语言的发生和运用是与"自然"不无扞格的造作和措意而为，都是多余的。

教师施不言之教，顺应学生自然，就是要做到无为。英国著名汉学家李约瑟先生曾说："就早期原始科学的道家哲学而言，无为的意思就是'不做违反自然的活动'，亦即不要固执地违反事物的本性，不强使物质材料完成它们所不适合的功能。"[①] 教师的无为，是为了避免使孩子们的本性因完成所不适合的功能而受到损害。对教师而言，行不言之教，以无为处之，就是要通过不说、不为的无为之行，让孩子按照本性去有为，"教师的无为并不是说不为，而是为了让学生有所为。教师表面上无为，其实是为了放开手让学生有所为。如果教师事事都管着学生，学生是难以有为，也难以成长"[②]。

但是，在教育实践中，教师要真正做到无为、自然，行不言之教，是非常困难的。因为在无为的意义上，不言之教已非一种教育方式，而是一种教师对待教育的境界。能达到这种教育境界的老师，也就接近于教育之"道"的真谛了。是在这个意义上，老子才不无感慨地说："不言之教，无为之益，天下希及之。"（《老子·四十三章》）即是说，行不言之教，施以无为，所达到的境界，天下万物没有什么能够比得上。

以无为行不言之教，要求教师不做、不为地施教，强调不言之教是一种教育的境界。在教育方式层面，不言之教聚焦的是教师的作为，即只做不说，通过行动表率和榜样力量进行教育，不言就是

---

① ［英］李约瑟：《中国科学技术史》（第2卷），上海古籍出版社1990年版，第472页。
② 顾明远：《不言之教——读〈道德经〉有感》，《光明日报》2013年10月16日第14版。

不说，就是身教。

身教即不言之教是一种最普遍的理解。河上公注解的《老子》中，明确指出"不言之教"就是"以身帅导之也"①，不言之教就是"潜移默化的身教"②，就是"严格要求自己去做，却不对别人说教"③。在这里，教师的"身"是和"言"相对的一种教育方式，与"言"相比，"身"具有更大、更好的教育效果，因为"身"关注的是教师无形的感染作用，关注的是教师行为、行动实际的教育和影响。

教师用行动代替语言，避免了言教的空洞灌输。用语言讲出来的道理，终归是表面的、空虚的，离现实有较大的距离，很难让人从内心真正接受，俗话说"喊破嗓子，不如做出样子"，与其用嘴说，不如用身做。教师用自己的行动展示给学生以进行教化，更加直观、感性和有力，学生也更容易接受，避免了言教的贫乏空洞。

除了空洞，教师的言教还容易流于灌输。书本上的知识往往过于抽象和理论，教师过于依赖言教，就会变成纯粹知识性的灌输。通过身教，教师可以对知识内容进行富有活力的展现和颇具意蕴的行为实践，而学生通过教师身体的实践和展现，就更能体悟书本上的道理与现实生活相联系。由此对教师而言，以言服人不如以行服人，身教的力量远远大于言教。

老子的不言之教除了强调教师的无为和身教之外，更重要的是改变了学生学习的被动状态，更加关注学生对知识的主动探索和切身体察，主张学生通过自我的亲身实践获得知识。老子说："上士闻道，勤而行之。"（《老子·四十一章》）意思是说，最优秀的学生知

---

① 河上公：《老子道德经河上公章句》，王卡点校，中华书局1997年版，第7页。
② 严敏：《〈老子〉辨析及启示》，巴蜀书社2003年版，第9页。
③ 于永昌：《老子解读：老子与宇宙物理学及其哲学思想》，中国社会科学出版社2004年版，第14页。

道一个道理之后，就会勤勉地通过行动在实践中运用。老子还说："勤能行之，必有所获。"（《老子·二十二章》）学生只有付出积极的行动，才能学有所获。

不言之教，就是让教师意识到，学生学识的获得，不是一个教师教的过程，而是一个学生主动学的过程，学生自己的积极实践和行动才是学习中起决定作用的因素，与学生的主动性相比，教师的话语显得多余而无关紧要。

法国思想家雅克·朗西埃（Jacques Ranciere）在《无知的教师：关于智识解放的五篇论文》一书中记载的一则故事，很能够说明教师不言之教在促进学生积极主动学习上的巨大决定性作用。

《无知的教师：关于智识解放的五篇论文》主要围绕着18世纪教育家雅科托（Jacotot）的一段逸事展开，他在法国大革命第二次复辟之后去了布鲁塞尔，还被认命为卢汶大学的法国文学教授。但这位教授并不懂当地的弗莱芒语，而当地的学生又不懂法语，故而他开始实验一种全新的教学法。他给了每个学生一本法语－弗莱芒语对照的双语小说《泰勒玛克》（*Télémaque*），然后完全不教授学生语法和拼读，让学生自己逐字逐句对照学习。结果出人意料，学生们不但最后都能读懂小说，而且还能用法语写文章。于是，他深受启发，开创了这种完全不用人教的方法——普遍教学法（Universal Teaching）。

雅科托的方法强调：老师必须是无知的，无知的老师不用教授学生知识，一切要靠学生自学。老师要做的就是告诉学生"你能行"！朗西埃在挖掘这个材料的过程中感觉深受启发，他认为这是"智力平等"的最好依据。他通过雅科托意识到，每个人都可以学会自己的母语，因为婴儿唯一要做的就是认识世界，因此注意力最集中，所以婴儿最终都能用母语自由地进行表达。

但是，人们在接受教育的过程中总会遇到老师，而老师的职责就是进行解释，将不懂的东西解释给学生听，这种解释同时也不断地告诉学生"你们什么都不懂，你必须得听我的"，也就是所谓的愚蠢化。在愚蠢化的过程中，学生失去了解放自我的能力。①

因此，教师行不言之教，发挥学生的主动性，在更深的层面上还意味着"智力平等"。教师和学生人格平等是现代教育已经承认的，但智力上，一直强调的是差异。不言之教通过否定教师的言，甚至认为教师的言说是一种"愚蠢化"的过程，进而否定了师生之间的智力差异，这带来的无疑是一种更具深刻意义的教育解放。

不言之教在根本的意义上否定教师的言说，但这种否定并不是绝对意义上的。因为不言并非不说，"以不言为教并非闭口不作声，老子是在教育中找寻一种合适的言说方式"②，而是一种特殊的言说方式，以言诱示不言，即言之不言。言之不言就是以言表达不言，言而不言，即无法直言，以另一种方式言说，这种言说是为了表达无法言说出的部分。

以比喻之言来表达不言，是老子不言之教言说的一种方式。比喻是老子言之不言来说明事物的普遍方式，最为典型的就是"上善若水。水善利万物而不争，处众人之所恶，故几于道。居善地，心善渊与善仁，言善信，正善治，事善能，动善时。夫唯不争，故无尤。"（《老子·八章》）以水之性情喻"道"的利物、不争、处下、谦卑等。其他类似的诸如"譬道之在天下，犹川谷之于江海"（《老子·三十二章》），"含德之厚，比于赤子"（《老子·五十章》），"豫兮若冬涉川；犹兮若畏四邻"（《老子·十五章》），等等。

对教师而言，不言之教是以一种比喻的言，让言语显得亲切而灵动，并用这亲切而灵动的措辞，使学生能够由形而下地直观，直达难以言说的形而上的意境。对学生而言，教师与其就"大道理"讲"大道理"，不如换以比喻的言说启示学生去推想那非可逼视的

---

① 李三达：《走向审美的政治——论朗西埃审美平等理论的两个维度》，《天津社会科学》2014 年第 1 期。

② 王康宁：《"不言之教"原解——由老子之"道"解读"不言之教"》，《当代教育评论（第五辑）》2017 年第 6 期。

"大道理"。即是说，使学生能够从可思议的"大道理"，逐渐去迫近那"大道理"的非可思议。教师用比喻的语言进行教诲，让一种言外之意灵动地透示出来，其目的是便于学生听出话外之音，并从中理解到更深刻的道理。

老子说："正言若反。"(《老子·七十八章》) 意思是说，某种正面的道理，用否定的反面语言进行表述。对于正言若反，钱锺书先生进行了举例说明。《老子》第七章云："以其不自生，故能长生。……非以其无私耶？故能成其私。"夫"自生"，正也，"不自生"，反也，"故长生"，反之反而得正也；"私"，正也，"无私"，反也，"故成其私"，反之反而得正也。① 可以看出，正言若反，表面上看，似乎是反话，但却是在表达真正正确的道理。由此，正言若反是老子言之不言的一种方式，即是不言之教以言表达无法言说道理的一种方式。

对教师而言，正言若反就是要做到"似非而是"，也就是说，教师内心的想法不从正面直接说出，而是委婉曲折地用反话来透露。教师真正掌握正言若反这种曲折巧妙、含蓄蕴藉的不言之言的言说方式，并运用到教育教学中，总能带来意想不到的效果。正言若反作为教师不言之教的一种语言艺术，倘若能够巧妙地运用，就可以避免直说正说的肤浅急切，使言语意味深长，充满情趣，正言若反"这种言说在于加大言者与闻言者之间措思的张力，以使闻言者对看似'反'说的'正言'在其不无抵触的接受中留下更深的印象"②，正是正言反说，能够使学生毫无抵触地接受，能够起到言说所达不到的极佳教育效果。

---

① 钱锺书：《管锥编（二）》上卷，生活·读书·新知三联书店 2001 年版，第 106 页。

② 黄克剑：《老子"不言之教"义趣疏证》，《哲学研究》2013 年第 9 期。

第 五 章

韩愈：道存之师

　　自东汉以来，道丧文弊，异端并起，历唐贞观、开元之盛，辅以房、杜、姚、宋不能救。独韩文公起布衣，谈笑而麾之，天下靡然从公，复归于正，盖三百年于此矣。文起八代之衰，而道济天下之溺，忠犯人主之怒，而勇夺三军之帅。此岂非参天地、关盛衰，浩然而独存者乎？①

——苏轼

第一节　韩愈生平

　　韩愈（768—824年），字退之，河南河阳（今河南省孟州市）人。祖籍河北昌黎，世称"韩昌黎""昌黎先生"。晚年任吏部侍郎，又称韩吏部。谥号"文"，又称韩文公。宋代苏轼称他"文起八代之衰"，明人推他为唐宋八大家之首，与柳宗元并称"韩柳"，又被后世认为是继董仲舒以后最伟大的哲学家、思想家和一代鸿儒。

　　韩愈自小父母双亡，由哥哥和嫂子抚养成人。哥哥韩会对韩愈很好，教他读书做人的道理。在韩愈十岁之时，哥哥韩会因为受到

---

① 苏轼：《苏轼文集》，中华书局1986年版，第509页。

牵连，被贬官至韶州（在今广东省），心情抑郁加上水土不服，竟然生病去世了。韩愈只得由寡嫂郑氏继续抚养，郑氏对韩愈非常关心，她曾对韩愈说：人生短暂，你要抓紧时间读书做学问，虽不求显赫一时，也要不枉度一生。懂事的韩愈自然知道这些道理，读书非常刻苦认真，后来黄浦湜曾说韩愈"七岁好学，言出成文"（《韩文公神道碑》），韩愈自己也说"生七岁而读书，十三而能文"（《与凤翔邢尚书书》），"七岁而学圣人之道，以修其身"（《上宰相书》）。

就这样，韩愈在嫂嫂的教导下刻苦读书。直到有一天，嫂嫂对韩愈说：洛阳有学问的人多，你现在长大了，去洛阳求学吧。韩愈听从了嫂嫂的话，便踏上了去洛阳的求学之路。来到洛阳，韩愈为了能够专心致志地读书，谢绝了好友的邀请，自己租住了一间简陋的茅草屋，过起了简朴、清贫的读书生活。为了能有更多时间读书，韩愈经常早起晚睡，"口不绝吟于六艺之文，手不停披于百家之编"（《进学解》）。

一次，韩愈和友人一起讨论读书，韩愈说：读书就像品酒一样。好文章读起来，让人觉得痛快。那差的文章，比如骈体文，死板得很，读了让人憋气难受。也许正是这"读书如品酒"论，成为韩愈后来"古文运动"的滥觞。

韩愈十九岁时，离开洛阳，来到长安，开始了科考之路。谁能料到，像韩愈这样有才华的人，竟然在科举考试的道路上三度名落孙山。事实上，在科考前，有朋友拿出礼部考过的赋、诗、策等考题，让韩愈看过，他认为"以为可无学而能"，觉得自己根本不用学，就可以答得很好。第一次考试，出的试题为"不迁怒不贰过"，大意是说"若自己不高兴，不要转移到别人身上，不犯两次同样的错误"。韩愈看后，立即有了主题，他很快就写完了，并且信心满满。但主考官看了以后，却像废纸一样扔在一边，因为韩愈没有用通行的骈体文，而是用古文体写就。接着，韩愈又考了两次，但都落榜，这对韩愈打击很大，韩愈非常地失望，他感到愧对祖先、愧对家人。

但韩愈并没有气馁，而是继续努力读书，公元 792 年，他参加了第四次科考。这次的考题与上次的差不多，韩愈就把上次的文章稍加修改，交卷了。但这次的考官是陆贽，也是一位大文豪，看了韩愈的试卷，不禁感叹：真是好文章！完全是古文风格，没有半点骈体文的味道，就这样，二十五岁的韩愈终于考中了进士。人生就是这样，很多的失败并不是自己的失败，而是缺少成功的机遇，唯有不断地努力，永不放弃，才能增加自己成功的概率。

韩愈通过了礼部考试，中了进士，但要做官，还需通过吏部的考试。谁知，韩愈竟与当年考进士的命运一样，连续考了三年，均一败涂地，未能通过吏部考试。无奈，他只得另辟蹊径，多次给当朝宰相写信，叙述志向，倾诉贫苦，以求仕途，希望有意外的收获。他在《上宰相书》中称："四举于礼部乃一得，三选于吏部卒无成；九品之位其可望，一亩之宫其可怀。遑遑乎四海无所归；恤恤乎饥不得食，寒不得衣；滨于死而益固，得其所者争笑之；忽将弃其旧而新是图，求老农老圃而为师。"[1] 结果石沉大海，杳无音讯。对于韩愈投书宰相求官，马其昶曾指出："公之三上宰相书，岂阶权势求富贵哉？宰相，人材所进，磊落明白以告之，公之本心如青天白日；后世旁蹊曲径，而阴求阳辞，妄意廉退之名，真墦间乞祭之徒耳。"[2] 可见，在当时韩愈投书宰相求官，是光明正大的事情。

于是，韩愈不得已，只好投奔宣武军节度使，出任观察推官，可只干了两年多，幕主便死了。之后，又投奔徐、泗、濠节度使张建封幕府作为幕僚，没多久，幕主又死去了。韩愈真是倒霉透顶，可谓是"靠山山倒，靠水水流"。

公元 801 年，三十四岁的韩愈再次参加吏部考试，通过了铨选，被任命为国子监四门博士，这是韩愈步入京师政府机构任职的开端。在任四门博士期间，面对当时师道大坏，士人不愿为人师的风气，

---

[1] 马其昶：《韩昌黎文集校注》，上海古籍出版社 1987 年版，第 155 页。
[2] 马其昶：《韩昌黎文集校注》，上海古籍出版社 1987 年版，第 153 页。

韩愈"抗颜为人师""奋不顾流俗,犯笑侮,收召后学",这在京师引起了极大的震动,士人们纷纷视韩愈为不可理喻的狂人。为此,韩愈写了著名的《师说》一文,提出了系统的师道理论,直接回应当时贬损师道的风气。

公元803年,韩愈晋升为监察御史。此时,长安周围发生旱灾,春夏无雨,秋又早霜,田亩所收十不存一。而京兆府尹李实却向唐德宗掩盖灾情说:"今岁虽旱,而禾苗甚美。"这样租税没有任何减免,百姓生活陷入极度困窘。韩愈体恤民情,向德宗递交了《论天旱人饥状》,阐明了实情,由是便遭到李实等权臣谗害,被贬为阳山县令。

公元806年,韩愈奉召回长安,任权知国子博士,即暂代国子博士。此后,历任真博士、都官员外郎分司东都兼判祠部、河南令、方员外郎、国子博士。公元813年,韩愈晋升为比部郎中史馆修撰,比部属尚书省刑部,在此职位上,韩愈完成了《顺宗实录》史书的编写,这是今存唯一的唐帝实录。公元817年,韩愈以行军司马身份,协助宰相裴度平定淮西之乱,因军功卓著,晋授刑部侍郎。

淮西平定,宪宗"中兴"如日中天,"群臣请刻石纪功,明示天下,为将来法式"[1],此等歌功颂德之事,宪宗当然十分乐意,就把撰写碑文的光荣任务交给了韩愈。对韩愈来说,这是莫大的荣誉,以至于他"闻命震骇,心识颠倒,非其所任,为愧为恐,经涉旬月,不敢措手"[2]。最后,经过七十多天的认真撰写,韩愈方才完成《平淮西碑》。碑文进呈唐宪宗,宪宗很是高兴,命人将碑文抄录若干份,分赐平淮西的功臣,并树碑于蔡州紫极宫。

就在韩愈沉浸于撰写碑文带来的无上荣耀之时,便发生了逢迎法门寺佛骨,韩愈上《论佛骨表》之事。

关内道凤翔府扶风县(今属陕西)内法门寺,有护国真身塔,

---

[1] 韩愈:《韩愈全集校注》,四川大学出版社1996年版,第2226页。
[2] 韩愈:《韩愈全集校注》,四川大学出版社1996年版,第2226页。

塔内有释迦牟尼佛指骨一节。元和十三年冬，有功德使上奏说：凤翔法门寺塔有佛指骨，相传三十年一开，开则岁丰人安。来年应开，请迎之。宪宗一听很高兴，立即准奏。次年正月，宪宗遣中使杜英奇，领禁兵押宫人持香花迎入禁中，留三日，又送京城诸佛寺供养。唐代君主，大多崇信佛老，此次迎佛骨入长安，是宪宗朝最隆重的一次礼佛活动，宪宗当然十分重视。但一项崇儒反佛的韩愈，无法容忍佛教势力如此地猖狂嚣张，于是上表力谏，即著名的《论佛骨表》。

《论佛骨表》开篇即说"佛者，夷狄之一法耳"，流露出对佛教的鄙夷。然后又将神圣无比的佛骨视作"诡异之观，戏玩之具"，充满了轻蔑嘲讽，并建议宪宗将这个蛊惑民众、罪恶无穷的佛骨，"付之水火，永绝根本，断天下之疑，绝后代之惑"。疏上，宪宗怒甚，出疏以示宰臣，将加极法，"极法"就是杀头。因为宪宗的本意，在借礼佛以求长寿，而"韩愈的《论佛骨表》则重点强调的是信奉佛教的帝王都不会长寿、都没有好下场，奉佛愈过，寿考愈促。这里，韩愈显然将历代帝王同佛教放在同一个位置上加以批判了，这就严重地触犯了宪宗作为帝王的尊严"①。韩愈冒大不韪反对宪宗崇佛，说宪宗崇佛非但享年不久，运祚亦不长，这就是大不敬，严重刺痛了皇帝的内心。

于是，韩愈是否真的反佛，已不重要，重要的是诅咒皇帝运祚不长，那就要杀头了。宪宗自己也曾说："韩愈言我奉佛太过，我犹容之，至谓东汉奉佛之后，帝王咸致夭促，何言之乖剌也。愈为人臣，敢尔狂妄，固不可赦。"② 说皇帝崇佛不得好死，才是韩愈被处以极刑的缘由。宪宗后来曾又一次谈及此事说："因思其所谏佛骨事，大是爱我，我岂不知？然愈为人臣，不当言人主事佛乃年促也。

---

① 李天石：《唐宪宗与韩愈谏佛骨事新论》，《南京师范大学学报》（社会科学版）2002 年第 3 期。

② 刘昫：《旧唐书》，中华书局 1975 年，第 4200 页。

我以是恶其容易。"① 韩愈要杀头了，其好友裴度、崔群等人便在宪宗面前极力为之求情，再加上韩愈毕竟是海内属望的文宗，"于是人情惊惋，乃至国戚诸贵，亦以罪愈太重，因事言之，乃贬为潮州刺史"②。

被贬为潮州刺史的韩愈已经五十二岁了，时值寒冬，严令启程，韩愈只好带着耻辱、忧伤和失望离开京城长安，他的妻子儿女，也随后出发。韩愈十二岁的小女儿挐，因为过度的惊痛劳顿，不幸在路上夭亡，韩愈在《女挐圹铭》中曾记述道："愈既行，有司以罪人家不可留京师，迫遣之。女挐年十二，病在席。既惊痛与其父诀，又舆致走道撼顿，失食饮节，死于商南层峰驿。"当时家人只能将这个苦命的小女孩草草埋葬。韩愈为进直言、逆龙鳞真可谓付出了家破人亡的代价，其惨痛的心情是可以想见的。

韩愈行至篮关（今陕西篮田县蓝田山南）时，写了一首为后世传颂的著名诗篇《左迁至篮关示侄孙湘》，记述了他的悲痛心境："一封朝奏九重天，夕贬潮州路八千。欲为圣明除弊事，肯将衰朽惜残年。云横秦岭家何在？雪拥蓝关马不前。知汝远来应有意，好收吾骨瘴江边。"云横秦岭，我的家已经破碎，我也恐怕命不久矣，还是把我的骸骨收拾一下，葬在这瘴江边吧。韩愈心境之悲凉，由此可见一斑。

"人生的逆境大约可分四种。一曰生活之苦，饥寒交迫；二曰心境之苦，怀才不遇；三曰事业受阻，功败垂成；四曰存亡之危，身处绝境。处逆境之心也分四种，一是心灰意冷，逆来顺受；二是怨天尤人，牢骚满腹；三是见心明志，直言疾呼；四是泰然处之，尽力有为。韩愈是处在第二、第三种逆境，而选择了后两种心态，既见心明志，着文倡道，又脚踏实地，尽力去为。"③ 在悲痛面前，韩

---

① 刘昫：《旧唐书》，中华书局 1975 年，第 4202 页。
② 刘昫：《旧唐书》，中华书局 1975 年，第 4200—4201 页。
③ 梁衡：《读韩愈》，《当代贵州》2004 年第 11 期。

愈选择的不是颓废，而是振作，是干实事。

韩愈来到潮州，面临一个大问题：鳄鱼为患。史载"恶溪有鳄鱼，食民产且尽，民以是穷"，老百姓深为鳄鱼所苦。韩愈身为父母官，就得为民除害，便命令宰猪杀羊，到城北江边设坛祭鳄。韩愈写了一篇千古名文《祭鳄鱼文》，并在渡口旁边摆上祭品，点上香烛，对着大江严厉地宣读《祭鳄鱼文》道：鳄鱼！鳄鱼！韩某到这里来做刺史，为的是保土庇民。你们却在此祸害百姓。如今姑念你们无知，不加惩处，只限你们在三天之内，带同族类出海，三天不走，就五天走，五天不走，就七天走。七天不走，那就要操强弓毒矢，以与鳄鱼从事，必尽杀乃止，其无悔！鳄鱼们到时候你们可别后悔。果然，《祭鳄鱼文》一出，潮州鳄鱼纷纷退去，西迁六十里，潮州江里再也没有鳄鱼了。现在，人们把韩愈祭鳄鱼的地方叫作"韩埔"，渡口叫"韩渡"，把大江叫作"韩江"，江对面的山叫作"韩山"。

公元820年，韩愈调任袁州（今江西宜春）刺史，后又调为国子祭酒。唐穆宗长庆元年，即公元821年，转任兵部侍郎，在韩愈任职期间，成德军节度使田弘正被部下王廷凑杀害，占领镇州（今河北正定），并威逼朝廷任命自己为正式节度使。朝廷派军讨伐，却出师不利，形势危急之下不得不同意王廷凑的要求。韩愈自告奋勇，愿意去安抚王廷凑，大家都知道这是一项极其危险的工作，唐代大诗人元稹都忍不住对皇上说：韩愈这是有去无回，羊入虎口啊！太可惜了。

唐穆宗急忙派人追上韩愈，告诉他只需探视一下敌情就可以。韩愈不予理会，策马径直进入镇州城中，找王廷凑说理。面对王廷凑，韩愈的言说头脑冷静，思维清晰，眼光卓越，表现得张弛有度，使有勇无谋的王廷凑彻底拜服，主动配合韩愈解了深州之围，并大摆筵宴招待韩愈。韩愈不费一兵一卒，化干戈为玉帛，平息了镇州之乱，表现出了大智大勇。

公元823年，韩愈晋升为京兆尹兼御史大夫。韩愈在任京兆尹兼御史大夫的时候，有一天，办完公事回府，有个叫贾岛的书生，骑着一头驴，一边摇头晃脑，一边用手在空中作一推一敲的姿势，径直冲撞了京兆尹韩愈的仪仗里。随从人员立刻向前，把贾岛拿下，送到韩愈马前问罪。这时贾岛才意识到闯了祸，但他并没有惊慌，对韩愈说：晚生刚才正在作诗，有两个字难以选定，过于专注，结果冒犯了大人，希望您能谅解。韩愈一听，来了兴致，忙问：你作的是什么诗？是哪两个字难以断定？贾岛说：鸟宿池中树，僧敲月下门。最初欲用"推"字，后来又想用"敲"字，反复思索，难以决断。韩愈听了，一边有节奏地诵读着诗句，一边用心仔细琢磨，过了一会儿说：还是用"敲"字好。因为，夜深人静，拜访友人，门自然是关闭的，怎能推门进去呢？"推"不合情理。而且，敲字响亮，在夜静更深之时，突然响起敲门声，惊动了栖息在树上的鸟儿，静中有动，意境优美。贾岛听了连连称赞，后来二人还成了很好的朋友，经常一起讨论文学上的问题。"推敲"也成为脍炙人口的常用词，以比喻做文章或做事时，反复琢磨和斟酌。

公元824年正月，唐穆宗死，敬宗即位。这年夏天，五十七岁的韩愈却突然生病，不得不请病假休养。过了中秋节，韩愈的病情加重，没过多久，就溘然长逝，终年五十七岁。

韩愈的成就在后世文化学术史上具有巍然崇高的地位，为后世学者所推崇和称颂。欧阳修在《新唐书》中说："自愈没，其言大行，学者仰之如泰山北斗云。"①《韩愈大传》的作者张清华先生说："韩愈是封建社会称职的教育家，也是我国教育史上不可多得的人才，在中国两千多年的教育史上，孔丘而下，首推韩愈。东坡称颂他文能起八代之衰，勇敢夺三军之帅，忠敢犯人主之怒，还应加上一条：教能服当代诸儒。"② 韩愈死后，他的作品由他的女婿兼门人李汉编纂成集，命名为《昌黎先生集》。

---

① 欧阳修、宋祁：《新唐书》，中华书局1975年版，第5269页。
② 张清华：《韩愈大传》，中州古籍出版社2003年版，第339页。

第二节 教师作用：学必有师

为人之师到底有没有必要？人们到底需不需要老师？在韩愈的时代，对这些问题的回答是否定的，整个社会弥漫的是耻于为师的风气。韩愈的同道柳宗元，在《师友箴·序》中就明确指出："今之世为人师者，众笑之，举世不师，故道益离。"①

为什么人们耻于为师呢？因为教师无用，人们不从师求学，也可以获得很好的仕途。唐之前的魏晋，实行九品中正制，选拔人才按照门阀高低进行，士族子弟按门第资格授官，人们也就不再拜师求学了，正如柳宗元所说："孟子称：人之患，在好为人师。由魏晋氏以下，人益不事师。"②到了唐代，实行科举取士，虽然对门阀观念有所抑制，但仍然有很强的势力，中唐之时，门阀观念又兴盛起来。

唐中央所办学校国子监中，多是大地主、大官僚的子弟，这些人不学无术，纪律非常差，经常赌博酗酒，而且"凌慢有司"，对老师毫无尊敬，"其艺业不勤，游处非类，樗蒲六博，酗酒喧争，凌慢有司，不修法度"③；他们靠着父兄的权势，常常不经过科举考试，仅凭国子监学生的资格就可以直接做官，师生之间已经蜕变成一种互相拉拢、相互利用的庸俗关系了。那些当官做老师的，他们收弟子是为了抬高自己的地位，弟子拜当官的为老师也是为了积累升官的资本。所以，整个社会缺乏拜师求学的动力，人们也就不愿从师学习，而且也反对他人从师学习。

由此，耻于为师也就逐渐成为当时的主流社会风气，谁要是敢

---

① 董诰等：《全唐文》，上海古籍出版社1990年版，第2609页。
② 董诰等：《全唐文》，上海古籍出版社1990年版，第2575页。
③ 郭畑：《胄子从师，罕能由礼——韩愈写作〈师说〉的现实背景》，《成都大学学报》（社会科学版）2011年第4期。

为人师，就要冒很大风险。为人谨小慎微的柳宗元，面对耻于为师的潮流，就不敢以师自任，他在《答严厚舆论师道书》中说："仆才能勇敢不如韩退之，故又不为人师。"① 柳宗元还在《报袁君陈秀才避师名书》中说："仆避师名久矣！往在京都，后学之士到仆门，日或数十人，仆不敢虚其来意，有长必出之，有不出必惎之。虽若是，当时无师弟子之说。其所不乐为者，非以师为非，弟子为罪也。有两事，故不能：自视以为不足为，一也；世久无师弟子，决为之且见非，且见罪，惧而不为，二也。"② 可见当时为人师之难。

而韩愈深知教师的重要作用，尤其是对于真正求学的学子而言，无师自通者毕竟少数，对大多数学子而言，学不可以无师，学必有师。于是，韩愈表现出了大无畏的勇气，敢于冒天下之大不韪，公开招收后学，敢为人师，并以为人师而自豪，这惹恼了"士大夫之族"，他们纷纷对韩愈评头品足，指目聚骂，甚至把他讥为"狂人"。柳宗元在《答韦中立论师道书》中对此有所描述："今之世，不闻有师；有辄哗笑之，以为狂人。独韩愈奋不顾流俗，犯笑侮，收召后学，作《师说》，因抗颜而为师。世果群怪聚骂，指目牵引，而增与为言辞。愈以是得狂名，居长安，炊不暇熟，又挈挈而东，如是者数矣。"③

在《师说》中，韩愈明确地指出了教师的作用，"古之学者必有师"，自古以来，任何时代都离不开教师，真正的求知为学者，都会找寻有真学问的人拜师求学。韩愈在《潮州请置乡校牒》一文中也指出，人们道德思想的形成、知识的获得，"未有不由学校师弟子者"。也就是说，任何一个人只有经过老师的指导和教诲，才能更快地获得真知，成为有才智的人。

在韩愈看来："人非生而知之者，孰能无惑？"这个世界上，生

---

① 董诰等：《全唐文》，上海古籍出版社1990年版，第2576页。
② 董诰等：《全唐文》，上海古籍出版社1990年版，第2575页。
③ 董诰等：《全唐文》，上海古籍出版社1990年版，第2575页。

而知之的人是不存在的,任何人的知识都是后天学习得来的。正因为如此,每个人在求知学习的道路上,都免不了遇到这样那样的困难,都有可能遇到困惑不解的难题。

但如果"惑而不从师,其为惑也,终不解矣",遇到困难和疑惑,却不拜师请教学习,那么疑惑就永远无法解开,也就不可能取得学业上的进步。所以,任何人在求知的过程中,都难免要遇到困惑,也都需要老师的帮助和指导,这就是韩愈所说的"从师而学",这也是教师职业应受人们尊敬的根本原因所在。

韩愈以这种知识后天学习论,来论证教师存在的必然性,是我国从教师的知识本性论证教师作用的一条重要思路。孔子早就给出了"我非生而知之者"(《论语·述而》)的论断。东汉王符更是明确指出:"虽有至圣,不生而知;虽有至材,不生而能。"所以"人不可不就师"(《潜夫论·赞学》)。[1] 意思是说,即使是最杰出的圣人,也不会生下来就有智慧;即使是最有才能的人,也不会是生下来就有才能。所以,任何人都需要从师求学。

教师的作用,就在于使后学者从无知到有知,从知之不多到知之甚多。人类文明的传承发展,都离不开教育,离不开从事教育的教师。所以,为师者,必须具备高深的学问知识,这正是所谓的"学高为师"。韩愈正是看到了教师在知识传递、在人和社会发展中不可或缺的重要作用,才对当时社会轻视教师,不尊重教师,耻于从师的恶劣风气进行了尖锐的批判。

韩愈首先指出了当时社会上师道传统被轻视、以从师为耻的不良风气。在《师说》中,韩愈指出:"士大夫之族,曰师曰弟子云者,则群聚而笑之。问之,则曰:'彼与彼年相若也,道相似也。位卑则足羞,官盛则近谀'。"这些士大夫们听到有人以"老师""弟子"相互称呼的,就会成群地聚在一起,对人家嘲笑讥讽。问他们为什么要这样,他们就会说:你看那些人年龄差不多,道德学问也

---

[1] 管曙光:《诸子集成》(四),长春出版社 1999 年版,第 3—5 页。

差不多，却称呼"老师""弟子"，太可笑了。对于那些地位卑微的人，以他们为师，那就是羞耻；对于那些官职高的人，以他们为师，那就是谄媚。这就是士大夫之族对待求师、尊师的基本态度，他们自己不尊师、不从师，还要形成一种议论风潮，以压制、打击那些为学求师的人。

对于士大夫之族的做法，韩愈说："巫、医、乐师、百工之人，不耻相师。""巫、医、乐师、百工"等人，在当时社会，都是地位低下的人，学的都只是些手艺，但这些人却不以拜师学艺为耻。士大夫之族与他们相比，地位要高出许多，学识要强出很多，"巫医乐师百工之人，君子不齿，今其智乃反不能及，其可怪也欤"，虽然士大夫之族对巫医乐师百工之人根本不屑一顾，但在从师求学上的见识，却不如这些人，这让人感到非常奇怪，不可思议。

从与古人相比看，韩愈认为："古之圣人，其出人也远矣，犹且从师而问焉；今之众人，其下圣人也亦远矣，而耻学于师。是故圣益圣，愚益愚。"古代那些品德高尚、学识渊博的人，与一般人的水平相比，要高出很多，但他们还要不断地从师学习，所以，他们也就能不断得到提高，进入"圣益圣"的境界。而今天的士大夫之族的"众人"们，和这些学识渊博的人相差很远，却以拜师求学为耻辱，这是何等愚蠢的做法，只能使自己更加愚蠢无知。韩愈以圣人和愚人的区别来说明教师对一个人的发展有着多么巨大的作用。

这还不算，韩愈又进一步指出了这些士大夫之族对拜师求学的矛盾荒谬之处："爱其子，择师而教之，于其身也，则耻师焉，惑矣。"意思是说，他们爱自己的孩子，就为他们选择优秀的老师，拜师求学；但对于自己，却把从师求学看作一种耻辱，不愿意拜人为师，向他人学习。他们对于从师求学的理解如此之矛盾，真是极端地荒唐糊涂呀！一方面肯定老师的作用，让自己的孩子从师而学；另一方面自己又不从师、不求师，以之为耻辱。这种矛盾的心态，恰恰暴露了士大夫之族们是否从师，不在于求学问，获知识，而在于谋利益，获名禄。

正因为在韩愈时代，师道与利禄无干，师道才衰落而成为可耻之道，韩愈才惊呼道："呜呼！师道之不复，可知矣。"那种从师求知学习，获取真知的师道，现在无法恢复如常，从这点就知道为什么了。

韩愈提出学必有师，实际上是对当时社会否定教师作用的有力回击。任何时候，都不能否定教师的作用，不能否定知识的传授离不开教师的事实。只要人类知识不消失，教师这种职业，就永远不会消失，知识性是教师的本质属性，从这个意义上讲，一个不重视教师的民族必然是无知的民族，也必然是没有希望和前途的民族。

韩愈的"学必有师"提出了一个值得所有人警醒的命题。当今社会，否定教师出现了新的苗头，"教师无用论"甚嚣尘上，风头日盛。这是一种以过分强调学生来否定教师的新论调，认为教师在教育中是辅助性的，学生才是主体，提出了"学生第一"的口号，甚至出现了鼓励学生否定教师、质疑教师的鼓噪声。当一个社会中教师敢于为师竟成了作为教师承受的第一个压力、第一项职责的时候；当一个社会中敢于为师竟成了教师的一种勇气的时候，这将是一个多么令人悲哀的社会。

卢梭曾说过：我们同情儿童的命运，然而更应同情的却是我们的命运。儿童的凸显并不意味着教师的灭亡，在师道之不尊日益严重的今天，我们更应同情的是教师的命运。

第三节　教师任务：传授解也

韩愈在《师说》中指出："师者，所以传道、受业、解惑也。"这是对教师任务最精当的概括，也是流传千古、家喻户晓的名句。

在这里，韩愈将教师的任务概括为三个方面：传、授、解，所对应的分别是三个不同的对象：道、业、惑。传、授、解表明了教师和学生在教育教学中的地位，即以教师为主体，学生为客体，因为传、授、解都是源发于教师的动作，学生要做的，就是接受教师的传、授、解，学生在整个传、授、解的过程中处于被动的地位。教师主导，学生接受，这与韩愈主张教育教学中要尊师重道是一脉相承的。

但何为"传道""授业"和"解惑"，也即是说，传什么道？授什么业？解什么惑？这个最为根本的东西，韩愈在《师说》中却语焉不详，没有进行解释，这给后人带来了想象无限发挥的余地，也使后人可以根据所处时代的要求，对其进行解读和阐释。

不过，韩愈在另一篇文章《原道》中，对"道"进行了解释："博爱之谓仁，行而宜之谓义；由是而之焉之谓道，足乎己，无待与外之为德。"[①] 博爱即称为仁，合乎仁的行为，就是义，沿着仁、义之路再向前进，就是"道"，自身具备完美的修养，而不依赖外界的力量，就叫作"德"。韩愈这里的"道"是和"德"并列来说的，体现的是儒家之道。从"道"的内容来看，是从仁义而来，又高于仁义，是更加抽象的一种东西，应是最高的人格精神和理想。

在韩愈之后一千余年，文正公曾国藩对韩愈"传道""授业""解惑"的解释，颇得人们的公认。文正公在《求阙斋读书录·卷八》中指出："传道，谓修己治人之道；授业，谓古文六艺之业；解惑，谓解此二者之惑。韩公一生学道好文，二者兼营，故往往并言之。"[②] 这里，"道"解释成"修己治人"，"业"解释为"古文六艺"，确实较为符合韩愈的本意，韩愈倡导的就是儒家传统，他所谓的传道，自然传的就是儒家之道，"修己"和"六艺"就是儒家之核心。

传道就是传"修己治人"之道，"修己"就是让学生通过学习，获得能够修炼自我，成就自我的道理，也就是为人之道，做人的道理。"治人"就是按照做人的道理进行自我修炼，才能够成为治理天

[①] 韩愈:《韩愈全集》，上海古籍出版社1997年版，第122页。
[②] 马其昶:《韩昌黎文集校注》，上海古籍出版社1986年版，第43页。

下的人。所以，教师所传之道，一切都是围绕怎样做才算是一个人，怎样做才算是一个品德高尚的人，"所谓'传道'，就是通过教育让受教育者领悟人之所以成其为人的本体性规律，并按此规律自由地展开个体的精神生命成长；就是通过教育的教化功能给学生指引一条正确的人生成长道路或个体发展方向，使其得以发展成一个雅斯贝尔斯所寄望的'整全的人'，一个'大写的人'"。[①] 可以说，教师传道，其出发点和目的就是为了学生的自我完善与自我实现，从而从"人"成就为"一个人"。

由此，教师传道，是为了个体身心修养，进行健全人格培养，传的就是成人之道。那么，何为成人之道呢？关于成人，儒家经典著作《论语》中有这么一段阐释：

> 子路问成人。子曰："若臧武仲之知，公绰之不欲，卞庄子之勇，冉求之艺，文之以礼乐，亦可以为成人矣。"曰："今之成人者何必然。见利思义，见危授命，久要不忘平生之言，亦可以为成人矣"。(《论语·宪问》)

意思是说，子路向老师孔子请教说：如何才可算是成人了？孔子说：要像臧武仲那样所具有的智慧，孟公绰那样所具有的节制，卞庄子那样所具有的勇敢，冉求那样所具有的多艺，再加上较高礼乐修养，这也就算是成人了吧。孔子接着说道：至于在今天，对于成人的理解，又何须必然要像上面所言呢！看见利益的时候，能够想到义。看见有危险的时候，能够不惜牺牲自己的生命。平常对他人许下诺言，无论隔多久都能不忘。这样也就可以算是成人了。

在这里，孔子把"成人"理解为智慧、勇敢、节制、才艺和礼

[①] 陈金圣、谢凌凌：《师者一解——从韩愈的〈师说〉谈起》，《大学教育科学》2014年第5期。

乐等人格素养的养成，而很少提及知识的获得，甚至可以说，孔子的成人之道就是"无知"之道，即抛却知识之后，人在教育中所形成和养成的东西。这正如爱因斯坦所言：所谓教育，就是当一个人把在学校所学全部忘光之后剩下的东西。韩愈所谈及的儒家成人之道，就是要告诉我们，教育不单单是知识的累积，更需要心灵的教育、精神人格的教育。

钱穆先生在《论语新解》一书中，论及孔子谈"成人"时指出："成人之反面即是不成人。无行斯不成人矣。严格言之，无材亦不成人。再严格言之，不有礼乐之文，犹今言无文化修养者，纵是材能超越，亦不成人。学者于此章，正可作深长思。"① 钱穆先生所说不成人就是：无行、无才、无文化修养。也就是说，成人就是要有德行、有才华，更要的是要有文化修养才行。

师者传道，实际上就是教人做人，要求学生以道修身，修以成人，也就是让学生最终具备精神能力、心灵品质和真善美的高尚人格。教育如果没有这个"道"，也就丧失了它的灵魂。

对于韩愈所说的师者传道，除了道指做人、成人之道外，还有一种具有超越意义的"道"，即作为一种抽象精神层面的宇宙、人生之道。"儒家教育，分为两个层次：形而下，即求知识的层次；形而上，即求道的层次。道，不仅是对宇宙人生的形而上把握，而且同时必须是身心以赴地实践于道。换言之，道不仅意味着形而上的知，而且意味着形而上的生（以自我生命的实践创化出一幅博大充实的人生境界）。"② 所谓"形而上者谓之道，形而下者谓之器"，"器"就是具体的事物，这在西方哲学中称为"表象"的东西；"道"是超越具体事物的东西，是比事物表象更高层次的精神层面的东西，这在西方哲学中被称为"超验"的、"超越"的事物。

在这里，韩愈之所谓传道，是超越"知"这种具体事物的道，

---

① 钱穆：《论语新解》，生活·读书·新知三联书店 2002 年版，第 388 页。
② 郭翠华：《儒家教育哲学的现代启示》，《浙江学刊》1997 年第 2 期。

是"顶天立地"的道。道之所以"顶天",是因为它上升到了精神的无限性,与知的有限性相对。道之所以"立地",是因为它能够脚踏实地,走进具有无限可能的现实实践中,与知的有限性相对。这是一种与"知"相对的"不可知"之道。"为道之学不可知,有两层含义:一是形而上精神的无限性超越了形而下知识的有限性,是不可具体规定的(不可言);二是形而上精神所构成的不是确定的观念体系,而是自我生命参与其中的博大精深的人生境界,即不仅是知,而且是生(行)。"①

"道"超越"知",还有一层理解是把道理解为文化,教师传道就是文化的传承,"所谓'传道',不是简单意义上讲的'传递知识',而是指'传承'一种道的精神、意志和旨趣,一种文化"。②把道理解为人类所创造的各种文化成果,教师"传道"就是在传承文化,使文化世代相传,生生不息。事实上,人类的文化成果,无法通过遗传的方式进行延续,而只能通过外在的人为方式即教育来进行传承,这就决定了教师存在的必要性。正是教师这种职业作为一种文化的"社会遗传"机制,承担着人类文化"传承者"的角色,才保证了人类文化的世代相续。在这里,韩愈的教师传道之规定,提出了一个重要命题,即教师在人类文化传承和发展过程中,担负着非常重要的使命,起着非常重要的作用,教师就是人类文化传播的神圣使者。

总之,把"道"与知识相对,是韩愈对教师任务的一种重要的理解,教师的首要任务不是知识的传授,而是传授为人之道、精神之道和文化之道。

授业是教师的第二项重要任务。这里的"业"是学业,指具体要教授的知识内容,在韩愈看来,授业就是向学生传授《诗》《书》

---

① 郭翠华:《儒家教育哲学的现代启示》,《浙江学刊》1997 年第 2 期。
② 张传遂、岳喜凤:《从〈师说〉的"传道"思想看大学教师的文化使命》,《现代大学教育》2006 年第 5 期。

《礼》《易》《春秋》等儒家的经传等方面的知识技能。韩愈要弘扬的是儒家之道，教师要传授的当然是儒家之业，通过学习儒家的经典文本，获得书本知识，这和当时"巫医乐师百工之人"单纯的低端技能训练不同，也和抽象的形而上的成人之道的追求不同。

在这里，韩愈认识到了教师的知识本性，即是说，为师者，必有知，做教师必须要有知识，这是为师的基本条件，无知无识，不可为人师。由此可见，知识就是教师的重要力量，教师授业，就是让学生从教师那里感受到知识的力量，并主动去追求知识。

教师是知识的化身，知识是教师力量的根本来源，从这个意义上讲，尊重教师就是尊重知识。任何一个社会，教师没有地位，教师被贬低，就意味着知识没有地位，知识被贬低，这样的社会即使很富裕，但本质上却是个虚弱无知的社会，是个没有希望的社会。所以，荀子才睿智地指出："国将兴，必贵师而重傅""国将衰，必贱师而轻傅"（《荀子·大略第二十七》）。教师的命运和国家的命运密切相关，一个以教师为耻的国家，必然是野蛮和劣等的国家。

教师授业，除了要把自己所学知识传授给学生之外，还要传授给学生学习知识的方法。也就是说，授业不仅是书本知识的单纯接受，更重要的是要让学生学会方法，授业包含着授学。

韩愈认为，教师首先要传授给学生正确的学习态度。在《进学解》中韩愈明确指出："业精于勤，荒于嬉；行成于思，毁于随。"学业的精进在于勤奋刻苦，学业的荒废，在于游荡玩乐；为人做事的成功在于独立思考，而它的毁败则出于随性随意。韩愈在《符读书城南》一文中亦指出："诗书勤乃有，不勤腹空虚。"韩愈认为，学习没有捷径，勤学的态度是学习的出发点，韩愈如是说，也如是做，《进学解》中记录了韩愈学习之勤奋的状态："先生口不绝吟于六艺之文，手不停披于百家之编，记事者必提其要，纂言者必钩其玄；贪多务得，细大不捐，焚膏油以继晷，恒兀兀以穷年。先生之业，可谓勤矣。"教师教学生学习，最重要的是要善于帮助学生树立勤学的态度，态度决定一切，什么样的学习态度就决定了什么样的学习结果，帮助学生树立勤学的态度是教师永恒的课题。

韩愈指出，教师还要传授给学生学习的方法原则。韩愈认为，教师要指导学生"博学"，即"贪多务得，细大不捐""俱收并蓄，待用无遗"(《进学解》)，要求学生学习要做到博览群书，多多阅读，以了解事物，开阔眼界，培养广泛的兴趣。韩愈强调，教师还要指导学生学习要有"系统"，他明确反对"学虽勤而不繇其统，言虽多而不要其中"(《进学解》)，没有系统性的勤学，就会造成学习的碎片化，就可能越学越糊涂，越学头脑越混乱。

韩愈着重指出，教师更要指导学生学习要"择精"。这要求学生学习时要"提其要""钩其玄""沉浸郁，含英咀华"(《进学解》)，就是说，学习时要把握要点，深入钻研，并沉醉于探索其中的精微之处，细细体味其中的精华，以融会贯通，领会其精神实质。为什么学习要选择和求精呢？毕竟并非所有的书都是字字珠玑，很多书都是精粗混杂，玉瑕共存。这要求学生在学习过程中必须对其进行认真思考，详加分析，分清优劣，弃伪存真，去粗取精。因此，越是博览，就越是要择精，倘若不加分析，盲目博览，则"尽信书，不如无书"，为此，韩愈还在《原道》一文中批评了有些人读书学习"择焉而不精，语焉而不详"，认为这样做不但无益，甚至会有害。

授业之后，韩愈提出了教师的第三个任务："解惑"。韩愈在《师说》中指出："人非生而知之者，孰能无惑？"人不是生下来就什么都知道，谁还能没有困惑呢？这道出了解惑的根本缘由。那么，教师要解的是什么惑？当然是由于学生心智的不成熟或经验的欠丰富，而在整个受教育过程中所遇到的困惑，约有三层意蕴。

一是解"认识之惑"，即是说去解释学生在学习"道"和"业"的过程中所产生的"惑"。这是学生在学业上所遇到的疑难困惑问题，它主要涉及知识与技能的掌握。

二是解"人生之惑"，这是学生在发展的过程中，所遇到的关于人生重大问题的一些困惑，譬如人生的价值意义，理想的迷惘，生命的真谛，心灵的空虚，人生的困苦坎坷等方面的问题。

三是"偏蔽之惑",这是学生片面看问题引起的困惑,"所有的惑都是片面造成的,片面的认识,看问题片面化与绝对化,造成很多疑惑和困惑。现在,抑郁症和自闭症的根源大多是钻在死胡同里出不来,让片面的东西把自己迷惑了。所以教师要帮助学生全面看问题。荀子《解蔽》篇分析了人们的蔽从哪里来,就是从片面性来的,只知道这面不知道那面,影响他们认识新的东西。"①

由于学生作为正在成长中的人,在求学过程中将面对极其复杂的知识、人生和社会问题,这使得"解惑"对教师素养提出了较高要求。因此,韩愈才语重心长地指出:"彼童子之师,授之书而习其句读者,非吾所谓传其道解其惑者也。"(《师说》)意思是说,那些学识不高的童子之师,仅仅是照本宣科,讲别人之书,不是韩愈所讲的传道、解惑之师。韩愈所要求的教师,应是具备很高的文化素养、专业素养和人格品质的师者。

韩愈把传道、授业、解惑看作教师的三项根本任务,这三者之间并非孤立并列,而是有着非常紧密的联系。传道是最终目的,位于教师任务的首位;授业是达致传道的主要途径,也是实现传道这个最终目的的手段;传道是统帅,授业是手段,道是主导方面,业是从属方面,以传道为首,以授业为次;解惑亦是为传道服务的,道即是解惑的来源,也是解惑的目的;解惑和授业则是互为支撑的,解惑可以发生在授业的过程中,在解惑的过程中亦可以进行授业。总之,教师的任务,最终是为了传道,在此意义上,授业和解惑都是传道的手段。

那么,单独传道,授业或解惑者,能否称为教师呢?也就是说,将三者割裂开来,比如只授业,算不算是教师呢?三者中,任何一种都可以为师,但为师的层次和境界不同,可称之为传道之师,授业之师和解惑之师。传道之师境界最高,可称之为教育家;授业之

---

① 楼宇烈:《教师的任务——传为人之道,授为学之方,解偏蔽之惑》,《中国教师》2016年第2期。

师次之，仅仅是教授的老师；解惑之师又次之，甚至称不上是教师。

解惑之师，是指任何人只要解了你的困惑，哪怕只是偶尔的一次指点、指导、指教、批评、启发，如能使你受益匪浅，就都算是你的老师。正如孔子所谓"三人行，必有我师"，自己有问题，向别人请教，哪怕是一个字，也是解了自己的惑，可以成为自己的老师，正所谓"一字之师""与君一席话，胜读十年书""非（批评）我而当（适当）者，吾师也"（《荀子·修身》）。所以，单纯的解惑之师并非职业教师。

授业之师，是指传授知识技能的老师，将自己具有的知识技能传授给学生，当然是老师，但这只能算是经师，是做教师的最基本要求。经师也分层次，能很好地把知识技能传递给学生的是优秀的经师，不能很好地把知识技能传递给学生的是平庸的经师。经师易得，主要是指平庸的经师易得，优秀的经师也不容易遇到。

传道之师，直指人的生命和灵魂，教师就是塑造灵魂、塑造生命、塑造人的人，是育人的"人类灵魂工程师"。教师传道的过程，就是塑造和完善思想性灵魂的过程。如果说人的本质是精神的本质，教师的本质就是对人的精神产生正面的影响，正是在这个意义上，柏拉图才指出：教育非它，乃灵魂的转向。由此，抚慰与型塑人的灵魂就成为所有教育活动中最有价值的活动，教育的最终目的也不过如此，教师也就成为实现这终极目的的人，传道之师也因此成为教师的最高境界，他应以人的生命、人格、良心、精神和思想的转变与提升作为追求的目标。

第四节　择师标准：道存师存

有人说人的一生中，有三个最重要的选择：择师、择友和择偶。择师如此之重要，那么择师的标准是什么呢？

韩愈在《师说》中提出了一个择师标准："生乎吾前，其闻道也固先乎吾,吾从而师之;生乎吾后,其闻道也,亦先乎吾,吾从而师之。吾师道也,夫庸知其年之先后生于吾乎?是故无贵无贱,无长无少,道之所存,师之所存也。"韩愈的这个择师标准被称为"绝世议论",被后世奉为经典,对一代又一代人选择老师具有重要的意义。

韩愈认为,选择老师首先要破除年龄限制,不管是"生乎吾前"还是"生乎吾后",都可以为师。师总是和"老""长"之类的词相联系,比如老师、师长之类,故一般而言,选择老师,都会选年龄比自己大的人。因为就知识积淀、经验积累、品格修养而言,时间越长久,相对水平就可能越高,向其拜师学习,似乎理所当然。而对于比自己年龄小很多的人,虽然知识水平比自己高出很多,但要真拉下架子向其拜师求学,也会感到很尴尬。韩愈在这里打破了年龄界限,尤其对"生乎吾后"者可以为师的肯定,使拜师者不再纠结于年龄大小的困惑,勇于向比自己水平高的年轻人称"师"。

韩愈还破除了选择老师在地位尊卑上的限制,要求选择老师要"无贵无贱"。中国古代社会十分讲究贵贱有等、尊卑有别和等级有序,要求"序尊卑、贵贱、大小之位"(《春秋繁露·奉本》),人们主要根据不同人的社会地位高低,来决定自己的态度,主要表现为对比自己地位高的人,尊之、贵之、敬之,而对地位低于自己的人,则是卑之、贱之、鄙视之。很难想象一个地位尊贵的人向地位卑贱的人称"师",韩愈提出了择师的"无贵无贱",就意味着要抛开贵贱等级的差别,强调的是对为师者学识人格的尊重,要求在向他人拜师的过程中,不管其地位高低、财富多寡,都要破除等级观念,要以真才实学为标准。

在破除了择师中年龄和尊卑的限制之后,韩愈明确提出了"道之所存,师之所存也"的择师观,这正是继承了孔子的"就有道而正焉"(《论语·学而》)的以"道"求师的思想。韩愈认为,"道"是"师"存在的基础和前提条件,"师"与"道"不可分离,"道"成了择师的唯一标准,用韩愈的话叫"吾师道也",谁掌握了

"道",谁就是我的老师,一个教师如果没有掌握一定的"道",那就不成其为教师。

因此,"评价一个教师是否合格的根本性标准就是'道',看他能否在任何条件下坚守此'道',并有为实现此'道'而鞠躬尽瘁,死而后已的精神"①,"故师之教也,不争轻重尊卑贫富,而争于道"(《吕氏春秋·劝学》),也就是说,只要是掌握了"道"的人,纵使是贫贱低下之人,也可以为人师而受到应有的尊重。

韩愈既然认为"师"与"道"密切结合,不可分离,谁掌握了"道",谁就可以成为老师。那么,什么是"道"呢?

老子《道德经》中说:"道生一,一生二,二生三,三生万物。"显然,老子把"道"看作自然、万物的本原,"道"就是宇宙的本体,它本质上是一种超越感觉的非物质性的绝对。老子的"道"就是囊括了天地人间、万事万物的形而上的本体。韩非子对"道"的理解与老子相似:"道者,万物之所然也,万理之所稽也。"(《韩非子·解老》)"道"是万物生成的根源,是宇宙、自然、人生构成的总法则和总依循。

儒家宗师孔子,也多次提到对"道"的认识。孔子说:"朝闻道,夕死可矣。"(《论语·述而》)表达了"道"对于人生的极端重要性,生命只因有了"道"才有意义,"道"的价值超越了生命。孔子又说:"志于道,据于德,依于人,游于艺。"(《论语·述而》)"道"是人生追求的最终目的,是人存在的根本价值。

孟子对"道"提出了自己的解释:"仁也者,人也。合而言之,道也"②,在孟子看来"道"和人密切相关,人的本质是伦理性的"仁",人归于和实现了"仁"就是"道"。离开了人,"道"也没有了存在的意义,所以,孟子之"道"就是以仁成人的伦理之

---

① 詹瑜:《论韩愈尊师重道的师道观》,《唐都学刊》2005 年第 5 期。
② 朱熹:《四书章句集注·孟子集注·卷十四》,大安出版社 2009 年版,第 517 页。

"道"。韩愈继承了孟子的"道":"博爱之谓仁,行而宜之之谓义,由是而之焉之谓道。"① 韩愈将"仁"定义为"博爱","义"是合宜于仁的行为,迈向仁义就是"道",由此可得出"道为仁义"。韩愈这里的"道"还是以仁义成人之意。

《易经》有云:"是故形而上者谓之道,形而下者谓之器。"② "道"与"器"相对,明确地表明"道"是一种形而上的、抽象的原则性、本源性存在。《易经》中对"道"的理解,很好地表明了古圣人们对"道"的阐释,"道"要么是抽象的最高宇宙、万物的本源,要么是最高的普遍的伦理范畴。无论如何,"道"都不是具体、可感知的东西,而是一种普遍的原理和理念。

"道"离不开人,需要人来弘扬,离开了人,"道"就是一潭死水般存在,毫无意义。因为"道"作为一种客观存在,它没有主体性,不可能去主动发展人,"若道能弘人,则人人尽成君子,世世尽是治平,学不必讲,德不必修,坐待道弘矣"。③ 所以,孔子说:"人能弘道,非道弘人。"(《论语·卫灵公》)这也充分表明了人应承担起弘道的责任和使命。

人如何弘道,自然离不开教育,教师也就成了真正弘道之人,"师"与"道"也就有了密切的联系。故《中庸》中则明确提出:"天命之谓性,率性之谓道,修道之谓教。"④ 即是说,以天命和人性为基础,教师的责任就在于引导或帮助人们去"修道"。教师教人"修道",自身必先修"道",必先有"道"。"师"与"道"之间也就有了两层不可分割的关联,"一方面教师的职业或价值使命在于

---

① 韩愈:《韩昌黎文集校注·第一卷·原道》,马其昶校注,上海古籍出版社1986年版,第13页。
② 王弼:《周易正义·下》,孔颖达疏,北京大学出版社2000年版,第344页。
③ 杨伯峻:《论语译注》,中华书局2009年版,第166页。
④ 王国轩:《大学中庸》,中华书局2007年版,第46页。

'传道'，另一方面教师的存在依赖于其对'道'的体悟和把握"。①由此，"道"与"师"融为一体，"师"不可离"道"，无"道"则无"师"，"师"成为"道"的化身，而只有尊师，才能重道，才能弘道，尊师重道也就成为必然。

韩愈的"道存师存"从本体论的视域为教师的存在找到了最后的根据，也为尊师找到了终极根据，这也为人们择师找到了出发点。因此，择师就是择道，向道就须尊师，只要拜人为师，就必须尊师，求师与尊师是一体的。

由此，倘若学生选择老师不是以"道"为出发点，而是以道之外的功利性利益追求为目的；倘若教师也不是以道为根本价值追求，也不是以传道为己任时，师与道就出现了分离。那么，其结果必然是师者丧失了为师的资格，拜师者所拜的也并非教师本身，尊师也就成了空话。所以，失道才是不尊师的根本原因所在。

第五节　师生关系：人无常师

韩愈在《师说》中指出："圣人无常师。孔子师郯子、苌弘、师襄、老聃。郯子之徒，其贤不及孔子。孔子曰：'三人行，必有我师'，是故弟子不必不如师，师不必贤于弟子，闻道有先后，术业有专攻，如是而已。"

在这里，韩愈提出了"无常师"的师生关系观，这是一种师生教学相长、互教互学的师生关系。韩愈认为，古代很多有学问的人，都没有拘泥于老师的身份，敢于向不如自己的人学习，譬如至圣先师孔子，就看到了不同人的长处，而向他们请教。这说明韩愈看到了教师与学生关系的相对性，即是说，老师也不是在任何方面都比

---

① 石中英：《师道尊严的历史本意与时代意义》，《当代教师教育》2017 年第 2 期。

学生高明，在很多方面，学生甚至比老师更强。这就要求师生间保持一种民主、平等、互动、开放的关系，使师生双方可以相互学习、相互促进，尤其是老师要向学生学习。

师生开放的关系，不是教师把"平等"施舍给学生，而是师生主动相互学习，尤其是教师，要敢于向学生学习。教师教育学生失败，教师不懂学生，在很大程度上是由于教师向学生学习得太少，教师不善于发现学生身上可以学习的东西。所以韩愈"无常师"的师生关系，强调的不仅是师生人格的平等，更重要的是师生间智性的平等。

韩愈说："弟子不必不如师，师不必贤于弟子"。在这里，"不必不如""不必贤于"，指的就是教师和学生之间在智性上的平等，即是说"学生的智性能力与教师的智力是平等的，而不是低于教师的，教师的教学讲解恰恰预设了教师的智力高于学生，预设了教师的知识水平必然比学生的高"。① 韩愈用"不必不如"，就是说学生在智力上是可以超过老师的，用"不必贤于"中之"贤"字，首先是人格人品上，学生可能高于老师；此外"贤"还有智力认知上的意思，老师也不一定超过学生。

韩愈对师生关系的这种认识具有重要的意义。因为师生之间人格平等，很好理解，在现代也容易接受，它无非要求教师尊重学生的人格尊严，把学生当人一样来看待，教师不能任意侵犯和践踏学生的人格，不能对学生采取压迫或强制的教育方式。对学生人格的尊重，针对的是过去教育中学生被看作被压制、被塑造、缺乏独立性的学习机器，是"缺少生命的知识容器"，而不是把学生看作一个人。尊重学生人格就是要把学生当人看，这是一种伦理上的学生解放，教育实现了由"无人"向"有人"的转变。

但伦理解放并没有改变教育中学生理性尊严被忽视的状况，教师和学生之间的智性不平等被看作天经地义，"往往以为自己的认

---

① 金生鈜：《无知之教中的智性解放》，《教育研究与实验》2017 年第 6 期。

知、观点是高超的，他们的智性比儿童（学习者）要高，他们是解惑者，是知识的最终回答者，是学生学习最终的裁判者，而学生就应当听从他们，向他们学习，结果是以自己的'教'矮化或愚化学生的智性"。① 只要学生的智性被无视，学生和老师之间就难以实现真正的平等。韩愈提出的"不必不如""不必贤于"观点，打破了师生之间智性不平等的魔咒，是教育中的理性解放，破除了学生智性不如老师的禁锢。

学生智性的解放意味着师生关系进入了一种新的境界，即"无常师"的境界。师生之间的绝对关系被打破，师生不可逾越的壁垒被破除，老师在智性和知识上不比学生优越，师与弟子关系是"无常"的，"在一定条件下，老师比学生懂得道理要早一些，多一些，在某方面是有专长的，做学生的向老师学习这是必然的"②，但另外一方面，学生可以"青出于蓝而胜于蓝"，学生在知识学习上并不就是弱者，在知识学习、认知能力等方面有超过老师的方面。

因此，在韩愈看来，师弟子之间是一种"相师"的关系。师生关系不是绝对的，可以随着"闻道"和"术业"的变化而相互转化，用韩愈的话说就是："闻道有先后，术业有专攻，如是而已。"不是我们跟着老师学习，而是我们跟着"道"与"业"学习，不是教师在教学生，而是"道"与"业"在教学生，谁是老师，谁是学生，完全取决于"道"与"业"的掌握上。这是一种同伴式的师生关系，教师是指引者，而不是教导者和教知识者，教师在学生面前没有知识的优越感，教师与学生只是一起玩探究真理之游戏的同路人，他没有教诲者高高在上的智力权威性，教师不是拿知识来教导学生的人。

韩愈"人无常师"的师生关系论，打破了师生以知识为纽带的关联关系。教师不再是知识的传播者，学生也不再是接纳知识的容

---

① 金生鈜：《无知之教中的智性解放》，《教育研究与实验》2017年第6期。
② 毛礼锐：《中国教育通史》，山东教育出版社1986年版，第606—607页。

器，教师也就丧失了知识垄断所衍生的"教育霸权"，师生间实现的是一种没有知识阻隔的平等关系。在这个意义上，"要给学生一杯水，教师得有一桶水"的师生关系观，就是彻头彻尾的错误，这种"一桶水"理论，恰恰是造成师生不平等的根源，也是困扰教师之为教师的死结，为了成为优秀的教师，就需要在"水"上高于学生，就需要教师十八般武艺样样精通，就需要教师在学生面前成为无所不知者。其实，对于学生而言，教师仅仅是闻道在先者，教师的知识不一定都在学生之上，学生在智性上并不比教师差，教师不可能完全理解学生的思维，也不可能完全覆盖学生的知识面。

所以，教师任务并非储备自己的知识"水量"，并把这知识之水倒给学生，教师不是以自己的知识之多而为师，不是传授知识，而是激发和解放学生的智性。"通过思想邀请、激发学生的意志，召唤学生运用自己的智性能力，并在智性历险中，收获大于教师的知识之教的教益。"① 即是说，教师即使拥有很多知识，即使要向学生传授这些知识，也不是为了让这些知识单纯地被学生接受，而是通过这些知识激发学生充分运用自己的智性，让自己的智性参与知识的学习中。学生所获得的，并非教师传授的知识，而是自己加工的属于自己的知识，这种知识在本质上已不同于教师传授的知识。

---

① 金生鈜：《无知之教中的智性解放》，《教育研究与实验》2017 年第 6 期。

第 六 章

柳宗元：交以为师

　　天于生子厚，禀予独艰哉。超凌骤拔擢，过盛辄伤摧。苦其危虑心，常使鸣心哀。投以空旷地，纵横放天才。山穷与水险，上下极沿洄。故其于文章，出语多崔嵬。人迹所罕到，遗踪久荒颓。王君好奇士，后二百年来。剪薙发幽荟，搜寻得琼瑰。感物不自贵，因人乃成才。谁知古所慕，岂免今所咍。我亦奇子厚，开编每徘徊。作诗示同好，为我铭山隈。①

——欧阳修

第一节　柳宗元生平

　　柳宗元（773—819 年），字子厚，唐河东解县（今山西运城永济市）人，世称"柳河东""河东先生"，因官终柳州刺史，又称"柳柳州""柳愚溪"。柳宗元是唐宋八大家之一，他与韩愈一起倡导"古文运动"，历来为人称道，有"韩柳文章李杜诗"之说。柳宗元与韩愈并称为"韩柳"，与刘禹锡并称"刘柳"。柳宗元一生留

---

① 欧阳修：《欧阳修诗文集校笺》，洪本健校笺，上海古籍出版社 2009 年版，第 127 页。

下诗文作品达六百余篇，有《河东先生集》。

柳宗元生于公元773年（唐代宗大历八年），距安史之乱平定刚过去十年。柳宗元是家里孩子中最小的一位，他有两个姐姐。柳宗元的父亲柳镇是个典型的文人官员，他有学问、有见识、积极用世、刚正不阿，政能文才皆出众。柳宗元深受父亲的品格、学识和文章影响，称赞父亲是"得《诗》之群，《书》之政，《易》之直方大，《春秋》之惩劝，以植于内而文于外，垂声当时"①。

母亲对柳宗元的人格品质影响很大。柳宗元的母亲卢氏是一位很有文化修养的女性，她贤淑聪敏，识见非凡，柳宗元的父亲曾经说过："吾所读旧史及诸子书，夫人闻而尽知之无遗者。"② 柳宗元生逢乱世，年幼时流离不定，他不可能像过去士大夫子女那样进国、州、县学读书，只能听从母亲的悉心教导，"柳宗元母亲卢氏，出身大官僚家庭，有一定的文化素养。柳宗元从四岁起，就跟她读书识字，学做诗文"。③ 再加上柳宗元资质聪颖，勤奋好学，学业上进步很快，韩愈说他"子厚少精敏，无不通达"，刘禹锡说他"始以童子有奇名于贞元初"。良好教养使年少时的柳宗元踌躇满志，他曾经这样说过："始仆之志学也，甚自尊大，颇慕古之大有为者。"④

柳宗元自幼生长在具有习佛传统的家庭里，深受佛教的影响，他自己曾说："吾自幼好佛，求其道，积三十年。"（《送巽上人赴中丞叔父召序》）"余知释氏之道且久"。⑤ 自幼的家庭熏染使柳宗元后来一生尊佛崇佛，也为他此后"统合儒佛"思想的形成奠定了基础。

公元793年，柳宗元考中进士，年仅二十一岁，意气风发。与他同榜的还有刘禹锡，后来他俩成为终身好友。但是就在这一年的

---

① 柳宗元：《柳宗元集》卷12，中华书局1979年版，第294页。
② 柳宗元：《柳宗元集》卷13，中华书局1979年版，第326页。
③ 李孟存：《柳宗元评传（选载之一）》，《山西师院学报》（哲学社会科学版）1979年第1期。
④ 柳宗元：《柳宗元集》卷34，中华书局1979年版，第876页。
⑤ 柳宗元：《柳宗元集》卷28，中华书局1979年版，第751页。

五月，柳宗元的父亲柳镇病逝，按照当时制度规定，柳宗元必须为父亲服丧三年，才能参加吏部铨选。

公元796年，柳宗元二十四岁，他服丧期满，和杨凭之女杨氏结婚。杨氏温柔贤淑、颇尽孝道，对柳宗元的母亲十分敬侍，柳母甚至说："自吾得新妇，增一孝女。"（《亡妻弘农杨氏志》）然而，杨氏很早腿脚就有毛病，行走不便，后因怀孕难产，使腿脚之病加重，竟至医治无效而去世，年仅二十三岁，此距柳宗元结婚仅三年。柳宗元与杨氏自幼订婚，感情非常好，对妻子的死，他哀痛不已，发愿要"之死同穴"。因此，杨氏死后，柳宗元至死也没再正式续娶，后被贬永州，年近四十，仍膝下无子。

这一年，柳宗元又参加了朝廷博学宏词科的考试，但没有通过。后来他继续参加该科考试，最终通过，时年二十六岁，被朝廷授予"集贤殿书院正字"一职，开始了仕途。"集贤殿书院正字"是个小官，为"从九品上"，主要负责校理经籍图书。但书院工作环境优美，藏书丰富，给柳宗元博览群籍、进修学业提供了优越条件。

按当时官场风气，进士出身，经过"校书""正字"岗位训练后，就外放为县令、尉，最后再回到台、省做郎官，这是士人比较理想的升官途径。柳宗元在"集贤殿书院正字"岗位上兢兢业业三年，被外放为京兆府蓝田（今陕西蓝田县）县尉，但他并没有到任，因他有文字方面的专长，被留在京兆府负责文书事务。

公元803年，刚满三十一岁的柳宗元调任"监察御史里行"，走入朝廷决策中心。"监察御史"是御史台的下属官位，"里行"就是见习的意思，大多由资历不高者或新进者担任，它品阶不高，但权力很大，凡朝廷内外文武百官，都要受其监察，所以属于皇帝亲自任命的"供奉官"。这次升迁，柳宗元算是正式步入上层社会的官场生活。这时的柳宗元风采奕奕，跃跃欲试，欲干一番大事业。

公元805年正月，唐德宗李适病危，太子李诵登基，是为唐顺宗，以王叔文、王伾为首的革新派把握了朝廷大权。这一年，与王叔文交好的柳宗元被提拔为"礼部员外郎"，为正六品上，负责礼仪、享祭、贡举事务。对于柳宗元来说，仅隔一年，官阶就晋升了两品，并担任了关键的尚书礼部的郎官，得到了实现抱负的机会，可谓少年得志，柳宗元后来回忆说："素贫贱，暴起领事"①"仆当时年三十三，甚少，自御史里行得礼部员外郎，超取显美"②。

王叔文、王伾等革新派人物当政之后，急速出台了一些反对藩镇割据和宦官专权的政策，这次改革被今人称为"永贞革新"。然而革新派的实力过于弱小，在面对强大的宦官集团和守旧集团的联合反击时，几乎不堪一击，束手待毙。参与"永贞革新"的人士被贬为远州刺史，这即为历史上著名的"二王八司马事件"③。作为"永贞革新"的中坚人物，柳宗元也难逃追责，被贬为永州司马。

"永贞革新"对柳宗元来说，是人生道路上非常重要的转折点，直接决定了他后半生的处境和遭遇。"永贞革新"的失败，使柳宗元从"超取显美"的无限风光，骤然跌落至人生谷底："风波一跌逝万里，壮心瓦解空缧囚。"（《冉溪》）贬官对柳宗元是沉重的打击，在此之前，他一帆风顺；在此之后，他的命运再也没有获得改变的机会。

从805年（永贞元年）到815年（元和十年），柳宗元经历了人生中重要的十年永州贬谪岁月。柳宗元被贬永州，职务是"永州司马员外置同正员"，永州是远州，"员外置"即是在编制之外，不能干预政务。这样，柳宗元名为做官，实为罪囚，"俟罪非真吏"（《陪韦使君祈雨口号》），不是什么官吏，就是一个囚徒而已。因而，柳宗元在永州不但没有公务，也没有官舍可住，幸好有一位好心僧人相助，可暂时寄居在潇水东岸的龙兴寺里。

在永州，柳宗元遭遇了身体和心灵的巨大打击。

唐时的永州（今湖南永州市零陵区），自然环境和生活条件极

---

① 柳宗元：《柳宗元集》卷30，中华书局1979年版，第780页。
② 柳宗元：《柳宗元集》卷30，中华书局1979年版，第797页。
③ "二王"指的是王叔文、王伾，"八司马"指的是柳宗元、刘禹锡、韩泰、韩晔、陈谏、凌准、程异、韦执谊八人，改革失败后，八人分别贬为远州司马。

差,四周多山,瘴气弥漫,毒蛇害虫遍布,"居夷僚之乡,卑湿昏雾"(《寄许京兆孟容书》),中原人到此,大多很难适应。恶劣的条件致使柳宗元身体健康遭到摧残,"残骸余魄,百病所集,痞结伏积,不食自饱。或时寒热,水火互至,内消肌骨"①,以至于他"行则膝颤,坐则髀痹"(《与李翰林建书》),"神志荒耗,前后遗忘"。②

身体的损害只是其表,柳宗元母亲的去世,则给柳宗元带来了巨大的精神打击。柳宗元的母亲卢氏年近古稀,一路颠簸来到永州,不耐炎暑卑湿,遂染病,又无处求医,来永州不到半年便不幸身亡。而柳宗元身为贬囚,不得擅离,无法护送母亲灵柩回乡与父合葬,只能由表弟卢遵代为料理。这使柳宗元深感自责、愧疚和悲痛,正是"穷天下之声,无以舒其哀矣"(《先太夫人归祔志》)。

精神与肉体的双重打击,再加上被贬的愤懑愁苦,可想而知,柳宗元遭遇的是何等的艰难困苦,正如他在《别舍弟宗一》诗中所表达的:

> 零落残魂倍黯然,双垂别泪越江边。
> 一身去国六千里,万死投荒十二年。
> 桂岭瘴来云似墨,洞庭春尽水如天。
> 欲知此后相思梦,长在荆门郢树烟。

不幸对弱者是毁灭性的灾难,对强者则是磨炼自我的挑战。柳宗元是强者,他没有被困难击垮,更没有灰心丧气,消极沉沦,反而愈挫愈坚,表现出毫不动摇坚持自己信念的坚定意志:"苟守先圣之道,由大中以出,虽万受摈弃,不更乎其内。"③ 正因为柳宗元心

---

① 柳宗元:《柳宗元集》卷30,中华书局1979年版,第779页。
② 柳宗元:《柳宗元集》卷30,中华书局1979年版,第784页。
③ 柳宗元:《柳宗元集》卷32,中华书局1979年版,第841页。

中的先圣之道，激励他采取了积极进取的人生态度，使得困居"南荒"永州的十年，竟然成了他生命中最光彩的华章。

柳宗元永州十年，作为政治上的"闲人"，有更多的时间读书、思考和写作，他开始用著书立说的"立言"方式，在文学和思想两方面取得了辉煌的成就。这一时期，柳宗元写出了一批具有一代思想高度的理论作品，主要有《贞符》《封建论》《天对》《天说》《非国语》等。在文学创作上，柳宗元写出了山水文学的典范之作"永州八记"，开创了中国游记散文的先河，历来被视为柳文的最高成就；他写就的"九赋""十骚"，被誉为"辞赋中的奇葩"，《江雪》《渔翁》《南涧中题》等诗作，更是千古传诵，"论文八书"见解精辟，成为后来"唐代古文运动"的纲领性文件。中华书局1979年出版的《柳宗元集》，共收入柳宗元诗文678篇，其中近500篇写于永州。正是在永州的撰文著书，成就了柳宗元的人生意义，奠定了他在中国文学史和思想史上的崇高地位。

柳宗元说："贤者不得志于今，必取贵于后，古之著书者皆是也。"（《新唐书·柳宗元传》）对柳宗元来说，当前的失意潦倒已是事实，不能改变，能改变的是通过自己努力"著书"而"取贵于后"。灾难对于普通人是灾难，对于文人则是一种幸运，"诗穷而后工"是也。倘若柳宗元仕途得意，一帆风顺，能否成为一代文化大家是很值得怀疑的，比如杜甫，为官十年，作品寥寥，而一夕颠沛流离，妙文佳作便泉涌而出。

柳宗元是幸运的，他贬谪南荒成为"流囚"，却造就了他辉煌璀璨的文化成就。余秋雨先生在《柳侯祠》中评价柳宗元的永州十年时说："灾难也给了他一份宁静，使他有了足够的时间与自然相晤，与自我对话！"的确，永州十年，是柳宗元人生中英雄失路、有志难伸、去国怀乡、身在贬谪、孤苦寂寞的十年，却是他文学创作最丰富和哲学思想全面成熟的十年，这也证明了现实的糟糕境遇无法阻挡一个人精神的崇高和思想的伟大。

公元814年（元和九年），对柳宗元来说，人生似乎出现了一线转机，朝廷下令将柳宗元、刘禹锡等被贬之人召回长安。柳宗元接到消息，十分兴奋，终于可以离开永州这个"囚笼"了。然而，事情的结果却给柳宗元开了个玩笑，他面临的是再次被贬，这次柳宗元的贬谪之所是柳州（今广西柳州），已经四十三岁的柳宗元，期盼了十年的洗雪沉冤的机会，又灰飞烟灭了。

和柳宗元一起被贬的还有好友刘禹锡，刘禹锡被贬到播州（今贵州遵义市）。播州地处偏远蛮荒之地，而刘禹锡上有八十岁老母，倘远赴播州，路途艰险，恐有性命之忧。柳宗元闻听，决定代友远迁，于是上书朝廷请求：我愿意代刘禹锡去播州，若因此而重新获罪，我也万死不辞！此举感动了朝臣，于是改派刘禹锡到连州任刺史。

从公元815年（元和十年）到公元819年（元和十四年），柳宗元在柳州又度过了四年贬谪时光，最终客死柳州。柳州当时是比永州还要偏僻落后的地方，不同的是，柳宗元为柳州刺史，是一州的行政长官，具有了一定实权，可以在政治上干出点事情了。当然，在柳州，柳宗元的思想境界又高出了一层。他作《种柳戏题》诗，用戏谑的语调自我调侃：

> 柳州柳刺史，种柳柳江边。
> 谈笑为故事，推移成昔年。
> 垂荫当覆地，耸干会参天。
> 好作思人树，惭无惠化传。

有个姓柳的人做了柳州刺史，在柳江边种了柳树，这仅是增添了一件人们谈笑的故事罢了，很惭愧，我柳宗元什么也没做，也许随着时光的流逝，后人们看见了柳树，就可能会想起这个姓柳的种树人吧。这是怎样的一种放松心态，柳宗元已经完全没有了被贬的怨气，反而是一种自我欣赏的姿态。

柳宗元在柳州四年，虽然时间不长，但他积极用世，在力所能及的范围内,做了许多对百姓有利的事,"第一,改变当地畜奴习俗,允许奴婢通过劳动赎身,获得解放,这是件大好事,后来被开明的上司推广。第二,提倡植树、挖井,修整道路,重视发展生产,关心人民生活。第三,大修孔子庙,恢复'府学',注意发展文化教育事业"。① 可以说,柳刺史在柳州的几年,政治上功勋卓著,深受百姓爱戴,蛮荒之地民风也为之一变。

柳宗元在整个被贬期间,没有正式婚配,为续子嗣,他只能纳妾生男育女,这便是所谓的柳宗元蓄妓之说。柳宗元在《马室女雷五葬志》中说:"马室女雷五,家贫,岁不易衣(终年没衣服替换)。……以其姨母为妓于余也。"贫困家庭的女人马雷五的姨母,就是柳宗元的"妓",这里的妓,就是柳宗元的妾,章行严在《柳文指要》中说:"子厚蓄妓于家,其所妓者,殆妾也欤?子厚二十七而鳏,家缺主妇,身迁万里达二十年,其所以胜此者,今始知之。"柳宗元获罪被贬,谁又愿意与一个负罪囚徒结亲呢?为了解决子嗣问题,柳宗元只好择取贫穷为妓的马雷五姨母为妾,实在是无奈之举,柳宗元内心的苦痛可想而知。可以看出,柳宗元道德人品与那些蓄妓的达官贵人不可同日而语,马雷五姨母也为柳宗元生下了二女二男,完成了延续柳家香火的任务。

公元819年(元和十四年),唐宪宗因受尊号实行大赦,同意召回柳宗元。但长年被贬身心遭受巨大摧残的柳宗元,已经无法把握命运给予他的机会了,唐宪宗的诏书还没有到达柳州,已经病入膏肓的柳宗元就离开了人世,年仅四十七岁。当刘禹锡接到挚友柳宗元病死的消息后,"惊号大叫,如得狂病。良久问故,百哀攻中,涕泪并落,魂魄震越"(《祭柳员外文》)。

柳宗元死时,"家境是十分荒凉的。留下两子两女。长子周六,

---

① 彭建、邢风麟:《柳宗元是儒学的伟大改革者》,《广西社会科学》1994年第2期。

年四岁；次子周七是遗腹子；大女儿将近十岁；小女儿应比周六大些"。① 柳宗元一生为官清廉，家无遗财，在他病逝前，就不得不给好友刘禹锡、韩愈写信，以托孤、编辑文集。柳宗元死后，刘禹锡不辱重托，收养了他的一个孩子，还将其遗稿编纂成《河东先生集》传世。裴行立则为柳宗元的孤儿寡母筹措了丧葬费用。柳宗元的表弟卢遵，则于次年七月将其归葬于万年县先人墓侧。韩愈撰写了《柳子厚墓志铭》，情真意挚，感天动地，立于柳宗元的墓葬前。柳宗元，这位伟大的思想家、文学家，死后竟落魄至此，不禁让人唏嘘。

第二节 尊师敬师：不师何成

柳宗元一生大力提倡尊师敬师，他写了许多流传千古的论述师道的著名文章，主要有《答韦中立论师道书》《答严厚舆秀才论为师道书》《答贡士萧纂求为师书》《报袁君陈秀才避师名书》《师友箴并序》等。而且，柳宗元在与他人论及为文、仕进，以及论《春秋》、论《国语》、论史官等文章中，也提到了对师道的看法。柳宗元关于师道的卓越观点，为我们今天为师从教提供了很好的思想资源，也为我们今天尊师重教带来了启发。

为什么要尊师重道呢？柳宗元明确指出，"不师如之何？吾何以成！"② 意思是说，不求师怎么行呢？我靠什么成就自己！在每个人的成长过程中，教师都起着至关重要的作用，是老师教授我们知识，是老师教给我们做人的道理，老师甚至可能影响我们的一生。虽然确实有一些没有老师的传授就能通晓的无师自通者，但毕竟极其少。

---

① 孙昌武：《柳宗元评传》，南京大学出版社2002年版，第149页。
② 柳宗元：《今译柳河东全集》（上、下），朱玉麟译，燕山出版社1996年版，第443页。

就我们大多数人而言，每个人的成长都离不开老师，我们又有什么理由不尊敬那些帮助我们成长的老师呢？柳宗元简单的一句话，便勾起了我们内心深处尊师的情愫。

在柳宗元看来，如果不从师学习，仅靠学习者个人的努力，要达到学识的精进是很困难的，他在《与李睦州论服气书》中以学琴和学书为例进行了说明：

> 愚幼时尝嗜音，见有学操琴者，不能得硕师，而偶传其谱，读其声，以布其爪指。蚤起则嘐（xiao）哓（nao）哓以逮夜，又增以脂烛，烛不足则讽而鼓诸席。如是十年，以为极工。出至大都邑，操于众人之坐，则皆得大笑曰：嘻，何清浊之乱，而疾舒之乖软？卒大惭而归。及年已长，则嗜书，又见有学书者，亦不得硕师，独得国故书，伏而攻之，其勤若向之为琴者，而年又倍焉。出曰："吾书之工，能为若是。"知书者又大笑曰："是形纵而理逆。"卒为天下弃，又大渐而归。是二者，皆极工而反弃者，何哉？无所师而徒状其文也。①

意思是说，我小时候曾经十分喜欢音律，遇见一个学习弹琴的人，他没能得到名师的指点，但却偶然得到名师所传的琴谱，就按照琴谱读音，手指按琴谱弹动。他很早就起床进行弹奏，嘈杂的琴声一直响到夜里，他又点上蜡烛接着弹，蜡烛不够了，就口里背诵着琴谱在床上弹。像这样整整弹了十年，自认为已经达到了很高的水平。于是，他离家来到大都市，坐在大庭广众面前弹琴，结果众人都大笑着说：哈哈，你弹的琴怎么清浊音如此混乱，节奏的急缓也如此之差呢？最后，这个人只得羞愧而归。等到我年岁稍大时，开始痴迷于练字，又遇见一个练字的人，他也没有得到名师的指点，

---

① 柳宗元：《今译柳河东全集》（上、下），朱玉麟译，燕山出版社1996年版，第716—717页。

但却得到了一本过去的字帖，于是他就沉下心来，专心练字。这个人的勤奋程度，和原先那个练琴的人一样，而且所花费的时间比练琴的人增加了一倍。后来，他出去对别人说：我写字水平很高，能写出和这本字帖上一样的字。那些通晓书法的人看了大笑说：你的字虽然字形和字帖非常相似，但其中的神韵却相差很远。这人最终还是被天下人所抛弃，结果也是羞愧难当而回。像这两个人，都是很下功夫，却反而被世人所抛弃，为什么呢？主要是因为缺少名师的指点，徒劳地学习而不得真谛的缘故。

在这里，柳宗元认为，人们之所以离不开教师，是因为教师在知识文化传授过程中具有一种不可替代的作用，即传其所不可传者，这不仅是教师存在的价值和意义，也是人们尊师的重要原因。学琴和学书法的两次失败，就是因为没有名师指点，那些难以用文字讲清楚的奥秘，只有经过名师的口传身教，才能使学生心领神会，得到真传。否则只能徒有其表，而无法获得其神。

柳宗元在《送易师杨君序》中指出："世之学易者，率不能穷究师说，本承孔氏而妄意乎物表，争伉乎理外，务新以为名，纵辩以为高，离其原，振其末，故义、文、周、孔之奥，诋冒混乱，人罕由道通焉。"[①] 意思是说，世上学习易经的人，都不能从根本上深入理解老师们的成果，本来应该继承孔子求师学习的传统，可这些人偏不求师，自己也就只能停留在事物的表面上妄加议论，只能在事理之外争论不休，只靠追求新奇来博取声名，只是把能言善辩当作高明，其实质是在远离事物的根本，而执着于事物的细枝末节。所以义、文、周、孔的深奥，被这些人弄得乱七八糟，自然也就很少有人能够真正弄通《易经》。

这就说明，无师而自学，自以为高明，有新的发展，实际上并未弄通学习内容内在的深刻道理。所以，学必由师，人必从师，就

[①] 柳宗元：《今译柳河东全集》（上、下），朱玉麟译，燕山出版社1996年版，第557页。

显得十分重要。既然如此,尊师也就必不可少。

柳宗元在《师友箴并序》一文中指出:"今之世,为人师者众笑之。举世不师,故道益离。"① 意思是说,在一个不正常的社会环境里,做教师常常被人嘲笑,因为缺乏尊师重教的人文氛围,倘若整个社会都不把尊师重教当回事,那么这个社会就会离真理、道义和知识越来越远。

在这里,柳宗元把尊师和道密切关联,师、道一体,"道苟在焉,拥丐为俦;道之反是,公侯以走"②,有道,即使是乞丐也可以成为好友;无道,即使是公侯将相也不用理会他们。教师是道的认识者和践行者,去师就是离道,不尊师就是贱道。当然,柳宗元的"道",主要是指儒家之道、孔孟之道,体现的是一种仁爱精神,在今天"道"指的就是真理、道义和知识。

柳宗元在将师与道联系时,针对的是"今之世,为人师者众笑之"的现象,柳宗元对社会上不尊师、不敬师的现象深恶痛绝,进行了无情的批判。

在《答韦中立论师道书》中,柳宗元对当时社会上"讪笑师道"的现象提出了批评:"今之世,不闻有师,有辄哗笑之,以为狂人。独韩愈奋不顾流俗,犯笑侮,收召后学,作《师说》,因抗颜而为师。世果群怪聚骂,指目牵引,而增与为言辞。愈以是得狂名,居长安,炊不暇熟,又挈挈而东,如是者数矣。"③

意思是说,在当今社会,几乎很难听说有人愿意做老师,如果真有,就立刻会遭到人们的嘲笑,并把他视为狂妄的人。只有韩愈不顾别人嘲讽,招收学生,写《师说》一文,当起了老师。结果不

---

① 柳宗元:《今译柳河东全集》(上、下),朱玉麟译,燕山出版社1996年版,第443页。
② 柳宗元:《今译柳河东全集》(上、下),朱玉麟译,燕山出版社1996年版,第444页。
③ 柳宗元:《今译柳河东全集》(上、下),朱玉麟译,燕山出版社1996年版,第744页。

出所料，韩愈便遭到了世间小人的咒骂，并在韩愈背后指指点点，风言风语，冷嘲热讽，韩愈也因此落了个狂妄的名声。他住在长安，连饭都来不及做熟，就慌慌张张举家东迁，像这样的事已经多次发生了。

由此可以看出当时社会上对为师之人的轻视，就连名声甚大的韩愈，一旦为师便难容于世。柳宗元批评这些嘲笑为师者的人是"蜀犬吠日"，由于四川盆地空气潮湿，天空多云，那里的狗不常见太阳，当太阳出来时，狗就觉得奇怪，便对太阳大叫。那些不尊师的人就如那狂吠的蜀犬一般，太阳并没有错，但犬却不分青红皂白，只因少见多怪便狂吠不止。

事实上，不尊师，"贱师""耻师""辱师"现象，在不同时代有着不同的表现，也有着不同的理由，其实质都是人们对教师这个职业内在敬重的失去。

经济上收入低是教师失去受尊重的经济基础。随着社会经济的发展，在人们物质上逐渐丰富的状况下，教师尤其是农村教师，却常年与贫穷相伴，收入不高已经成为教师群体一种难以言说的痛，"家有三斗粮，不当孩子王"这样寒心的说法正是教师经济地位的真实写照。某地一位乡村中学副校长，教书超过二十年，谈及现在的教师收入，就不住摇头，他解释说，背后学生都称他们老师为"穷酸老九"。我们常说"再苦不能苦孩子，再穷不能穷教育"，一个富足的社会，教师的贫穷是一种耻辱，教师是我们每个人这一生都要相遇，并给予我们生命成长力量的人，当我们都富有时，我们的老师却很穷困，这难道不是一种耻辱吗？教师受尊重，必须从经济上给予保障，让教师的收入真正高起来。

教育本身矫枉过正是教师失去师道尊严的直接原因。针对传统教育过分重视教师作用的弊端，教育中对学生主体的重视日渐兴盛，学生彻底翻了身，"学生第一""一切为了学生、为了学生一切、为了一切学生""没有教不好的学生，只有不会教的老师"等一系列口号的提出，学生成了教育中的一切，教师只好从教育中退场，并愈来愈成为无足轻重的角色。于是，学生蔑视课堂会被当成有个性而得到鼓励，学生嘲讽、抢白老师会被视为有创造性而受到表扬。而且，无论什么情况，一律不能开除学生，出了问题，一律先打老师的板子。结果，把保护学生变得完全没有理智，从一个极端走向了另一个极端。学生便瞧不起老师，学生辱师、欺师现象频见报端，甚至出现了学生杀师这样的极端恶性事件。这让每一位教育人感到寒心，也不能不引起我们的深刻反思。

柳宗元关于不尊师现象的批评虽然发生在久远的唐代，但对我们今天不啻是一种深刻的警醒。它提醒我们不尊师的后果是严重的，一个不知感恩、不愿尊师的人，他能对我们的国家、社会和事业忠诚吗？如果我们的社会鼓励不尊师现象的存在，我们的国家、民族还有希望么？我们决不能小看辱师现象！它还提醒我们：不尊师不是一时的风气，也不是偶然的现象，它有着深刻的政治、经济和教育的根由，只要我们不时时刻刻绷紧尊师这根弦，它就必然会以某种形式出现，也就会伤害到我们的教师和教育。

第三节　为师之道：去名求实

对于是否为师，柳宗元的基本态度是不肯为师。后世的研究者常常将韩愈和柳宗元的为师观进行比较，以表明柳宗元不为师的师道观，宋代王应麟在《困学纪闻》中曾说："韩柳并称而道不同，韩作《师说》，而柳不肯为师。"[①] 王十朋亦说："韩谓世无孔子，则已不在弟子列，作《师说》以号召后学。柳则以好为人师为患，有《师友箴》有《答韦严二书》，且有雪白之喻。"[②] 柳宗元自己也表明

---

① 王应麟：《困学纪闻》，辽宁万有图书发行有限公司1998年版，第248页。
② 王十朋：《四库全书》（第1151册），上海古籍出版社1989年版，第244页。

了自己不为师的态度，主要集中在《答韦中立论师道书》《答严厚舆秀才论为师道书》《报袁君陈秀才避师名书》等文章中。

柳宗元被贬永州时，韦中立曾多次给柳宗元写信，且不辞道远，"自京师来蛮夷间"当面请求，要求拜柳宗元为师。为此，柳宗元给韦中立写了一封回信《答韦中立论师道书》，明确拒绝了韦中立的拜师请求。在《答韦中立论师道书》中，柳宗元写道：

> 辱书云，欲相师。仆道不笃，业甚浅近，环顾其中，未见可师者。虽常好言论，为文章，甚不自是也。不意吾子自京师来蛮夷间，乃幸见取。仆自卜固无取，假令有取，亦不敢为人师。为众人师且不敢，况敢为吾子师乎？

意思是说，承蒙您来信说，想要拜我为师。但是，我自感品德修养不深，学识也非常浅薄，从各方面来看，我真的感到没有什么值得你学习的地方。虽然我经常喜欢发些议论，写点文章，但我对自己的这些东西很不满意。真没想到，您竟然从京城来到这偏远荒凉的永州，想拜我为师，这是我的幸运。但我估量自己本来就没有什么可取之处，即便是有一些可取的，那也万万不敢做他人的老师。做一般人的老师，尚且不敢，更何况是做您的老师呢？

在这里，柳宗元言及自己不能为师，是因为自己没有什么为师的资本和才华，这当然是表面的谦虚之词。那么柳宗元不为人师的真实原因是什么呢？

他在《答韦中立论师道书》中指出："今之世不闻有师，有辄哗笑之，以为狂人。"[1] 当今之世，再没有听说愿意做老师的，即使有人愿为人师，就会遭到众人耻笑，视之为狂人。后来，严厚舆又写信给柳宗元，责怪他不敢像韩愈一样为师招收弟子，柳宗元回答

---

[1] 柳宗元：《今译柳河东全集》（上、下），朱玉麟译，燕山出版社1996年版，第744页。

说:"若乃名者,方为薄世笑骂,仆脆怯,尤不足当也""卜才能勇敢不如韩退之,故又不为人师。人之所见有同异,吾子无以韩责我"。① 谁敢称老师,就会遭到世俗流言的讥笑辱骂,我柳宗元心有顾虑,哪敢称师呢?而我的才学和勇气又不如韩愈,哪能做别人的老师呢?每个人对为师的看法不同,你不能拿韩愈来责备我。从这里可以看出,柳宗元不肯为师,是害怕遭到世人的讥笑辱骂。

那么,世俗笑骂真有那么可怕吗?对当时的柳宗元来说,确实如此,他写道:"仆自谕过以来,益少志虑。居南中九年,增脚气病,渐不喜闹,岂可使嗷嗷者,早暮啼吾耳、骚吾心?则固僵仆烦愦,愈不可过矣。平居望外,遭齿舌不少,独欠为人师耳。"② 我自从遭贬以来,心灰意冷。我在南方生活了九年,又得了脚气病,哪能让那些狂咬乱叫的人整天扰烦我的耳朵,弄乱我的心呢?这样的话,我本来就身体不好,心烦意乱,就会更难以生存了。我平日受外人怨恨,所受诽谤已经很多,只是还少一个好为人师的罪名。

这应该是柳宗元不肯为人师的真实原因,试想一个被贬之罪人,本来就已经生活困顿,身体状况极差,生存艰难。如果再加上一个在当时是大不韪的好为人师的罪名,那他的处境就会极端恶化。柳宗元在《报袁君陈秀才避师名书》中更是明确表达了这一点:"其所不乐为者,非以师为非,弟子为罪也。有两事,故不能:自视以为不足为,一也;世久无师弟子,决为之,且见非,且见罪,惧而不为,二也。"③ 意思是说,我之所以不愿意称师名,并非认为当老师有什么不好,也非因为做学生有什么不对。其原因在于这两点:一是我自己认为做老师我不够格;二是由于世间很久没有以老师弟

---

① 柳宗元:《今译柳河东全集》(上、下),朱玉麟译,燕山出版社1996年版,第751页。
② 柳宗元:《今译柳河东全集》(上、下),朱玉麟译,燕山出版社1996年版,第745页。
③ 柳宗元:《今译柳河东全集》(上、下),朱玉麟译,燕山出版社1996年版,第753页。

子互相称呼了，如果我决意这样做，就会招致世人的非议责难，并被看作我的又一桩罪，我对此感到很惧怕。以柳宗元的水平，当老师是没问题的，他不肯为师，恐惧害怕应是主因。

柳宗元为什么惧怕呢？因为他作为一个被贬谪之人，时刻都有政敌窥伺，以图将他置于死地，"同时他又觉得自己是一个贬官罪人的身份，常受到政敌种种造谣污蔑，如果再大张旗鼓招收学生，更会供给政敌以攻击的资料，因此他不愿公开建立师生的名义"。① 柳宗元自己也在《寄许京兆孟容书》中讲自己当时的情况说："以此大罪之外，诋诃万端，旁午构扇，尽为敌仇，协心同攻，外连强暴失职者，以致其事。"② 意思是说，在遭到贬谪这样的巨大不幸之外，我柳宗元本来就承受着无端的指责攻击，一时间仇敌遍地。他们狼狈为奸，互相勾结，联合各种残忍暴戾、无能失职的人，里应外合，竭尽全力以图置我于死地。有了如此遭遇的柳宗元，又怎会给自己再加上一个为师的罪名呢？倘如此，那他也就真的被对手抓住把柄，一击致命了，柳宗元对此自然是感到恐惧害怕的。

在一个是否为师就关乎个人生死存亡的时代，既是时代的不幸、知识的不幸，更是教师的不幸。从焚书坑儒，到不敢为师，从臭老九，到穷酸，有哪种职业如教师这般，对世界贡献如此之大，却要遭受这么多的罪难呢！

柳宗元选择了不肯为师，那是否意味着他真的就不为师了呢？答案是否定的，他采取了一种灵活的为师方式，取为师之实，去称师之名。在《答严厚舆秀才论为师道书》中，柳宗元明确指出："仆之所避者名也，所忧者其实也，实不可一日忘""若曰仆拒千百人，又非也。仆之所拒，拒为师弟子名，而不敢当其礼者也"。③ 意

---

① 郭齐家：《中国教育思想史》，教育科学出版社1987年版，第212—213页。
② 柳宗元：《今译柳河东全集》（上、下），朱玉麟译，燕山出版社1996年版，第654页。
③ 柳宗元：《今译柳河东全集》（上、下），朱玉麟译，燕山出版社1996年版，第751页。

思是说，柳宗元所逃避的是为师之名，所一直思考担忧的是为师之实，这一点他确实一天都不敢忘。柳宗元说，如果我把成百上千人都拒绝了，那是不对的，他所拒绝的是被称为弟子之师的名号，不敢担当学生的大礼。

柳宗元接着说："苟去其名，全其实，以其余易其不足，亦可交以为师矣。如此，无世俗累而有益乎己，古今未有好道而避是者。"① 意思是说，姑且去掉为师的名称，只从事为师者实实在在要干的事就行了，用自己所有的弥补对方的不足，我们可以在交往中相互为师学习。这样就没有了世俗的拖累，而且对自己也很有好处，古往今来还没有喜爱道义而回避这种方式的人。

柳宗元指出："苟亟来以广是道，子不有得焉，则我得矣，又何以师云尔哉？取其实而去其名。"② 意思是说，如果我们经常往来交谈，以获得对事物的新认识，即使你不因我的帮助有所收获，我却因为你的帮助而有所收获，为什么一定要以老师来彼此称呼呢？我们应该做老师该做的事，而抛弃称呼老师的虚名。

事实上，柳宗元一直在做为师之事。当柳宗元还在京都没有被贬的时候，就已经在指导后学上尽心尽力，以至于登门求学的人门庭若市。他在《报袁君陈秀才避师名书》中说："往在京师，后学之士到仆门，日或数十人，仆不敢虚其来意，有长必出之，有不至必惎之。虽若是，当时无师弟子之说。"③ 意思是说，当初在京城的时候，很多年轻学者登门求学，有时候一天达到好几十人，我不敢有负他们的求学热情，必定把擅长的学识展示给他们，他们有不到之处我也一定教授他们，即使如此，当时也没有彼此以老师学生相

---

① 柳宗元：《今译柳河东全集》（上、下），朱玉麟译，燕山出版社1996年版，第752页。
② 柳宗元：《今译柳河东全集》（上、下），朱玉麟译，燕山出版社1996年版，第746页。
③ 柳宗元：《今译柳河东全集》（上、下），朱玉麟译，燕山出版社1996年版，第753页。

称呼。

柳宗元被贬官之后,依然从事为师之事。据韩愈《柳子厚墓志铭》记载:"衡湘以南为进士者,皆以子厚为师。其经承子厚指画为文词者,悉有法度可规。"① 可以看出,柳宗元在遭贬以后,仍在从事纳徒为师之事。"还有不少人柳宗元尽管名义上拒绝为其师,但实际上却尽到了一个老师的职责。且不说韦中立、严厚舆、袁君陈等人,柳宗元在回信时指导他们做人、作文的窍要,就是对杜温夫这个说话做事带有'悖乱浮诞,无所取幅尺'的人,他也同样给予了做人和写作上的真诚指导。"② 只要是向柳宗元求学问道,他都能够做到竭尽所知给予解答,诚恳地指导学生,但这一切都是无为师之名,只求有师之实。

可以看出,柳宗元虽然不承认为师之名,但却勇于承担为师的职责。事实上,柳宗元把师道看得非常神圣,他所拒绝的,仅仅是表面上的师生关系之名义。面对前来虚心讨教的学子,他都能够尽己之所能给予帮助,为士人学子指引明路。

柳宗元"去名求实"的师道观对教师具有重要的启发意义。当今一些教师,徒有教师之名,而无教师之实,或打着办教育的名字,自我标榜为老师,实则意在谋利,教师的名称成了获利的包装;或本就不是教师的明星、艺人、官员、老板等却要在学校里混个教授的名头,以彰显自己的知识水平。这种人有空教师之名,却一天也不干教师之实,实在是败坏了"教师"二字。

而另一些本就是教师的人,却不把心思放在教书育人上,不把心思放在课堂上,对"不务正业"却很"用心",在外面办班、兼职、走穴,一门心思想发财。这样的教师,有着教师之名,却干着发财之实,实在是在糟蹋教师这个称谓。柳宗元"去名求实"的师

---

① 柳宗元:《柳宗元集》,中华书局1979年版,第1435页。
② 徐伯鸿:《谈柳宗元的拒为人师》,《山西师范大学学报》(社会科学版)2008年第2期。

道观，不禁让我们思考一个老师到底该干什么，不该干什么，什么是为师的耻辱，什么又是一个老师的光荣。

第四节　师生关系：交以为师

柳宗元在《答严厚舆秀才论为师道书》一文中道："苟去其名，全其实，以其余易其不足，亦可交以为师矣。"① 在这里，柳宗元正式提出了一个全新的师生关系观"交以为师"，即教授者和学习者在交往、交流中成就师生关系。这是一种亦师亦友的关系，更是一种民主平等的师生关系，"这种强调以师为友、以友为师、师友并称的思想，包含师生平等和教育民主的进步因素"。②

柳宗元原本是为了避免为师之名，却于不经意间提出了一个师生关系的新观点。这种新的师生关系观破除了长久以来的以吏为师、以法为师、以长为师、以学为师的观念，突破了师生之间的年龄、学问、尊卑和宗法的樊篱。

柳宗元"交以为师"的师生观，表明了师生之间亦师亦友的关系。师生之间破除了身份的限制，破除了知识多寡的分别，破除了人格的不平等，是一种民主、平等的新型师生关系，"他（柳宗元）的'交以为师'的见解，以师为友，把师生关系变为师友关系，这里包含有学术讨论上的民主、平等的因素，比韩愈的'闻道有先后，术业有专攻'的见识又前进了一步"③；"他（柳宗元）提出了'交以为师'的主张，以师为友，师友并提，把师生关系变为师友关系。这一思想也是很可贵的，其中含有学术讨论上的平等与民主因素，

---

① 柳宗元：《今译柳河东全集》（上、下），朱玉麟译，燕山出版社1996年版，第752页。

② 赵新国：《论柳宗元的教育思想及影响》，《湖南师范大学教育科学学报》2009年第2期。

③ 郭齐家：《中国教育思想史》，教育科学出版社1987年版，第213页。

反映了他教育思想中的进步性"①。

在柳宗元这里，师生关系变成了师友关系，就是要以友的态度来对待师，用友来限定师。而柳宗元的友与师的关系是"以其余易其不足"，友可以不如自己，但是只要友有可取之处，我从中受益了，就可以转化为师。

这与孔子的师友观不同，孔子虽然有"三人行，必有我师"，而且自己也"学无常师"，但孔子所说的师，重点在于强调要以他人为师或向他人学习。孔子对待朋友的态度是"无友不如己者"，即求胜己者为友，要和比自己强的人交朋友，或者至少朋友和自己差不多。孔子认为，朋友交往是否有价值不取决于交往本身，而取决于朋友各自价值的高低，只有和价值高于我的人交朋友，才能不断进步。否则与不如己者同流，那就可能会使自己退步。孔子是以师为友，成为朋友之前，首先要能够成为我的老师，要比我本领大。

和孔子相比，柳宗元的师友观更强调友的一面。师生之间，首先是一种朋友间的交往关系，至于价值关系则是第二位的。我首先是你的朋友，我们成为朋友首先考虑的不是你比我强，作为朋友，我们只是平等的关系，我们所要做的只是在交往的过程中，互相学习对方的长处就行了。柳宗元认为，这样的师生关系，其目的在于建立一种师生、朋友在交往中达致相互切磋、彼此激励、共同学习的师生精神共同体。这种精神共同体是以求学问道、修德明道为基础，而不是以功利的利益追求为目的。

柳宗元"交以为师"的师生关系观，还表明了师生间是一种开放性的关系。这意味着，教师和学生在交往中、通过交往来实现的是一种开放性的学习。毕竟交往作为师生之间的相互往来、相互作用关系，体现为主体与主体之间的关系，而这种主体与主体的关系主要是一种相互理解的开放性关系。对柳宗元来说，交往意在打破

---

① 王炳照：《中国教育思想通史》第二卷，湖南教育出版社1996年版，第490页。

师生之间所具有的一种固定身份性特征的师生关系。这意味着师生之间的关系并不是一种单向的线性关系，学生在教师的传授面前，不再是消极被动的客体，教师与学生之间相互学习，取长补短，这是一种师生间生命的相互摄养与相互创造的过程，师生之间是一种主体间的相互沟通与互动关系。

柳宗元"交以为师"的师生关系观，更展现出教师的一种气度和情怀。"交以为师"对教师提出了更高的要求，把知识、修养总体上不如自己的学生，整全地提升到和自己对等的位置，这需要教师有巨大的勇气和修养。

因为，教师这种职业似乎天然地赋予了教师拥有一种无形的、约定俗成的权威，而让老师自己打破凝聚于自身的这种权威，自然不是一件容易的事。而真正能如此做到的教师，就必然有豁达的心胸和真诚的态度。而且，教师和学生在年龄、知识、阅历等方面存在较大差异，和学生交友，真正实施起来，就要克服这些差异，实属不易。这也是为什么自古以来"忘年交"都受到人们极大的称赞，就是因为它实在太难。

而柳宗元提出"交以为师"，就是要求教师放下知识、权威、年龄等方面与学生的差异，在和学生"打成一片"的过程中，实现知识的授受。德国心理学家黑尔加·吉尔特勒（Helga Gurtler）曾说：如果您放弃权力，放弃您的优越感，那么您得到孩子的信任和尊敬的机会就更大。柳宗元的"交以为师"，其目的不是为教师赢得信任和尊敬，而是把"交"作为一种为师的常态，一种新的师生生活关系，这要求教师从根本上彻底地改变，没有一定的气度和情怀，是做不到的。

柳宗元认为，通过"交以为师"，教师可以很好地贴近学生、感知学生和了解学生，以便在教育过程中以学生为主体，达到"以致其性"的最终目的。在这里，"以致其性"是柳宗元"交以为师"自然而然的结果，也是教育所要达致的目标。

柳宗元认为，天下万物包括人，都要顺应其本性，才能茁壮，反之则可会走向灭亡。他提出"交以为师"就是要实现"顺木之天，以致其性"的教育主张，即通过"交以为师"以了解学生的本性，并按照这种本性进行施教。

柳宗元在《种树郭橐驼传》这篇寓言中，以郭橐驼善种树作比喻，说明了顺应学生本性教育的重要性。郭橐驼是一位种树能手，他所种的树都非常好，其他人即使暗中观察、效仿，也比不上他，有人问他原因，郭橐驼回答说：

> 橐驼非能使木寿且孳也，能顺木之天，以致其性焉尔。凡植木之性，其本欲舒，其培欲平，其土欲故，其筑欲密。既然已，勿动勿虑，去不复顾。其莳也若子，其置也若弃，则其天者全而其性得矣。故吾不害其长而已，非有能硕茂之也；不抑耗其实而已，非有能早而蕃之也。他植者则不然，根拳而土易，其培之也，若不过焉则不及。苟有能反是者，则又爱之太恩，忧之太勤，旦视而暮抚，已去而复顾，甚者爪其肤以验其生枯，摇其本以观其疏密，而木之性日以离矣。虽曰爱之，其实害之；虽曰忧之，其实仇之，故不我若也。吾又何能为哉！

意思是说，我郭橐驼哪里就能使树木活得长久茂盛呢，我只不过是顺应树木的天性，以实现树木本身天性生长的需要罢了。顺应树的本性种树，就是要使树根舒展，培土要平均，树根下的土要用原来培育树苗的土，把土捣结实就行了。这样做就够了，不要再动它，也不必担心了，离开它就行了，不用再回去看了。栽种时要像对待子女一样细心，栽好后就好像把它丢弃了一样不用管了，那么树木的天性就得以保全，它的本性就得以实现。所以，我只是不妨碍树木的生长罢了，并不是有什么绝密的方法使它长得高大茂盛；我所做的不过是不抑制、不损害树木的本性罢了，也并不是有什么好的方法，使它的果实结得早、结得多。其他的种树人却不这样，他们把树根弄弯曲，又换了生土，在培土的时候，不是过紧就是太松。也有人不这样做，但他们却过分吝惜树木，过分担心树木，早晨去看看，晚上去摸摸，都已经离开了，又回过头来看看。更严重的是，有些人竟然掐破树皮，来观察树木是死是活，摇晃树根来看它是否栽结实了，这样就严重损害了树木的天性。虽说喜爱它，实际上却是害了它；虽说担心它，实际上却是仇视它。这就是他们都不如我的原因，我又能做什么呢？

教师与学生交友，正是通过朋友的关系，像郭橐驼种树那样，能够更好地了解学生的本性，掌握学生身心发展的规律。尊重学生，因材施教，按照学生的本性去施教，进而达到"顺木之天，以致其性"的最佳教育效果。相反，如果违背了人发展的天性，或过分地束缚人发展的本性，即使是"爱之太深，忧之太勤"，最终的结果也只会是"虽曰爱之，其实害之；虽曰忧之，其实仇之"，那也就无论如何也难以教育好学生。由此，"交以为师"可以说是实现"以致其性"教育效果的路径。

第五节 教师修养：中焉可师

柳宗元认为教师修养的核心内容为"中焉可师"。在《师友箴》中柳宗元提出了："中焉可师，耻焉可友，谨是二物，用惕尔后。"①意思是说，忠信之人可以作为老师，知耻之人可以成为朋友，谨记这两条从师交友的标准，并时刻保持警惕。在这里，"中"是忠信、诚信之意，"中焉可师"就是指做老师的人要具备忠信、诚信的品格修养。

柳宗元认为，身为教师要做到"中焉可师"，就必须以身作则，不能文过饰非，要在道德行为方面示人以榜样，即"故立大中者不

---

① 柳宗元：《柳宗元全集》，上海古籍出版社 1997 年版，第 164 页。

尚异，教人者欲其诚，是故恶夫饰且伪也"。① 具有诚信、忠诚品质之人不会有乖张怪异的行为，做教师者渴望拥有诚实可信的品格，因此就对矫枉造作和弄虚作假的行为非常厌恶。柳宗元认为人品决定师品，教师教的境界取决于教师的主体人格，加强教师的主观品行涵养是为师者的根本，用柳宗元的话说就是"道苟成，则悫然尔，久则蔚然尔"②。教师只有在品德上有所修养，才会显示出诚实质朴的样子，时间久了就会使道德盛行，形成风气。

因此，教师必须要严于律己，时刻注意自身行为的示范作用，不能有片刻懈怠，柳宗元自己就是这样要求自己的，"吾未尝为佞且伪，其旨在于恭宽退让，以售圣人之道，及乎人，如斯而已矣"。③柳宗元如此以身作则，言行一致，以品质示人，身教重于言教，从而使他为人之师具有信度和效度。而教师要具有高尚的道德品质，关键在于要做到"植志持身"，就是长久地立志修身，柳宗元自己说："仆少时，尝有意游太学，受师说，以植志持身焉。"④ 在柳宗元看来，教师品格的修养是一个长期坚持和积淀的过程，而不能冒进求快。

以"中焉可师"为核心，柳宗元认为，教师还要具备勤奋博学、多能无私、善于学习等修养。

柳宗元指出，教师必须有勤奋博学的修养，否则教师就无法引导学生就学，也就难以为师。他认为教师之所以要勤奋地学习，是因为"课生徒之进退，必酌于中道，非博雅庄敬者之流，固不得临于是"⑤，学生学业进步与否，关键在于老师的水平高低，老师若不能使学生"酌于中道"，若是没有博雅的知识和庄敬的品格，就不配做老师。

---

① 柳宗元：《柳宗元全集》，上海古籍出版社1997年版，第259页。
② 柳宗元：《柳宗元全集》，上海古籍出版社1997年版，第280页。
③ 柳宗元：《柳宗元全集》，上海古籍出版社1997年版，第270页。
④ 柳宗元：《柳宗元全集》，上海古籍出版社1997年版，第275页。
⑤ 柳宗元：《柳宗元集》，中华书局1979年版，第693页。

而老师要具有高水平，唯有勤奋学习一途，柳宗元自己为师，就学习非常勤奋，为后来之师树立了很好的榜样。早在长安时期他便已是博学多能之士，"议论证据古今，出入经史百子，踔厉风发，率常屈其座人"①。被贬永州之后，柳宗元在巨大打击之下，身患疾病，仍然保持着惊人的毅力，勤奋刻苦读书。他在《读书》诗中描述了自己勤奋读书的状态："倦极更倒卧，熟寐乃一苏。欠伸展肢体，吟咏心自愉。"意思是说，学习困倦了，就卧倒稍事休息，熟睡后精神恢复，就立即继续学习；有时候伸伸懒腰，舒展舒展四肢，就又抑扬顿挫地吟诗读书，心中自觉甚是愉悦。

在勤奋的基础上，柳宗元要求教师要博学。教师应该是一个博学的人，必须"博之以文"（《送从兄偁罢选归江淮诗序》），"博取诸史群子"（《送贾山人南游序》），教师只有博览群书，读百家之言，才能不因于一孔之见。柳宗元身为人师，自己就是博学的典型，早年他就遍读百家之书："仆蚤（早）好观古书，家所蓄晋、魏时尺牍甚具；又二十年来，遍观长安贵人好事者所蓄，殆无遗焉。"②后来被贬，更是有时间大量读书，"自贬官来无事，读百家书，上下驰骋"。③ 在另一篇文章中，柳宗元又说："仆近求得经史诸子数百卷，常候战悸稍定，时即伏读，颇见圣人用心、贤士君子立志之分。"④ 身为师者，博学才能让自己的思想精神丰盈起来，"腹有诗书气自华"，也才能让自己的气质和品性高贵起来。对教师而言，寻求教育或者教学技巧固然重要，但通过博学多读而获得心灵的淘洗、精神上的追随，则更为根本。

柳宗元指出，教师要具备各种才能，对学生要无私。柳宗元认为，在学生面前，教师不能贪名、图礼，教师教诲学生要坦诚、认

---

① 韩愈等：《唐宋八大家散文选》，广西民族出版社1996年版，第119页。
② 柳宗元：《柳宗元集》，中华书局1979年版，第826—827页。
③ 柳宗元：《柳宗元集》，中华书局1979年版，第789页。
④ 柳宗元：《柳宗元集》，中华书局1979年版，第802页。

真和耐心,"终日与吾子言,不敢倦、不敢爱、不敢肆"。① 即便是"终日言"的教诲学生,教师也要具有不敢疲倦、不敢吝啬、不敢放肆的态度。

柳宗元认为,无私地向学生传授知识是教师的本职,他说:"言道、讲古、穷文辞以为师,则固吾属事。……若言道、讲古、穷文辞,有来问我者,吾岂尝瞋目闭口邪?"② 就是说,身为教师对学生进行知识传授,是一种本职,不与利禄相关。这与当今有些教师为挣补课费而课堂不讲、课下讲形成了鲜明的对比,也让一些利欲熏心的所谓的"教师"们无比汗颜。

柳宗元认为,教师要多才多能,他对教师提出了非常高的要求,"宜求专而通、新而一者以为胄子师"。③ 在这里,"专而通",就是要求教师在自己的学科范围内要具有精深的造诣,又要求教师做到知识广博,学问贯通。"新而一"就是要求教师要有新颖的知识和思想,还要有独特的见解和看法。而且,在柳宗元看来,"专而通""新而一",是教师必备的能力,一个人只有具备这样的能力,才可以为师,否则就不可为师。

具体而言,教师应该具备什么样的才能呢,柳宗元又用历史上各领域才华横溢的人才为例来说明,即"博如庄周,哀如屈原,奥如孟柯,壮如李斯,峻如马迁,富如相如,明如贾谊,专如杨雄"④,这个博、哀、奥、壮、峻、富、明、专,就是柳宗元说的教师的多能,这是怎样的一种高度要求呀!当然,并非说每个教师都必须达到如此高的高度才行,而是对教师提出的追求的目标和境界。

柳宗元指出,教师要具备善于学习的素养。在柳宗元看来,教师要善于学习,首先要在学习中善于"采撷奥旨"。教师不能只是做到读百家书,更重要的是要能够汲取书中的精华,把书中的知识变

---

① 柳宗元:《柳宗元集》,中华书局1979年版,第879页。
② 柳宗元:《柳宗元集》,中华书局1979年版,第878—879页。
③ 柳宗元:《柳宗元全集》,上海古籍出版社1997年版,第206页。
④ 柳宗元:《柳宗元集》,中华书局1979年版,第789—790页。

成自己的知识,"凡为学,略章句之烦乱,采撷奥旨,以知道为宗"。① 在这里,柳宗元提出了教师学习要善于"采撷奥旨"的要求,"采撷"就是穷究、求取之意。"奥旨"就是书中所蕴含的深刻道理,这其实是在要求为师者,学习时不能停留于表面文字之意,不能被章句所困惑,要做到钩玄提要,抓住书中的关键点,领会书中的真谛。

柳宗元对于只识"章句"式的教师学习深恶痛绝,认为这些人身为师者,学习中却"不究穷其书",以"道听途说""妄加口承"为能事,实则不过是一些"肤没于学而遽云云者"②,根本不配为师。正因为如此,柳宗元才语重心长地指出:"君子之学,将有以异也?必先究穷其书,究穷而不得焉,乃可以立而正也。"③ 教师学习,产生不同的看法时,一定要先准确把握书中的要旨,如果确实是书中所没有讲过,那才能把自己的观点讲出来。也就是说,教师学习要经过一番分析研究,去伪存真,才能学到真知。柳宗元还提醒教师在学习时要做到"勿怪、勿杂、勿务速显""成而久者,其术可见"。④ 教师学习时要防止怪僻、杂乱和急于求成,只要扎扎实实、持之以恒,就自然会有成就。

---

① 柳宗元:《今译柳河东全集》(上、下),朱玉麟译,燕山出版社1996年版,第152页。

② 柳宗元:《今译柳河东全集》(上、下),朱玉麟译,燕山出版社1996年版,第689页。

③ 柳宗元:《今译柳河东全集》(上、下),朱玉麟译,燕山出版社1996年版,第689页。

④ 柳宗元:《今译柳河东全集》(上、下),朱玉麟译,燕山出版社1996年版,第754页。

第 七 章

朱熹：学问之师

朱熹是中国近古时代最伟大的哲学家，他的学说，系统宏大，条理缜密。他综合了北宋周、邵、张、程诸大哲的学说，确实做到《中庸》所谓"博学之、审问之、慎思之、明辨之、笃行之"，他兼综了"尊德性"与"道学问"，虽与同时的陆九渊之学对立，实际上已将陆学"尊德性"涵括于自己的学说之中。他倡言"理立事先""理在物先"，未免违反了真理；但体系之博大、条理之明晰，还是前无古人。朱熹的生活经历也非常复杂，但是他始终做到言行一致，决不违背自己的思想。他的一生不愧为哲学家的一生。[①]

——张岱年

第一节 朱熹生平

朱熹，生于南宋高宗赵构建炎四年（1130年），卒于南宋宁宗赵扩庆元六年（1200年）。字元晦、仲晦，号晦庵，晚年称晦翁，

[①] 束景南：《朱子大传——"性"的救赎之路》，复旦大学出版社2016年版，序一。

又称紫阳先生、考亭先生、沧州病叟、云谷老人，世尊称为朱子、朱文公。朱熹祖籍徽州府婺源县（今江西省婺源），生于南剑州尤溪（今属福建省尤溪县）。

朱熹是唯一一个非孔子亲传弟子却享祀孔庙，位列大成殿十二哲者中。朱熹的理学思想成为元、明、清三朝的官方哲学，他的《四书集注》亦被三朝定为科举取士的必读之书，当时有"非朱子之传义不敢言"之说，对后世产生了巨大影响，可以说朱熹是中国教育史上孔子之后的第一人。

1130年，朱熹生于福建省尤溪县。据说朱熹出生时，远在千里之外的婺源南街朱氏古宅的一个古井，忽然紫气如虹，经久不散，《婺源县志》里这样记载："至是熹生，复有紫气如虹，自井出，腾上光星日，因名之曰虹井。"而且，尤溪县的文山和公山两座山，平时被繁茂的树木覆盖，此刻却突然同时着火，山上树木顷刻烧光，两座山的山形毕露，山的形状竟然是"文公"二字，与后来朱熹的谥号契合。况且那通红的山火，恰似红朱之"朱"，喜庆的火光，有似喜火之"熹"，预示着"朱熹"将成为正大光明的一代大贤。

更为令人惊奇的是，朱熹一生下来，右眼角旁边就有七颗黑痣，成北斗七星的形状排列，似乎昭示着这个孩子必将成为一代泰斗。朱熹的父亲朱松，在朱熹出生时，还向一位山人询问孩子将来的富贵，山人回答说："富也只如此，贵也只如此。生个小孩儿，便是孔夫子。"（《尧山堂外记·卷六·朱熹》）

朱熹的名，"熹，犹烝也"，即含有内敛、吸气、聚气的意思。朱熹的字"元晦""仲晦"，后来用晦庵、晦翁等别号，都有一个"晦"字，"晦"乃韬光养晦之意。故朱熹之名、之字号，都表明希望朱熹成为一个韬光养晦、内敛不露、涵养内蓄的人。

朱熹童年聪明得让人称奇。朱熹四岁时，父亲朱松指着天对朱熹说，这是"天也"，不料朱熹竟然发问道：天之上何物？这种追根究底的发问，使朱松大为诧异。朱熹五岁时，又开始苦苦思考宇宙太空，烦恼这天地四边之外，是什么事物，思考天地四边有无尽头，尽头处又是什么等问题。就在朱熹五岁这年，他入了小学，开始读《孝经》，不禁感慨万千，在《孝经》上写了几个大字："不若是，非人也。"朱熹六岁时，曾与一群儿童在沙地上玩耍，他却一个人在沙地上画画，大家一看，画的竟然是八卦符号，大家惊奇不已。

《孟子》一书对少年朱熹产生了极大影响，在他八九岁时，初次接触到《孟子》便着了迷，并立志要向孟子所言奋发有为。《朱子语类》中记载了朱熹自己当时的回忆："'仁远乎哉，我欲仁，斯仁至矣。'这个全要人自己去做。……某年八九岁时，读《孟子》到此，未尝不慨然奋发，以为学当如此做功夫。"（《朱子语类·卷一百二十一》）而且朱熹还记载了十几岁时读《孟子》时引发的感触："某十数岁时，读《孟子》至'圣人与我同类'者，喜不可言。"（《朱子语类·卷一百零四》）朱熹内心的喜悦在于，自己可以通过努力也成为"圣人"。

虽然朱熹有这么多表现其天资聪慧的"事件"，但朱熹自己并不这么认为，反而多次提到自己天资愚钝，"熹天资鲁钝，自幼记问言语不能及人"（《答江元适一》），"熹自少鄙拙，凡事不能及人"（《与留承相书》），"熹少而鲁钝，百事不及人"（《答何叔京一》），"熹自少愚钝，事事不能及人"（《答薛士龙》）。

事实上，圣贤并不比常人聪明，他们的成就主要靠自己刻苦努力学习得来。朱熹自己曾说："某年时七八岁时，读《中庸》《大学》，每早起须诵十遍。"（《近思录集注》卷三引）而朱熹的《孟子集注》在他三十岁时就开始下功夫，四十八岁才完成《论孟集注》，六十八岁时还在修改。朱熹对《大学》也是如此，三十八岁完成《大学解》初稿，五十六岁时还在修改《大学中庸章句》，且一年之内，改了数遍，甚至直到临终前还在修改"诚意"章。可以看出，倘若朱熹没有付出常人所不能的功夫，也就不可能取得常人所不能取得的成就。

后来，朱熹的父亲朱松到临安做官，朱熹也跟着来到了临安。朱松为朱熹延请了第一位真正的老师杨由义，杨由义官至刑部侍郎，因一次出使金国不惧金国的淫威，不肯屈膝跪拜全节而归，名震朝野，朱熹对此大为赞叹。在临安朱熹还手抄了当时大儒尹焞的《论语解》。

绍兴十三年（1143年）朱熹十四岁，其父朱松病逝。临终前朱松对朱熹说："籍溪胡原仲（胡宪）、白水刘致中（刘勉之）、屏山刘彦冲（刘子翚），此三人者，吾友也。其学皆有渊源，吾所敬畏。吾即死，汝往父事之，而惟其言之听，则吾死不恨矣。"① 少年丧父，给朱熹带来的不仅是打击，更是一种发愤苦读的激发。朱熹遵从父亲遗训，受学于胡宪、刘勉之、刘子翚三先生。三先生创立"刘胡学派"，以信奉二程之学为旨归，对朱熹早期思想的形成具有重要作用。当然，"在三先生中，病翁刘子翚是朱熹真正的启蒙精神导师"②，对朱熹影响很大。

绍兴十七年（1147年）朱熹十八岁，在建州乡试中考取贡生。1148年，刘勉之把自己的女儿刘清四嫁给朱熹为妻。三月，朱熹入临安赴礼部试，竟然高中第五甲第九十名，赐同进士出身。考中进士的朱熹并没有停止求学的道路，反而更加刻苦，他自己说："某旧年思量义理未透，直是不能睡。初看子夏'先传后倦'一章，凡三四夜，穷究到明，彻夜闻杜鹃声。"（《朱子语类·卷一百零四》）这种废寝忘食的刻苦学习精神，才是朱熹能够成就一代大贤的根本缘由。

绍兴二十一年（1151年），朱熹授左迪功郎、泉州同安县主簿，绍兴二十三年（1153年）夏，朱熹赴同安就任。在任同安主簿期间，朱熹非常勤勉，办事公正认真，在文庙大成殿倡建"经史阁"，办学宫。

绍兴三十年（1160年），三十岁的朱熹决心向李侗求学，为表

---

① 朱熹：《朱熹集》，四川教育出版社1996年版，第4585—4586页。
② 束景南：《朱子大传——"性"的救赎之路》，复旦大学出版社2016年版，第60页。

诚意，他步行几百里从崇安走到延平。李侗是程颐的二传弟子，是影响朱熹最直接、最深刻的老师。李侗非常欣赏朱熹这个学生，称赞朱熹"颖悟绝人，力行可畏"，并给朱熹取字"元晦"，意思是说，树木的元气藏在根里，所以春天就会开满花朵；人的元气隐藏在身体里，所以才能生成卓越的德性。

在李侗的教导下，朱熹从佛学研究彻底转向了儒学，用朱熹自己的话说："某少时未有知，亦曾学禅，只李先生极言其不是，后来考究，却是这边（儒学）味长。才这边长得一寸，那边便缩了一寸，到今销铄无余矣。毕竟佛学无是处。"（《朱子语类·卷一百零四》）一个"佛学无是处"，表明了朱熹的学术思想发生了重要转变。

1167 年 8 月，三十七岁的朱熹从福建崇安出发，由两名学生随行，不远千里专程前往潭州（今长沙）访问湖湘学派代表张栻。张栻时年三十四岁，正在主讲岳麓书院。朱熹抵达岳麓书院后，与张栻共同进行了中国文化史上极为著名的"朱张会讲"。会讲是岳麓书院的一种学术活动，不同学术观点的学派之间进行探讨和论辩，学生可旁听。

当时，两位中国学术界顶尖的年轻学者，就互相关心的学术问题进行了全面深入的交流和探讨，使"朱张会讲"名声大振，前来听讲者络绎不绝。岳麓书院宽敞的讲堂中"生徒云集，坐不能容"，据说听讲者骑来的马，快把书院前池塘里的水喝干了。两人也因某些问题意见不一，出现过连续论争三天三夜的状况。"朱张会讲"树立了自由讲学、互相讨论、求同存异的典范。通过两个多月的学术交流，两人都从对方那里获得了启发，学术上获得了极大长进。据说张栻的学问"既见朱熹，相与博约，又大进焉"（《宋史列传·一百八十八·道学三》）。朱熹也十分欣赏张栻的见解："卓然不可及，从游之久，反复开益为多。"（《朱子文集·卷四十二》）

1169 年，朱熹年近四十，其母去世，朱熹建寒泉精舍为母亲守墓，开始了长达六年之久的寒泉著述时期。1175 年正月，吕祖谦从浙江东阳来访朱熹，在寒泉精舍相聚，"在以后的十来天中，两人在寒泉精舍共读周、程、张的著作,从四子的十四种书中辑出六百二十二条,分为十四类,在五月五日编成了《近思录》一书。共编《近思录》是这次寒泉相会的主要目的和成果,大致实现了两人统一认识的目标"[①],朱、吕的这段佳话被称为"寒泉之会"。

五月,朱熹送吕祖谦至信州鹅湖寺(今鹅湖书院),吕祖谦素知朱、陆二人在理学观点上存有分歧,想调和二者之间的矛盾,便约陆九龄、陆九渊兄弟到鹅湖一会,共同讨论学术问题,史称"鹅湖之会"。

鹅湖之会上,朱熹与陆氏兄弟进行了一场中国文化史上最著名的大辩论,这次辩论长达十日,围绕陆九渊为代表的"心学"与朱熹为代表的"理学"展开。二陆认为本心之性千古不变,主张先发明本心,然后加以博览,并指责朱熹的格物渐修功夫为"支离"。朱熹则主张格物致知,读书穷理,要求先博览群书,然后由博而约再达于精深,并指责陆学的心学为禅学。鹅湖之会双方各抒己见,互不相让,并没有达到统一思想的目的。鹅湖之会结束后,朱、陆并未结怨,二人的学术交流反而更加密切。

1178年,宋孝宗任命朱熹为知南康军(今江西星子县)。朱熹自任同安县主簿至此,已家居著书、讲学二十余年。朱熹到任后,当地适逢大旱,朱熹即着手兴修水利,抗灾救荒,使灾民得以生活。朱熹在南康军任上,为重修白鹿洞书院不遗余力,并自兼洞主,充实图书,延请名师,置办学田,供养贫困学子,并亲自制定了著名的《白鹿洞书院教规》,这是世界教育史上最早的教育规章制度之一,成为后续中国封建社会书院办学的模板。

1881年,朱熹邀请陆九渊来到白鹿洞书院登台讲学,陆九渊做了"君子喻于义,小人喻于利"的讲演,"使朱熹和听讲者大为感

[①] 束景南:《朱子大传——"性"的救赎之路》,复旦大学出版社2016年版,第280页。

动,以至有流涕者"。① 朱熹也当即离座,向众人表示"熹在此不曾说到这里,负愧何言"。事后,朱熹请陆九渊将讲演稿书写下来,这就是著名的《白鹿洞书堂讲义》,朱熹又请人将其刻石,并写了《跋》以作纪念。

1182年,朱熹五十二岁,这时他才将自己很久以来耗费大量心血注解的《大学章句》《中庸章句》《论语集注》《孟子集注》四书合刊,正式命名为《四书集注》,经学史上的"四书"之名才第一次出现。《四书集注》既注重文字诠释,更以义理阐发为核心,是以义理解经的经典著作。《四书集注》是朱熹最为重视,耗力最大,费时最多,最能反映他思想体系的一部著述。从元至明清,《四书集注》成为封建科举的标准教科书。

1183年,朱熹回到福建崇安,在武夷山九曲溪畔大隐屏峰脚下,创建了"武夷精舍"。朱熹在这里潜心著书立说,广收门徒,聚众讲学。光宗绍熙元年(1190年),朱熹六十一岁,任福建漳州知州,朱熹在漳州的政绩也非常优异,据《漳州府志》载:"自公至,未尝有峻惩者,而皆望风屏迹。民无夜警,外户不闭。"足见朱熹在漳州的善政德治之成绩。

1194年八月,经宰相赵汝愚推荐,朝廷任命朱熹为焕章阁待制兼侍讲,朱熹终于以皇王师的身份登上大宋朝廷,为皇帝讲授《大学》。朱熹希望通过匡正君德来限制君权的滥用,限制皇权,而这自然是皇帝所不允许触碰的底线。本来,皇帝想请一高人帮助自己治理国家,没想到请来的却是一个天天说教要限制皇权的人。终于,朱熹在朝仅四十六日,便被宁宗皇帝内批,罢了职,赶出了皇宫。

1196年,监察御史沈继祖列举了大量事实,指责朱熹犯下了不忠、不孝、不仁、不义、不恭、不谦六大罪状。还在六大罪状之后,列举了朱熹其他一系列罪状:朱熹"诱引尼姑二人以为宠妾";朱熹的大儿媳在丈夫死后却怀了孕;指使家属子弟偷盗别人的耕牛;让

---

① 张立文:《朱熹评传》,南京大学出版社2000年版,第23页。

人挖了崇安一名弓手父母的坟墓,用来安葬自己的母亲;儿女婚嫁喜庆之时,大肆收受红包礼金;开门收徒招收大量富家子弟,收取高额费用,"一岁之间,数以万计"。这其中每一项罪名,都是重罪甚至死罪。

这场弹劾在朝廷掀起了一场轩然大波,朱熹被认为是一个道貌岸然的伪君子。庆元二年(1196年),皇帝免去了朱熹所有的职务。庆元三年(1197年),朱熹被定为"伪学之首",史称"庆元党禁"。要命的是,在外在压力下,朱熹竟然不得不上表认罪,承认自己犯了"私故人财""纳其尼女"等数条罪状。并说自己"深省昨非,细寻今是",明确表示要悔过自新,彻底否定了自己的过去。

就这样,一代大儒朱熹,在一夜之间斯文扫地,声名狼藉,窘迫不堪。年迈的朱熹,在这种摧毁性的打击下,内心深处经历了煎熬、恐惧和痛楚。祸不单行,恰在此时朱熹又生了严重的足疾,病情急剧恶化。来自身心的双重打击,使朱熹彻底垮掉了,他也有了大限临头的预感,1200年,朱熹在建阳考亭的家里忧愤而死,享年七十一岁。

当然,一代大儒朱熹对待死亡是极其从容淡定的,史书记载了朱熹离开人世的那一刻:"疾且革,正坐,整衣冠,就枕而卒,年七十一。"(《纲鉴易知录》)在病情恶化("疾且革"),感到自己大限已到时,朱熹选择的是"正坐,整衣冠,就枕而卒",可见在生死之间,朱熹是如何地从容不惧。对朱熹来说,他早已视死如归,无怨无悔,因为死不仅有死的意义,而且有生的意义。

朱熹死后,朝廷下令禁止士人参加朱熹的葬礼。但年迈的辛弃疾却不顾朝廷的禁令,执意前往吊唁,并撰写下了传诵千古的祭文:"所不朽者,垂万世名。孰谓公死,凛凛犹生。"意思就是说,像朱熹这样永垂不朽的大贤,他的名字之所以能传万世,就是因为他心怀坦荡、大公无私地死去;他的肉体毁灭了,但他的精神却依然还在这个世界上存在,就如同他活着一样。

在朱熹去世后的第九年,宋廷解除了"庆元党禁",朱熹沉冤得雪，名誉恢复，宁宗皇帝赐谥曰"文"，朱熹的《四书集注》也被朝廷列为必读课本。

朱熹的一生，是致力于学术和教育的一生。他先后做官不足九年，但却从事教育讲学达五十余年，"熹登第五十年，仕于外者仅九考，立朝才四十日"（《宋史·朱熹传》），甚至到了晚年也"虽疾病支离，至诸生问辨，则脱然沉疴之去体；一日不讲学，则惕然以为忧"（《文公朱晦庵先生学派》）。朱熹一生创办书院二十七所，门生数千人，留下了卷帙浩繁的著作七十余部，四百六十多卷。钱穆先生评价朱熹说："前古有孔子，近古有朱子，此二人，皆在中国学术思想史及中国文化史上发出莫大声光，留下莫大影响。旷观全史，恐无第三人勘与伦比。"[①]

第二节 教师之教：不易之法

朱熹说："言教者，皆有不可易之法，不容自贬以殉学者之不能也。"（《孟子集注·尽心章句上》）意思是说，教师教学都必须遵循有一定规律的方法，不能迁就学习者而贬低这些方法。虽然说教无定法，但教必有法，这法就是规律。朱熹认为，教师没有方法则无以教，教学必须遵循一定的规律和方法，这规律和方法就是"不可易之法"。

在朱熹看来，善用比喻是教师教学的一种不可易之法。比喻对教师而言至关重要，早在朱熹之前的《学记》中，就曾把比喻看作能否成为教师的重要标准，《学记》中明确指出"能博喻，然后能为师""君子之教喻也"，只有善于运用比喻的人才可以为师。朱熹也十分强调比喻对于教师的重要作用，朱熹对比喻的定义是："比

[①] 钱穆：《朱子新学案》，九州出版社2011年版，第1页。

者,以彼物比此物也。"① 意思是说,比喻这种教学方法,就是用那种事物来说明这种事物。教师教学,只是一味从概念到概念地抽象演绎,并不利于学生对知识进行掌握。而比喻"只是以人所易晓者,明其所难晓者耳"(《朱子语类·卷九十八》)。通过比喻,就可以把抽象的意思表达得更加生动鲜明,使深奥难懂的知识更加简单明晰,变抽象为具体,更容易为学生所理解掌握。

朱熹在教育教学中,经常大量运用各种比喻来讲理辨义,帮助学生理解,以加强教学效果。《朱子语类》是朱熹的学生门人将朱熹从事教育教学、进行师生问答的话语实录下来而成的,在《朱子语类》中,就有大量朱熹运用比喻进行教育教学的例子,可举出一些例子进行说明。

比如用"服药""饮酒""吃果子"来比喻读书:

> 看书非止看一处便见道理。如服药相似,一服岂能得病便好!须服了又服,服多后,药力自行。(《朱子语类·卷十》)
>
> 人读书,如人饮酒相似。若是爱饮酒人,一盏了,又要一盏吃。若不爱吃,勉强一盏便休。(《朱子语类·卷十》)
>
> 大凡读书,须是熟读。熟读了,自精熟;精熟后,理自见得。如吃果子一般,劈头方咬开,未见滋味,便吃了;须是细嚼教烂,则滋味自出,方始识得这个是甜是苦是甘是辛,始为知味。(《朱子语类·卷十》)

又如,朱熹用灯笼来比喻他的人性观:

> 且如此灯,乃本性也,未有不光明也。气质不同,便如灯笼用厚纸糊,灯便不甚明;用薄纸糊,灯便明似纸厚者;用纱糊,其灯又明矣;撤去笼则灯之全体著见。(《朱子语类·卷六

---

① 朱熹:《诗集传》,中华书局1958年版,第4页。

十四》)

朱熹认为，人之所以有善有恶，是因为气质之性不同。天命之性就像灯，灯没有不是光明的，性也没有不是善的。气质之性就如同灯笼，用厚纸糊，对善的天命之性的蒙蔽就多，灯光透出的就少，灯就不亮。用薄的东西糊，对善的天命之性的蒙蔽就少，灯光透出的就多，灯就明亮。如果撤掉了灯笼，就如同完全变化了气质之性，那么就会全身通透皆是善。朱熹用灯笼比喻，把复杂的人性观说得简单明了，通俗易懂。

朱熹运用比喻教学，还有一些值得教师借鉴的方法。在用吃馒头尖来比喻人们在学习上浅尝辄止时，朱熹说：

> 正如吃馒头，只撮个尖处，不吃下面馅子，许多滋味都不见。(《朱子语类·卷一百一十七》)

在强调读书要认真仔细时，朱熹说：

> 读书须是子细，逐句逐字要见著落。若用工粗卤，不务精思，只道无可疑处。非无可疑，理会未到，不知有疑尔。……譬如饮食，从容咀嚼，其味必长；大嚼大咽，终不知味也。(《朱子语类·卷十》)

上面展示的是用同一喻体"吃饭"来说明不同的道理，这样可以使教师要讲的道理深入浅出，给学生留下深刻的印象。朱熹还可以就某一道理，用不同的喻体来说明，即一理多喻，如他回答门人林恭甫的问题。

> 林恭甫问："《论语》记门人问答之辞，而《尧曰》一篇乃记尧舜汤武许多事，何也？"曰："不消怎地理会文字，只消理

会那道理。譬如吃饭，碗中盛得饭，自家只去吃，看那滋味如何，莫要问他从那处来。……譬如看屋，须看那房室间架，莫要只去看那外面墙壁粉饰。如吃荔枝，须吃那肉，不吃那皮。公而今却是剥了那肉，却吃那皮核！"（《朱子语类·卷一百二十》）

用吃饭、看屋、吃荔枝三个比喻，说明理解道理比只看文字更重要。朱熹用这样的比喻，贴近学生生活，真切可感，要说的道理也简单易明，避免了深奥艰涩的讲解。朱熹在运用比喻说明道理时，还经常就现场看得见的事物进行比喻，使比喻的现实性更加强烈，也更加能够直接引起学生们的联想和思考。比如：

读书者，譬如观此屋。若在外面见有此屋，便谓见了，即无缘识得。须是入去里面，逐一看过，是几多间架，几多窗棂。看了一遍，又重重看过，一齐记得，方是。（《朱子语类·卷十》）

把读书比作观看眼前的房屋，学生处身其中，房屋直接诉诸他们的视觉，学生们就更容易理解老师讲的道理。

其实，对教师而言，比喻是一种用语言表达出来的"直观"。在缺乏直观教具的时代，比喻就显得十分重要。教师在教学中要善用比喻，使要讲的道理生动鲜明，进而引起学生的无限联想，并带给学生铭刻于心的惊异，使学生在自然而然中实现知识的建构。教师的"喻"能够激发学生中积极探寻的冲动，充分调动学生学习的积极性主动性。因此，朱熹把比喻看作教师必备的基本教学素养，而朱熹本人作为师者，也很注意自己比喻素养的修炼，并在教育教学实践中身体力行。

教师如何处理讲与不讲的问题，即课堂语言的多少与重点问题，也要遵循教师教学中的不可易之法。对教师在课堂上的讲解，朱熹认为，有些内容教师不必去教，教师只需要把学习的空间充分地释放给学生，让学生专心一意、集中精力、下功夫去独自完成。"书有合讲处，有不必讲处。如主一处，定是如此了，不用讲。只是便去下功夫，不要放肆，不要戏慢，整齐严肃，便是主一，便是敬。"（《朱子语类·卷一百一十六》）教师这样做，不仅能够充分发挥学生在学习中的主动性，并且能够使学生在自学的过程中锻炼收敛自我、专一学习的能力。

朱熹认为，除了不讲的内容外，还有一些教学内容，教师虽然可讲，但要尽量少讲，只做大概的讲解即可。用朱熹的话说就是："某与人说学问，止是说得大概，要人自去下功夫。譬如宝藏一般，其中至宝之物，何所不有？某只能指与人说，此处有宝。若不下功夫自去讨，终是不济事。"（《朱子语类·卷一百一十六》）教师讲解的作用是辅助性的，是服务于学生自己学习的，教师只是指明大方向，具体的内容学习，还是要靠学生自己下功夫。

朱熹主张教师要少讲甚至不讲，并不是反对教师讲解。恰恰相反，朱熹非常重视教师讲解的作用，并明确提出教师不可不讲，"学不可以不讲，讲学固要正大纲，然其间仔细处，亦不可不讲"（《朱子语类·卷十一》）。但教师的讲解可以使知识条理化、通俗化，能够化深奥为浅显，便于学生理解领悟。用朱熹的话说就是："载之简牍，纵说得甚分明，那似当面议论，一言半句便有通达处，所谓'与君一夜话，胜读十年书'。若说到透彻处，何止十年之功！"（《朱子语类·卷一百一十七》）因此教师讲解的关键要"通达""透彻"。

当然，朱熹反对多讲、多言，一方面针对的是教师只会照本宣科念教材式的讲授，"凡学者解书，切不可与他看本。看本，则心死在本子上。只教他怎地说，则他心便活，亦且不解失忘了"（《朱子语类·卷十一》）。教师的讲解没有经过自己的深入思考和认真分析，只是就书而论书，自然就没有必要讲下去了，与其教师在那里废话连篇地喷吐沫星子，还不如让学生自己看书。

朱熹反对教师多讲,另一方面主要是针对教师在教学中的一言堂、满堂灌,而完全无视学生主体性的现象。对此朱熹批评道:"少间弄来弄去,只是胡说瞒人,有人说话如此者,某最怕之。说甲未了,又缠向乙上去;说乙未了,又缠向丙上去;无一句着实。正是斜风雨相似,只管吹将去,无一点着地,故有终日与他说,不曾判断得一件分晓,徒费力气耳。"(《朱子语类·卷一百四》)朱熹反对教师只顾自己滔滔不绝地讲,"只管吹将去",学生在教师面前只是听众的现象。朱熹不让教师多言,根本目的是让教师目中有生,把学习还给学生自己。

朱熹的教师教学不可易之法,主要还包括循序渐进、启发教学、因材施教等方法。这些方法都是朱熹在继承前人的基础上,提出的新的见解和思考。

朱熹认为,教师教学要坚持循序渐进,即是说教学要按照顺序和规律,一步一步地来,不可违背规律,违反次序。朱熹指出:"事有大小,故其教有等而不可躐。"(《朱子语类·卷四十九》)教师教学要按照事物的"等"进行教学,这就是循序。

循序渐进,关键是"序",那么,教师之教到底循什么"序"呢?朱熹指出:"君子教人有序,先传以小者近者,而后教以远者大者,譬如登山,人多要至高处,不知自低处不理会,终无至高处之理。"(《朱子语类·卷八》)这就是教师应遵循的第一个"序",即由小到大、由近到远、由低到高之"序"。朱熹说:"圣人之教,循循有序,不过使人反而求之至近、至小之中,博之以文,开其讲学之端。"(《续近思录·卷十一》)教师"循循有序"教学,就是要从"至近、至小"处开始,由浅入深,由近及远,这就是要遵循的"序"。

对于"序"的这种理解,朱熹又在多处进行了解释:"譬如登山,人多要至高处,不知自低处不理会,终无至高处之理。"(《朱子语类·卷八》)"问学如登塔,逐一层登将去,上面一层,虽不问人,亦自见得。若不去实踏过,却悬空妄想,便和最下的层不曾理会得。"(《朱子语类·卷十三》)教师教学要遵循的"序"就是自低到高、由易到难、由已知到未知、由具体到抽象的过程，违背了这个"序"，就会徒劳无功，达不到预期的教学效果。所以朱熹才语重心长地说："学不可躐等，不可草率，徒费心力，须依次序。"(《朱子语类·卷十一》)

朱熹的"序"一般是指从小到大的"序"，但朱熹也强调从大到小的"序"，这是朱熹认为教师教学要遵循的另一个"序"，即先从大处着手，然后再去理解小处。朱熹指出："须就源头看教大底道理透，阔开基，广开址。如要造百间屋，须著有百间屋基；要造十间屋，须著有十间屋基。"(《朱子语类·卷八》)"学问须是大进一番，方始有益。若能于一处大处攻得破，见那许多零碎，只是这一个道理，方是快活。然零碎底非是不当理会，但大处攻不破，纵零碎理会得些少，终不快活。"(《朱子语类·卷八》)在这里，"序"就是从这"大底道理""大处"到"零碎"，从大到小，从总体到具体的过程。

但这个"序"却是大多数教师看不透的，他们常常不知道从大到小的"序"，"学须先理会那大底。理会得大底了，将来那里面小底自然通透。今人却是理会那大底不得，只去搜寻里面小小节目"(《朱子语类·卷八》)，"为学须先立得个大腔当了，却旋去里面修治壁落教绵密。今人多是未曾知得个大规模，先去修治得一间半房，所以不济事"(《朱子语类·卷八》)。正是因为看不到由大而小的"序"，教师依然从细小处入手，然后走向"大底"，其教学效果就不好。

朱熹指出了教师教学应遵循的"序"，同时也指明了所反对的无序之教。朱熹指出："圣贤教人，下学上达，循循有序，故从事其间者，博而有要，约而不孤，无忘意凌躐之弊。今之言学者类多反此，故其高者沦于空幻，卑者溺于闻见，怅怅然未知其将安所归宿也。"(《续近思录·卷二》)朱熹认为，无序之教有二：一是沦于空幻的无序，教师教学只想着上达，而不愿事先从事下学，这就是逾越等级，这是一种"不循序而跃进"；二是沉溺于闻见的无序，教师教学只满足于下学，而不愿上达，虽然没有越级，但却停留于浅层，这是一种"循初序而不进"。这两种无序之教都是有害的，都会徒然浪费精力而无法达到目的。

朱熹认为，教师教学要善于运用启发的方法。朱熹的启发是对孔子启发性教学思想的进一步发展和细化，孔子提出"不愤不启，不悱不发"，朱熹则进一步进行了具体的解释："愤者，心求通而未得之意；悱者，口欲言而未能之貌；启，谓开其意；发，谓达其辞。"（《论语集注·述而》）这里朱熹把启发的对象明确地规定为"心"和"口"，即教师要关注学生内在的心之所欲知，和外在的口之所欲言。

那么，教师什么时候给予指导呢？一是学生内在思考达到"愤"的状态，即学生内心积极思考，似乎要弄明白了，却又未能真正明白的时候，教师的指导是"启"，就是把学生不明白的意思打开。由于学生"愤"的状态关乎内心，是学生内在的变化，教师把握起来比较困难，所以教师要判断学生出现了"愤"的状态，以及这"愤"的程度又如何，这就对教师何时及如何进行"启"提出了很高的要求。

二是学生外在表达达到"悱"的状态，即学生向外进行言语表达，似乎能说出来，但却又不知道该如何准确地表达，这时候教师的指导是"发"，就是帮助学生把要说的进行准确表达。与"愤"相比，"悱"的状态能够从外在进行观察，教师把握起来相对容易些，但用语言准确地表达学生要想说的东西，也不是一件容易的事，这需要教师有较好的语言表达修养，很多老师自己的意思都不能用语言很好地表达清楚，遑论帮助学生表达了。从这个意义上看，老师对"悱"的"发"也不是一件容易的事情。

所以，朱熹启发性教学对教师的要求是既要能够帮助学生内心的理解，又要能够帮助学生进行准确表达，这要求教师的"教"要具有很高的水平。也就是说，不是任何一个老师都能进行"启发"，真正的"启发"只能是具有一定教学水准的老师才能做到。

孔子提出愤、悱之说后,接着说:"举一隅不以三隅反,则不复也。"这就是"举一反三"之说,意思是,告诉他一个问题,而他不能类推到其他三个问题时,就不要再教他了。朱熹的注释是:"物之四隅者,举一知其三,反者,还以相证之义。"意思是说,物体有四个角,因为这四个角都相同,所以看到一个角的样子,就可以类推出其他三个角的样子。在这里"反",就是用一个角去类推求证出其他角的意思。教师的启发,要使学生做到从已知的事理,推知相类似的其他事理,即是说要求学生能够善于由此知彼、触类旁通,只有达到了这种要求,启发教学才可以说是成功了。

朱熹倡导教师启发,针对的是教师注入式教学。启发表面是要求教师如何做,实质上是要求学生如何做,更在于强调学生要自己主动努力去学习。即是说,教师启发式教学的目的在于,使学生"自得",通过教师的"举其近",使学生达到"知其远",在于"告诸往而知来者"。

对于启发式教学,朱熹还有一个"及时雨"的比喻,用以说明适时启发的妙处。朱熹说:"此正所谓时雨化之。譬如种植之物,人力随分已加,但正当那时节,欲发生未发生之际,却欠了些小雨,忽然得这些小雨来,生意岂可御也。"(《朱子语类·卷三十四》)"及此时而雨之,则其化速矣。教人之妙,亦犹是也。"(《孟子集注·卷十三》)朱熹把启发式教学方法比作"及时雨",要在学生"愤悱"到来时,及时给予启发,其效果就像春风化雨那样,必然会是很好的。

朱熹主张教师教学要因材施教。因材施教思想最早源于孔子,但孔子本人并没有提出"因材施教"这个概念。后来,朱熹在孔子教学思想的基础上,对"因材施教"概念进行了较为明确的概括。

在朱熹的《论语集注》中,有一章从德行、言语、政事和文学四方面对孔子的弟子进行了分类:"德行:颜渊、闵子骞、冉伯牛、仲弓。言语:宰我、子贡。政事:冉有、季路。文学:子游、子夏。"朱熹认为这是孔子对学生之材的评价,也是孔子从教的所依,因此作注道:"弟子因孔子之言,记此十人,而并目其所长,分为四科。孔子教人,各因其材,于此可见。"① 意思是说,孔子根据学生们各自的才能不同,把他们分成四种不同的类型进行教授。

在朱熹的《孟子集注》中,孟子曰:"君子之所以教者五:有如时雨化之者,有成德者,有达财者,有答问者,有私淑艾者。此五者,君子之所以教也。"朱熹注释道:"此各因其所长而教之者也。"在章末又注释说:"圣贤施教,各因其材,小以小成,大以大成,无弃人也。"② 意思是说,圣贤的老师施教,总是针对不同学生的具体情况采取不同的对待,能成就小事的学生就让他们有小的成就,能成就大事的学生让他们有大成就,从不放弃任何一个学生。

这就是"因材施教"一词的来源。

朱熹认为,在"因材施教"一词中,"材"是"教"的前提,教师要做到因材施教,关键是对"材"的辨识,这要求教师在施教前要对学生有相当程度的了解。

《论语·为政》载:"孟懿子问孝,子曰:'无违。'……子曰:'生,事之以礼;死,葬之以礼,祭之以礼'。孟武伯问孝,子曰:'父母唯其疾之忧'。子游问孝,子曰:'今之孝者,是谓能养。至于犬马,皆能有养;不敬,何以别乎?'子夏问孝,子曰:'色难。有事弟子服其劳,有酒食先生馔,曾是以为孝乎?'"同样是问孝,孔子根据孟懿子、孟武伯、子游、子夏四者的"材"不同,给予了不同的回答。

对此,朱熹引用二程的话说:"告懿子,告众人者也。告武伯者,以其人多可忧之事。子游能养而或失于敬,子夏能直义而或少温润之色。各因其材之高下,与其所失而告之,故不同也。"③ 朱熹

---

① 朱熹:《四书章句集注·论语集注》,中华书局1983年版,第123页。
② 朱熹:《四书章句集注·孟子集注》,中华书局1983年版,第362页。
③ 朱熹:《四书章句集注·论语集注》,中华书局2011年版,第57页。

的解释就更加明了，孔子就是根据四个人的才能不同，而给予不同的教育指导。孔子为什么能够做到因材施教，是因为孔子了解学生。孔子为什么能了解学生呢？是因为孔子和学生们生活在一起，当然孔子也有作为教师了解学生的充分自觉。

朱熹本人也对自己所教的学生知之甚深，他说："今之学者有三样人才：一则资质浑厚，却于道理上不甚透彻，一则尽理会得道理，又生得只是薄；一是资质虽厚，却飘然说得道理尽多，又似承当不起。"(《朱子语类·卷一百一十五》)朱熹正是有针对性地对不同学生，采取不同的教导方法，因材而教，促进学生学习。

因此，要想因材，必须先知材。关键在于材并不容易知，一方面，作为材的学生本身极其复杂，尤其是现代班级授课制，学生数量又多，更增加了教师识材的难度；另一方面，教师对学生之材的判断，局限于教师的学识、经验和想象力等个体素养。韩愈讲"世有伯乐，然后有千里马。千里马常有，而伯乐不常有"，先有识材的"伯乐"老师，才能因材施教，教出"千里马"，教师要成为"伯乐"，就必须有较高的个体素养。由此可见，从教师层面讲，要做到因材施教，最关键的是不断提高个人学识和素养，并善于观察和了解学生，对学生有相当深的熟悉度，否则因材施教就是空谈。

第三节 教师发展：格物穷理

教师如何发展自己？朱熹的格物穷理思想，为教师发展提供了一条自我修养之路。

朱熹说："凡事事物物各有一个道理。"(《朱子语类·卷一一九》)教师所面对的教育教学自然也有其深刻的道理，教师需要通过掌握这个道理来提升自我，"格，至也；物，犹事也，穷至事物之理，欲其极处无不到也"(《大学章句》)。教师掌握教育教学的道理不是浅尝辄止，而是要做到无盲区无盲点，穷尽其理而达到极致。

然而，教育教学之理并非那么容易掌握的，"夫格物者，穷理之谓也。盖有是物必有是理，然理无形而难知，物有迹而易睹，故因是物以求之，使是理了然心目之间而无毫发之差，则应乎事者自无毫发之缪"（《朱子文集·卷一三·癸未垂拱奏札一》）。教育之理也是"无形而难知"的，教师就需要刻苦努力以掌握这些教育之理，以实现自我更好的发展。

那么教师该如何格物穷理呢？程颐认为格物穷理可从多处入手："凡一物上有一理，须是穷致其理。穷理亦多端：或读书，讲明义理；或论古今人物，别其是非；或应接事物而处其当，皆穷理也。"[①] 对教师而言，程颐的多端修养论自然有着积极意义，教师需要广泛的学习，增加自己各方面的学识，提高自己的修养。

朱熹继承了程颐的思想："穷理格物，如读经看史，应接事物，理会个是处，皆是格物。"（《朱子语类·卷十五》）但更重要的是，朱熹在程颐思想的基础上进行了聚焦。他在一份奏札中明确指出："为学之道，莫先于穷理；穷理之要，必在于读书……此穷理所以必在乎读书也。"[②] 不但穷理如此，朱熹还认为读书就是格物，"读书是格物一事"（《朱子语类·卷十一》）。朱熹把读书作为教师发展的核心，认为教师格教育之物，穷究教育之理，就在于读书一途。

朱熹关于教师读书促进自我发展的思想，对于教师而言具有重要意义。因为教师以知识为业，教师是知识分子，知识是教师的本质属性。教师的发展离不开知识，很难想象一个无知的教师能把教育搞好。教师的知识从哪里来？读书自然是最为重要的途径，朱熹看到了这一点，所以把读书作为教师发展的根本途径。

朱熹从不同层面详细、系统、深刻地论述了教师读书求发展的问题，对教师发展具有重要的指导借鉴意义。

---

① 程颢、程颐：《二程集·河南程氏遗书（卷十八）》，中华书局2004年版，第188页。

② 朱熹：《朱子全书（第20册）》，上海古籍出版社2002年版，第668页。

朱熹首先谈到教师读书是为了"穷理"，即明了为师为教的道理，提高自身的修养，而不是为了追逐名利。朱熹在《白鹿洞书院揭示》中说："熹窃观古昔圣贤所以教人为学之意，莫非使之讲明义理，以修其身，然后推己及人；非徒欲其务记览、为词章，以钓声名、取利禄而已也。"教师读书求知不是为了记览、词章，更不是为了沽名钓誉，谋取利益，而是为了明为师为教之理，做一个真正合格的教师。

朱熹认为，教师读书，首先要有为教育而教育的远大志向，"人之为事，必先立志以为本；志不立，则不能为事"（《朱子语类·卷一八》）。立志是教师读书发展的前提，否则，胡乱盲目读书，纵使读了很多书，也并不一定有益于自己的教育教学。

朱熹说："立志不定，如何读书？"（《朱子语类辑略·卷二》）一个教师对教育没有任何理想信念，只是当作过活谋生的手段，根本就没有想把教育搞好的志向，他可能会为教育而读书吗？所以朱熹说："书不记，熟读可记；义不精，细思可精。惟有志不立，直是无著力处。"（《性理精义·卷七》）文章和道理，教师可以通过熟读、精思获得，但没有为教育的志向，那就无可救药了。因为教师没有立定为教育而教育的志向，没有自己的教育理想，是不可能认真读书、发愤向上的。

朱熹主张，教师读书要有积极主动的精神，因为教师读书是为了自己，是教师自己发展的事情。朱熹说："读书是自家读书，为学是自家为学，不干别人一线事，别人助自家不得。"（《朱子语类·卷一百一十九》）教师的发展只能靠自己埋头读书，指望别人提供个什么捷径，告诉个什么方法，就迅速获得了提高，那是不可能的。所以朱熹强调："书用你自去读，道理用你自去究索。"（《朱子语类·卷十三》）"为学勿责无人为自家剖析出来，须是自家去里面讲究做功夫，要自见得。"（《朱子语类·卷八》）教师只有踏踏实实，认认真真，自己读书，把书读到自己心里，才能真正获得成长。

针对很多教师以各种借口不能静心来读书的情况，朱熹指出，教师读书要避免浮躁和各种干扰，真正做到能够静下心来读书。朱熹说："读书须是专一，……前辈云：'读书不可不敬'。敬便精专，不走了这心。"（《朱子语类·卷十》）只有用心专一才能获得真知，心猿意马、心不在焉地读书，很难有真正的收获。

朱熹说："心不定，故见理不得。须先定其心，使之如止水，如明镜。暗镜如何照物？"（《朱子语类·卷十一》）"学者读书，多缘心不在，故不见道理多若是专心，岂有不见？""人做功课，若不专一，东看西看，则此心先已散漫了，如何看得出道理？"（《朱子语类·卷十一》）散漫之心、不定之心是教师读书的大敌。心不在书上，这样读书或是来自外在的强迫，或是装装样子，或是以各种理由推搪而不读书，书中的道理自不可理解，书还是书，你还是你，读与不读，并没区别。为此，朱熹对读书心不在焉的教师批评说"若是草草看过……全不济事"（《朱子语类·卷八十》），他还讽刺那些找各种理由不愿意读书的教师是"不能使船嫌溪曲"（《朱子语类·卷十八》）。

朱熹认为，教师读书要做到熟读与精思。熟读经典的教育专业著作，是教师读书的首要选择，"读书之法，先要熟读"（《朱子语类·卷十》）。这是一种深度阅读，唯有熟读，方能有属于自我的内在体会，"大抵观书须先熟读，使其言皆若出于吾之口"（《朱子语类·卷十》），他人之言成为我之言，用己之口表达他之意，这是朱熹对熟读的标准，即是否熟读，就在于能否达到用我话说他话。

教师要熟读书，就要做到反复阅读揣摩，把书读得滚瓜烂熟。因为只有反复熟读才能理解内化书中的义理，"读十遍时，一与读一遍时终别，读百遍时，一与读十遍又自不同""与吃果子一般，劈头方咬开，未见滋味，便吃了；须是细嚼教烂，则滋味自出，方始识得这个是甜是苦是辛，始为知味"（《朱子语类·卷十》），书的滋味是靠反复阅读才能品尝得到的。倘若如猪八戒吃人参果，囫囵吞枣，不加咀嚼，是不会体会出味道的。

朱熹指出，要做到熟读，就要"正看背看，左看右看"（《朱子语类·卷十》），"读得正文，记得注解，成诵精熟"（《朱子语类·卷十一》），教师熟读书没有技巧，就是反复地读，并尽量记住书中的内容，这需要教师在读书上真正花点力气。为此，朱熹曾明确地指出："大凡文字有未晓处，须下死功夫，直要见得道理是自家底，方住。"（《朱子语类·卷十》）教师以发展为目的的阅读，不是消遣性的娱乐式的阅读，而是一种专业发展式阅读，这种阅读必须要下一番死功夫才行。朱熹指出："人言读书当从容玩味，此乃自怠之一说。若是读此书未晓道理，虽不可急迫，亦不放下，犹可也。若徜徉终日，谓之从容，却无做工夫处。譬之煎药，须是以大火煮滚，然后以慢火养之，却不妨。"（《朱子语类·卷十》）教师读书求发展，不能从容玩味、徜徉终日，这是懈怠的表现，当然是要不得的。

朱熹认为，教师读书求发展，必须展现出读的劲头，必须下死读的功夫："须是一棒一条痕！一掴一掌血！看人文字，要当如此，岂可忽略！"（《朱子语类·卷十》）教师读书要有棒打出痕，掌掴见血的一股子"狠"劲。

"看文字，须是如猛将用兵，直是鏖战一阵；如酷吏治狱，直是推勘到底，决是不恕他，方得。"（《朱子语类·卷十》）教师读书要有战场苦战不屈服，狱吏办案不罢休的一股子"韧"劲。

"看文字如捉贼，须知道盗发处，自一文以上赃罪情节，都要勘出。若只描摸个大纲，纵使知道此人是贼，却不知何处做贼。"（《朱子语类·卷十》）教师读书要有判案审罪详勘细查的一股子"究"劲。

"看文字，当如高（舟我）大艑，顺风张帆，一日千里，方得。如今只才离小港，便着浅了，济甚事！文字不通如此看。"（《朱子语类·卷十》）教师读书要有顺风张帆、一日千里的干劲，趁着尽头十足时，把书读完，不可浅尝辄止。

朱熹还说："看文字，须要入在里面，猛滚一番。要透彻，方能得脱离""大凡看书，要看了又看，逐段、逐句、逐字理会，仍参诸解、传、说教通透，使道理与自家心相肯，方得"。（《朱子语类·

卷十》）教师若想达到熟读书，不但要"猛滚一番"，在思想上闹出点动静来，还要"逐段、逐句、逐字理会"，在细节上下功夫，慢慢理解，细细体会。朱熹还进行了形象的比喻来说明："读书，须是穷究道理彻底。如人之食，嚼得烂，方可咽下，然后有补。"（《朱子语类·卷十》）

当然教师下功夫熟读书也要有一定次序，"凡读书，须有次序。且如一章三句，先理会上一句，待通透，次理会第二句，第三句，待分晓；然后将全章反复细绎玩味"（《朱子语类·卷十一》），熟读书首先要在细节上通透、分晓，要见树木，然后还要对整个内容从宏观上"反复细绎玩味"，要见森林，这样才能通熟一本书。

书要熟读，还要精思，"若只是口里读，心里不思量，看如何也记不仔细"（《朱子语类·卷十》）。教师读书必须读而有思才行，"学者理会道理，当深沉潜思"（《朱子语类·卷九》）。由此，朱熹说熟读之后，"继以精思，使其意皆若出于吾之心，然后可以有得尔"（《朱子语类·卷十》）。精思的要求是书中所表达的思想，就像是来自内心一样。要想做到这一点，就需要反复思索玩味，以寻求书中之义。接着朱熹又说："直须反覆推究研穷，行也思量，坐也思量；早上思量不得，晚间又把出思量；晚间思量不得，明日又思量。如此，岂有不得的道理！若只略略地思量，思量不得便掉了，如此千年也理会不得。"（《朱子语类·卷一百二十》）读书要真正有所得，就必须读而有思，要思考，思考，再思考！

朱熹认为，熟读和精思是统一的，不可偏废："若读而不思，又不知其意味；思而不读，纵使晓得，终是虺魀不安。"（《朱子语类·卷十》）思与读，两者各有所长，是读书的一体两面，缺了任何一面，都是失败的读书，这要引起教师高度警惕。很多教师以为，读书就是拿起书来，只管读了便是，这种读书缺乏思考，纵使读了很多书，其实收获也不大。因此，只有读与思两者协同，才能有真正的收获，"读得熟而又思得精，自然心与理一，永远不忘"（《朱子语类·卷十》）。

朱熹认为，教师读书不能贪多求快，不要盲目地大量读书，而要做到精纯阅读。朱熹说："泛观博取，不若熟读而精思。"（《朱子语类·卷十》）泛泛地看书，只求读书量上的广博，就会只留下浮光掠影的印象，而不可能有真正深入的理解，"若泛泛然念多，只是皆无益耳"（《朱子语类·卷十》）。

朱熹告诫教师，读书不要贪多，书不是读得越多效果越好，"读书不可贪多，且要精熟""读书不可贪多，常使自家力量有余"。（《朱子语类·卷十》）教师读书，要读得精熟，只有真正吸收了书中的精华，才会有好效果。

由此，朱熹指出："大率学者喜博，而常病不精。泛滥百书，不如精于一也；有余力，然后及诸书，则涉猎诸篇亦得其精。"（《朱子语类·卷十》）多读书，恰恰是很多教师读书的误区。一些教师认为，读书就是读的量的增加，认为只要读了很多书，就肯定会很渊博，其实是大错特错。"向时有一截学者，贪多务得，要读《周礼》、诸史、本朝典故，一向尽要理会得许多没紧要的工夫，少刻身已都自惩地颠颠倒倒没顿放处，如吃物事相似，将什么杂物事，不是时节，一顿都吃了，便被他撑肠拄肚，没奈何他。"（《朱子语类·卷十一》）读书过于贪多，就像吃饭吃得多了，肠肚都撑满，很是难受。

教师读书，不要试图在多少时间内阅读多少书，而是要在心情安闲中，"须看得一书彻了，方再看一书"（《朱子语类·卷十》）。教师专业发展的书，要认真精读，仔细咀嚼书中的道理。倘若"看未到这里，心已在后面"（《朱子语类·卷十》），这样好高骛远，贪多不烂，自然就无法准确领悟书中道理。

当然，朱熹也不是一味地绝对反对博览群书，他说："博学，谓天地万物之理，修己治人之方，皆当学""须是博洽，历涉多，方通"。（《朱子语类·卷八》）博览群书能够增长见识，将所学知识打通，是有益的。朱熹反对的是那些不愿意扎扎实实地读几本书，盲目的贪多求快的博读。

朱熹指出，教师读书时要避免先入为主，抱有成见，要虚心。朱熹说："要以书观书，以物观物，不可先立己见。"（《朱子语类·卷十一》）如果教师读书之前有先入为主的成见，那么就会阻碍教师汲取书中的真知灼见。朱熹说："看书，不可将自己硬参入去。须是除了自己所见，看他册子上古人意思如何。"（《朱子语类·卷十一》）教师读书，首先要看出书中的道理来，而不是将自己的意见强加到书中。

教师读书就是为了获得新见解新思想，而这些新见解新思想必然和自己已有的思想观念相互冲突矛盾，朱熹给老师的建议是："读书若有所见，未必便是，不可便执著。且放在一边，益更读书，以来新见。若执著一见，则此心便被此见遮蔽了。"（《朱子语类·卷十一》）教师要做的不是固执己见，而是先将自己的已有的框框、见解、看法放在一边，抱着尊重原著，探明原意的想法看书。

所以，朱熹说："看文字须是虚心，莫先立己意""凡看书须虚心看，不要先立说"。（《朱子语类·卷十一》）虚心观之，是教师读书时必先立的心态，倘若故步自封，先存私见，就很难彻底理解书之本义，戴着主观揣测的眼镜去读书，自然看到的有限。所以朱熹提出，教师读书要虚心，不先入为见："当虚心看，不可先自立说去撑住……虚心则见道理明。"（《朱子语类·卷十一》）

朱熹在阐明教师虚心读书之理后，又批评了那些以主观臆断，妄自揣测书中之意的阅读："今人观书，先自立己意，后方观。尽率古人语言，入做自家意思中来。如此，只是推广自家意思，如何见得古人意思？"（《朱子语类·卷十一》）这种唯我所是的不良读书倾向，对教师的发展非常有害。

朱熹主张教师虚心读书，并不是要教师放弃自我独立思考，而是要让教师秉持公正态度，认真客观评价书中观点见解。朱熹说："且要虚心，逐一说看去。看得一说，却又看一说，看来看去，是非长短，皆自分明""读书正如听讼，心先有主张乙底意思，便只寻甲底不是；先有主张甲底意思，便只见乙底不是。不若姑置甲乙之说，徐徐观之，方能辨其曲直"。（《朱子语类·卷十一》）教师阅读不是人云亦云，必须独立思考，全面归纳，综合比较，方能辨别书中不同的观点，最后作出独立的判断，得出较为正确的结论。

朱熹认为，教师虚心读书，接受书中观点的同时，还要善于质疑，"读书无疑者，须教有疑"（《朱子语类·卷十一》）。为什么要质疑呢？因为只有质疑才不会被书中的观点左右，尽信书不如无书："看人文字，不可随声迁就，我见得是处方可信。须沉潜玩绎，方有见处，不然，人说沙可以做饭，我也说沙可做饭，如何可吃？"（《朱子语类·卷十一》）教师读书是为了从书中发现新的自我，不是让自我迷失，或成为"他者"的自我。

而且，只有质疑才能进步，疑问越多，进步也就可能越快，用朱熹的话说是："大疑则可大进。"（《朱子语类·卷一百一十五》）当然，朱熹认为，质疑不是目的，产生疑问的目的，是为了消除质疑，走向无疑，"读书始读，未知有疑，其次则渐渐有疑，中则节节有疑。过了这一番后，疑渐渐解，以致融会贯通，都无所疑，方始是学"（《宋元学案·晦翁学案》）。从有疑走向融会贯通，最终消除疑惑，这才是学习，才是进步，"有疑者却要无疑，到这里方是长进"（《朱子语类·卷十一》）。可以看出，教师读书是否获得进步，在朱熹这里的衡量标准，是看教师是否经历了这样的阅读过程，即：无疑—有疑—无疑。

朱熹提出，教师读书要抓住关键处，往深处读。读书抓住关键，方能对书中之意把握得准确明了，"读书，须是看着他那缝罅处，方寻得道理透彻。若不见得缝罅，无由入得；看见缝罅，脉络自开"（《朱子语类·卷十》）。这"缝罅处"就是书中的关键点，教师读书，要善于抓住书中的关键点，抓住了关键点就等于抓住了书的灵魂，一击而中，方能迅速把握书的精髓。由此，朱熹才说："读书之法，须识得大义，得他滋味。没要紧处，纵理会得也无益。"（《朱子语类·卷一百四》）抓住关键的"大义"，自然得其"滋味"，至于其他部分，看与不看则无关紧要了。

教师读书不能走马观花、浮光掠影般粗略，而是要读得深入，这样方能理解得透彻。朱熹说，读书"须是今日去了一重，又见得一重，明日又去了一重，又见得一重。去尽皮，方见肉，去尽肉，方见骨，去尽骨，方见髓"（《朱子语类·卷十》）。教师只有这样层层深入阅读，才能如抽茧剥丝一般，最终得见书中潜藏的深刻道理。朱熹专门举例来说明此理："读书者譬如观此屋，若在外面见有此屋，便谓见了，即无缘识得。须是入去里面，逐一看过，是几多间架，几多窗栅，看了一遍，又重重看过，一齐记得，方是。"（《朱子语类·卷十》）读书如观屋，只有登堂入室，方能一间间房屋看个仔细。

朱熹认为，教师读书不能只停留于书，读书的最终目的是为了切己体察，力行实践，学以致用。他认为，教师读书做到切己体察，就是要与自己的教学生活经验、教育思想实际等密切结合："读书须要切己经验，不可只作文字看""读书不可只专就纸上求理义，须反来就自家身上推究"。（《朱子语类·卷十一》）教师读书不是一个从纸上到纸上的过程，而是一个把书中义理融入自己亲身经验的过程。"读书穷理，当体之于身。凡平日所讲贯穷究者，不知逐日常见得在心目间否？不然，则随文逐义，赶趁期限，不见悦处，恐终无益。"（《朱子语类·卷十一》）教师读书，不仅要读文字，更要将文字所载之理体之于自身。

如果说教师读书是务"虚"，从书中获取道理，改变了头脑，那教师的身体力行就是务"实"，改变的是现实的教育实践。用朱熹的话说就是："穷理以致其知，反躬以践其实。"（《四书章句集注》）那些离开教师自我的文字道理，只是从概念到概念而已，终不免落于虚空。只有虚实并举，理用一体，读书方有意义和价值。

朱熹强烈反对教师不切己体察的读书方法。他说："今人读书多不就切己上体察，但于纸上看，文义上说得去，便了。如此济得甚事。"（《朱子语类·卷十一》）教师读书不结合自己的实际，只停留于本本，望文生义，到头来什么问题也不能解决，还会贻害无穷。

因为纸上得来终觉浅，绝知此事要躬行，只有书中道理和自己的经历、经验产生共鸣，自己才能领悟得深刻。

教师读书切己体察之后，就要亲自躬行，用书中之义理指导自己的教育实践。朱熹说："大凡读书，须是要自家日用躬行处着力方可。"（《朱子读书法》）又说："若不躬行，只是说得便了，则七十子之从孔子，只用两日说便尽，何用许多年随着孔子不去。不然，则孔门诸子皆是呆无能的人矣！"（《朱子语类·卷十三》）书中的道理需要教师践行，才能判断正确与否和理解其中的深刻含义。否则只是读书，就会成为"呆无能的人"。因为"读书讲究其义理，判别其是非，临事即此理"（《朱子语类·卷十》），读书就是探求"事"的道理，"临事"则是对道理的实践检验，不经检验的道理，终是无用的道理。

第四节　教师之功：示始正终

朱熹指出："师友之功，但能示之于始，而正之于终尔；若中间三十分工夫，自用力去做，既有以喻之于始，又自勉之于中，又其后得人商量正是之，则所益厚矣。"（《朱子语类·卷八》）意思是说，教师的作用主要体现在两方面：一是"示之于始"，在学生开始学习的时候，要向学生明示学习的内容和目标，指出学习的方法和途径；二是要"正之于终"，在学生学习结束时，或学习告一段落时，教师要及时地给予学习反馈。

可以看出，朱熹将教师在学生学习中的作用，定格在"始"与"终"上，至于整个学习过程，教师则尽可能少干涉，学习过程属于学生。在这里，朱熹把教师的教，学生的学，明确地划清了界限，教师除了在"始"与"终"起作用外，其余的学习时间都归于学生，教师只是起着引导性的辅助作用，"教师对学生的学，主要是

'示之于始而正之于终'，只是起引导、指正、释疑的作用"。① 因此，朱熹所谓的教师可以概括为：师者，示始正终尔。

教师示始正终首先表明学生是学习的主体，教师不是干涉学生的学习，而是积极培养学生的自学和自我思考能力。朱熹指出："事事都用你自去理会，自去体察，自去涵养。书用你自去读，道理用你自去究索。某只是做得个引路底人，做得个证明底人，有疑难处，同商量而已。"（《朱子语类·卷十三》）学习中所有的重要部分——理会、体察、涵养、读书、究索——都是学生"自去"完成的，学生真正成了学习的主人。

朱熹通过确立学生学习的主体性，肯定了学生在学习上的主动性和自觉性，否定了学生的被动性和依附性，使学生对自己的学习能够做到有目标、有计划、有要求、有反思和有责任。学生在学习中就会形成自主选择能力、掌握适合自我的学习方法，最终经过积极主动的学习，所学知识就能牢固地掌握。朱熹这种确立学生学习主体性的认识，通过对教师作用的限制和规定来表明，更能给身为教师者以警醒，即作为教师，面对学生学习的所能与所不能。

发挥学生学习的主动性，并不等于让学生进行自我封闭的学习，那就不是教育教学，而是完全的自学了。在教学中，教师的作用是不能否定的，朱熹也没有否定教师的作用，那么，朱熹是如何处理好教师的教与学生自主的学之间的矛盾呢？

朱熹说："这道理不是如堆金积宝在这里，便把分付与人去，亦只是说一个路头，教人自去讨。讨得便是自底，讨不得也无可奈何。须是自著力，著些精彩去做，容易不得。譬如十里地头，自家行到五里，见人说十里地头事，便把为是，更不进去。那人说固不我欺，然自家不亲到那里，不见得真，终是信不过。"（《朱子语类·卷一百一十七》）教师的作用是"说一个路头"，剩下的就是学生"自著力""自去讨"的历程。也就是说，教师教学生不像分金银财宝那

---

① 王步贵：《朱熹教育思想的特点探析》，《社会科学辑刊》1989 年第 5 期。

样，可以直接分给学生拿走就行，教师只能教学生获得道理的方法，指明方向。至于这个道理能否真的能为学生所掌握，关键在于学生自己能否按照教师所指的方向去努力。

朱熹说"指引者，师之功也"（《小学·嘉言》），教师的功用就在于指导、引导学生。这其实是朱熹"示始正终"之"示始"之言，说的是教师在学生学习开始的时候要发挥的作用，即教师要发挥指引道路的作用。这要求教师在学生学习开始时，要指明学生学习要达到的目标以及学生实现其目标的途径，使学生具有明确的努力方向，以及知道如何能够实现目标。这一点对教师而言很重要，它明确了教师开展教学前的工作着力点，要让学生真正知道所达到的学习结果，要让学生十分明确通向这结果的道路。

在朱熹看来，教师还有一个很重要的作用就是"正终"，就是学生学习完结之后，教师要发挥"正"的作用，即评估学生学习结果是否达到了要求，是否有成效，这需要教师及时给予适当的评价、证明和裁断。当教师把学习过程交给学生，学生在完成学习任务后，还有学习的效果如何？学习这些内容的意义和价值何在？学习中还存在什么问题？怎么解决？这一系列的问题，朱熹认为，这时教师就要站出来，充分发挥教育者的作用，帮助学生回答这些问题。

在这里，教师的"正终"，不是为了某个功利的目标，而是为了改进、判断和为学生发展服务。因此，教师在"正终"时，要充分考虑到学生的实际情况，循序渐进地进行，不能让"正终"挫伤了学生们学习的积极性。而且，教师"正终"还有一项重要的任务，即帮助学生实现学以致用，让学生能够充分认识到所学内容的价值，这样有助于提高学生学习的主动性。当然，教师"正终"不是只停留在教师层面，还要落实到学生身上，让学生通过教师"正终"学会"自正"，培养学生自我检测的能力。

在教师发挥"示始正终"的过程中，朱熹认为，"商量"两个字至关重要。"又其后得人商量正是之"，"有疑难处，同商量而已"，可以说"商量"是"示始正终"的核心。教师不但要在学习开始时指明方向，在学习结束时进行评测，更重要的是在学生的整个学习过程中，还要有一种"商量"的精神贯穿其中，正是"商量"在推动着学生学习进程的不断前进。当然，教师也要在具体操作层面上同学生进行"商量"，"商量"着教与学，教学的过程就是一个"商量"的过程。朱熹对"商量"的强调，有着深刻的教育意义。

"商量"是教师放权的一种体现。"商量"不是干涉学生的学习过程，恰恰是教师"示始正终"放权给学生的一种体现。因为教师和学生"商量"着学，不是教师高高在上，我教你听，不听也得听，强迫学生学习；而是教师把学习的话语权、时空权、选择权、质疑权，都切实地还给了学生，学生的学习是一种摆脱了外在"强权"安排、摆弄、命令的自主的学习。所以，教师"示始正终"并不是说在学生学习过程中无所作为，而是通过"商量"，还学习主动权给学生，在学生规划自己如何学，具体怎么学以及学习中遇到的困难时，教师是一个通过"商量"对学生进行帮助的帮助者。

"商量"意味着教师要以诚心、虚心的姿态，尊重学生，与学生达成共识，最大程度发挥学生的潜能，取得最大的学习效果。正是在教师同学生"商量"的过程中，师生间的感情得到了沟通，师生间的心理距离得到了缩短，学生也就敢想、敢说、敢争论，敢于真实地表达自己的见解，学生也就真正能够达到心灵舒展、想象力激发和灵性飞扬。正是在教师同学生"商量"的过程中，学生学会了选择，学会了"渔"而非仅获得了"鱼"，真正成了学习的主人。正是在教师同学生"商量"的过程中，学生更容易接近老师，更容易对教师产生向心力，从而促进师生关系的融洽。

第五节 师生关系：尊师重情

在教师与学生关系上，朱熹首先强调学生要尊师，这是建立良好师生关系的出发点。

朱熹的师道尊严是针对师生关系被功名利禄所侵蚀的现象而提出的。由于受"钓声名，取利禄"社会风气的影响，朱熹深感在利益诱惑下，讲礼穷道的学校也成了争夺名利的场所，教育成了获取功名利禄的工具。师生为名利而放弃道德操守，师生关系以名利来衡量，师生之间甚至达到了"师生相视，漠然如行路之人"的地步。

朱熹在《学校贡举私议》中曾批评指出："所谓太学者，但为声利之场，而掌其教事者不过取其善为科举之文，而得进于场屋者耳。士之有志于义理者既无求于学，其奔趋辐凑而来者，不过为解额之滥、舍选之私而已。师生相视，漠然如行路之人，间相与言，亦未尝闻之以德行道艺之实。而月书季考者，又只以促其嗜利苟得冒昧无耻之心，殊非国家之所以立学教人之本意也。"（《朱文公文集·卷69》）学生拜师是为了功名利禄，而非德行道义，教师只要能讲功利性的科举之文就行，有无真才实学并不重要。如此，教师自不受学生尊重，"目师儒如路人"，师生之间缺乏为学进德的共同志趣，以及对"圣人之道"的共同追求，自然是"漠然如行路之人"。

为此，朱熹提倡学生要尊师重道，学生尊师是向老师求得道德学问的前提。朱熹认为，学生尊师必须有尊师的礼仪规范，朱熹本人就是这样做的："先生每日早起。子弟在书院皆先著衫到影堂前击板，侯先生出。既启门，先生升堂，率子弟以次列拜炫香，又拜而退。子弟一人诣土地之祠烛香而拜，随侍登阁拜先圣像，方坐书院，受早揖，饮汤，少坐。或有请问而去。月朔，影堂荐酒果，望日则荐茶，有时物，荐新而后食。"（《朱子语类·卷一百零七》）朱熹强调以礼仪教人，要求学生从外在规范上尊师，是外部路径，这种学生在形式上或仪式上的外在行为，蕴含着浓厚的尊师重道精神。

为此，朱熹常常对学生的外在行为进行严格要求，如此才能体现出尊师重道。《朱子语类》中记述了朱熹对学生的一些行为进行毫不留情的当众批评的事。

一是上课说闲话的行为。朱熹每夜同诸生会集，谈心得体悟，"有一长上，才坐定便闲话。先生责曰：'公年已四十，书读未通，才坐便说别人事。夜来诸公闲话至二更，如何如此相聚，不回光反照，作自己工夫，却要闲说！'叹息久之"（《朱子语类·卷一百二十一》）。

二是上课打瞌睡。又有一次夜谈，有个弟子坐着打瞌睡，身子歪斜，"有侍坐而困睡者，先生责之"，朱熹还引用道教的说法教育他："道家修养，也怕昏困，常要直身坐，谓之'生腰坐'；若昏困倒靠，则是'死腰坐'。"（《朱子语类·卷一百二十一》）

三是在老师面前有不恰当的举止。"有学者每相揖毕，辄缩左手袖中。先生曰：'公常常缩著一只手是如何？也似不是举止模样。'"（《朱子语类·卷一百二十一》）有个弟子作揖完了，习惯性地把手缩进袖子里，朱熹认为这种举止也是不尊师的表现。

四是擅自做主不向老师请教。"先生气疾作，诸生连日皆无问难。一夕，遣介召入卧内，诸生亦无所请。先生怒曰：'诸公恁地闲坐时，是怎生地？恁地便归去强，不消得恁地远来！'"（《朱子语类·卷一百二十一》）意思是说，有一次，朱熹生病了，学生们为了让老师好好休息，一连几天都没有向老师请教学问。一天晚上，朱熹就派人把学生们叫到卧室，师生相见，学生们还是没有向老师请教学问，朱熹就发火了，对学生们的这种行为进行了严厉批评。

其实，朱熹所说的上课说闲话、打瞌睡以及举止不当、不请教学问之类的小事，恰恰就体现为对教师的不尊重，试想，学生在这些小事上都不尊重老师，又怎会把教师放在眼里，又何谈尊师呢？由此，谈尊师，那就先从朱熹所要求的小事做起吧。

当然，朱熹也并非一味主张教师对学生严格，而是要适度严格，严格之外，还需要对学生温和仁慈，"为师之主，恃专则失为下之道，不专则无成功之理，故得中为吉。凡为师之道，威和并至则吉也"（《近思录·卷十》）。教师要做到的是"威和并至"，倘若过于严格，纯粹以威严面对学生，就会使学生内心产生恐惧，师生之间就会产生心理隔阂，也就背离了师道尊严的要求。

其实，朱熹和学生之间的感情非常好，朱熹经常把师生关系比为父子关系，认为教师爱学生应如爱自己的孩子一般，而学生爱戴老师，也要像爱戴自己的父亲一样。朱熹一生清贫，家无长物，尽管如此，他却能尽其所能地接待"诸生"，"家故贫，箪瓢屡空，晏如也。诸生之自远而至者，豆饭藜羹，率与之共"。（《宋史·列传·卷一百八十八》）朱熹家境一向贫寒，以至常常断粮，但他却能安然处之，有学生从远方来向他请教，他就用豆饭藜汤来招待，并和他们一起吃饭。到了晚年，朱熹遭受迫害，尽管有好朋友好心"劝其谢遣生徒"，以免惹是生非，徒增麻烦，朱熹也只是"笑而不答"。

朱熹与学生之间的浓浓师生之情，自朱熹去世之后学生们的所作所为即可看出。朱熹晚年时，他的学说被斥为"伪学"，在朝廷订立的《伪学逆党籍》中，朱熹被列为"反动组织"的首领，朱熹也遭到了朝廷的贬斥。朱熹死后，朝廷严令禁止为朱熹送葬，《宋史·朱熹传》中曾明确记述道："四方伪徒期会，送伪师之葬，会聚之间，非妄训时人短长，则缕议时政得失，望令守臣约束。"（《宋史·列传·卷一百八十八》）尽管朝廷严令禁止给朱熹送葬，但在朱熹遗体下葬之时，为了表达对老师的情义，还是有多达数千名学生不顾禁令，甘冒危险，毅然前来给恩师吊唁。那些不能来的学生，也在全国各地聚会纪念，"讣告所至，从游之士与夫闻风慕义者，莫不相与为位为聚哭焉。禁锢虽严，有所不避也"（《行状》），"诸生近者奔讣，远者为位而哭。蔡沈主丧仪，黄干主丧礼，时，伪党禁严，守则倪胃之党傅伯寿也。然会葬亦几千人"。① 可以看出，朱熹作为教师的人格之高尚、精神之伟大，深深地感染了学生，亦可看出朱熹师生间感情之深厚。

---

① 樵川樵叟：《庆元党禁》，中华书局 1985 年版，第 45 页。

第 八 章

王夫之：自明之师

*西方有一个黑格尔，东方有一个王船山。*①

——毛泽东

第一节　王夫之生平

王夫之（1619—1692年），湖南衡阳人，字而农，晚年长期隐居于湖南衡阳县石船山下，故后世尊称其为船山先生。他与顾炎武、黄宗羲并称明清之际三大思想家。

1619年，即明万历四十七年，王夫之诞生在湖南衡州府城南王衙坪（今属衡阳市）。据说，王夫之出生后，不哭不笑，甚至不怎么吃东西，其父十分焦急，就翻书查找原因，把书翻得哗啦哗啦响。谁知，还是婴儿的王夫之，听到这翻书的哗啦声，竟然哇地哭出了声音。其父大喜，认为这孩子必有大出息，一定是块读书的好料。王夫之也确实自幼聪慧，他三岁便跟随长兄王介之一起读书学习，七岁读完十三经，九岁随父亲学习经义。船山"颖悟过人，读书十行俱下，一字不遗"，十四岁应科举，考中秀才。十五六岁读《离

---

① 聂茂：《天地行人：王夫之传》，作家出版社2016年版，第1页。

骚》、汉魏《乐府》等历代诗作,约十余万首。

　　1636年,即明崇祯九年,十七岁的王夫之赴武昌参加乡试,不中。次年,十八岁的王夫之与陶氏成婚。之后,王夫之离家到长沙,求学于岳麓书院,师从山长吴道行。后大明亡国,吴道行选择了舍生取义,绝食而死,这对王夫之触动很大。崇祯十二年,王夫之再次赴武昌乡试,又不中,便和好友创办"匡社",以期学友之间"匡正所学",并以天下为己任的"匡扶社稷"。

　　1642年,崇祯十五年,王夫之第三次赴武昌乡试,终以《春秋》第一考中第五名举人。考官高世泰十分欣赏他的试卷,写下评语:"忠肝义胆,情见乎词。"中了举人,正值春风得意的王夫之,迎来了一个小小的考验。王夫之中举后在武昌逗留,好友刘自煜送给他一位绝色歌女,名叫秋影,此女能歌善舞,通晓音律。王夫之看了,十分喜爱,但他却头脑十分清醒,上演了一场"君子好色而不淫"的好戏,用一首绝妙的诗,谢绝了好友的美意:"君有清歌付雪儿,遥将红豆寄南枝。海棠漫倚西川锦,自是无诗到李宜。"意思是说,我王夫之无能,既写不出杜甫在成都咏海棠那样的诗,也写不出苏轼赠李宜那样的诗,既然写不出好诗让秋影来歌唱,你赠送的这位美人我也就不能接受了。

　　武昌中举之后,王夫之踌躇满志,准备赴京会试。怎奈,造物主不眷顾这位高才生,由于李自成、张献忠的起义军规模不断扩大,进京会试之路被阻断。且大明王朝的京城正遭受李自成与清军的南北夹击,江山动荡,会试只能改期。王夫之只得怅然返乡,回到家乡后编印了自己的第一部诗集《乾涛园诗集》。

　　1643年,崇祯十六年,张献忠大西军攻入衡州,王夫之及其兄王介之名望甚大,被指名要求参加义军。王夫之闻听,随即逃亡深山躲避,但其父年迈,行动不便,被大西军抓获。王夫之听说父亲被抓,就把脸和手用刀割伤,并敷毒药于伤口,让人把自己抬到大西军,表明已经残废不可大用,并且撒谎说大哥已经死于兵乱。此时,王夫之又遇到了大西军中一位文友,替他们父子说情,这才没有为难他们，把他们父子放了。

　　1644年，崇祯十七年，李自成攻陷北京，大明灭亡。随后，清兵入关，清世祖福临在北京即位，建元顺治。王夫之闻听噩耗，非常震惊，一连数日茶饭不思，作《悲愤诗》一百韵，一边吟唱一边恸哭。1648年，即清顺治五年，王夫之在衡阳举兵，带领一支由学生、农民和僧人参加的队伍，武装抗清。失败后，又投身南明永历政权，却见小朝廷不思进取，内斗不止，自己也被陷害，深陷大狱，差点丢了性命。王夫之极度失望，逃离了永历朝廷，为躲避清廷追捕，他四处流亡，艰苦异常，"严寒一敝麻衣，一烂袄而已"，惶惶如丧家之犬。

　　王夫之流亡期间，虽然艰辛，但"孤独困苦的流亡生活，给他创造了一个潜心思考、静心写作的难得机遇"①。王夫之开始了教书、著述的生活，完成了《周易外传》和《老子衍》两部具有代表性的哲学专著。"艰难困苦玉汝于成"，古往今来的大思想家、大学问家，往往都是在人生最艰难的时刻，完成了人生最辉煌的思想成就。王夫之的政论名著《黄书》于此时完成，此书猛烈抨击了孤秦陋宋的君主专制政体，高度重视夷夏之防等主张，成为后来辛亥革命重要的思想来源。

　　数年的流亡生活使王夫之认清了现实，他决计归隐，潜心著述，以文字表述思想和志向。1661年，顺治十八年，王夫之的夫人郑氏因病绝尘而去。伤心欲绝的王夫之回到了家乡，在衡阳县金兰乡茱萸塘村，搭建了一间"蓬檐竹牖、编篾为壁"的茅草屋，取名"败叶庐"。意指大明江山已彻底无望恢复，南明政权也如同秋天之败叶，要随风而逝了。

　　1662年，即清康熙元年，清军绞杀永历帝于昆明，南明灭亡。王夫之听闻，失声痛哭，撰写"清风有意难留我，明月无心自照人"以表白心志，并发誓"头不顶清朝天，脚不踩清朝地"。不管刮风下

---

①　萧萐父、许苏民：《王夫之》，陕西师范大学出版社2017年版，第15页。

雨还是艳阳晴天，他出行都是一律打一把油纸伞，穿一双木屐，一生未剃发，以明朝遗民自居。南明灭亡后，王夫之奋笔疾书，写成了多部著作，如《尚书引义》《读四书大全说》《春秋家说》等。

1669年，王夫之娶张氏为妻。此时，王夫之已步入中老年，他所栖息的"败叶庐"过于简陋，尤其冬天寒风凛冽，难以忍受，长年的艰苦生活，使王夫之的身体大不如前。无奈，王夫之只得在"败叶庐"不远处，营建了一个较为保暖的草房，名曰"观生居"，并自提了著名的观生居堂联："六经责我开生面，七尺从天乞活埋。"六经学说责成促使我来开创新的局面，与此相比，我的生命太微不足道，可任由老天把我活埋了。

在我国古代，嫁女都要有很重的嫁妆，王夫之的大女儿也要出嫁了，乡邻问他都置办了什么嫁妆，王夫之略带神秘地说：我早就为女儿准备了最有价值的嫁妆，到时便知。出嫁当天，王夫之送给女儿一个小红箱，里面装着嫁妆，女儿打开一看，竟然全是父亲写的书的手稿，就非常不高兴。王夫之看出了女儿的心思，便语重心长地说："好儿不要公养田，好女不要盛嫁奁。"孩子，这些东西都是我多年辛辛苦苦的心血，把它们交给你，是要你学会做一个有骨气的人。听了父亲的话，女儿理解了父亲的用意，满怀感激地走上了花轿。

1674年，康熙十三年，吴三桂兵至衡州，派人请王夫之做官，他坚辞不做。此后，吴三桂在桂林称帝，又派人请王夫之写《劝进表》，企图借船山先生之名望，收服天下民心，结果再次遭到船山先生的断然拒绝。王夫之说，自己不过是一亡国遗臣，所欠只有一死而已，"安能做此天不覆，地不载之语耶"，接着便躲进了南岳深山。

次年，王夫之在距"败叶庐"不远处石船山下，修建了三座茅屋，因新居位于湘水之西，便取名为"湘西草堂"。新居的建成，现实拯救的无望，使王夫之决意用笔墨去构建安身立命的精神家园，"故国余魂常缥缈，残灯绝笔尚峥嵘"，他已决意终老林泉，在理论与文化中实现自我理想的拯救。

王夫之在"湘西草堂"著述期间，日夜遭到清政府暗探监视，用王夫之自己的话说是："危机之触，接于几席"，而至"中夜不能寐"。与此同时，他的生活也遇到了大麻烦。由于不和清廷合作，想获得维持生活的基本物质条件都很困难，王夫之可谓到了极度贫困的边缘。他甚至连写作的纸笔和书籍都买不起，"贫无书籍纸笔，多假之故人门生，书成因以授之"。

这时，湖南巡抚与衡州知州前来拜访，并送给他一些吃穿用品，王夫之不但拒收礼物，甚至连人都拒而不见，还写了一副对联，表明心迹："清风有意难留我，明月无心自照人。""清"就是清廷，"明"指的是明朝，王夫之以此充分表现了自己崇高的晚节追求。

晚年的王夫之过着独秉孤灯的著述讲学生活，在与世隔绝的草堂里，夜以继日地写作。"灯光半掩堆书卷，砚滴欲哭注药瓶"，无论风雨晦暝，还是重病难支，他都一如既往地笔耕不辍，"腕不胜砚，指不胜笔"，即便握笔不能，拿砚不动，他依然"孤心拼不尽，试一问苍天"。所有的得失、利害、荣辱和生死，统统抛却脑后，"虽饥寒交迫，生死当前而不变"，他的整个生命都已化于青灯黄卷之中。王夫之以几乎每年一部专著的速度，实现着对生命的超越，《礼记章句》《庄子通》《宋论》《庄子解》《经义》《俟解》《张子正蒙注》《楚辞通释》《周易外传》《读通鉴论》等相继完成，峥嵘的笔锋、非凡的毅力、伟大的人格和心灵在笔端流淌。

王夫之一边著书，一边收徒讲学。他的生活主要靠学生们的接济，他热爱他的学生，他的学生也爱戴他，甚至在生活极端困苦的条件下，师生们依然求知不断，"昼共食蕨，夜共燃藜"，师徒有时候只能以山中野果充饥，燃烧野草取暖。甚至，王夫之在六十七岁病重之时，"从游诸子求为解说《周易》"，但他体弱形枯，不能口授讲解，也"于病中勉为作传"，授予诸生，以"恒其教事"。

王夫之的教学极其投入，他的教学精神竟感动了盗贼。有一回，王夫之给学生讲所注《礼记》，经常和学生从深夜讨论到鸡鸣。一天夜晚，风很大，天气异常寒冷，王夫之正在给学生们讲授，几个窃贼偷偷溜了过来，躲在黑暗处，打算偷点东西。这时，王夫之正讲到《礼记》中之《曲礼》，只见他慷慨激昂地谈道："鹦鹉能言，不离飞鸟；猩猩能言，不离禽兽。今人而无礼，虽能言，不亦禽兽之心乎？夫唯禽兽无礼，故父子聚麀。是故圣人作为礼以教人，使人以有礼，知自别于禽兽。"王夫之还结合生动的现实例子进行说明。几个盗贼在黑暗中听得入了神，内心大为触动，又看到草堂陈设简陋，师生其乐融融，不禁十分羞愧，便悄悄地离开了，还有人离开后金盆洗手，迷途知返。

1691 年，康熙三十年秋，七十三岁的王夫之，犯有严重的哮喘病，喘咳不断。他颤巍巍地走到屋外，看着不远处的石船山，回想起自己崎岖坎坷的一生，不禁感慨道："老且死，而船山者，仍还其顽石"，"船山者即吾山也"。是年冬，天气异常寒冷，大雪肆虐，预感自己时日不多的船山先生，用颤抖的手写下了《绝笔诗》："荒郊三径绝，亡国一臣孤。霜雪留双鬓，飘零忆五湖。差足酬清夜，人间一字无。"

1692 年，康熙三十一年，在衡州城外一百多里的穷乡僻壤间，一个叫王夫之的老人，在孤独中走向了生命的尽头。王夫之，这个为大明牵绊了一生的人，这个与世隔绝，埋头读书写作的倔强苦命之人，终于放下他凄怆孤傲而又瑰丽壮伟的生命，离开了这个早已抛弃他的世界，孤独地走了。但他却为这个世界，留下了闪电和火焰般震古烁今的思想。

王夫之离开了，但他思想的神韵，穿透了时空的阻隔，彰显出无比的穿透力。魏源、曾国藩、左宗棠、黄兴、蔡锷、宋教仁以至于毛泽东等伟大的灵魂，无不受到王夫之思想的影响。然而，王夫之生前穷困寂寥，籍籍无名，身后也长时间湮没无闻，二百年后，还会有人记得他吗？船山先生自己预言道："吾书二百年后始显。"

此后，清末反清思潮兴起，王夫之反清、反封建的民主思想，更是得到了革命党人的推崇。辛亥革命胜利后，曾当面大骂蒋介石的章太炎先生曾说过：船山学说为民族光复之源，近代倡义诸公，皆闻风而起者，水源木本，瑞在于斯。船山思想的由默至盛，不得不让我们思考，到底什么是真正的学术思想？为什么有些人的所谓"思想"，在世时光鲜招摇，死后不久就被迅速遗忘？为什么有些人的思想，在沉寂百年甚至更长时间后，却能够有一天直抵灵魂？

　　王夫之用自己的一生，诠释了在苦难和困厄的命运中，如何追寻梦想，并为梦想而奋斗的人生。他的一生悲苦孤独，他却始终恪守气节、坚忍不屈，用笔墨演绎了生命的精彩。清代学者刘献廷称王夫之学为：洞庭之南，天地元气，圣贤学脉，仅此一线。谭嗣同曾言：五百年来学者，真通天人之故者，船山一人而已。著名学者萧萐父盛赞王夫之思想为"三百年来神不死"。美国学者布莱克说：对于那些寻找哲学根源和现代观点、现代思想来源的人来说，王夫之可以说是空前未有地受到注意。1985年，美国哲学社会科学界评出了古今八大哲学家，其中四位唯物主义哲学家依次是：德谟克利特、王夫之、费尔巴哈、马克思。

第二节　教师道德：恒其教事

　　王夫之非常重视尊师重道，因为师道的核心就是德，师者必有德，师者必受尊重，这是一体的。为此，他提出"师道贱而教亡术"的论断，一个不尊师重道的社会，教育永远是低贱的；一个教育低贱的社会，是永远没有希望的社会。

　　王夫之指出："师道贱而教亡术，监司府县任意差委，滥与钱谷刑名之役，若簿尉仓巡为奔走之下吏，仆仆参侯，与僧道之长同其趋跄，不肖者因之以希镏铢之利。"[①] 整个社会以师为耻，以师为

---

① 王夫之：《船山全书》（第十二册），岳麓书社1991年版，第568—569页。

驱，不仅是教育的耻辱，更是一个社会的耻辱。因为社会无师之教，无教之师，就将被野蛮无知所控，社会就成为无教养的社会，并以无耻为荣，这样的社会，何谈未来和希望呢？

王夫之认为，欲尊师道，师德为师者之先，一个毫无师德的人为师，又怎能令人尊之、敬之呢？

在王夫之看来，"恒于教事"是最大的师德。对教师而言，没什么比热爱教育，具有为教育献身的精神更重要的了。王夫之指出："是以经纶草昧，太虚不贷于云雷，丽泽讲习，君子必恒其教事。"① 身为教师，对待教育，就必须像农夫耕田、园丁养花一般，付出全部的心血和精力，才能有所收获。"恒"就是教师的这种对待教育的热情和挚爱，也就是师德的最核心体现，"恒"所体现的是教师对教育的坚持不懈，孜孜不倦，勤恳至忠的态度和行动，这样的教师，怎能让人不对其敬之重之呢？

王夫之指出："师弟子者以道相交，而为人伦之一，故言必正言，行必正行，教必正教，相扶以正，义定而情自合。"② 师生关系是人之大伦之一，不可不重视。师生间是一种什么人伦关系呢？是一种"以道相交"的关系，这种关系是一种高尚的关系，"道"字，体现的是一种形而上的最高追求，是对至真至理的追求。

师生间只能以"道"展开交往。有言曰："以财交者，财尽而交绝；以色交者，华落而爱渝；以权利合者，权利尽而交疏。"（《史记·郑世家》）师生间的交往没有任何财、色、权的介入，师生间的交往无所欲，无所求，没有任何利益的纠缠，隔离了现实的各种诱惑，至纯、至真、至爱。这就是"道"的追求，这就是师生间最本真的交往关联，师生间言正、行正，自然教就正。"正"正是"道"的价值体现，师生间以"正"相扶，则其"义"定，进而其"情"真。由此，师生间感情融和无间，此乃"以道相交，义定情

---

① 王夫之：《船山全书》（第十五册），岳麓书社1991年版，第98页。
② 王夫之：《船山全书》（第八册），岳麓书社1991年版，第524页。

合"者也!

王夫之指出:"故欲正天下之人心,须慎天下之师受。立教有本,躬行为起化之原,谨教有术,正道为渐摩之益。"[1] 师者传授,关乎"人心",师之不尊,则天下人心不正,故为师者,对自己之传授,要做到"慎"! 如此,教师何以为教呢? 在王夫之看来,教师为教"躬行为本",就是要教师自己去做,去行动,教师自己的行动就是教育的根本。

王夫之指出,"躬行有象,人自喻矣"(《四书训义·大学》),教师的行为本身就能产生一种形象,一种气场,学生很容易进行自比而自明。王夫之认为,躬行之身教更胜于言教,"身为教本而顺为德本"[2],与身教相比,甚至可以放弃言教。因为体认"君子躬行之象",恰恰是能够直切入身的不显之象、不言之教,这是一种最根本的教化方式,它将印刻于学生本己最深处之体验。教师之教,其最高境界就是"不言之教"。王夫之指出:

> 圣人有独至,不言而化成天下,圣人之独至也。圣人之于天下,视如其家,家未有可以言言者也。化成家者,家如其身,身未有待于言言者也。督目以明,视眩而得不明;督耳以聪,听荧而得不聪。善聪明者,养其耳目,魂充魄定,居然而受成于心,有养而无督矣。督子以孝,不如其安子;督弟以友,不如其裕弟;督妇以顺,不如其绥妇。魄定魂通,而神顺于性,则莫之或言而若或言之,君子所为以天道养人也。[3]

在王夫之看来,只要教师对教育之道有真正独特的领悟,那么,教师就根本不需要用语言去刻意地教化学生,也能对学生产生独特

---

[1] 王夫之:《船山全书》(第八册),岳麓书社1991年版,第527页。
[2] 王夫之:《船山全书》(第四册),岳麓书社1991年版,第1191—1203页。
[3] 王夫之:《船山全书》(第三册),岳麓书社1991年版,第300页。

且至高的教化效果。事实上,真正品格高尚的教师,对待所有的孩子就像对待自己家里人一样,根本不用语言的说教,只需一个眼神,一个动作,就彼此明白了。这是因为,教师对待家里的孩子,就像对待自己一样,视人如己,这样的教师,还需要用语言来对学生进行教化吗?当然不需要,因为教师如何对待自我,学生就能感受到教师如何对待自己。所以,教师之所做,就是"躬行",教师使自我完满,学生也会走向完满。

王夫之认为,与其发出督促之言,不如去做,子孝、弟友、妇顺,言语的督促根本没用,以身教者,自然而成。对教师而言,身教之于言教,则更为教育之根本,一个丢掉教育根本的教师,只会把教育停留在嘴上,嘴上之教,乃教育之末节,重末而丢本,乃教育失败之根本。教师"化"人,使人"化",不是语言的打动,而是行动的感染,"苦口婆心""谆谆诲人"是以"躬行"为本源。所以为师者必知本源,所教所育,方可有效。

躬行不仅是外在的形,更有内在的心,形为心显,行为心象,王夫之有言曰:"有以所存之志而言者,先正其心是也;有以所发之意而言者,从心所欲是也。"[①] 教师之志、之意,皆由心而出,从心而发,教师之"身"本就是其"心"的体现,身心如一,表里如一,身教就是心教。倘若教师身体示范给学生的是一种样子,而内心想的却是另一种样子,身心不一,这样的教育本身就是违反"躬行"这一身教要求的。

教师之身教,还关涉另一心,即学生之心。教师之身,当穿透学生之身,直达学生之心,触动之,感化之时,"孝弟者,生于人之心,而不可以言喻者也。讲求其理,则迂阔而辞不能达,科以为教,则饰行而非其自得。故先王所以化成天下者惟躬行,而使人之自生其心,则不待言孝悌,而已众著之矣"[②],像孝悌这样的道理,教师

---

① 王夫之:《船山全书》(第十五册),岳麓书社1991年版,第856页。
② 王夫之:《船山全书》(第四册),岳麓书社1991年版,第503—534页。

讲是讲不清楚的，即"不可以言喻"，教师只能"躬行"，通过示范来影响学生。

那么，教师的示范怎么才算真正对学生产生了影响呢？王夫之的回答是"使人之自生其心"，教师的示范必须和学生的"心"产生联系，使学生之心发生改变，才算是有效果。王夫之要求教师的身教与学生的内心动机产生效应，教师要"慎于微而使验于心也""察其所以用心，而道不远矣"。① 教师作为教育者，要时刻注意身教的效应问题，避免使学生出现只重外在形式的粉饰行为，要谨慎观察是否引起了学生纯洁的动机。

王夫之指出，"志者，教之大伦而言也"②，教师的道德品质修炼，第一要务就在一个"志"字，即要立志为教育献身，要有坚定不变的从事教育的价值选择。在王夫之看来，"人苟有志，生死以之，性亦自定"③，教育是伟大的事业，但又是默默无闻，无私奉献的事业，从事教育无名利可图，教师有了从事教育的志向，立志当教师，才可能在面对各种问题和困惑时，做到不离不弃。

王夫之认为："教者尤以正志为本。"④ 教师立志于教育，重要的是要正志，这是教师从教的根本。正志就是使教师之心正，以教育为心，执持教育之心，使献身服务教育之心成为自我内在的主宰，这样，在面对各种外物的诱惑时，就能够泰然处之而不会迷失方向。"志"体现着教师之为教师的价值和尊严，教师有了坚定的教育信念和志向，就能在教育实践中经历各种磨炼，并经得起各种考验，做到矢志不渝。

---

① 王夫之：《船山全书》（第四册），岳麓书社 1991 年版，第 503—534 页。
② 王夫之：《船山全书》（第十二册），岳麓书社 1991 年版，第 188 页。
③ 王夫之：《船山全书》（第十二册），岳麓书社 1992 年版，第 190 页。
④ 王夫之：《船山全书》（第十二册），岳麓书社 1991 年版，第 188 页。

第三节　教师素养：明人自明

教师应具备的最核心素养是什么？王夫之把矛头指向了教师自我，提出了著名的"欲明人者先自明"的论断。王夫之的这一观点，虽然并未直接指名教师的具体素养是什么，但却从更为根源性视域，明确了教师素养的来源——"自明"。

王夫之在《四书训义》一书中明确指出："夫欲使人能悉知之，能决信之，能率行之，必昭昭然知其当然，知其所以然。由来不昧而条理不迷，贤者于此。必先穷理格物以致其知，本末精粗晓然具著于心目，然后垂之为教，随人之深浅而使之率喻于道。所以遵其教，听其言，皆去所疑……欲明人者先自明，博学详论之功，功其可不自勉乎。"[①]"自明"彰显的是教师主动、积极地追求素养提升的倾向和要求。

在王夫之看来，教师水平的提高，其力不在外，而在内，在自己的主观能动性，不取决于外在的力量。由此，对教师素养的提升，不在于树立教师这样、那样的具体素养，更重要的是教师内心的激发和唤醒。在这个意义上，只有能够激发教师积极进行自我教育的培训，才是真正的教师培训。

王夫之认为，身为教师，基本职责是"使人能悉知之，能决信之，能率行之"。这里，教师的任务不是韩愈的传、授、解，而是"使人"知、信、行，反映出两种教师职责观的巨大不同。传、授、解是从教师出发，论及教师的职责，传、授、解三个动作均由教师发出，学生只能被动地接受来自教师的指令，忽视了学生学习的主体性。知、信、行是从学生出发，明确教师的职责，知、信、行都是学生所发出的学习要求，要求教师之教要满足学生学习的要求，

---

① 王夫之：《船山全书》（第八册），岳麓书社1991年版，第899—971页。

充分彰显了学生的学习主体性。

王夫之认为，教师要完成自己肩负的教育学生的重任，就需要"必昭昭然知其当然，知其所以然"。在王夫之看来，教师要具备两种本领，才能完成自己的任务，一是要掌握所要教的内容，二是要掌握教的方法。即是说，教师要"明人"，必须非常熟练明确地掌握，要教给学生的知、信、行的内容；还必须知道，如何使学生达到知、信、行。

王夫之认为，教师要具备"知其当然""知其所以然"的本领，所要做的就是"欲明人者先自明"。在王夫之看来，"自明"是教师通往教的必由之路。教师要对所教内容做到"由来不昧而条理不迷"。即是说，教师要对所教内容不能糊里糊涂，头脑不清，认识不明，而要"本末精粗晓""具著于心目"。教师要对所教内容的条理、因果、由来、精粗、本末等，彻底清楚明白，达到荀子"全之尽之"的要求，才能"垂之为教"。

王夫之的"欲明人者先自明"，继承了孟子的"贤者以其昭昭，使人昭昭"的思想，并创造性地从知识论的立场，明确了教师的素养。这使为师从教者，能够清楚地认识到，只有不断地学习，不断地充实、接受和更新知识，才有可能达到对事物的本末了然于心的目标。对教师之教而言，没有什么比这更重要。

王夫之指出，有两种不"自明"的人，不能为人之师："夫人之不可为师者有二：智辩有余者，偶而有所见及，即立为一说，而不顾其所学之本业，议论一新，人乐听之，而使学者迷于所守。诵习有功者，熟于其所传习，乃守其一说而不能达于义理之无穷，持之有故，自恃为得，而使学者无所复通。"[1] 在王夫之看来，这两种人貌似有真知识，实则皆为伪学问，非但对学生无益，甚至有害，完全背离了为人师者的基本治学精神，根本不配为人师。

第一种不"自明"的人，忘了所学之本业，有点小聪慧，又擅

---

[1] 王夫之：《船山全书》（第七册），岳麓书社 1991 年版，第 297 页。

长口才，能说会道，偶然发现一些新奇、新异的看法，未经深思熟虑和求证，满足于一知半解，便当作新观点，如获至宝地给学生天花乱坠地讲上一番，表面上热热闹闹，似乎很能吸引学生注意力，但却严重地扰乱了学生求真知的视线，这种人是绝对不能当老师的。

第二种不"自明"的人，只会死读书，读死书，却不通义理，只局限于表面上掌握了某种学问，拘泥于一，死板僵硬，把书背得滚瓜烂熟，却不会灵活运用，不会融会贯通，"拘于一处者为力，流行于四肢者为劲"，生搬硬套，自以为很有学问，却有力使不出。这样的人教学生，自然无法做到触类旁通，举一反三，学生只能掌握表面的知识，这种人不能成为合格的教师。

王夫之还特别提到了另外一种不"自明"人，也不能为人师，即"记问之学，不足以为人师"。以"记问"为务的教师，强调对知识的记诵，把学习知识等同于记忆，这种教师看似具有很多知识储备，实则并未真正理解这些知识，"记问者，无察识之实，懵于次序，述诵以教人，倾尽而止"。① 传授学生知识仅限于"述诵"，停留于知识的表面，学生对知识的掌握，也仅限于量的接受，"倾尽而止"，学生记完即考，考完即忘。

这种教师，误解了师之为师的根本，当教师自然也就当得糊涂，"其于道也茫然未有所得，大义不知其纲，微言不知其隐，诵说而已矣，实则昏昏也"。② 身为教师，只知道知识表面形式上的"大义""微言"，而不知其深层义理上的"纲""隐"，以"诵说"教人，就是头脑昏聩之师。

而教师妄图以己之昏昏，使人之昭昭，只能是痴心妄想，学生越学也就越感到困惑，"学而愈惑"，这种人自然不能当老师。对此，王夫之指出："唯己学已明，则审知学者所至之浅深，听其所问之语

---

① 王夫之：《礼记章句》，岳麓书社2011年版，第883页。
② 王夫之：《船山全书》（第八册），岳麓书社1991年版，第899—971页。

而因量以善诱之也。"① 教师只有自己"学已明",真正掌握了知识的真谛,才能做好教与学,正所谓"善师者学逸而功倍,不善师者学劳而功半"(陆世仪《思辨录辑要》)。只有遇到"自明"的老师,学生学习才会费力少而收获很大;而"昏昏"者做老师,学生则费力很多却收获很少。

王夫之认为,教师要做到"先自明",就必须掌握真正的知识,而要获得真知,必经学、思二途。"致知之途有二:曰学,曰思。学则不恃己之聪明而一唯先觉之是效;思则不徇于古人之陈迹而任吾警悟之灵。"② 对于教师而言,真正成为自明者,就要通过不断的学习思考来实现。

王夫之提出,教师在学习的时候,不要自恃聪明,自以为是,要真正沉下心来,一心一意地向先知先觉者学习,把知识掌握得扎实牢固。教师在学习的同时,还要积极用自己的头脑思考,保持自己思考的独立性,时刻保持头脑冷静,不拘泥于古人的陈词滥调,不被他人的学说扰乱蒙蔽,凭自己机警敏悟的智慧,用自己的内心去揣度思索,保持清醒的鉴别力,避免堕入迷离恍惚之中而无所得。

王夫之指出,教师之学,贵在于积累,教师之思,要在于深入,他说:"学成于聚,新故相资而新其故;思得于永,显微相次而显察于微。"③ 教师的学习,不是一蹴而就、一劳永逸的事,而是要长期进行点滴的积累,"学成于聚"关键就在于一个"聚"字,既是量的积聚,又能够积小而大,积微而著,最终发生质的改变。

教师学习的"聚",要求教师在知识学习中要善于从旧有知识中获得新知,既要推陈出新,又要从故引新、赋故予新。教师思考,在于深入持久,不是浅尝辄止,而是要从所学知识的表层之"显",深入思考到知识深层之"微",这从"显"至"微",关键在于一个

---

① 王夫之:《礼记章句》,岳麓书社2011年版,第883页。
② 王夫之:《船山全书》(第七册),岳麓书社1991年版,第277—315页。
③ 王夫之:《船山全书》(第一册),岳麓书社1991年版,第983—1025页。

"永"字，要透过现象看到本质，因显以知隐，由外在知识变为自我内在知识，需要教师养成长久思考的习惯。

王夫之认为，学与思并非相互孤立，而是互相促进的，"学非有碍于思，而学愈博则思愈远；思正有功于学，而思之困则学必勤"。① 教师通过学习，知识面广博了，思考问题的角度就会增多，视域就会更广，更有利于思考的深化。而教师在思考问题时，遇到了困惑，思而不得，就会促使其通过学习解决困惑，思考对教师学习会有很大帮助。对教师而言，不学，会越来越愚蠢，不思，会越来越肤浅。最可怕的是，教师既不思也不学，既肤浅又愚蠢，怎么可以为师呢？

王夫之在强调教师学习以自明的同时，还特别指出了"行"在教师自明中的重要性。他认为，"行"与"学"密切相关，教师学习，不可能离开行，离开行的学习是一种虚假的学习。正如他所指出的"且夫知也者，固以行为功者也。行也者，不以知为功者也。行焉可以得知之效也，知焉未可以得行之效。……行可兼知，而知不可以兼行"②。对教师而言，学习的目的是践行，并在践行的过程中，理解知识、体悟知识、获得知识。毕竟，教师的学习不是以思辨、理论为追求，而是为了通过实践行动，使现实的教育更美好。

王夫之指出："知之匪艰，行之维艰。行焉而后知其艰，非力行者不能知也。……故知者非真知也，力行而后知之真也。"③ 对教师而言，学习掌握教育理论知识并不难，难的是把这些理论创造性地运用到教育实践中去。一个教师，倘若仅掌握了大量书本知识，但不懂践行，那他的头脑不过是一个堆满书的书柜而已。从这个意义上讲，教师要获得真知，就必须以行为目的，力行才能保证教师获得真知。

---

① 王夫之：《船山全书》（第七册），岳麓书社1991年版，第277—315页。
② 王夫之：《船山全书》（第二册），岳麓书社1988年版，第314页。
③ 王夫之：《船山全书》（第七册），岳麓书社1991年版，第559—597页。

王夫之提出，教师可以一边行动，一边学习，把学习和教育实践同时进行，即教师也要"做中学"，"盖天下之事固因豫立，而亦无先知完了，方才去行之理，使尔，无论事到身上，由你从容去致知不得，便尽有暇日揣摩得十余年，及至用时，不相应者多矣"。①教师读书学习，肯定会对一些教育理论有搞不懂，弄不清的时候，怎么办？王夫之指出，教师从事教育教学活动，肯定是在理论上事先弄懂，有计划地进行最好。

但并不是说，教师对一些教育理论没有完全弄透彻，就不能进行教育活动了，而是可以边干边学，在教育实践中不断体悟和领略，不断加深认识。如果不进行教育实践，只是一味花费大量时间空对空地揣摩理论，恐怕到用的时候，也不能与实际相符合。王夫之把教师之"学"提高到"行"的高度来理解，对教师学习教育理论具有重要启发意义。

王夫之认为，教师学习以自明，还要处理好"博"与"约"的关系。船山指出，为师者必须要"博"，要博学，要闻多见广，多学博识，大量广博地学习各种知识。同时，教师还要能够"约"，要能够提炼总结，从大量的知识材料中提炼出精华。

博与约这两种学习的本领，都是教师必须掌握的，这两者是统一的，互为表里，不可割裂。因此，王夫之指出："约有博之约，而博者约之博，故将以反说夫约，于是乎博学而详说之，凡其为博而详者，皆为约致其功也。若不以说约故博学而详，假道谬途，而深劳反复，果何为哉？"② 这是要求教师学习知识的时候，要把约建立在博的基础上，由博而约。这样，教师对问题的思考概括就会丰富扎实，就不会空洞无物、落于空泛、华而不实，这是一层。

另外，教师还要注意，博学要以约为指引，要时时注意从广博的知识中提炼出精华来。否则，为博学而博学，博学就可能成为累

---

① 王夫之：《船山全书》（第六册），岳麓书社 1991 年版，第 393—434 页。
② 王夫之：《船山全书》（第六册），岳麓书社 1991 年版，第 749—840 页。

赘，甚至"徒为玩物"。正如王夫之所言："徒博无益，径约则谬。"教师学习，必须要处理好博与约的关系，要把"多学而识"的博与"一以贯之"的约统一起来，做到博约合一。

第四节 教师之教：教不俯从

王夫之认为，教师教学生，很大程度上不在教，而在于学生的学，与教师的教相比，学生学习的主动性和努力程度更具有决定意义。他指出："今之学者不自勉于修能，而欲教者就其力之所易为，事之所易知，苟且徇己以使易从，而不知道之必不可贬，其习气之放逸者必不可徇也。……故君子之言教也，言性则必原于天命，言学则必极乎圣功，言治则必循乎王道。舍是将无以教，而岂姑舍所学之使可企及哉！学者不自勉，而欲教者之俯从，终其身于不知不能而已矣。"[1]

"教不俯从"，这是王夫之对教师之教提出的著名论断。即是说，如果学生不自己积极努力地学习，不充分调动自己学习的主观能动性，教师就不能降低教的要求来迎合学生的学习水平。这样不努力的学生，仅靠教师之教是无能为力的，学生不自勉，终其一生也只能是不知不能罢了。总之，为了使学生在学习上做到自勉，教师就不能也不该降低教之标准，去迎合不求上进的学生的要求。

在这里，王夫之看到了教师之教并非万能。教和学虽然联系紧密，但更是两件不同的事，教是教，学是学，学不等于教，而教也不能替代学。船山先生指出："夫学以学夫教，而学必非教；教以教人学，而教必非学。"[2] 学生学习是要掌握教师教给他的内容，而学生之学不同于教师之教。如果教学以学为追求和目的，那么学只能

---

[1] 王夫之：《船山全书》（第八册），岳麓书社1991年版，第675—750页。
[2] 王夫之：《读四书大全说》（上册），中华书局1975年版，第147页。

取决于学，而不能由教来决定。教虽能调动学，但教并不能保证学，教更取决于学，用学来衡量教是错误的。

王夫之教、学相异的观点振聋发聩。一般的观点认为，教决定学，学生学不好，责任在于教师，归咎于教师之教，"只有不会教的老师"就是这种论调的代表。王夫之暴露了教与学的另一面，有利于更科学地认识教与学的关系。

正是因为王夫之看到了在学生学的效果上，教的局限性和学的决定性，他才更明确地指出道："有自修之心则来学而因以教之，若未有自修之志而强往学之，则虽教亡益。"① 若一个学生根本无心向学，没有任何学习的内在动力，毫无"自勉"之力，教师的教是没有任何作用的。"苟非本心之乐为，强之而不能以终日"，如果学生内心不愿意去学习，教师整天施压强迫，学生根本不可能学好。

所以，在王夫之看来，学生自勉勤学之心，对教学效果具有决定意义，"故学者以去骄去惰为本，识自此而充。如登高山，登一峰始见彼峰之矗立于上"。② 学生作为学习的主体，必须在学习中发挥自我主观意志的能动作用，主动努力地学习，要"去骄去惰"，勤奋刻苦，积极进取，如登山一般，攀上一峰又一峰，学习者必须有这种积极向上的心理状态。

故王夫之指出，"故学者在先定其情，而教者导之以顺"，学生在学习之前，要先确定自己是否愿意学习，教师的教只能从学生的意愿出发，因势利导，使学生在愿学的基础上，更有学习的兴趣。

王夫之指出："善教者必有善学者，而后其教之益大。教者但能示以所进之善，而进之之功在人之自悟。"③ 教育教学水平高的教师，一定要有非常善于学习的学生，这样教师的教育效果才能显著。教师所能做的，只是让自己的教法更加完美完善，而学生进步与否

---

① 王夫之：《船山全书》（第四册），岳麓书社1991年版，第16页。
② 王夫之：《船山全书》（第十二册），岳麓书社1991年版，第481页。
③ 王夫之：《船山全书》（第七册），岳麓书社1991年版，第275页。

只能在于学生对学习的自我觉悟,"进之功,在人之自悟"。教育教学自然需要教师的教,需要教师在教上进行修炼,但"教在我而自得在彼",学生能否有所得,关键在于自己的努力程度。所以,教师之教,首先在于促进学生的"自悟",一个能激发学生自勉的教师,才是真正明白教之真谛的教师。

王夫之提出,教师要根据学生具体资质的不同,因人而异,有针对性地进行教育教学,这其实是最老生常谈、又必须要谈的因材施教原则。王夫之指出:"君子之教因人而进之,有不齐之训焉。"① 教师对学生的教育,要做到因人而有"不齐之训",最忌讳的就是"一概而施",要各因其性而教,这对身为教育者的教师来说,是关乎教育成败最具决定性的一个原则。正如清朝教育家戴震所言,因材施教如"医家用药,在精辨其气类之殊,不别其性,则能杀人"(《疏证》),教师不辨学生之性而教,短期、大体来看,似无太大不妥,但长期、个别来看,亦能毁人,后果十分严重。正是在这个意义上,戴震才说:"言乎其异谓之材,因材而善之,谓之教。"②(《原善》)教师之教,不是别的意义上的教,就是因材而教的教,真正的教育就是以学生之"异",因材施教。

王夫之告诫教师说:"教思之无穷也,必知其人德性之长而利导之,尤必知其人气质之偏而变化之。"③ 身为教师,就要经常思考学生德行、气质的优缺点,以及发展变化状况,以便能够及时纠正他们的不足,激发他们的长处,使他们能够不断进步。王夫之接着说:"顺其所易,矫其所难,成其美,变其恶,教非一也,理一也,从人者异耳。"④ 教师千教万教,教之理无非一个字"异",教的学生"异",教的方法"异"。倘若教师眼里没有一个"异"字,纵使学问再高,再努力,也都是枉然,不可能把学生教育好。

---

① 王夫之:《船山全书》(第七册),岳麓书社1991年版,第437—476页。
② 戴震:《孟子字义疏证》,上海古籍出版社1956年版,第65页。
③ 王夫之:《船山全书》(第十二册),岳麓书社1991年版,第156—192页。
④ 王夫之:《船山全书》(第七册),岳麓书社1991年版,第767—824页。

王夫之认为，因为学生之材各异，教师要因材施教，就必须要教亦多术，用不同的方法来教不同的学生。王夫之指出："夫教之为术也，或顺而成之，或逆而矫之，或诱之以易从，而生其慕道之切，或困之以难得，而起其奋发之切，盖亦多术矣。"① 顺逆都是教之术，关键看对待什么样的孩子。诱之困之亦是教之术，就看对什么样的孩子有用，"教者因人才之不齐，而教之多术"，教师的教法之所以不同，是由学生的性格才质所决定的。

王夫之指出："以人言之，始则视其质，继则问其志，又进而观其所勉与其所至，而分量殊焉。……斯造就人才之深心，不得不出于此，而岂一概而施，成乎躐等之失也哉。"② 教师如何因材施教呢？

在王夫之看来，教师要对学生视"质"，问"志"，既要明了学生的才质，看学生的个性特点，又要知道学生的志向追求，先天的"质"和后天的"志"，抓住了人之材的关键。王夫之还要求教师要观学生之"勉"与"至"，即学生的努力程度，以及这种努力实际所能达到的结果。"质""志""勉""至"这四个字，就是王夫之重点强调的教师所因之"材"，对教师进行因人而教具有重要启发意义。

王夫之的因材施教思想，还有另一层更深刻的意蕴，即包含着人人皆可教、人人皆可施教的可能，用他的话说就是："吾之与学者相接也，教无不可施。吾则因其所可知，而示之知焉；因其所可行，而示之行焉。其未能知，而引之以知焉；其未能行，而勉之以行焉。未尝无有以诲之也。"③ 在王夫之看来，没有不可教的学生，教也不能选择对象，人无不可教，教无不可施，这就有有教无类的意思。一个真正能够做到因材施教的教师，不会对所教学生进行选择，也

---

① 王夫之：《船山全书》（第八册），岳麓书社1991年版，第751—820页。
② 王夫之：《船山全书》（第七册），岳麓书社1991年版，第437—476页。
③ 王夫之：《船山全书》（第七册），岳麓书社1991年版，第477—524页。

不会埋怨有教不好的学生。

王夫之指出，教师要善于抓住时机，做到"因机设教"。"因机设教"是王夫之教师之教的重要思想，他明确指出："因机设教，而人无不可喻者矣。"① 教师只要做到"因机设教"，就没有教育不了的学生，这对教师而言是多么重要。问题是，教师所因之"机"又是什么呢？

在王夫之看来，教师"因机设教"，所因之"机"与"时"密切相关，即是说，教师要掌握教之"时"与"机"。王夫之在解释张载的"当其可，乘其间而施之"时指出，"可者，当其时也；间者，可受之机也"。② 教师教育学生，要把握好时间，"当其时"，要在正确的时间施教。教师教育学生，还要把握好时机，"受之机"，要正确的时间做正确的事情，这才是掌握了时机。教师因机设教，就是要求教师选择最佳时机行事，寻找最佳时机做事才能产生"有如时雨化之者"的神奇教育效果。

王夫之接着说："知道之序而尽人之材，则因机设教而人无不可喻者矣。"可以看出，"序"是因机设教的前提，教师只有事先知道了"序"，才能做到因机设教。而且，王夫之认为，"时"本身就有"序"之意，他指出："故教之有业，退之有居，必循其序而勉之不息，所谓'时'也。"③ 在这里，教师施教之"时"，就是循序而教之意，要求教师要按照次序和顺序施教。

那么，教师要按照什么样的"序"施教呢？王夫之指出："有初学难而后易者，有初学易而后难者，因其序别皆可使之易。"④ 有的学生开始很容易学会，越往后则越感到难学，有的学生开始很难学会，越往后则越感到容易学会。不同的学生有不同的学之序，教师要洞察学生学之序，循序而教，按照不同学生的不同学之序而教。

---

① 王夫之：《船山全书》（第四册），岳麓书社1991年版，第881页。
② 王夫之：《船山全书》（第十二册），岳麓书社1991年版，第143—192页。
③ 王夫之：《船山全书》（第四册），岳麓书社1991年版，第876页。
④ 王夫之：《船山全书》（第十二册），岳麓书社1991年版，第156—192页。

因机设教，所因之机就是学生学之序，教师循学生之学序而教，就是因机设教。

王夫之又说："言教人者，当随其高下而告语之，则其言易入，而无躐等之弊也。"① 教师"无躐等"，就是不要超越学生原有的顺序，要"随其高下而告语之"，这样教学生，才能做到因机设教。在这里，序是学生学习水平的高低不同，学生的智力有高低，且闻道先后不同，术业兴趣各异，教师所因之"机"自然不同。这里需要说明的是，教师要根据学生的学习水平顺序来教，而不是根据外在的要求顺序来教，在规定的时间内要教规定的内容，如果置学生学的内在顺序于不顾，焉能因机设教呢？教不躐等，要求的是教师教学不能超越学生的认识水平顺序，这才是因机设教。

---

① 王夫之：《船山全书》（第七册），岳麓书社1991年版，第462页。

第九章

蔡元培：研究之师

拿世界各国的大学校长来比较，牛津、剑桥、巴黎、柏林、哈佛、哥伦比亚等，这些校长中，在某些学科上有卓越贡献的不乏其人。但是，以一个校长身份而能领导那所大学，对一个民族，对一个时代，起到转折作用的，除蔡元培外，恐怕找不出第二个。①

——杜威

第一节 蔡元培生平

蔡元培（1868—1940年），字鹤卿、孑民，号孑农，我国近代著名教育家、民主革命家。清同治丁卯年十二月十七日，即1868年1月11日生于浙江绍兴府山阴县。

蔡元培并非出身书香世家，而是出身世代商贾之家，身为钱庄经理的父亲，十分重视培养孩子们读书。蔡元培四岁始读私塾，让他记忆犹新的老师，一位是背书打手心的严厉的李先生——"我记

---

① 高平叔：《蔡元培教育思想研究》，辽宁教育出版社1994年版，第1—2页。

得有一次背诵《易经》，屡次错误，被责手心几百下"①；另一位是只让看四书五经，不让读杂书的王先生——"有一日，我从一位同学借一部《三国演义》看，先生说看不得，将来进学后，可看陈寿的《三国志》。有一日，我借得一部《战国策》，先生也说看不得"。② 严格的私塾教育，使蔡元培的学业获得了长足进步，1884年，蔡元培十七岁时考取了秀才。

1889年，二十一岁的蔡元培中了举人，一时间举家欢庆，他也迎娶了第一位夫人王昭。这段婚姻是奉父母之命的旧式包办婚姻，婚前两人没见过面，但蔡元培对此并不拒斥。王昭为蔡元培生了两个儿子，蔡元培不喜欢王昭的一身旧习俗，但总体上二人夫妻关系还算过得去。不料，天有不测风云，王昭突然生了一场病，低烧不退，于1900年病重身亡，两人相伴共十一年。蔡元培十分痛心，称颂王昭有超俗之识与劲直之气。

1890年，蔡元培二十三岁时，进京会试得中成为贡士。二年后，经殿试中进士，被点为翰林院庶吉士。1894年，蔡元培二十七岁，授职翰林院编修。此年，甲午战争爆发，随后清政府惨败，戊戌变法夭折，使蔡元培对清廷大感失望，也使他认识到启迪民智的重要。1898年，他决定弃官从教，投身新式教育，走教育救国之路，先后担任绍兴中西学堂监督，嵊县剡山书院院长。

1901年，蔡元培三十五岁，应上海南洋公学邀请，任特班总教习。这时的蔡元培风华正茂，又在知识界颇有名望，一时间有很多张罗为他提亲的人。为了避免麻烦，蔡元培干脆写了个"征婚启事"，赫然列了五个条件：（1）天足者（不缠足的女性）；（2）识字者；（3）男子不得娶妾；（4）夫妇意见不合时，可以解约；（5）夫死后，妻可以再嫁。③ "不缠足""再嫁""离婚"在当时是多么石

---

① 崔志海：《蔡元培自述》，河南人民出版社2004年版，第8页。
② 崔志海：《蔡元培自述》，河南人民出版社2004年版，第10页。
③ 崔志海：《蔡元培自述》，河南人民出版社2004年版，第35页。

破天惊的字眼，于是征婚启事一出，蔡元培的门前便安静了下来。

有一次，蔡元培在朋友家看到一幅工笔画，线条秀丽，很有功底。一打听，作者黄仲玉是江西名士黄尔轩的女儿，她没缠足，知书识字，孝敬父母。后经人撮合，双方彼此都很满意，两人于1902年年初在杭州举行了一场中西合璧的婚礼。黄仲玉先后给蔡元培生下了女儿威廉和儿子柏龄。后来，蔡元培离开北大去欧洲考察期间，黄仲玉在北京染病，医治无效而逝。伤心欲绝的蔡元培当即写下了一篇祭文《祭亡妻黄仲玉》："呜呼仲玉，竟舍我而先逝耶……自汝与我结婚以来，才二十年，累汝以儿女，累汝以家计，累汝以国内、国外之奔走，累汝以贫困，累汝以忧患……"

当然，在南洋公学期间，蔡元培也逐渐成为一个激进的革命者，他兴办爱国学社、爱国女学，并认为革命只有两途，一是暴动，二是暗杀。于是，蔡元培一方面断发习兵操，在爱国学社推行军事训练，为暴动准备力量；另一方面加入了"暗杀团"，反复试验炸弹，准备伺机暗杀慈禧太后。后因一暗杀团成员被捕入狱，蔡元培才只好作罢。

1902年，蔡元培同蒋智由等在上海创办中国教育会并任会长。1903年，震惊中外的"苏报案"爆发，中国教育会遭受打击，蔡元培也被清政府通缉。蔡元培不得已只好辗转青岛、日本、绍兴、上海等地，一方面学习德语，准备赴德留学以躲避风头，另一方面仍从事教育和革命活动。1904年，蔡元培在上海建立了光复会。1905年，同盟会成立，光复会并入同盟会，孙中山委任蔡元培为同盟会上海分会负责人。

1907年，四十岁的蔡元培在驻德公使孙宝琦的帮助下，赴德国留学。他先在柏林一年，学习德语，后到莱比锡大学听课。蔡元培之所以到德国留学，是和他的教育救国之志分不开的，他曾在《为自费游学德国请学部给予咨文呈》明确说过："窃职素有志教育之学，以我国现行教育之制，多仿日本。而日本教育界盛行者，为德国海尔伯脱（赫尔巴特）派。且幼稚园创于德人弗罗比尔（福禄培尔)。而强迫教育之制,亦以德国行之最先。现今德国就学儿童之数,每人口千人中,占百六十一人,欧、美各国,无能媲者。……职现拟自措资费,前往德国,专修文科之学,并研究教育原理,及彼国现行教育之状况。至少以五年为期,冀归国以后,或能效壤流之助于教育界。"①

蔡元培在柏林的一年,条件非常艰苦,他曾以"半佣半丐之生涯"来形容自己。不得已,蔡元培为解决旅居经费,为当时在柏林留学的唐绍仪之侄宝书等四人做国学家庭教师,月薪100马克。1908年到1911年,蔡元培在莱比锡大学共选修了40门课,"蔡元培在莱比锡大学就学期间接触到大量心理学领域的科学发现和时代精神。心理学是他的主修课之一,显然也是他最感兴趣的主要领域之一。此外,蔡元培还修了西方艺术、文化和历史以及哲学等课程。"②

在莱比锡大学,蔡元培还跟随许多著名学者学习,他在《自写年谱》中这样描述道:"我听的讲义,是冯德的心理学或哲学史;福恺而的哲学,兰普来西的文明史;司马罗的美术史;其他尚听文学史及某某文学等。"此外,蔡元培经常光顾莱比锡音乐厅、歌剧院、美术馆、博物馆等,他广集博采,力图从广阔的视野和更深层次理解和把握西方文明的真谛。在德国的四年,蔡元培还翻译出版了《伦理学原理》,编著了《中国伦理学史》等一批学术书籍。

1911年辛亥革命爆发,蔡元培回国,就任南京临时政府教育总长。有一次,蔡元培无意中读到一个叫胡玉缙的人写的《孔学商榷》一文,引起了他浓厚的兴趣,一连读了几遍,他十分欣赏胡玉缙的才华,并决定将其聘请到部中任职。当时的胡玉缙只是无名小卒,与蔡元培素昧平生,能得到教育部长蔡元培这样的大人物举荐,本

---

① 蔡元培:《蔡元培全集》(第一卷),高平叔编,中华书局1984年版,第393—394页。

② 康拉德·雷施格:《蔡元培在莱比锡大学》,《应用心理学》1996年第2期。

该十分感激。出乎预料的是，胡玉缙接到邀请信后，竟然给蔡元培写了一封抗议信。

原来，问题出在蔡元培让下属写的信上。信的全文是："奉总长谕：派胡玉缙接收（教育部）典礼院事务，此谕。"胡玉缙对信中的"谕"字十分不满，写了两点进行抗议：其一，"谕"字是"亡清陋习"，这种专制性质的字样，在民国必须摒弃不用。其二，"谕"字是政府里上下级间发号施令的用语，我胡玉缙是前清的官员，和现在的教育部没有隶属关系，"未知从何谕起"。此信虽然是部属拟稿用字失当，但蔡元培接到胡玉缙的抗议信，便主动承担了责任，当即给胡玉缙写信道歉。胡玉缙收到蔡元培的道歉信大为感动，欣然答应到教育部任职，后来成为著名的国学大师。此一小事，充分展示了蔡元培作为一代大师的雅量。

后蔡元培因不满袁世凯的专制而辞职，再赴德入莱比锡大学学习。1913年，蔡元培被孙中山召回国，"二次革命"失败后，被迫赴法国留学。在法国期间，蔡元培完成了《哲学大纲》《文明之消失》《康德美学述》等著述，并发起组织勤工俭学会，成立华法教育会，被推为中方会长。

1916年蔡元培回国，次年执掌北京大学，到1927年被任命为大学院院长，蔡元培有近十一年时间在北大校长任上，而实际亲自主持北大时间为六年半。其间在张勋复辟、五四运动爆发等事件时曾有过几次辞职。

蔡元培主持北大工作期间，开展了著名的北大改革。蔡元培在北大的改革表现出了超人的胆量，他所承受的巨大压力是难以想象的，蒋梦麟曾将蔡元培的北大改革比喻为"在静水中投下革命之石""一圈又一圈的微波就会从中荡漾开来，而且愈漾愈远，愈漾愈大"。[①] 这也就是为什么蔡元培虽然不是北大的第一位校长，也不是在北大当校长时间最长的校长，但竟成了北大校长的代名词。

---

① 蒋梦麟：《西潮·新潮》，岳麓书社2000年版，第119页。

蔡元培接手的北京大学是个烂摊子，大多学生都是大小官员的子弟，上学都有听差伺候，到了上课时间，都要说一声"老爷该上课了"。蔡元培改革北大就是要给北大注入一种新的大学观，即要把北大改造成为一片"精神的圣地"，而非产生官僚之地。正是在蔡元培手中，"北京大学从一个培养官僚到政府里领干薪的职员训练所，变成了全世界各种思想的大熔炉"①，为此，蔡元培在办学思想上，提出了十六字箴言，即：囊括大典，网罗众家，思想自由，兼容并包。

蔡元培改革北大，主要是以德国近代大学为榜样，他的学生罗家伦说过："他对于大学的观念，深深无疑义的是受十九世纪初期建立柏林大学的冯波德（洪堡）和柏林大学那时代若干大学者的影响。"② 德国柏林大学是以开创大学研究职能闻名的，蔡元培改革北大，首先要做的就是对北大性质的定位，即研究高深学问之所！他曾明确指出："我以为大学之大，不是校舍恢宏，而是学术气度广大""大学者，研究高深学问者也。"

因此，蔡元培进入北大即下定决心，要延聘"纯粹之学问家"和"学生之模范人物"。最先受邀的是被委以文科学长之职的陈独秀，后来北大又相继邀请了一批年轻有为的学者，如胡适、周作人、朱家骅、梁漱溟等，留任了一批守旧但学有专长的旧派人士如刘师培、辜鸿铭。蔡元培在北大还组建成立评议会和教授会，一改以往北大校长独断专行、发号施令之风。

梁漱溟被蔡元培聘到北大任教，是北大历史上的一段佳话。当时梁漱溟在上海《东方杂志》发表了论文《究元决疑论》，蔡元培看到后，知道梁漱溟对印度佛学有研究，即决定请他到北大任教。当时梁漱溟只有二十四岁，北大的很多学生都比他年龄大，而且梁

---

① 费正清：《伟大的中国革命（1800—1985）》，刘尊棋译，世界知识出版社1999年版，第227页。

② 罗家伦：《逝者如斯集》，传记文学出版社1981年版，第57页。

漱溟过去多次报考北大都没有考取，最后只考入了直隶公立法政专门学校，是一位中专生。蔡元培却打破资历限制，不拘一格用人，年纪轻轻的梁漱溟便登上了北大这所全国最高学府的讲台。

蔡元培在北大还成立进德会，以提高师生的德行，他期望北大的知识分子能够成为社会的榜样和模范，要求加入进德会的师生必须戒酒、戒赌、戒嫖，并要求会员不做官吏、不做议员。蔡元培也是如此要求自己的，他自己定立了三个原则：一不做官，二不纳妾，三不打麻将。

蔡元培对北大学生学习风气也进行了整顿，要求"无人不当学，而亦无时不当学"，规劝学生一心向学，对于不学无术的学生绝不姑息，"据不完全统计，仅在1918年，因无故旷课、无视校规而被记过或勒令退学者，就有八十余人"。[1] 但对于贫困爱学的学生，蔡元培则不问资历和背景，想尽办法提供学习条件，并扩大招收旁听生，吸收不能正式入北大的青年来校旁听。

1919年，有一个叫邓春兰的女子上书蔡元培，请求北大增设女生座位，允许女子进大学读书。蔡元培被邓春兰的精神感动，表示如果有女生考试合格，就录取。1920年，有九名女生通过北大考试入学。由此，大学禁止女同学的风气被打破。而邓春兰也成为第一个提出解除大学女禁，要求男女同校上课的女子。

蔡元培十分关心学生。据说有一天，蔡元培和陈独秀、胡适在学士居吃罢晚饭，一起散步，发现了一个地方，就是"偷听生"们居住的"拉丁区"。他们很好奇，走了过去，看到一间屋子里有一个衣着寒酸的青年，正在微弱的灯光下读书，身旁放着两个发硬的馒头。性急的陈独秀忙上去询问，此青年感到十分惶恐，结结巴巴地说，自己是一个穷学生，没有办旁听证的钱，但却特别想听豫才先生（鲁迅）的课，蔡元培摆手示意，让他不要紧张，并看了看那两

---

[1] 娄岙菲：《黑暗与光明的消长——蔡元培与北大的合离》，《文史知识》2018年第1期。

个馒头说:"旁听证,明天你到我办公室去取,但现在你要跟我去吃饭。"这个北大的穷困旁听生,就是中国现代文学史上著名的乡土文学作家许钦文。

对待学生,蔡元培就像父亲一样进行悉心引导。曾有一北大学生,对成功十分渴望,可现实中却屡屡碰壁。于是便给校长蔡元培写了一封信,希望能够得到指点。蔡元培便约那位学生到办公室面谈。学生来到校长的办公室,还没开口,蔡元培就微笑着说:"快坐下,我给你泡杯茶。"说完便拿出茶叶,放进杯子里,倒上开水,递到学生面前的桌子上。蔡元培先生和蔼地说:"这可是极品的绿茶,是朋友特地从南京捎过来的,你也尝尝。"学生端起茶杯一看,只有几片稀疏的茶叶,水中也没有一点绿色,喝了一口,没有一点茶味道。蔡元培则根本不提学生来的目的,只是东拉西扯地谈一些漫无边际的话题,就在蔡元培稍微停顿的时候,稍显尴尬的学生便急忙找理由要告辞。蔡元培则微笑地说:"不着急走,先把茶喝了吧,这可是极品的绿茶,千万别浪费了。"学生只好又端起茶杯喝了一口,瞬间一股清香浓郁的味道沁入心脾!学生一愣,十分诧异看着茶杯,茶叶已沉杯底,水变成了一片碧绿,如翡翠般剔透夺目,而且整个屋里都可以闻到一种清新的香气。

蔡元培满含深意地问学生:"你明白了吗?"学生恍然大悟地说:"我明白了,您是想告诉我,追求成功就像这杯绿茶一样,不能只停留在表面,需要静下心来,认认真真,沉浸进去,才能获得成功。"蔡元培的绿茶哲学于简单处巧妙地引导了学生,这就是高明之师的智慧。

1919年,五四运动爆发,蔡元培为抗议政府逮捕学生,提交了辞呈。后经北大师生极力挽留,蔡元培才答应只做北大师生的校长。1920年,蔡元培与李石曾等人用"庚子赔款"在北京创办中法大学,蔡元培担任校长。

1923年,蔡元培因为抗议教育总长彭允彝干涉司法独立、蹂躏人权,向总统府提出辞去北大校长职务。这一次蔡元培真的走了,提交辞呈之后他就立即离开了北京。不过,"蔡元培在1923年提出辞职后,实际上并未得到获准,所以身份仍是北京大学校长。只是大部分时间,他都在欧洲各国演讲、会晤和从事研究著述工作,不再过问具体校务"。① 事实上,直到1930年南京国民政府才正式通过了蔡元培北大校长的辞呈,这期间,他一直是北大的挂名校长。

妻子去世后,蔡元培孤身一人过了几年。在他五十四岁时,身为北大校长的蔡元培再一次贴出了征婚启事,条件是:(1)具备相当的文化素质;(2)年龄略大;(3)熟谙英文,能成为研究助手。这是在找老婆,还是在招助手呢?引起了人们的热议。

这时,一位名叫周峻的女子来到了蔡元培身边。周峻是蔡元培在上海女校的学生,这时三十三岁。1923年,蔡元培和周峻在苏州留园举行了隆重的婚礼,婚后,两人感情融洽,周峻为蔡元培生育了三个孩子。后来蔡元培去世,周峻一直悉心保护蔡元培手迹遗作,并含辛茹苦地抚养孩子长大成人。

蔡元培离开北京后,赴欧洲从事考察、研究和著述,其间参访了欧洲数所知名大学,拜会了大科学家爱因斯坦和居里夫人,访问了意大利美学家克罗齐、美国教育学家孟禄、法国汉学家伯希和等人。1926年,蔡元培回国,策划苏浙皖三省自治运动,配合北伐战争。1927年起,任南京国民政府大学院院长、司法部长和监察院长等职。1928年,他辞去各行政职务,专任国立中央研究院院长。

"九·一八"事变后,蔡元培为抗日救亡事业奔波,拥护国共合作。1932年,与宋庆龄、鲁迅等组织中国民权保障同盟,被推为副主席。1937年,日军攻陷南京,国民政府西迁,蔡元培携全家迁往香港。1938年,蔡元培被推为国际反侵略运动大会名誉主席。

在香港,蔡元培已经年过七旬,年老体弱,病体缠身,他摒除

---

① 娄岙菲:《黑暗与光明的消长——蔡元培与北大的合离》,《文史知识》2018年第1期。

一切外务，专心养病和写作。他应胡适的建议，撰写自传，但由于卧病在床，不得不中途辍笔，只写了四万余字的未完成年谱。1940年3月，蔡元培起床后，走到浴室门口，忽然跌倒在地，口吐鲜血，昏厥过去。随后紧急住院，经香港各家名医诊治，终因年迈体衰，两天后，医治无效，溘然长逝，终年七十三岁，葬于香港仔山巅华人公墓。值得一提的是，蔡元培先生一生清贫，死后竟无一屋、一土，且欠下医院千余元医药费，连入殓时的衣衾棺木，也是由商务印书馆王云五代筹，实在让人唏嘘不已。

蔡元培病逝，引起各界人士的震惊和痛惜。毛泽东发来唁电："孑民先生，学界泰斗，人世楷模，遽归道山，震悼曷极？"周恩来送来挽联："从排满到抗日战争，先生之志在民族革命；从五四到人权同盟，先生之行在民主自由。"

蔡元培离开了这个世界，但他所开创的一代大学风气，必然被这个世界所铭记。这位"胸襟豁达而又虚心的读书人"，虽然表面沉静如水，却对后世产生了深远的影响，林语堂先生曾评论说："论著作，北大很多教授比他多，论启发中国新文化的功劳，他比任何人大。"傅斯年先生也说："蔡元培先生实在代表两种伟大文化：一曰，中国传统圣贤之修养；一曰，西欧自由博爱之理想。此两种文化，具其一难，兼备尤不可觏。先生殁后，此两种文化，在中国之气象已亡矣。"

第二节　教师道德：崇高品格

蔡元培认为，教育是一项非常重要和高尚的职业，"人类之职业，没有比教师再为重要的"[①]。从事教育职业的教师，肩负着培养人类下一代的巨大责任，不是随便谁都能胜任的，"教育是专门的事

---

① 高平叔：《蔡元培教育论集》，湖南教育出版社1987年版，第621页。

业，不是人人都能担任的"①。如此重要的教育事业，要求从教的教师，必须是品格高尚的人。蔡元培指出："教育者，养成人格之事业也。"② 只有人格高尚的教师才能培养出人格高尚的学生，作为教师，人格品质低劣，是最恶劣、最不能忍受的事，因为他将从根本上败坏人类的下一代。因此，教师必须品格高尚，具有崇高的理想品格是教师之为教师的根本。

蔡元培认为，教师要具备调和世界观和人生观的崇高品格。他指出："无论何人，不可不有其一种世界观及其与是相应之人生观，则教育之通则也。"③ 教育的一条根本原则，就是帮助人树立世界观及相应的人生观，这是教育精神性的重要体现。教师担负着引导学生做人的责任，其世界观和人生观就不能庸俗、功利和狭隘，而必须具有崇高性。

蔡元培指出，教师的世界观和人生观是不能割裂的，"然则以人生为本位，而忘有所谓世界观者，其见地之湫隘，所不待言"。④ 世界观观世界、看宇宙、纵今古、跨中西，破除的是井底之蛙之见，一个世界观缺失的教师，必然限于孤陋寡闻，眼界狭隘，他的人生观也难有大格局。相反，"然则持宇宙论而不认有人生之价值者，亦空漠主义者也"⑤，人生观思人生，是对人活着的意义和价值的思考，教师的人生观是教师对自己这一生总体的态度、思考和期待，一个只会谈天说地而没有自己人生思考的教师，只能生活在空虚浮泛之中。由此可见，一个品质优异的教师必然是世界观、人生观调和的教师。

事实上，很多教师的人生观世界观是迷茫的，尤其是教育的世界观和人生观。他们既缺乏宏观的教育视野，没有教育的格局、气

---

① 高平叔：《蔡元培教育论集》，湖南教育出版社1987年版，第222页。
② 高平叔：《蔡元培教育论集》，人民教育出版社1991年版，第43页。
③ 高平叔：《蔡元培教育论集》，人民教育出版社1991年版，第44页。
④ 高平叔：《蔡元培教育论集》，人民教育出版社1991年版，第44页。
⑤ 高平叔：《蔡元培教育论集》，人民教育出版社1991年版，第44页。

度与眼光，又缺乏对教育的价值和意义的思考，教育只是他们混饭吃的工具，表现出一副混世的态度。一个毫不关心世界观、人生观的教师，又如何能启迪学生形成正确的人生观世界观呢？又如何能使学生成为善良、有人性、有爱心、有眼界的人呢？蔡元培关于教师世界观人生观的观点，使我们认识到，教师世界观人生观的迷失，才是最严重的教育危机。

蔡元培指出，具有"安贫乐道之志趣"[①]是教师的一种崇高品格。蔡元培首先指出，教育虽然重要，但教育本身是一项清贫的事业，"教育之关系，至为重大，而其生涯，乃至为冷淡"。[②]"冷淡"一词，道出了教师职业生涯的真谛，毕竟教师不是商贾，亦不是官员，既无钱又无权。事实上，自古以来真正的教师，总是与清贫相伴的，因为一个真正投身教育的师者，是无暇顾及金钱权力之类的身外之物的。

这一点，蔡元培说得更明白："各国小学教员之俸给，有不足以赡其家者。夫人苟以富贵为鹄的，则政治、实业之途，惟其所择；今舍之而委身于教育，则必于淡泊宁静之中，独有无穷之兴趣，随高官厚禄，不与易焉。"[③]求富必从商，商人的本质就是追求金钱；求贵必从仕，官员因权而地位显贵。从教，就要耐得住清贫，教师与清贫天生就是一对孪生兄弟，两者紧密结合，师者固穷就是一条铁律。对于那些希望通过教师一职而发财或升官的人，教师就成为获取权钱的工具，又怎能为教育孩子而付出呢？

所以说，专以富贵为人生追求的人，是不应该也不能从事教师职业的，教育是专门的事业，学问的研究永无止境，既已投身教育，就当专心致志，于淡泊宁静之中寻求兴致。选择了教师，就是选择了奉献，选择了清贫与平淡，选择了心灵的高尚。所以蔡元培才说，

[①] 高平叔：《蔡元培教育论集》，人民教育出版社1991年版，第44页。
[②] 高平叔：《蔡元培教育论集》，人民教育出版社1991年版，第44页。
[③] 高平叔：《蔡元培教育论集》，人民教育出版社1991年版，第44页。

教师"要请愿意委身教育不肯兼营他事的"①，只有这样的老师才是真正的师者。

当然，教师安于清贫并非教师贫困宿命论，而是说，教师职业和富贵的职业相比，它是清贫的。蔡元培也主张要教师衣食无忧，方可更好地从教，他明确指出，要"厚教员之俸给，使不必营于米盐琐悉之务"。② 更重要的是，清贫不是贫穷，而是一种强大的力量和崇高的精神境界，教师安于清贫是一种至高的境界。教师的这种清贫境界，就是教师心中自持的无论身处何种诱惑都能安之若素、专心从教的品格修养。教师安于清贫是为了更好地从教，对社会而言，则要提高教师待遇，即使教师物质待遇提高了，也要保持内心清贫的境界，才能心无旁骛地从教。

蔡元培认为，教师具有"独立不惧之精神"③ 亦是一种崇高品格。蔡元培的时代，政局动荡，教育受到党派纷争的干扰，受到陈腐守旧思想的攻击，亦受到教会势力的侵染，那么从事教育的人该怎么办？蔡元培明确指出："夫教育之业，既致力于将来之文化，则凡抱陈死之思想，扭目前之功利，而干涉教育为其前途之障碍者，虽临以教会之势力，劫以政府之权威，亦当孤行其是，而不为所屈。"④ 教师要有"独立不惧之精神"的品格，要敢于抗争，不为外在干扰所困。

教师只有在自己精神上真正独立，才会无所畏惧，成就教育之真谛。当今教育也受到各种势力和思潮的干涉，尤其是在拜金主义的强势冲击下，教师能否保有人格的独立和思想的超脱，就显得格外重要。这需要教师抱有独立不惧之精神，不向世俗与物欲妥协，勇于追求道德、精神乃至生命意义的独立，保持人格的自足与完善，方才能真正从事好教育事业。

---

① 高平叔：《蔡元培教育论集》，湖南教育出版社1987年版，第276页。
② 高平叔：《蔡元培教育论集》，湖南教育出版社1987年版，第83页。
③ 高平叔：《蔡元培教育论集》，人民教育出版社1991年版，第44页。
④ 高平叔：《蔡元培教育论集》，人民教育出版社1991年版，第44页。

蔡元培指出，教师的崇高品格还体现在尊生爱生、以身作则上。他认为，教师的言行对学生影响巨大，"教育之道，贵乎以身作则，苟为教员者，一无苟且，自能引起学生之不苟且"。① 教师的言行具有重要的教育职能，教师这种职能的发挥，取决于教师本身的道德品格修养，教师必须具备以身作则的品格，才能对学生产生积极的影响。

蔡元培认为，教师是否尊生爱生是区分新教育和旧教育的标准，尊生爱生也是新时代教师应具备的崇高品质。蔡元培指出，旧的封建君主时代的教育，是一种不尊重学生主体的教育："君主时代之教育方针，不从受教育者本体上着想，用一个人主义或用一部分人主义，利用一种方法，驱使受教育者迁就他之主义。"② 这样的教育下，教师"每说我要学生圆就圆，要学生方就方，这便大误"③，又说："是教者预定一目的，而强受教者以就之。故不问其性质之动静，资禀之锐钝，而教之只有一法，能者奖之，不能者罚之，如吾人之处置无机物然，石之凸者平之，铁之脆者煅之；如花匠编松柏为鹤鹿焉；如技者教狗马以舞蹈焉；如凶汉之割折幼童，而使为奇形怪状焉。"④ 这是一种把学生当"无机物"的教育，是一种摧残人性的教育，是培养奴性的教育，"在使受教育者皆富于服从心、保守心"⑤，学生完全处于被压制状态，毫无主体性可言。

蔡元培指出，新时代的教育是把学生当"人"的教育，教师"应从受教育者本体上着想，有何能力，方能尽何责任"⑥，这是一种教师尊重学生的教育，信任学生的教育，是以承认学生自主生长和发展为前提的教育。在这种教育观下，教育"乃使成人受教于儿

---

① 高平叔：《蔡元培教育论集》，湖南教育出版社1987年版，第140页。
② 高平叔：《蔡元培教育论集》，人民教育出版社1991年版，第15页。
③ 高平叔：《蔡元培教育论集》，湖南教育出版社1987年版，第306页。
④ 高平叔：《蔡元培教育论集》，湖南教育出版社1987年版，第53页。
⑤ 高平叔：《蔡元培教育论集》，人民教育出版社1991年版，第15页。
⑥ 高平叔：《蔡元培教育论集》，湖南教育出版社1987年版，第53页。

童。何谓成人受教于儿童？谓成人不敢自存成见，立于儿童之地位而体验之，以定教育之方法"①。学生的教育不是教师的设计、计划和决定，教师必须从学生的地位体验出发，选择教育之法。

"教师要敲打的绝不是学生，而是要不断敲打知识和美德的燧石，从而努力点燃学生与生俱来的求知欲望和乐群天性。"② 蔡元培所要求的，就是教师要从根本上把学生当"人"，尊重学生，信任学生，这是一种教师的品格修养。因为教师没有这种品格修养，就很难真正从血液里去尊重信任学生。

由蔡元培尊重信任学生的教师品质观来看，当今仍然有很多老师以听话顺从、执行规则和命令作为评价好孩子的标准，而忽视了从学生出发去考量何为好孩子的评价。从这个意义上讲，我们很多教师在品格修养上，尚处在蔡元培所说的旧时代教育框架内，这不能不引起我们的高度警觉。

第三节　教师培养：抱定宗旨

蔡元培非常重视师资人才的培养，主张通过举办师范教育培养师资。他认为，在中国这样一个落后的人口大国，要想实现教育的普及，师范教育是根本，"师范教育，为普及教育的基本，最为重要"。③ 兴办师范教育，不仅要在普通高中体系中设置师范科，还要开设专门的师范学校。

蔡元培很早就十分关注师范生的培养问题，1898年他在杭州时，就曾建议设立师范学校，培养师资。1902年，蔡元培又计划筹设师范学会，并且拟定了《师范学会章程》。1912年，蔡元培任教

---

① 高平叔：《蔡元培教育论集》，人民教育出版社1991年版，第15页。

② 项贤明：《塑造儿童乃教育学之原罪》，《华东师范大学学报》（教育科学版）2018年第5期。

③ 蔡元培：《蔡元培全集》（第十八卷），浙江教育出版社1998年版，第509页。

育总长时，先后颁布了《师范教育令》《师范学校规程》等多项师范教育法令，通过立法确定了师范教育的地位。

蔡元培认为，师范生的责任重大，他在《对于师范生的希望》一文中指出："小学教员在社会上的位置最重要，其责任比大总统还大些。你们在学校中如有很好的预备，就能担负这责任。"① 要担负"比大总统还大些"的责任，需要师范生在学校就要很好地预备。

因此，蔡元培对师范生的培养提出了很高要求，核心一条就是要抱定宗旨，笃定为师的职业定向，不能为功名利禄所累。蔡元培认为，每个师范生都应清醒地认识并坚定自己为师从教的使命。1916年，他在《在浙江第五师范学校演说词》中明确提出，师范生要"抱定入学宗旨，勇往直前，不变目的，莫虑其他"。② 在蔡元培看来，师范生要有献身教育的信念和坚定的专业思想，只抱定求学的宗旨，而不能有任何功利性之目的，"诸君须抱定宗旨，为求学而来。……宗旨既定，自趋正轨。诸君肄业于此，或三年，或四年，时间不为不多，苟能爱惜光阴，孜孜求学，则其造诣，容有底止。若徒志在做官发财，宗旨既乖，趋向自异"③。

作为未来的教师，师范生肩负着育未来人才的重任，就要抱定为教育事业奋斗终生的追求，就要有坚定的思想信念和献身教育的无私精神。师范生必须明白，上学不是为了升官发财，更不是为了功利性的目标，而是一心求学，不可懈怠，以便将来更好地为教育服务。

蔡元培认为，师范生要成为学生学习的榜样，行为的养成至关重要。身教重于言教是为师者的基本原则，教师就是可供学生学习的模范。蔡元培明确指出，"教员者，学生之模范也。故教员宜实行道德，以其身为学生之律度，学生日熏其德，其收效胜于口舌倍蓰

---

① 高平叔：《蔡元培教育论著选》，人民教育出版社1991年版，第305页。
② 蔡元培：《蔡元培全集》（第二卷），浙江教育出版社1998年版，第479页。
③ 高平叔：《蔡元培教育论著选》，人民教育出版社1991年版，第72页。

矣"①。又说："怎么叫做师范？范就是模范，可为人的榜样。自己的行为要做别人的模范，所以师范生的行为最要紧。模范不是短时间能成就的，须慢慢的养成。"② 教师模范作用，要在师范生的时候预先培养，要做到循序渐进、不断学习，尤其要做到处处注意，"无论上课时，下课时，有人监督，无人监督，宜丝毫不事苟且"。③

为此，蔡元培认为，师范生要成为模范，就要在学期间做到砥砺德行，"当能束身自爱""品行不可以不谨严"。④ 他指出，师范生要注重日常生活中的个人修养及良好品质的养成，然后才能生成惯性，日后从教，自能成为学生学习的楷模。

蔡元培认为，师范生的培养需要学习各科知识与技能。师范生需要学习专业知识技能，但这还不够，蔡元培特别强调，师范生必须具备丰厚的经验储备和极为丰富的知识积累，只有这样才够得上教师的资格，"师范生对于各科的知识，必须贯通，各有心得，多看参考书，参观实在情形，心身上才有利益"。⑤ 教师只有具备各种学科知识，才能厚实自己的知识背景，广博自己的识见，这样才能保证课堂上的知识讲解深入浅出，融趣味性和知识性于一体。由此，蔡元培指出，"师范生须兼长并进，不能选此舍彼"⑥，师范生只有广博地学习阅读，对各科知识详博综贯，肆应不穷，才能成为一名合格的教师。

蔡元培指出，师范生还需要学习掌握教学和管理的方法。他认为，师范生如果"不知教育之学，管理之法，而妄任小学教员，则学生之身心，受其戕贼，而他日必贻于社会及国家，其罪盖甚于庸

---

① 沈善洪：《蔡元培选集》（下册），浙江教育出版社1993年版，第890页。
② 高平叔：《蔡元培教育论著选》，人民教育出版社1991年版，第304页。
③ 蔡元培：《蔡元培全集》（第一卷），浙江教育出版社1998年版，第149页。
④ 高平叔：《蔡元培教育论著选》，人民教育出版社1991年版，第73页。
⑤ 高平叔：《蔡元培教育论著选》，人民教育出版社1991年版，第304页。
⑥ 高平叔：《蔡元培教育论著选》，湖南教育出版社1987年版，第292—293页。

医杀人"。① 长期以来，一直有种错误的观念，认为教师只要掌握足够的知识就可以了，殊不知师范生如若不精通教学、管理的方法，那么就会误人子弟，进而危害国家和社会的未来，可见教学管理之法对师范生学习的重要性。

　　蔡元培指出，教师在掌握了丰富的知识之后，还必须精通教授的方法。1902 年，蔡元培起草了《师范学会章程》，其中明确指出了师范学堂的学生需要学习的三项主要科目，"曰管理法、曰育成法、曰教授法。教授法又分为三种：曰蒙学，曰小学，曰中学"②。蔡元培认为，教师如果不懂教授之法，就难以将知识真正传授给学生，这就像剑在匣中，灯在帷里，难以展现教师的专长，他说："知识富矣，而不谙教授之术，则犹之匣剑帷灯，不能展其长也。盖授知识于学生者，非若水之于盂，可以挹而注之，必导其领会之机，挈其研之力，而后能与之俱化，此非精于教授法者不能也。"③ 有句话说得好，这世界上难的事，就是把别人的钱装进自己的口袋，比这更难的是把自己的思想装进别人的脑袋里，教师不懂教授法，就很难把自己的知识思想让学生融会贯通。所以，蔡元培指出，师范生应在学校里学习、研究教育学、教授法课程，然后才可以为师。

　　蔡元培认为，管理的方法对师范生而言也十分重要："普通学教员，于教授学科以外，训练管理之术，尤重要焉。"④ 管理方法的适宜性关乎学生对教师的向师性，如果管理方法出现问题，即使教师是出于善意，也可能会出现好心办坏事的后果，这个教师就难以被学生接受。有位老师在管理过错的学生时说：你犯错误，我不管，对我来说自己就是一个罪人；我管你，你就在心中把我当成恶人。管学生，学生就把老师当成恶人，根本原因在于教师不懂管理的方

---

　　① 黄军昌：《蔡元培的师范教育思想》，《师范教育》1986 年第 3 期。
　　② 蔡元培：《蔡元培全集》（第一卷），高平叔编，中华书局 1984 年版，第 162 页。
　　③ 沈善洪：《蔡元培选集》，浙江教育出版社 1993 年版，第 890 页。
　　④ 沈善洪：《蔡元培选集》，浙江教育出版社 1993 年版，第 890 页。

法。在现实的教师管理学生中所出现的师生之间矛盾激化，甚至导致极端恶性事件发生，很重要的一个原因就是教师不懂管理之法，单凭一己主观愿望而为。所以，蔡元培才要求教师懂管理之法，通过管理来指导学生遵守秩序、专心向学。当然，教师管理的方法是一种知识，需要师范生勤加学习才能掌握。

蔡元培认为，师范生要培养有自治的能力。自治就是提倡师范生自我管理，而不是在别人的监督管理之下进行学习。蔡元培认为，如果学生不自治，不能自我管理，没有自我管理能力，一旦督责消失，就很容易走向自我放纵，"若无自治能力，必籍师长之督责，无督责即中辍，不免一曝十寒"①，那是很难为人师的。而且，师范生被他人管束，长期处于被治的状态，那么"学生既是被治的，将来出去办学校，当教习，一定也要治人，这正是流毒无穷的了"。②

所以，蔡元培提倡师范生自治，以达成学生自我管理、自我约束之目的。这样，一方面师范生"将来出校，转到中学，或是师范学校，提倡自治，总可以应用，断不至把自己从前所受的弊害，向别的学生图报复了"③；另一方面"'五四'以后，全国人以学生为先导，都愿意跟着学生的趋向走"④，自治"由学生传之各地方，一定可以提起国民自治的精神"⑤。师范生自治能够成为普通国民效仿的榜样，进而唤醒国民的自治意识，启发国民自治，引导国民自治。

第四节　教师素养：研究求知

蔡元培把研究求知作为教师的核心素养，与他对当时教师群体

---

① 蔡元培：《蔡元培全集》（第二卷），浙江教育出版社1997年版，第479页。
② 高平叔：《蔡元培教育论著选》，人民教育出版社1991年版，第290页。
③ 高平叔：《蔡元培教育论著选》，人民教育出版社1991年版，第290页。
④ 高平叔：《蔡元培教育论著选》，人民教育出版社1991年版，第290页。
⑤ 高平叔：《蔡元培教育论著选》，人民教育出版社1991年版，第291页。

中存在的三种不良现象的观察有关："一是'教而不学'的教师，这类教师一般有保守习气，或缺乏进修机会或研究机会，或本身对所任学科就无兴趣，而不注重研究、扩充知识，在实际的教学中，要么就教材范围略事准备，要么临时敷衍塞责。结果非但使学生知识不能扩充，而且还易使学生墨守成规，跟不上科学发展的步伐。二是'学而不教'的教师，这类教师对于所任学科能有系统的组织，对相关学科也能多方注意。但在教学过程中，往往忽视教学方法，教学引不起学生学习的兴趣。三是'不教不学'的教师，这类教师往往于所教的学科，既没有彻底的了解与持续的研究，也不熟悉教学方法，对待教学工作，要么敷衍了事，要么背诵教本，或者撷拾陈言，这类教师不仅自误而且误人。"①

蔡元培认为，三种不合格的教师之所以不合格，最根本的就是不研究，即不研究教（知识），不研究学（教学）。因此，蔡元培才要求教师要有研究求知的素养，唯有如此，方可成为合格之师。

蔡元培认为，研究求知是教师获得知识、学识的必由之路。一个教师如不具备丰富的知识，就难以胜任教师的职责。为此蔡元培指出："使教员之知识，本不丰富，则不特讲授之际不能详密，而学生偶有质问，不免穷于置对，启学生轻视教员之心，而教授之效为之大减。故为教员者，于其所任之教科，必详博纵贯，肆应不穷，而后能胜其任也。"② 没有知识，连学生的提问都应付不了，谈何为师呢？这就更证明了无知者不能为师。

因此，蔡元培认为，教师需要有宽广的知识视野，因为"教员孤陋寡闻，不能发展新思想"。③ 蔡元培经常告诫教师说："治文学者，恒蔑视科学，而不知近世文学，合以科学为基础；治一国文学者，恒不肯兼涉他国，不知文学之进步，亦有资于比较；治自然科

---

① 程斯辉：《蔡元培的教师观及其现实意义》，《高等师范教育研究》1993年第3期。
② 蔡元培：《蔡元培全集》（第一卷），浙江教育出版社1998年版，第149页。
③ 高平叔：《蔡元培教育论著选》，人民教育出版社1991年版，第43页。

学者,局守一门,而不肯稍涉哲学,而不知哲学即科学之归宿。"①身为教师,只有广泛涉猎,才能让自己的知识更加广博,在教育教学中才能更加得心应手,也才能为学生所认可接受。

蔡元培指出,教师不仅只是授课,更要抓住一切机会学习知识,"使自己的知识不断更新,保持活力"。② 在知识进步一日千里的时代,知识陈旧的教师将很难适应教育教学的要求,尽管教师可能在多年的教育实践工作中积累了丰富的经验,但如果不及时读书学习,更新知识,就很快会落伍。苏联著名教育家苏霍姆林斯基曾经描述了这样一个真实教师的案例,有必要呈现出来,帮助我们更好地理解蔡元培对教师知识更新的要求。

> 我想起了一年前发生在基洛夫格勒州某乡镇里的一件事。在这个乡镇里有一所较大的中学,有五十多名教师在这所中学里工作。这里有一个叫卡尔普·叶梅利亚诺维奇的物理教师,他在这所学校里任教已经有二十多年了,家长和学生都知道他是一个勤奋的人,是一名好教师。
>
> 因为从这所中学毕业升入高等学校的学生很少有回乡工作的,所以卡尔普·叶梅利亚诺维奇一直认为自己是掌握了先进知识的人。但是,随着学校的改革进程,我国的社会生活也在发生着一系列重大变革。在与这个乡镇相邻的一些集体农庄和国营农场里,出现了一些全部由中学毕业的青年人组成的生产班组。青年男女们在这里并不是一味地劳动,他们还读科学杂志,经常进行讨论,有时还就一些科学问题展开辩论。他们有很多人都对诸如热核反应、重力引力等科学问题感兴趣。
>
> 有一天,他们在阅览室里争论起关于基本粒子的问题来。青年们自知,对这个问题他们了解得并不多。去请教谁呢?人

---

① 高平叔:《蔡元培教育论著选》,人民教育出版社1991年版,第59页。
② 高平叔:《蔡元培教育论著选》,湖南教育出版社1987年版,第399—400页。

家毫无疑义地认为，物理教师能够解决他们的问题。于是他们到学校去请求物理教师给他们进行一次关于基本粒子问题的讲座。这一请求对于那位物理教师来讲是突如其来的。他想："他们为什么要了解这个呢？"但他没敢把这个问题提出来，怕一旦提出这个问题会伤害青年们的求知欲。

这位老教师坐下来读科学著作了。他试图把一些复杂问题搞清楚。但是对近年来所出现的那么多新知识他都忽略过去了，现在想一下子搞懂，又谈何容易。卡尔普·叶梅利亚诺维奇确信，这个讲座他是搞不了了。他从来没有说过谎，几天以后，当有人告诉他，青年们正在焦急地等待着他的讲座的时候，他说："我还没有准备好。也许，这个讲座我搞不了了。"

后来，这个讲座是由一个叫弗拉基米尔的人准备的，并于一个月以后进行了讲座。这个弗拉基米尔就是这所中学的毕业生，现在在当地的一个无线电枢纽站从事技术工作，是个求知欲旺盛的青年，对什么都感兴趣。讲座结束以后，卡尔普·叶梅利亚诺维奇握住自己这位昔日学生的手，祝贺他讲座成功。

两年后，弗拉基米尔进入了一所大学的函授部，后来又被派到一所区中学任教。他所教的物理课成了学生们最喜爱的科目。[①]

像案例中的卡尔普·叶梅利亚诺维奇老师，教书不可谓不勤恳，教学经验不可谓不丰富，但唯独缺乏了不断求知的素养，丧失了不断更新知识的追求。结果使自己在知识增长方面停滞不前，于是他作为一名教师，对自己的学生而言，就不再是知识的灯塔了。

教师求知的过程就是一个不断提升自己的过程，而不断提升自己是教师自我的要求，而不仅仅是外部的要求。它是教师的一种素

---

① 苏霍姆林斯基：《苏霍姆林斯基选集》（第五卷），蔡汀、王义高、祖晶主编，教育科学出版社2001年版，第164—165页。

质，一种求知的素质，"腹有诗书气自华"就是这种素质的体现。

蔡元培认为，研究是教师的基本素质，教师要成为研究型教师。他认为："延聘教员，不但是求有学问的，还要求在学问上很有研究的兴趣，并能引起学生的研究兴趣的。"① 教师的研究兴趣的意义不仅是提高自我素养，更重要的意义在于引起学生的研究兴趣，倘若教师对研究毫无兴趣，对研究一无所知，但却要求学生有研究兴趣，那将是十分荒唐可笑的。

可见，蔡元培对教师研究素养的要求，主要是针对培养学生研究兴趣而言。在蔡元培看来，学生学习不是在教师"灌输固定知识"的注入式教学下通过"硬记教员讲义"而获得固定的知识，而是在教师指导下"自动的研究学问的"，是要从教师的教诲中学习研究事物的态度和思维方式。这是一种研究性的学习，是破除了为考试而记诵知识的新的学习观，对培养学生的创新素养具有重要意义。而学生"研究学问，当然要有专门的教员的指导"②，由此，教师必须具备研究的素质，才能引起学生的研究兴趣，才能有效引导学生进行研究性学习，也才能提高学生进行研究性学习的能力。

---

① 高平叔：《蔡元培教育论著选》，湖南教育出版社1987年版，第248页。
② 高平叔：《蔡元培教育论著选》，湖南教育出版社1987年版，第399—400页。

第 十 章

梁启超：趣味之师

> 当任公先生全盛时代，广大社会俱感受他的启发，接受他的领导。其势力之普遍，为其前后同时任何人物——如康有为、严几道、章太炎、章行严、陈独秀、胡适之等等——所赶不及。我们简直没有看见过一个人可以发生像他那样广泛而有力的影响。①
>
> ——梁簌溟

第一节　梁启超生平

梁启超（1873—1929 年），字卓如，号任公，别号饮冰室主人。梁启超是中国近代史上最具影响力的人物之一，他是一位大师级的优秀学者，也是中国历史上少有的百科全书式人物，他研究的领域涉及史学、哲学、经学、文学、法学、宗教学、伦理学、教育学等。

在政治上，梁启超与老师康有为发起维新变法，人称"康梁"。在学术上，梁启超治学广泛，著述宏富，年均写作 39 万字之多，《饮冰室合集》计 148 卷，1000 余万字。梁启超还创造了很多我们

---

① 夏晓虹：《追忆梁启超》，中国广播电视出版社 1996 年版，第 259 页。

耳熟能详的新词，"中华民族"一词，就是他首次在文章中使用，其他新词，如"组织""经济""干部"等，也都始于梁启超。我们所熟知的马克思，在中国也是梁启超第一个在著作中提到，他在1902年撰写的《进化论革命者颉德之学说》一文中提到的"麦喀士"即马克思。

1873年，即清同治十二年，梁启超出生于广东新会茶坑村一个下层文士家庭。其父宝瑛，科举不得志，在乡里教书。梁启超自幼聪慧颖悟，四岁跟祖父识字，六岁读四书五经，"八岁学为文，九岁能缀千言"（《三十自述》），即八岁开始学习写八股文，九岁就能写出上千言的八股文章。

十岁，梁启超登乡里凌云古塔远眺，感慨作《登塔》诗云："日月有晦明，四时寒暑易。为何多变幻？此理无人识。我欲问苍天，苍天长默默；我欲问孔子，孔子难解释。搔首独徘徊，此理独难得。"小小年纪能如此者，殊属十分难能可贵。梁启超少年科第，十二岁中第一名秀才，十七岁中第八名举人，成为当时耀眼的新星。主考官李端棻认为他"国士无双"，有心把堂妹李蕙仙嫁给他。李蕙仙出身名门，自幼熟读诗书，此时李蕙仙二十一岁，最终由李端棻堂兄做主和梁启超订婚，两年后完婚。

李蕙仙为梁启超生子女三人，分别是长女梁思顺、长子梁思成、次女梁思庄。后来，李蕙仙陪伴梁启超经历了清末民初政坛的惊涛骇浪，与梁启超相依为命，在梁启超遇到困难时，她给予的总是鼓励和安慰，帮助梁启超渡过了一次次凶险。值得一提的是，李蕙仙曾在上海创办女子学堂，亲自担任校长，成为中国第一位女学校长。李蕙仙陪伴梁启超三十三年，后因乳腺癌去世。梁启超十分悲恸，写下了《祭梁夫人文》："我德有阙，君实匡之；我生多难，君扶将之；我有疑事，君权君商；今我失君，只影彷徨。"

梁启超少年得志，人生一帆风顺，不免沾沾自喜。在他十八岁时的一天，在同学陈千秋引荐下，梁启超拜访了康有为。康有为此年三十三岁，且只是一名监生，而梁启超已是举人身份，他是带着优越感来拜会康有为的。不料，在与康有为的一番交谈中，"先生乃以大海潮音，作狮子吼"，把梁启超颇为自负的重考据、辞章学问，驳斥得体无完肤，使梁启超如"冷水浇背，当头一棒"，方觉自己所学不过是科举之敲门砖而已，根本不算是什么真学问。在领教到康有为"新学"的"大海潮音"后，梁启超被康有为的学识所彻底慑服，遂决定抛弃旧学，拜康有为为师。梁启超进入康有为开办的万木草堂，博览中西书籍，学问亦大进，后来他经常说自己一生之学业，皆得益于此。

1895 年春，清光绪二十一年，梁启超和康有为入京参加会试，正值《马关条约》签订之时，割地赔款，丧权辱国，消息传出，举国哗然。康有为、梁启超遂联合各省举子 1000 余人，联名上书清廷，要求拒和、迁都、变法，这就是震动朝野的第一次"公车上书"。清朝制度规定，凡举人进京赶考，称为在"公车"，举人上皇帝的请愿书，则称为"公车上书"。第一次"公车上书"由于受到阻挠，光绪帝并没看到，因而没有结果。但这次"公车上书"不仅揭开了维新运动的序幕，而且也使梁启超从一个人微言轻的普通士子，迅速成为天下皆知的维新运动领袖人物，"康梁"并称，亦于此时而起。

1898 年 1 月，侵占胶州湾的德国侵略军百余人，窜入即墨县城，将即墨文庙孔子像挖去双眼，四肢损坏。此时恰逢戊戌科会试，各省举人云集北京，以康有为、梁启超为代表的维新派，迅速抓住时机，向各省举人散发了一封言辞激昂的公开信，鼓励各省举人联合行动，以维护孔教尊严。在此前后，签名者近 2000 人次，史称第二次"公车上书"，这次上书的影响迅速扩大至全国，成为戊戌维新变法的先声。

1897 年，维新派在湖南创办实务学堂，这是后来湖南大学的前身。梁启超被聘请为中文总教习。这时梁启超年仅二十四岁，风华正茂，每天上课、批改作业，很是辛勤负责，往往彻夜不寐。他口才很好,讲课气势恢宏,大胆泼辣。梁启超在《清代学术概论》中说,自己"以《公羊》《孟子》教,课以札记。学生仅四十人,而李炳寰、林圭、蔡锷高才生焉"。蔡锷就是从这时起,与梁启超结下了终生不解的师生缘。

1898年6月11日,光绪帝颁布"明定国是"诏书,戊戌变法正式开始。在变法期间,梁启超撰写了很多新政的奏折、章程,并受光绪帝召见,赏六品衔,负责办理京师大学堂译书局事务。据说,光绪皇帝召见梁启超时,梁启超粤语口音太重,把"考"说成了"好","高"说成了"古",光绪帝听得很费劲,还是听不太明白梁启超说的是什么,君臣问对,如鸡同鸭讲。光绪帝本打算重用梁启超,见对话如此费劲,就赏了他一个六品顶戴完事。看来,很多时候语言能决定一个人的命运前途。

变法失败,维新派遭杀戮,"六君子"喋血菜市口,梁启超剪掉辫子,穿上西服,逃往日本,开始了十几年的流亡生活。抵日后,在当地华侨的资助下,梁启超筹建了一个报馆,就是著名的《清议报》。《清议报》以"主持清议、开发民智"为宗旨,进行维新宣传。1899年经犬养毅撮合,梁启超与孙中山进行了第一次会晤。随后,梁启超与孙中山交往日密,观念发生了大变,开始赞成孙中山的革命主张。梁启超主持的《清议报》也不再刊登保皇文字,开始发表攻击清廷的文章。据说慈禧太后有次读完报后,捧报大哭,说是太糟蹋她了,便悬赏十万金,要梁启超的人头,又命刘学询到日本,放火烧毁了《清议报》报馆,梁启超逃到东京才得以幸免。

随着梁启超政治主张的转变,他与老师康有为的关系也开始渐行渐远。康有为依然顽固地坚持"保皇理论",而梁启超更加理解民主和共和,逐渐成为共和的支持者。尤其在对待张勋复辟一事上,康有为极力支持,而梁启超则支持段祺瑞的讨逆军,并公开撰文指责康有为是"大言不惭之书生,于政局甘苦,毫无所知"。康有为则把复辟失败之责归于梁启超,称其为"梁贼启超"。至此,康梁二人公开决裂。

虽然如此，但二人只是政见不同，师生情谊仍在，在康有为七十寿辰之时，梁启超还专程前往看望，撰《南海先生七十寿言》一文，以示祝贺。后来，康有为病逝于青岛，梁启超闻讯，迅疾电汇数百元为师成殓，并戴孝守灵，大哭三日。

梁启超是中国提倡"一夫一妻制"的先驱，正因为如此，他的二夫人王桂荃，为梁启超倾尽一生，给梁启超生了四儿两女，梁启超也不能给她任何名分，甚至连妾的头衔都没有。王桂荃身世可怜，年幼时被人贩子多次拐卖，最后被卖到了梁启超夫人李蕙仙家中。李蕙仙嫁给梁启超，王桂荃作为陪嫁的丫鬟也来到梁家。1903 年，王桂荃成为梁启超的侧室。此后，王桂荃协助李蕙仙操持家务，不辞辛劳，抚育子女成长，孩子们叫李蕙仙为"妈"，叫王桂荃为"娘"。

清帝退位，民国元年（1912 年），梁启超结束了十几年的流亡生活，从日本返国。回国后，梁启超组建了进步党，成为当时唯一能与国民党抗衡的大党。但梁启超的这个党是一个为袁世凯说话的党，为袁世凯的统治摇旗呐喊，梁启超也自然得到了袁世凯的赏识，被任命为司法总长。直到后来，袁世凯复辟帝制，丑恶嘴脸彻底暴露，梁启超才如梦初醒，积极参加反袁的护国运动，并支持自己的学生蔡锷组织的讨袁护国军。

袁世凯病死，段祺瑞政府成立，梁启超也随即成为段祺瑞的支持者，获得了财政总长兼盐务总署督办的头衔。1917 年，孙中山发动护法战争，段祺瑞政府倒台，梁启超的政治生涯也结束了。从此以后，梁启超的主要精力就转到了文化教育和学术研究活动上。

梁启超特别爱打麻将。据说，有一次几个知识界好友邀请梁启超讲演，不料梁启超却推辞说："你们约定的时间我恰好有四人功课。"朋友十分不解，听他解释后方才明白，梁启超说的是约了麻将局。梁实秋在清华读书时，就听说过梁启超的名言：只有读书可以忘记打牌，只有打牌可以忘记读书。把读书和打麻将并列，可见麻将对梁启超有着极大的吸引力。还有传说，梁启超曾发明了三人与五人的麻将玩法。梁启超爱打麻将,是因为他认为,打麻将可以锻炼人的坚忍精神,即便是不断输牌,只要坚持下去,就有翻盘的希望,即是说打麻将能锻炼人不气馁的精神。

对梁启超来讲,打麻将能激发创作灵感,他常常一边打麻将,一边口述社论,往往记录下来,一字不改,就可以直接拿去发表。据说,梁启超著名的讨袁檄文《异哉所谓国体问题者》,就是在打完麻将后,文思泉涌,一蹴而就写成。梁启超自己就曾说:"骨牌足以启予智窦,手一抚之,思潮汩汩来,较寻常枯索,难易悬殊,屡验屡效,已成习惯。"

梁启超爱打麻将,但他的学问绝不是打麻将打出来的,而是源于数十年如一日的艰苦勤恳积累。梁启超治学勤奋,每天五点起床,工作十小时,休息日亦如此。梁启超每天都有固定要读的书,从不偷懒,他非常惜时,抓紧一切时间读书,在讲课的路上也是手不释卷,他的书斋上挂一木牌写着:"除研究生外,无要事莫入。"他将"万恶淫为首,百行孝为先"改为"万恶懒为首,百行勤为先",并以此自勉。梁启超晚年著述尤为勤奋,仅1920年一年,他就撰写完成了《清代学术概论》《老子哲学》《孔子》《墨经校释》等著作。

梁启超博学多闻,涉猎广泛,被人戏称为"广陵散"。一次宴会,胡适说:中国古诗很多,诗人都吃肉,就是没有人写过猪。不料梁启超立即接话说:不见得,乾隆就写过"夕阳芳草见猪游"的诗句。要知道,乾隆一生作诗无数,无甚佳作,基本没人读,可见梁启超读书之杂之多,不得不令人佩服。

梁启超游历欧洲回国后,和他同去欧洲的蒋百里写了《欧洲文艺复兴史》的小册子,请梁启超作序。不料,梁启超竟然洋洋洒洒写了八万字,超过了蒋百里的正文篇幅。啼笑皆非的蒋百里只好给梁启超的书作序。这本书就是梁启超的名著《清代学术概论》,后又增补至25万字,即为《中国近三百年学术史》。

梁启超与清华大学有着深厚的渊源。早在1914年,梁启超应邀给清华学子演讲,题目为《君子》,他引用了《易经》中"天行健,君子以自强不息"和"地势坤，君子以厚德载物"的句子，勉励清华学子。此后，"自强不息，厚德载物"便成了清华校训。梁启超后来又多次应邀到清华演讲，但直到1922年，他才正式被清华聘用为教师。

有一天，《清华学报》总编辑陈达对学生梁思永说："你说一下，让你家老太爷来篇稿子吧。"结果，只过了几天，梁启超的稿子就完成了，这是一篇写中国学术地理分布的文章，陈达一看，吃惊地说："我一看，可了得，里面写了中国有史以来各学派的地理分布，各学派的内容和比较，各学派的代表人，这些人的下面又有几人，其生卒年月，著作名称，地理分布，如广东是什么派，浙江是什么派，等等，真是洋洋大观，这篇东西，如果让我来写，起码得半年。"

1925年，清华筹办"国学研究院"，梁启超被聘为国学研究院导师。这时，陈寅恪刚留学回国，三十出头，清华大学国学研究院主任吴宓，便向清华大学校长曹祥云推荐陈寅恪。曹祥云不敢贸然答应，带着疑惑来向梁启超请教，问道：陈寅恪是博士吗？答曰：不是。又问：有著作吗？答曰：没有。曹祥云失望地摇头说：既非博士，又无著作，怎能在清华园任导师呢？梁启超笑着说：我梁某人的所有著作，还不如陈先生寥寥几百字有价值！曹云祥听后大惊，亲自登门礼聘陈寅恪。这才方有为后世传为佳话的清华国学研究院的四大导师：梁启超、王国维、赵元任和陈寅恪。

作为清华国学院的教师，梁启超讲课一流，是一位少有的既能讲，又有大学问的学者。梁实秋在清华读书时，听过梁启超的演讲，认为梁启超的讲和写是两种完全不同的风格，他讲得比写得还好。梁实秋曾这样描述梁先生的演讲："先生的讲演，到紧张处，便成为表演。他真是手之舞足之蹈，有时掩面，有时顿足，有时狂笑，有时叹息。听他讲到他最喜爱的'桃花扇'，讲到'高皇帝，在九天，不管……'那一段，他悲从中来，竟痛哭流涕而不能自已。他掏出手巾拭泪，听讲的人不知有几多也泪下沾巾了！又听他讲杜氏讲到'剑外忽传收蓟北，初闻涕泪满衣裳……'先生又真是于涕泗交流之中张口大笑了。"这就是梁启超的演讲魅力，声情并茂，让听者进入一种忘我共鸣的境界。

中国话剧的奠基人、被誉为"中国易卜生"的熊佛西，谈到梁先生的演讲时也说："先生讲学的神态有如音乐家演奏，或戏剧家表演：讲到幽怨凄凉处，如泣如诉，他痛哭流涕；讲到激昂慷慨处，他手舞足蹈，怒发冲冠！总之，他能把他整个的灵魂注入他要讲述的题材或人物，使听者忘倦，身入其境。"梁启超演讲时，总能向听者彻底开放自己，以致忘我，把自己的真诚和热情完全散发，和听众融为一体，这不是什么演讲的技巧，而是把心交给了聆听的人。

梁启超演讲得好，和他的巨大投入与认真负责精神密不可分。梁启超演讲两小时，常常穷数日之力去准备，所以他的课讲得就好。梁启超在北京师范大学讲中国文化史的时候，只要是他的课，教室里总挤得满满当当，座无虚席，还有很多学生站着听，甚至有些学自然科学的学生，宁可不听本门功课而来听他讲授。

据说，梁启超在给学生讲贾谊《治安策》时，全文七千多字，梁启超根本不看书，一边讲一边背，学生非常惊讶，梁却笑着说：我不能背《治安策》，又怎么能上"万言书"呢？有一次，梁启超得病，查出心脏有问题，医生要求他停止一切工作休息。岂料，他当天晚上就跑到学校去授课，张君劢听说老师又去讲课了，赶忙跑到学校把梁启超从讲台上拉下，要求他立即停课，并致函学校，停止梁启超一切授课。

梁启超非常热爱自己的学生，对学生任何优点都不吝赞美鼓励。他盛赞王力的论文，直接写出了"卓越千古，推倒一时"的批语。给潘光旦作业的批语是"以吾弟头脑之莹澈，可以为科学家；以吾弟情绪之深刻，可以为文学家"。他的一个学生拜访他，他写了一副对联以示鼓励——"万事祸为福所依，百年力与命相持"，并对学生说：这是我一首诗的录句，今天特别写给你，是希望你立志向上奋斗，凡事要从远处看，不可以因一时起伏而灰心丧志，要有定力和毅力。

梁启超给学生打分，只看重过程和表现，不重视卷面答案。一次考试，有个学生得了 50 分，很是意外，因为他觉得自己答题还不错，不至于得这么点分数，就去问梁启超。不料，梁启超十分平静地对学生说，你的试卷我压根儿没看，我只根据你平时的表现打分，你重新复习，参加补考吧！学生不敢说什么，只好回去复习。补考试卷交给梁启超，他看都不看，就打了 100 分，并对学生说：你复习很努力，我都知道了，也很满意，相信你已经真正掌握这些知识了。梁启超的学生求学观，重视的是真知的掌握理解，而不是考试的分数。

说到梁启超，就不得不说他极其成功的家庭教育。梁氏九个孩子，个个杰出，其中，考古学家梁思永、建筑学家梁思成、航天专家梁思礼，都当选为中国科学院院士，一门三院士，在中国学术史上绝无仅有。成功的家庭教育使梁家被誉为"中国第一精英家庭"，梁启超也因此获得了"中国家庭教育第一人"的名号。

梁启超家教的成功，不是靠严厉和管教，而是靠情感的投入。梁启超认为，家教中，"情育"与"智育""意育"并列，甚至要高于"智育""意育"，"情育"最重要的就是亲情陶冶，梁启超指出："天下最神圣的莫过于情感，老实说，要把情感教育放在第一位。"

梁启超事务极其繁忙，但他从未因此耽误过对孩子教育的关注，他通过给子女写信进行教育指导，三十年从不间断，这些信的总字数，占他全部著述字数的十分之一还多。在信中，梁启超常有这样的表达："须知你爹爸是最富于情感的人，对于你们的爱情，十二分热烈……"梁启超在给子女的信中，就是这样直言不讳地表达自己对孩子的情感。真情的教育最能动人心弦，梁启超在信中对孩子们真情的流露，甚至今天看来，都有点肉麻，他经常称呼孩子们为：大宝贝，小宝贝，宝贝乖乖，他还称大女儿思顺为"我最爱的孩子"，给三女儿思懿取外号叫"司马懿"，称小儿子思礼为"老白鼻（BABY）"等。

一次，梁思庄刚到加拿大，考了班上第十六名，十分灰心沮丧，梁启超就写信说：庄庄，成绩如此，我很满足了。因为你原是提高一年，和那按级递升的洋孩子们竞争，能在三十七人中考到第十六，真亏你了。好乖乖不必着急，只需用相当努力便好了。

梁启超就是这样直截了当表达自己对孩子们全然的爱，他称这种对孩子们爱意满满的真情流露为"汹涌的爱的灌溉"。梁启超这种汹涌奔放的情感，换来的不是"娇惯"的孩子，而是孩子对父亲的"娇惯"。家庭教育不是父母以长者的身份进行说教、指责，孩子不是工业品，他们需要的是父母的真情感，而不是"教育"，教育是情感的自然结果，而不是要达到的某种目的。当然，梁启超对孩子的爱不是"溺爱"，真正的爱，不是满足，而是品质的传递，正如梁启超所说："爸爸虽然是挚爱你们，却从不肯姑息溺爱，常常盼望你们在困苦危险中把人格能磨炼出来。"

随着年龄的增长，以及常年超负荷的工作，梁启超的身体不堪重负，开始疾病缠身。1923年，梁启超心脏出了问题，曾一度登报谢客。后来又出现小便带血，家人多次劝他就医，总以"费事"为由不去。直到1926年年初，病情加重，梁启超才不得不入院治疗。1928年9月，梁启超在与病痛斗争中，开始着手编写《辛稼轩年谱》，他的学生谢国桢和萧龙友见老师病情严重，便劝梁停止工作，多多休息。梁启超却说："战士死于沙场，学者死于讲坛。"

梁启超笃信西医，他选择了当时国内最好的西医医院——北京协和医院。手术后，梁启超的病情未见好转，反而恶化。病入膏肓的梁启超，仍然站在协和医院一方，强撑病体写了《我的病与协和医院》一文，指出："我盼望社会上，别要借我这回病为口实，生出一种反动的怪论，为中国医学前途进步之障碍。"

1929年1月19日，一代宗师梁启超，永远地闭上了眼睛，年仅五十五岁。梁启超的墓碑由梁思成、林徽因共同设计，墓碑上没有碑文，也没有他生平事迹的文字。这是梁启超生前的遗愿，如他所曾说："知我罪我，让天下后世评说，我梁启超就是这样一个人而已。"

第二节 为师之责：教人做人

梁启超认为，对于学生成人，教师具有重要作用，教师的水平在很大程度上决定了学生的成就。梁启超在《代总理衙门奏拟京师大学堂章程》中明确指出："学生之成就与否，全视教习。教习得人，则纲目毕举；教习不得人，则徒糜巨帑，必无成效。"[①] 没有好的老师，就难教出好的学生，学生能否成才，教师之教起着关键作用。

梁启超指出："夫师也者，学子之根核也。师道不立，而欲学术之能善，是犹种稂莠而求稻苗，未有能获者也。"[②] 教师是学生的"根核"，"根核"出了问题，由此而生的一切就都有了问题。名师出高徒就是此意，名师知识渊博，教学艺术高超，人格魅力四射，只有名师才能给学生提供优良的教育，才能把自己所掌握、所理解的最先进的知识传授给学生，从而造就出类拔萃的学生。名师并不必定出高徒，但师从名师就容易成为高徒。

美国哥伦比亚大学哈里特·朱克曼（H. Zuckerman）在《科学界的精英——美国的诺贝尔奖金获得者》一书中指出，1972年以前，有92名美籍科学家获得诺贝尔物理、化学、生理医学奖，其中有48人的老师曾是诺贝尔奖获得者。这92名获奖者的平均获奖年龄为51岁，而老师是诺贝尔奖获得者的人，比老师不是诺贝尔奖获得者的人，平均获奖年龄要小7.2岁。这种师生间的镜像关系，正说明了梁启超所谓的"夫师也者，学子之根核也"的道理，有了良好的根，才有可能长出参天大树。

---

① 夏晓虹：《梁启超·饮冰室合集集外文》（上册），北京大学出版社2005年版，第38页。

② 梁启超：《梁启超论教育》，商务印书馆2017年版，第31页。

梁启超指出:"人才者,国之所与立也;而师也者,人才之大原也。故救天下之道,莫急于讲学;讲学之道,莫要于得师。"教师通过教育培养人才,开发民智,才能从根本上实现救国救民。梁启超认为,旧中国之所以孱弱,就在于教育的腐朽落后,而教师的迂腐更是令人愤慨,他气愤地指出:"中国四万万人之才之学之行之识见之志气,其消磨于此蠢陋野悍、迂谬猥贱之人之手者,何可胜道?"① 中国的教育,完全毁于这些无能的教师之手。因此,培养高质量的教师就成为当务之急,梁启超认为,建立师范教育培养教师是第一要务,"故欲革旧习,兴智学,必以立师范学堂为第一义"②,通过师范教育培养优质的教师,进而培养真正的人才。

梁启超重视教师在人才培养中的决定性作用,那么,在具体的人才培养中,教师到底肩负着什么样的责任呢?

事实上,任何一个为师者都必须清楚明了自己的责任,因为在很多时候,我们当不好老师,不是我们努力得不够,而是我们的责任不明。正如梁启超所言:"有责任斯有目的。照此目的做去,则虽苦不觉其苦;否则即一日做一无目的之事,其苦已不可名状矣。"③ 责任就像你身体的质量,没有它你必将会飘飘然起来,放浪自由,却没有前进的目标。教师只有清楚自己要干什么,明白自己的责任并守护自己的责任时,才会有教育的目标和方向,才会由衷地产生对教育的爱。

1922 年,梁启超在《教育与政治》一文中,明确提出了从事教育职业所应有的责任:"教育是什么?教育是教人学做人——学做现代人。……教育事项虽然很复杂,目的总是归到学做人这一点。"④ 对教师而言,其全部责任就是教会学生如何做人,以及做一个什么

---

① 梁启超:《梁启超论教育》,商务印书馆 2017 年版,第 44 页。
② 梁启超:《梁启超论教育》,商务印书馆 2017 年版,第 33 页。
③ 梁启超:《饮冰室合集·集外文(中)》,北京大学出版社 2005 年版,第 671 页。
④ 梁启超:《梁启超论教育》,商务印书馆 2017 年版,第 192 页。

样的人，这也是教师传授知识的出发点和最终目的。

对此，梁启超曾明确给出自己的答案："问诸君：'为什么进学校？'我想人人都会众口一词的答道：'为的是求学问。'再问：'你为什么要求学问？''你想学些什么？'恐怕各人的答案就很不相同，或者竟自答不出来了。诸君啊，我替你们回答一句罢：'为的是学做人'"。[①] 学做人才是真正进学校的目的，才是求学的根本追求。因为在梁启超看来，教师传授知识学问的责任固然重要，但教学生做人则更重要，"你如果做成一个人，智识自然是越多越好；你如果做不成一个人，智识却是越多越坏"。[②] 一个人学识所产生结果的好与坏，是由其做人所决定的。

教师的职责是教学生做人，问题是教学生做什么人呢？

梁启超认为，教师要教学生做一个生活中的人，做一国之人，这是做人最基本的方面。梁启超指出："人不是单独做得成，总要和别的人连带着做。无论何人，一面做地球上一个人，一面又做某个家族里头的父母或儿女，丈夫或妻子，……尤其不能免的是无论何人总要做某个国家的国民。教育家教人做人，不是教他学会做单独一个人便了，……不会做这种种脚色，想做单独的一个人决然是做不成的。"[③] 在梁启超看来，教师教学生做人，不是做一个孤立于社会、家庭的人，不是一个没有国家观念的人。任何一个人，首先是在社会上生活、在家庭里生活的人，而我们的教育和教师，恰恰忘了这一点，忘了这一最普通、最正常的做人的要求，他们培养的是只会考试的机器人，是只以自我为中心的人，是家国情感淡漠的人。这种人虽然有发达的智力，却丧失了普通人的资格。

梁启超指出，教师教学生做人，就要教学生成为有公德的人。梁启超认为，公德是新道德，强调的是利国、利群，"公德者何？人

---

① 梁启超：《为学与做人》，古吴轩出版社 2016 年版，第 3 页。
② 张品兴：《梁启超全集》，北京出版社 1999 年版，第 4066 页。
③ 梁启超：《梁启超论教育》，商务印书馆 2017 年版，第 192—193 页。

群之所以为群,国家之所以为国,赖此德焉以成立者也"。① 这里,梁启超所着重强调的是,公德是人类社群成立和国家建立的根本。

与公德相对的是私德,梁启超认为,中国传统上最强调私德,重视的是一私人对他私人之德,注重的是"自身"之德,不注重一私人对于一群体之德,忽视的是"群体"之德。"人人独善其身谓之私德,人人相善其群谓之公德"②,私德强调个人,公德指向国家群体,中国传统提倡偏重私德,公德在中国被轻视忽略,这是中国传统道德教育的特点。正如梁启超所言:"我国民所最缺者,公德其一端也。"③ 而个人对待群体的道德即公德,恰恰是现代国家得以成立的基础。

梁启超认为,公德的核心在"利群","公德之大目的,即在利群"。④ 所以梁启超要求教师教学生具有公德,就是要让学生做到利群益群,要让学生主动履行对国家、群体的义务,而不能只享受群体的利益而不承担责任。

梁启超指出,中国之所以积贫积弱,公德缺失是重要原因,他在《新民丛报》创刊宗旨上写道:"中国不振由于公德缺乏,智慧不开,故本报专对此病而药治之。"梁启超把不重公德的中国传统私德教育称为"束身寡过主义","吾中国数千年来,束身寡过主义,实为德育之中心点"⑤,教师教学生以束身寡过主义之道德,成就的是私德之国民。这些人,对列强的入侵,事不关己,麻木不仁。这让梁启超痛心疾首,他深刻地认识到,缺乏公德的国民,只会安心当亡国奴,中国也就不可能立于世界。

梁启超指出:"今吾中国所以日即衰落者,岂有他哉? 束身寡过之善士太多,享权利而不尽义务,人人视其所负于群者如无有焉。

---

① 梁启超:《新民说》,宋志明选注,辽宁人民出版社1994年版,第16页。
② 梁启超:《新民说》,宋志明选注,辽宁人民出版社1994年版,第16页。
③ 梁启超:《新民说》,宋志明选注,辽宁人民出版社1994年版,第16页。
④ 梁启超:《新民说》,宋志明选注,辽宁人民出版社1994年版,第22页。
⑤ 梁启超:《新民说》,宋志明选注,辽宁人民出版社1994年版,第18页。

人虽多，曾不能为群之利，而反为群之累，夫安得不日蹙也？"① 正因为所教之人只以私德为重，而不知何为公德，更不知何为个人对群体之责任，所以就不能为群体着想，对危害国家民族之事无动于衷。中国要想改变衰落之状，教师担负着重要的责任，就要培养学生具有群体之责任，培养学生成为有公德心的国民。

梁启超指出，教师教学生做人，就要教学生成为具备"三达德"的人。他认为，与知、情、意相对，中国古哲人提出了智、仁、勇三达德。之所以叫三达德，是因为这三条是做人最基本的标准，教师要教学生具备智、仁、勇三者，方可成为一个人。

如何培养学生成为达德之人呢？梁启超认为："知育要教到人不惑，情育要教到人不忧，意育要教到人不惧。教育家教育学生，应该以这三件为究竟。"②

教师要教学生不惑，成为有知识的人，在梁启超看来，养成学生的判断力最为重要。教师如何教学生具备判断力呢？梁启超提出了三点建议："要养成判断力，第一步，最少须有相当的常识；进一步，对于自己要做的事情须有专门智识；再进一步，还要有遇事能断的智慧。"③ 常识、智识和智慧，由低到高层层递进，且是一个整体，缺一不可。

教师教学生做人，首先要教一些生活中需要了解的基本知识，常识也是知识的一部分，是生活中的"简单"知识，教师教育学生一定要从"常识"开始。学生是生活中的人，需要对生活中遇到的一些事进行判断，就要教师教一些常识，避免在生活面前成为"白痴"。在这里，梁启超强调的常识，就是要求教师教学生对生活的判断力，不至于只学了满脑子知识，却不会生活，与生活脱节，"成了最可怜的人了"。

---

① 梁启超：《新民说》，宋志明选注，辽宁人民出版社1994年版，第19页。
② 梁启超：《为学与做人》，古吴轩出版社2016年版，第4页。
③ 梁启超：《为学与做人》，古吴轩出版社2016年版，第4页。

教师教学生做人，常识之后就是智识，即是说教师要教学生学专业知识。梁启超指出："我们做人，总要各有一件专门职业。这门职业，也并不是我一人破天荒去做，从前已经许多人做过。他们积了无数经验，发现出好些原理原则，这就是专门学识。"① 教师教学生具备专业知识，是要形成对从事职业的判断力，这种判断力就是智识。在梁启超看来，知识不同于智识，但知识是形成智识的根基，有了专业知识并形成对职业生活实践中事件的判断力，才叫智识。没有智识，只有知识，就难以真正从事所从事的职业。

梁启超认为，教师教学生不惑，具有常识和智识还不够，因为每个人还可能遇到一些"没有学过的事"，对付这些事情，就需要学生具备智慧。与常识和知识相比，智慧是最根本的判断力，它是一种创造性解决问题的能力，是知育的最高境界。所以，在知育上，教师教人不惑，就是要教学生具备常识、知识和总体的智慧。

教师要教学生不忧，成为有人格品质的人。梁启超认为，人格的完成叫"仁"，教师要教学生成为普遍人格实现的人，就是让学生成为"仁者"。那么"仁者"何以不忧呢？梁启超指出："大凡忧之所从来，不外两端，一曰忧成败，二曰忧得失。"② 具备仁的品格就不会忧成败得失，仁者做事总是为做事而做事，而不是为了达到外在的某种目的，又何来成败得失呢？这就是最高的情感教育，教师要教学生具备不忧于成败得失的品格。

教师要教学生不惧，成为有坚强意志力的人。梁启超认为，意志力对学生至关重要，没有意志力，智识和情感的培养就会落空，"一个人若是意志力薄弱，便会有丰富的智识，临时也会用不着，便有优美的情操，临时也会变了卦"。③ 梁启超认为，教师培养学生的意志力，首要的就是要学生心地光明，一个人的心有多坦荡，就意

---

① 梁启超：《为学与做人》，古吴轩出版社2016年版，第5页。
② 梁启超：《为学与做人》，古吴轩出版社2016年版，第7页。
③ 梁启超：《为学与做人》，古吴轩出版社2016年版，第8页。

味着他能容下多大的世界。教师教学生心地光明，学生才能看见命运最美的风景。

教师培养学生的意志力，还需要让学生做到不为劣等欲望牵制。人世间充满各种低级诱惑，色、利二字当头，在诱惑面前，顺欲望而为，纵情声色，追名逐利，必然陷于空虚堕落。这需要教师教学生要善于用意志战胜欲望，顶天立地做一个人，否则"一个人有了意志薄弱的毛病，这个人可就完了。自己作不起自己的主，还有什么事可做！……自己的意志做了自己嗜欲的奴隶，那么，真是万劫沉沦，永无恢复的余地，终身畏首畏尾，成了个可怜人了"。[1] 教师教学生用意志战胜欲望，不是一件容易的事，需要时刻进行意志磨炼，这样在面对外界的压迫和诱惑时，才能保持积极向上的勇气，从不惧怕。梁启超认为，这就是意育的目的，就是教师要教学生做到勇者不惧。

梁启超认为，教师教学生具备不惑、不忧和不惧三者，这是做人的基本要求，"我们拿这三件事作做人的标准，……倘若连一件都不能做到，连一点把握都没有，嗳哟，那可真危险了，你将来做人恐怕做不成"。[2] 这就要求教师要承担起教学生做人的责任，使学生在知、情、意三方面获得发展。

第三节　为师之能：教育趣味

梁启超认为，教师最重要、最基本的素养就是要有对教育的趣味，乐于从教，热爱从教。梁启超认为，趣味是一个人愿意做事、愿意做好事，并能津津有味做好事的根本，他说："假如有人问我：'你信仰的什么主义。'我便答道：'我信仰的是趣味主义。'有人问

---

[1] 梁启超：《为学与做人》，古吴轩出版社2016年版，第9页。
[2] 梁启超：《为学与做人》，古吴轩出版社2016年版，第10页。

我：'你的人生观拿什么做根柢。'我便答道：'拿趣味做根柢。'"①梁启超把趣味作为信仰，作为人生观的根本，是因为他认为只有趣味才能使人积极向上、不断进步。一个人终日被悲观厌世、干瘪萧索、颓唐落寞的反趣味情绪侵入弥漫，便难有长进，甚至生出恶来，所以梁启超才说："趣味是活动的源泉，趣味干竭，活动便跟着停止。"②

　　正因为趣味如此重要，梁启超才要求教师要有教育趣味，并以教育为唯一的趣味，"在教育界立身的人，应该以教育为唯一的趣味""一个人若是在教育上不感觉有趣味，我劝他立刻改行，何必在此受苦？既已打算拿教育做职业，便要认真享乐，不辜负了这里头的妙味"。③在梁启超看来，教师有教育趣味，才能持之以恒，才能真正享受到教育带来的快乐；反之，教师没有教育趣味，就难以品尝到教育所蕴藏的快乐，就会以教育为受苦，这样既不利于教育，又让自己难受，又何必要当教师呢？教师以教育为唯一趣味，意味着教师对教育工作崇高价值的高度认同，是教师对教育工作执着和责任的原动力。教育趣味能形成教师由内心对教育的热爱情怀，具有真正教育趣味的教师，对教育的爱，才像呼吸一样自然。

　　梁启超认为，教育本身是最有趣味的，有教育趣味的教师，才能够从职业中获得世界上最大的快乐。在梁启超看来，"教育家比皇帝要快乐"，并认为"我们要选择趣味最真而最长的职业，再没有别样比得上教育"。④为什么教育是趣味最真最长的职业呢？

　　梁启超认为，教师能从教育中获得其他任何职业所不能获得的快乐："教育家特别便宜处，第一，快乐就藏在职业的本身，不必等到做完职业之后，找别的事消遣才有快乐，所以能继续。第二，这种快乐任凭你尽量享用，不会生出后患，所以能彻底。第三，拿被

---

① 梁启超：《为学与做人》，古吴轩出版社2016年版，第19页。
② 梁启超：《为学与做人》，古吴轩出版社2016年版，第20页。
③ 梁启超：《为学与做人》，古吴轩出版社2016年版，第24页。
④ 梁启超：《为学与做人》，古吴轩出版社2016年版，第25页。

教育人的快乐，来助成自己的快乐，所以能圆满。乐哉，教育！乐哉，教育！"① 教师职业的乐趣就在教育中，教育本身就是一种快乐，而且教育是教师取之不尽、用之不竭的快乐泉源，能够满足教师对快乐的无限渴望。教师的快乐更是一种利人的无私快乐，自己的快乐是来自别人的快乐。

梁启超认为，教师还具有两重趣味，"从事教育职业的人，一面教育，一面学问，两件事完全打成一片。所以别的职业是一重趣味，教育家是两重趣味"。② 思考研究自己喜欢的学问是快乐的，教师能够把自己所思所想的学问传授给学生，这又是快乐的。这种双重的快乐，只有教师这种职业方能享受："你想，一面学，一面诲人。人也教得进步了，自己所好的学问也进步了，天下还有比他再快活的事吗？"③ 享受快乐自然就会更有趣味，所以教师的教育趣味能够使教师体味到更深的"教育"趣味。

梁启超要求教师必须具有教育趣味，还因为"好之不如乐之"。一个有教育趣味的教师，才会把教育当作"自己田地"，梁启超把这田地叫作"教育快活林"。他指出："无论做何种职业的人，都各个有他的自己田地。但要问哪一块田地最广最大，最丰富，我想再没有能比得上教育家的了。教育家日日做的，终身做的不外两件事，一是学，二是诲人。学是自利，诲人是利他。人生活动目的，除却自利、利他两项外，更有何事？"④ 自利是非常快乐的，而学到新东西、新道理的快乐，又是其他快乐所不能比的，这种自利最快乐。利他也是非常快乐的，而把自己学到的新东西、新道理传授给别人，这种快乐也是其他快乐所不能比的，这种利他更快乐。

教师的职业能把这两件事合二为一，能够同时获得这两种最大的快乐，在这个世界上，两者都具备的职业实在不多。可以说，有

---

① 梁启超：《为学与做人》，古吴轩出版社2016年版，第42页。
② 梁启超：《为学与做人》，古吴轩出版社2016年版，第26页。
③ 梁启超：《为学与做人》，古吴轩出版社2016年版，第27页。
④ 梁启超：《为学与做人》，古吴轩出版社2016年版，第38—39页。

教育趣味教师从教育中获得的快乐，是能永远继续下去的，最彻底、最圆满的快乐。正是在这个意义上，梁启超才把教师的田地称为"教育快活林"。

以教师的教育趣味为基础，梁启超要求，教师需要有敬业、乐业的职业素养。在梁启超看来，"敬业即是责任心，乐业即是趣味"。① 梁启超认为，与乐业相对的是苦业，人从出生起，任何劳作都需要劳神费力，劳苦总是免不掉的宿命。然而，苦乐全在从业者的主观态度，而不在客观的职业。梁启超认为，世界上最苦的人莫非两类，一是无业者，身心无处安放，四处流浪，苦哉也；二是厌恶自己所从事职业的人，不愿意做，却又必须去做，苦哉也。

教师作为一种职业，如何才能避苦趋乐呢？"人生能从自己职业中领略出趣味，生活才有价值"，"凡职业都是有趣味的，只要你肯继续做下去，趣味自然会发生"。② 在梁启超看来，只有趣味才是解决从业之苦的良药。既然苦乐取决于从业者教师的主观态度，那么教师的教育趣味就决定了教师从教的苦乐。诚如梁启超所言，职业都有趣味，教师只有主观上不断努力去找寻那趣味，从趣味中体验到快乐，从业之苦也就自然烟消云散了。

梁启超认为，教师要有敬业的素养，具备对教育教学的强烈责任心。梁启超解释了教师为什么要"敬""业"。对于"敬"，他指出："凡做一件事便忠于一件事，将全副精力集中到这事上头，一点不旁骛，便是敬。"③ 职业为什么要敬呢？梁启超认为，人活着就要根据自己的能力认定一件事去做，做事没有高低之分，凡劳作都是功德，不劳作才是罪恶，所以职业神圣，职业可敬。教师作为一种职业，从事这职业的人，自然要敬自己所从事的教育之事。

梁启超认为，教师要敬业就要忠实于教育事业，"把这件事看作

---

① 梁启超：《为学与做人》，古吴轩出版社 2016 年版，第 71 页。
② 梁启超：《为学与做人》，古吴轩出版社 2016 年版，第 70 页。
③ 梁启超：《为学与做人》，古吴轩出版社 2016 年版，第 67 页。

我的生命，无论别的什么好处，到底不肯牺牲我现做的事来和他交换"。① 教师要敬业，就是要担负起自己的教育责任，忠于所从事的教育职业，除非彻底离开教师岗位，只要在一天就要负责一天，这不是外在的要求，而是出自自己人生的责任。因为，"有责任斯有目的，照此目的做去，则虽苦不觉其苦，否则即一日做一无目的之事，其苦已不可名状矣"。② 教师不敬业，对教育无责任，自己的职业人生就会陷于无目的，如晕头苍蝇，四处乱窜而不知所终，其结果只能是自饮一杯苦酒而已。

梁启超自己从事教育，就表现出了对教育非凡的决心、责任和热爱，他曾说自己："余愿身当教育之冲者，自知其事业重大，且又极有把握；将他事看轻，执定主意，不与社会上之浊空气相接触，则心君泰然，自有余乐，何必以官易我之教育乎？"③ 梁启超对教育的忠心和责任让人感动，他一生中的教育活动始于万木草堂，一直延续到他重病入院，从未放弃。

梁启超认为，教师要忠于教育事业，就要心无旁骛、专心致志于教育。他在《中国教育之前途于教育家之自觉》一文中指出："盖凡为教育家者，必终身以教育为职志，教育之外，无论何事均非所计；又须有头脑明净，识见卓越，然后能负此重任。"④ 忠于教育并不是一句空话，这是一种教师爱教育比爱自己生命更强烈的践行，它要求教师无论顺境逆境，都要对教育矢志不渝，执着追求；它要求教师无论面对外部的任何威逼利诱，都要对教育信念坚定，不懈进取。

---

① 梁启超：《为学与做人》，古吴轩出版社 2016 年版，第 68 页。
② 北京师联教育科学研究所：《梁启超"新民"教育思想与教育论著选读》，中国环境科学出版社 2006 年版，第 115 页。
③ 北京师联教育科学研究所：《梁启超"新民"教育思想与教育论著选读》，中国环境科学出版社 2006 年版，第 116 页。
④ 北京师联教育科学研究所：《梁启超"新民"教育思想与教育论著选读》，中国环境科学出版社 2006 年版，第 114—115 页。

梁启超对教育界部分教师存在的心猿意马现象进行了严厉批评："吾过教育界中人，或一面在学校当教习，一面又兼营他事；即有不兼他事者，亦皆存一无可如何之心。夫教育之事业何等重要，专心致志尚恐不能尽善，今乃存一无可如何之心，试问何能进步？"① 教师对教育不能一心一意，不愿意想办法搞好教育，精神懈怠，得过且过，危害最大的是教育，受伤最重的是教育，它直接危及的是国家的未来。

梁启超指出，教师要弃绝心不在焉的教育之心，必须要有对教育的哲学理想，"卓然自立为教育家，万不可不有一哲学之理想，以与社会之恶习相抵抗。哲学之理想乃最高尚之理想"。② 教师有了这最高的理想，就不至于狭隘、短浅、自私，就会目光高远，志向远大，就会懂得教育责任之重大，就会始终向着教育勇往直前，执着追求，永无止境。

梁启超认为，教师需要有学而不厌，诲人不倦的素养。他指出，身为教师，学习与诲人是职业的第一要件，问题是，学要达到不厌，诲人要做到不倦，这就难了，就成了教师追求的职业境界。为此，梁启超说："孔子屡次自白，说自己没有别的过人之处，不过是'学而不厌，诲人不倦'。他的学生公西华赞叹道：'正惟弟子不能及也'。我们从小就读这章书，都以为是两句平淡无奇的话，何以见得便是一般人所不能及呢？我年来积些经验，觉得'学不难，不厌却难，诲人不难，不倦却难'。"③

为什么教师学而不厌难呢？梁启超认为，教师必须要学习，学习是教师的职业本分，"教育家呢，他那职业的性质，本来是拿学问做本钱，他赚来的利钱也都是学问。他日日立于不能不做学问的地

---

① 北京师联教育科学研究所：《梁启超"新民"教育思想与教育论著选读》，中国环境科学出版社2006年版，第115页。
② 北京师联教育科学研究所：《梁启超"新民"教育思想与教育论著选读》，中国环境科学出版社2006年版，第115页。
③ 梁启超：《为学与做人》，古吴轩出版社2016年版，第36页。

位，把好学的本能充分刺戟。他每日所劳作的工夫，件件都反影到学问，所以他的学问只有往前进，没有往后退。"① 学习求知是身为教师者最自然的存在状态，也是一种高贵至美的职业境界，倘若教师自己熄灭了学习的火焰，那又能用什么来点燃孩子们的心灵呢？

学习对教师而言，虽然是职业的本分，学习也确实能让人感到快乐，但任何事情，包括学习，如果时间长了，也会让人产生厌倦，感到乏味。因为厌倦是人类的本性，不管做什么，不管对人还是对事，我们都会产生厌倦感，梁启超说："厌倦是人生第一件罪恶，也是人生第一件苦痛。"② 但是，厌倦是可以克服的，教师学习会有厌倦，但可以克服它，达到不厌，但这是一件极其困难的事，所以只有如孔子这样的至圣先师，才能做到学而不厌。

为什么要做到不厌这么难呢？尼采曾说，厌倦是因为你停止了成长，一个不断成长的人，总在发生着变化，即便对着同样的物品，也不会感到丝毫厌倦。梁启超说："天天自己劝自己，说不要厌呀，不要倦呀！他真是厌倦起来，连自己也没有法想。根本救治法，要从自己劳作中看出快乐——看得像雪一般亮，信得像铁一般坚，那么，自然会兴会淋漓的劳作去，停一会都受不得，那里还会厌倦？"③ 教师说不厌倦是没用的，梁启超要求教师要从工作中看到快乐，问题是怎么才能看到快乐呢？

梁启超指出："每天总新懂得些从前不懂的道理，总新学会做些从前不会做的事，便觉得自己生命内容日日扩大，天下再愉快的事没有了。"④ 教师从事教育工作，如果总是停滞不前，没有变化，肯定会感到厌倦。教师在教育工作中只有不断成长，不断创新，才能不断看到令自己欣喜的东西，也才能从自己的劳作中看到快乐，"试想，自己发明一种新事理，这个快活还了得，恐怕真是古人说得

---

① 梁启超：《为学与做人》，古吴轩出版社 2016 年版，第 40 页。
② 梁启超：《为学与做人》，古吴轩出版社 2016 年版，第 37 页。
③ 梁启超：《为学与做人》，古吴轩出版社 2016 年版，第 38 页。
④ 梁启超：《为学与做人》，古吴轩出版社 2016 年版，第 39 页。

'南面王无以易'哩"①。教师要做到学而不厌,就要学而有新,有创新,有新领悟,有新理解,这种从学习而得来的快乐是精神上的极大满足。

可见,梁启超所提倡的教师学习,是一种创新性学习,不仅是阅读一些书籍而已。现实中,很多教师阅读了,还读了不少书,总体上也感觉很好,但就是总觉得自己在教育工作上没有太大长进。这种阅读就是一种失去自我的阅读,没有自己的理解和领悟,只是吸收别人的东西,读得越多就越迷失,梁启超的教师学习观具有重要的借鉴意义。

梁启超认为,诲人在本质上是快乐的,他用种植花卉做比喻:"诲人又是多么快活啊!自己手种一丛花卉,看着他发芽,看着他长叶,看着他含蕾,看着他开花,天天生态不同,多加一分培养工夫,便立刻有一分效验呈现。教学生正是这样。学生变化的可能性极大,你想教他怎么样,自然会怎么样,只要指一条路给他,他自然会往前跑,他跑的速率,常常出你意外。他们天真烂漫,你有多少情分到他,他自然有多少情分到你,只有加多,断无减少。"② 天天看到孩子们发生令人新奇的变化,而这变化是在自己的培养下发生的,你给他多少情,他回报你多少情,只要付出,就有效验,甚至会出现令人意想不到的惊艳,这是怎样的一种快乐呀!"别的事业,拿东西给了人便成了自己的损失,教学生绝不含有这种性质,……越发把东西给人给得多,自己得的好处越发大。这种便宜勾当,算是被教育家占尽了"。③ 给予得越多,自己获得的快乐越大,这就是诲人之乐,这种快乐只有教师能享受。

诲人是快乐的,但为什么诲人不倦却难呢?这是因为教师在诲人的过程中,会遇到各种各样的问题和困难,比如难管的学生、不

---

① 梁启超:《为学与做人》,古吴轩出版社2016年版,第40页。
② 梁启超:《为学与做人》,古吴轩出版社2016年版,第40—41页。
③ 梁启超:《为学与做人》,古吴轩出版社2016年版,第41页。

听话的学生、不学习的学生等，这样，身为教师要做到诲人不倦就困难了。事实上，教师在教学生过程中遇到各种问题，都是正常现象，关键在教师，教师要有足够的能力处理这些问题。一个无能的教师，一个不被学生信服的教师，诲人都成问题，遑论不倦了。

梁启超举例说，学校里学生赶教师，"当然只有教习的错处，没有学生的错处。总是教习先行失了信用，或是品行可议，或是对学生不亲切，或是学问交待不下去，不然断没有被赶之理"。① 虽然，当前学生也不敢赶老师，此言也有偏颇，但梁启超所说的学问好，人品好，对学生好，教师要是真正具备这三条，就可以诲人不倦，享受诲人的快乐了。

但要做到这三条，对任何一个教师而言都很难，这三条也是很多教师一生追求的目标。在这个意义上说，教师要诲人，还要不倦，就显得困难了。其实，不倦就是教师个人的修养修为问题，是学问、人品、对学生情感的修养修为问题，这需要教师付出一生的努力，不倦就变得难了。

教师诲人不倦的困难，还在于教师物质上的匮乏，和为官、为商者相比，教师收入太少，"我们当教育家的，中学吗，百来块钱薪水，小学呢，十来二十块。每天上堂，要上几点钟，讲得不好，还要捱骂，回家来吃饭，只能吃个半饱。苦哉，教育！苦哉，教育"。② 教师忍受穷苦去诲人，还要不倦，太难了。

因此，要想做到诲人不倦，梁启超认为，教师不能追求物质的享乐，而要有享受精神快乐的追求，并以孔子和颜回来说明："我们真相信'行乐主义'的人，就要求精神上的快活。孔子的'饭疏食、饮水，曲肱而枕之，乐亦在其中'，颜子的'一箪食，一瓢饮，在陋巷……不改其乐'，并非欺人的话，也并不带一毫勉强，他们住

---

① 梁启超：《为学与做人》，古吴轩出版社2016年版，第41页。
② 梁启超：《为学与做人》，古吴轩出版社2016年版，第42—43页。

在'教育快活林'里头，精神上正在高兴得了不得。"① 事实上，能达到孔圣、颜圣这样把精神快乐当作最大享受的教师，又能有几人呢？

所以，教师要诲人不倦，虽然不必一定物质上贫穷，即使你是个物质上很富有的教师，但要想达到高度的精神快乐，就必须有较高的修养和教育追求。而诲人之快乐，恰恰只有这高修养和教育追求的教师才能享受，否则就会厌倦。

梁启超认为，教师的学而不厌和诲人不倦是密不可分的，二者是一体的。教师只有学而不厌才能诲人不倦，教师要想诲人不倦就必须学而不厌。在梁启超看来，一个学而感到厌烦的教师，或不愿意学习的教师，是不可能诲人不倦的。教师要想诲人不倦，没有秘诀，唯有学而不厌。"你想诲人不倦吗？只要学而不厌，自然会诲人不倦。一点新学说都不讲求，拿着几年前商务印书馆编的教科书，上堂背诵一遍完事，今日如此，明日如此，今年如此，明年如此，学生们听着个个打盹，先生如何能不倦？"② 不倦在于新，新在于不断学习，不学习就会变旧，旧东西不断重复，教师的精神如何能不倦？思想如何能不倦？一个精神思想皆疲倦的教师，又怎能做好教育呢。

所以，梁启超指出："当先生的常常拿'和学生赛跑'的精神去做学问，教那一门功课，教一回，自己务要得一回进步，天天有新教材，年年有新教法，怎么还会倦？"③ 教师不倦就要创新，教师创新就要孜孜以学，这是教育教学的内在要求，不是因为时代不断变化，学生不停变化，教师为适应外在的变化，在外在压力逼迫下的被动改变。而是教师这种职业内在要求要不断学习，否则，就会感到厌倦，也就不适合教师的工作了。

---

① 梁启超：《为学与做人》，古吴轩出版社2016年版，第43页。
② 梁启超：《为学与做人》，古吴轩出版社2016年版，第44页。
③ 梁启超：《为学与做人》，古吴轩出版社2016年版，第44页。

梁启超认为，一个对诲人感到厌烦的教师，或从内心里不想诲人的教师，是根本不可能学而不厌的，教师要想学而不厌，就必须诲人不倦，"你想学不厌吗？只要诲人不倦，自然会学不厌。把功课当作无可奈何的敷衍，学生听着有没有趣味，有没有长进，一概不管，那么，当然可以不消自己更求什么学问。"① 教师不把教诲人当回事儿，就不会把学习新东西并用新东西来教诲人当回事，就会得过且过，混日子，别说不厌了，恐怕根本就不学习了。

反之，真正诲人不倦的教师，总是会不厌烦地不间断地学习，因为"既已把诲人当作一件正经事，拿出良心去干，那么，古人说的'教然后知困'，一定会发现出自己十几年前在师范学校里听的几本陈腐讲义不够用，非拼命求新学问，对付不来了，怎么还会厌？"② 一个想真心教诲学生的教师，所思所想的都是如何教得更好，教师要想更好地教人，没有它途，唯有认真学习求知。教师通过学习提高了教人的本领，教得好，学生获得了成长。教师自己就有满足感、成就感，就更愿意学习，就更会努力地去学习，使自己教诲人的本领不断提高，自己就会更享受教诲人带来的快乐。正是不断地学习使自己获得了职业的价值满足，又怎么会对学习感到厌倦呢？

而且，梁启超还指出，学而不厌，诲人不倦本身就饱含着极大的乐趣。只要不厌地学习，学习就会上瘾，只要不倦地诲人，诲人就会上瘾，学习与诲人具有上瘾性，"只要你日日学，自然不厌；只要你日日诲人，自然不倦。趣味这样东西，总是愈引愈深，最怕是尝不着甜头，尝着了一定不能自已。像我们不会打球的人，看见学生们大热天打得满身臭汗，真不知道他所为何来。只要你接连打了一个月，怕你不上瘾？所以，真肯学的人自然不厌，真肯诲人的人

---

① 梁启超：《为学与做人》，古吴轩出版社2016年版，第44页。
② 梁启超：《为学与做人》，古吴轩出版社2016年版，第44页。

自然不倦"。① 其实，最后一句的"真肯"二字，才道出了学而不厌、诲人不倦的真谛，是不是真心地愿意学习和诲人，才是决定能否不厌、不倦的根本因素。

一种教师，从骨子里就特别反感学习与诲人，或者对学习与诲人根本就不当回事儿，心不在学习与教诲之上，根本就谈不上"厌"与"倦"的问题，这是不合格的教师，只能毁人，当被剔除出教师队伍。

一种教师，虽愿意学习与诲人，但总是割裂学习与诲人，要么只专注于诲人，而不学习，诲来诲去，学生长进缓慢；要么只专注于学习，而不把学习与诲人联系起来，自己学来学去，学生长进缓慢。这种教师倒不至于毁人，但教育效果一般，需要进行自我改进。

只有做到了学而不厌、诲人不倦的教师，才是优秀的教师，但要对教育真心，并真愿意努力去做，且一生坚持不懈，这其实是一种教师的职业终生追求，实则不易。因此孔子才把真正做到学而不厌，诲人不倦视为达到了"圣与仁"的境界。

第四节　为师之教：道术之导

梁启超认为，教师教学生，最大的弊端就是强调死记硬背，采取注入、填鸭式教学，教而不得法，用他的话说就是："导之不以道，抚之不以术。"他认为必须改变这种状况，"故夫师也者，以道得民，非以力服人也"②，要求教师之教，要导之以道，抚之以术，这才是教师教育教学的最高境界。

梁启超认为，教师要做到道术之教，就要在教育教学中做到学以为用。他指出："学问可分为二类：一为纸的学问，二为事的学

---

① 梁启超：《为学与做人》，古吴轩出版社2016年版，第44页。
② 梁启超：《梁启超论教育》，商务印书馆2017年版，第49页。

问。所谓纸的学问者,即书面上的学问,所谓纸上谈兵是也。事的学问,乃可以应用,可以作事之学问也。"① 对于这两种学问,梁启超更强调事的学问。他认为,中国传统的经史文学教育全是纸的学问,这是一种无用的学问,"读古人书,不外摹模仿与解释二类,所学专为印证古人,食而不化。经史文词固有然矣;即新学盛兴,乃有矿学医学,然读矿学书只能读熟,不能应用,其无用与熟读经史文学等;有如烧纸成灰而吞,无论文学之纸灰,矿学之纸灰,其为无用一也"②。在梁启超看来,用教这种纸学问的教学之法,去学习医学、矿学这样的科学,也只不过是背得烂熟而不会应用,这就像燃纸成灰而吞食一般,食而不化,毫无用处。

梁启超指出,倘若教师所教不能应用于社会,学生所学不能服务于社会,而只为升学考试,这样的教学就等于没教没学,"教师之教也,但使学生能读能解已尽其事,不问其他;学生之学也,亦志在能读能解,可以考取最优等,不问其他。然学而不能应用于世,无论如何勤学,终是纸的学问,其结果纸仍纸,我仍我,社会仍社会,无一毫益处也。且不独毫无益处,若细细研究,其结果,则受教者文化反在未受教育者之下"③。纸上学问所培养的人,为了学一大堆纸上学问,耗费了大量精力,又与社会隔绝,无一技之长,只能成为书呆子或烂名士,完全迂阔于事,以为读书便是学问,学问就是读书。结果纵然成绩很好,即便通过考试当了官,也不过是一帮新八股专家而已。这样教育所培养出来的人,十足是对社会无用之人,受教育还不如不受教育,这样的教育当然是失败的教育。

所以,梁启超特别主张教师教学要做到学以致用,注重知识的

---

① 北京师联教育科学研究所:《梁启超"新民"教育思想与教育论著选读》,中国环境科学出版社 2006 年版,第 110 页。
② 北京师联教育科学研究所:《梁启超"新民"教育思想与教育论著选读》,中国环境科学出版社 2006 年版,第 111 页。
③ 北京师联教育科学研究所:《梁启超"新民"教育思想与教育论著选读》,中国环境科学出版社 2006 年版,第 111 页。

操作应用,"故吾人须知纸的学问之害,于学生在学校时,令其研究一切社会应用之事,则学校愈多,国家愈进步;盖之人机能愈发达,如专在纸上的学问用功夫,则空耗费脑力而已"。[1] 梁启超坚决反对所教所学的不是实际生活中所用的,社会生活有用的学生又没有学,他要求教师教学生要避免学用脱节背离,要以应用为出发点和归宿,要与社会相联系,与社会沟通,"在学校时,于社会应有之知识研究有素,毕业后断不患无人用之,在学校养成一种活动之能力"。[2] 梁启超要求教师之教,要从学校与社会相结合来看,要求教师教学不能脱离实际,教学以实际应用为鹄的,对考试升学式教育教学提出了挑战,是十分难能可贵的。

梁启超认为,教师要做到道术之教,要在教育教学中强调趣味性,进行趣味教育。梁启超指出,教师的重要任务就是要唤起学生的趣味,因为知识是无限的,教师不可能全都教给学生,只能让学生产生趣味,并在趣味引导下不断求知,"教育家无论多大能力,总不能把某种学问教通了学生,只能令受教的学生当着某种学问的趣味,或者学生对于某种学问原有趣味,教育家把他加深加厚。所以教育事业,从积极方面说,全在唤起趣味;从消极方面说,要十分注意不可以摧残趣味"[3]。可以看出,趣味就意味着学生持续的学习力,因为学生只有学得有兴趣、有味道,才会高兴地继续学下去。反之,学生在毫无趣味中进行学习,就会随时断绝学习,这不过是一种停顿式的学习,不是教育性学习。

梁启超认为,教师进行趣味教育,不是以趣味为手段,而是以趣味为目的。他指出:"'趣味教育'这个名词,并不是我所创造,近代欧美教育界早已通行了。但他们还是拿趣味当手段,我想进一

---

[1] 北京师联教育科学研究所:《梁启超"新民"教育思想与教育论著选读》,中国环境科学出版社2006年版,第112页。

[2] 北京师联教育科学研究所:《梁启超"新民"教育思想与教育论著选读》,中国环境科学出版社2006年版,第112页。

[3] 梁启超:《梁启超论教育》,商务印书馆2017年版,第188页。

步，拿趣味当目的。"① 这就意味着教师对学生进行教育，在于通过趣味形成趣味，要求教师在教育过程中总是把趣味看作目的，总是以目的的标准衡量教育的好坏。

梁启超进一步指出："趣味主义最重要的条件是'无所为而为'。凡有所为而为的事，都是以别件事为目的而以这件事为手段；为达目的起见勉强用手段，目的达到时，手段便抛却。"② 在这里，有所为就是教师以趣味为手段，去有所为，去达到别的目的而进行教育。无所为就是教师的教育所为，不为任何别的什么东西，就是为了趣味本身，即你若问，教师为什么教育学生，答案是不为什么，或是为了学生形成学习趣味。

梁启超明确提出教师的任务"全在唤起趣味"。他要求教师要充分尊重学生的趣味，从学生的趣味出发思考教育教学，而不是强迫学生服从自己的主观意愿，去做他们不感兴趣的事。梁启超极力反对教师采取死记硬背、枯燥无味、生搬硬套的方式进行教育，认为这是对学生极端不负责任的态度，其扼杀的是学生的潜能。

梁启超在对自己子女的教育上，采取的就是趣味第一的方式。他的二女儿思庄，在国外求学，面临选择何种专业的问题，出于国内现代生物学几乎是空白，国家急需生物学人才，梁启超非常希望女儿能选择学习生物学。女儿听从了父亲的建议，选学了生物学，但思庄学了一段时间后，发现自己对生物学毫无兴趣。梁启超得知此情况后，迅疾给女儿写信，让她根据自己的趣味重选专业，于是，思庄重新选择了自己最感兴趣的图书馆专业，后来成为我国著名的图书馆专家。

梁启超指出，教师要善于引导学生向好的趣味方向发展。梁启超认为，趣味有好有坏，有的趣味高雅，有的趣味低级，但并不能因为有低级趣味而放弃了趣味主义。他要求教师要将趣味主义贯彻

---

① 梁启超：《梁启超论教育》，商务印书馆2017年版，第186页。
② 梁启超：《梁启超论教育》，商务印书馆2017年版，第227—228页。

到底,"既已主张趣味,便要求趣味的贯彻,倘若以有趣始、以没趣终,那么趣味主义的精神,算完全崩落了"。① 梁启超认为,下等趣味不是趣味主义的主体,奉行趣味主义的教师拒绝承认下等趣味是趣味,但下等趣味确实存在,做教师的就不得不注意,要用高级趣味引导学生。否则学生就会滑向低级趣味,成为低级趣味的俘虏,"人生在幼年、青年期,趣味是最浓的,成天价乱碰乱迸;若不引他到高等趣味的路上,他们便非流入下等趣味不可。没有受过教育的人,固然容易如此;教育教得不如法,学生在学校里头找不出趣味,然而他们的趣味是压不住的,自然会从校课以外乃至校课反对的方向去找他的下等趣味;结果,他们的趣味是不能贯彻的,整个变成没趣的人生完事"②。学生处在成长期,他们的趣味处于不稳定期,有可能走向高雅,也有可能步入低俗,教师的教育引领就显得尤为重要。

教师忽略或不重视学生趣味的发展,课外校外那些下等趣味就会和教师争取学生,将学生导向下级趣味,教育就会走向彻底的失败。所以,梁启超对教师呼吁道:"我们主张趣味教育的人,是要趁儿童或青年趣味正浓而方向未决定的时候,给他们一种可以终身受用的趣味。这种教育办得圆满,能够令全社会整个永久是有趣的。"③ 教师要和低级趣味争取学生,用正当趣味武装学生,让学生成为一个真正有正能量趣味的人,这样的教师才是学生的良师,教师这样的教育才是圆满的教育。

梁启超虽然强调教师要唤起学生的趣味,但他最担心的还是,教师之教对学生趣味的摧毁。他指出,教师摧毁学生趣味的教学有三,排在首位的就是注射式的教育,"教师把课本里头的东西叫学生强记,好像嚼饭给小孩子吃,那饭已经是一点儿滋味没有了;还要

---

① 梁启超:《梁启超论教育》,商务印书馆2017年版,第187页。
② 梁启超:《梁启超论教育》,商务印书馆2017年版,第187页。
③ 梁启超:《梁启超论教育》,商务印书馆2017年版,第187页。

叫他照样的嚼几口,仍旧吐出来看;那么,假令我是个小孩子,当然会认吃饭是一件苦不可言的事了"①。这是一种八股式的教育,教出的都是精神萎靡的学生,创造力低下,除了会背书应试之外一无是处,这种教育根本培养不出人才。这种强记式的教育,可以说是中国教育的"传统",其基因之强大,一直流传至今,可以说现今的种种教育改革,都是在同这扭曲的基因作斗争,虽获得了一些小胜,但始终被它压制,难以彻底占上风,就更别说将其全面铲除了。

摧毁学生趣味的教学第二条是课目太多,学校和教师为学生设置了很多课程,样样都想让学生学,本意是培养学生众多的趣味,岂不知这样做恰恰违反了趣味原则,"趣味的性质,是越引越深。想引得深,总要时间和精力比较的集中才可。若在一个时期内,同时做十来种的功课,走马看花,应接不暇,初时或者惹起多方面的趣味,结果任何方面的趣味都不能养成。那么,教育效率,可以等于零"②。梁启超这里是在提醒教师,培养学生趣味的广度是好事,但一定要有度。趣味的深度才是更重要的,也是学生能够有所成就的核心要素。

第三条是拿教育的事项当手段,这是要求教师不能功利地教学生,把学问当作敲门砖,只想着学生能考试升学就算完事,"我们若是拿学问当作敲门砖看待,断乎不能有深入而且持久的趣味"③。教师更重要的职责是教学生对学问有趣味,是一种单纯的为学而学的趣味,是知识本身的趣味,教师要教学生把学习当作目的而不是手段,"所以教育家最要紧教学生知道是为学问而学问,为活动而活动;所有学问,所有活动,都是目的,不是手段,学生能领会得这个见解,他的趣味,自然终身不衰了"④。

梁启超虽然主张教师教学讲究趣味,但也反对纯粹的趣味引诱

---

① 梁启超:《梁启超论教育》,商务印书馆2017年版,第188页。
② 梁启超:《梁启超论教育》,商务印书馆2017年版,第188页。
③ 梁启超:《梁启超论教育》,商务印书馆2017年版,第188—189页。
④ 梁启超:《梁启超论教育》,商务印书馆2017年版,第189页。

式的教学。为趣味而趣味，一切皆是趣味，趣味运用过度，"教育儿童纯用趣味引诱，则不能扩张其可能性；从前教师之对于儿童过于严厉，专用体罚，致使儿童视就学为畏途，且足以妨害儿童之教育。今矫其弊，专以趣味教育引起儿童就学之兴味，如教科书之图画等之类，其法固善，然趣味教育之程度，则不能不加以研究"。[1]

教师以趣味进行教育，是有程度和限度的，因为趣味的弊端是不能扩展学生的可能性，"故教育儿童，徒以趣味教育，俾其毫无勉强，必不能扩张儿童之可能性也"。[2] 梁启超认为，教师教学不能只片面地考虑"趣味"，教育教学寓教于趣，尽最大可能使学生在学习过程中，能够享受到最大的情趣，让学生体验学习的快乐，这本是没错的。但趣味并不是学习的全部，勤奋刻苦是学习的天然构成部分，它和趣味并存于学习中，且愈是刻苦勤奋，愈是能享受到学习的深度趣味。倘若教师教学只停留于浅层次的趣味上，内容过于浅薄，没有太大难度，学生学习不刻苦勤奋，自然不能将其可能性充分挖掘，不利于学生智力的发展。梁启超的这个观点，对当前教师教育教学中为趣味而趣味，使趣味过浅、过滥的现象而言，不啻一剂良药。

梁启超认为，教师要做到道术之教，要在教育教学中做到循序渐进。梁启超首先指出了当时教师教学中，违反循序渐进原则的弊端："中国之教人，偏于记性者也。故古地理、古宫室、古训诂、古名物，纤悉考据，字字有来历。其课学童也，不因势以导，不引譬以喻，惟苦口呆读，必求背诵而后已。"[3] 只强调死记硬背，而不是引导譬喻式的渐进性理解学习，这是中国教育的最大弊端。在背诵和理解的关系上，是先背诵后理解，还是边理解边记忆，前者表面

---

[1] 北京师联教育科学研究所：《梁启超"新民"教育思想与教育论著选读》，中国环境科学出版社2006年版，第112—113页。

[2] 北京师联教育科学研究所：《梁启超"新民"教育思想与教育论著选读》，中国环境科学出版社2006年版，第113页。

[3] 梁启超：《梁启超论教育》，商务印书馆2017年版，第48页。

上立竿见影，可见的效果显著，后者看上去十分缓慢，似乎效果不佳，哪个更胜一筹呢？

梁启超用古今中外的对比来进行说明。他认为，西方近代以来的教育是不错等的循序渐进式教育，"其为道也，先识字，次辨训，次造句，次成文，不躐等也"。① 与此相反，"中国则不然。未尝识字，而即授之以经。未尝辨训，未尝造句，而即强之为文。开塾未及一月，而'大学之道在明明德'之语，腾跃于口，洋溢于耳……知其必不能解，而犹然授之，是驱其子弟，使以学为苦而疾其师也"。② 梁启超要求，教师教育教学要应有"次第"，要由浅而深，由易到难，由粗而精，"不可以跋等进"，不能先后倒置，进退逆行。

梁启超指出："求学譬如登楼，不经初级，而欲飞升绝顶，未有不中途挫跌者。"③ 他认为，忽视学生身心发展规律的教育教学，必然是失败的。梁启超要求，教师教育教学要根据儿童大脑发展的水平进行，"人生五六年，脑囟初合（思，从囟、心声。囟，象脑初合形），脑筋初动，宜因而导之，无从而窒之。就眼前事物随手指点，日教数事，数年之间，于寻常天地、人物之理，可以尽识其涯略矣，而其势甚顺，童子之所甚乐。今舍此而不为，而必取其所不能解者而逼之以强记，此正《学记》所谓'苦其难而不知所益'也。由前之说谓之导脑，由后之说谓之窒脑。导脑者脑日强，窒脑者脑日伤"④。教师要善于因脑而导之，顺学生大脑发展之势而为，所教所学，皆是学生所乐知、乐闻的东西，孩子学习起来就会愉快顺利很多，这就是所谓的"导脑"。倘若教师所教使学生过于疲劳，逼迫学生强记大量不理解的东西，不但会使学生产生畏难情绪，还会对学生头脑思维造成伤害，即"窒脑"。

在这里，梁启超提出"导脑"与"窒脑"两个概念，对我们理

---

① 梁启超：《梁启超论教育》，商务印书馆2017年版，第45页。
② 梁启超：《梁启超论教育》，商务印书馆2017年版，第45—46页。
③ 梁启超：《梁启超论教育》，商务印书馆2017年版，第107页。
④ 梁启超：《梁启超论教育》，商务印书馆2017年版，第48页。

解教师教育教学要遵循循序渐进原则具有重要启发价值。教师要知道"其进锐者，其退速"，违反循序渐进原则，伤害的是孩子们的"大脑"。那些违背孩子身心、智力发展水平，用纯粹注入式、死记硬背式的教育方法，会使学生的大脑僵化，想象力枯竭，创造力消磨，造成孩子们大脑缺氧，长此以往，就会形成"窒脑"。学生的大脑发展，只能采取引导，按照大脑的发展顺序，让大脑的功能充分显现，这叫顺脑而教，即所谓的"导脑"。所以，循序渐进的教育，核心是循脑之发展顺序，而教育之。

梁启超认为，教师要做到道术之教，要在教育教学中做到因材施教。因材施教是我国一条很传统又很重要的教育原则与方法，梁启超认为，教师教育学生，要根据每个学生的实际情况和个别差异，进行有差别的有的放矢的教育。但现实中，很多教师却依旧在实施"水平线式"的教育，这种教育就像军队一样，"军队之进也，怯者固毋得独怯，勇者亦毋得独勇，千万人若一机之动也"。[①] 教师对所有的学生都按照统一的教学要求，把学生都看作一样的，对学生要求一律，没有针对学生学习程度，按照优、中、劣等进行因材施教，"若医生集病者于一堂，不一一诊其症，而授以等质等量之方剂也"。[②]

梁启超指出："今之学校，科目求备，而各科皆悬一程准，课其中程不中程。虽智力、体力较劣下者，非勉及于程焉不可；其优异者亦及程而止，程以上弗授业……劣下者勉而就或勤苦伤生，而终浅尝无所获也；优异者精力有余于所课，而旅进旅退焉；则或以仅中程而自满，虽不自满，而其少年最适于求学之光阴已有一部分焉未尽其用。"[③] 这种忽略学生水平特点而统一要求的教育，使学生只能避长扬短，损害的是所有学生。因材施教绝对不是一个口号，有

---

① 梁启超：《梁启超论教育》，商务印书馆2017年版，第169页。
② 梁启超：《梁启超论教育》，商务印书馆2017年版，第170页。
③ 梁启超：《梁启超论教育》，商务印书馆2017年版，第169页。

种论调认为，在现代教育体系下，要每一名教师做到因材施教，实际上既无可能，也必定无效。事实上，教师要做的就是要尽量避免按照统一要求教所有学生，这就是在走向因材施教。只要教师不断思考如何适应每个孩子特点去教，并尽最大可能根据学生特点去教，就一定能够最大可能地做到因材施教。

梁启超认为，教师要做到道术之教，就要善于教学生破除内心之奴隶，追求内心之自由。他认为学生内心自由是"精神界之生命也"，是学生精神发展的原动力，失去了内心自由，就会心为形役，成为自己的奴隶，而永远难以解脱。教育不是给学生内心戴上枷锁，这违背了教师教育学生的根本初衷。所以，梁启超要求教师要给学生带来精神上的自由，真正成为自我的主人，真正能够成就自我。

梁启超从四个方面，提出了教师之教需要破除阻碍学生内心自由，获得自我精神解放的方法。

"一曰勿为古人之奴隶也。"[1] 这要求教师要教学生不迷信古人、前人，"古人自古人，我自我"，学生要学会在古人面前，时刻保持内心的独立，对待古之圣贤，要有师之、友之、敌之的态度，要审慎分辨、选择，有自我的判断和思考，不被各种先前的思想观念束缚了自己的思想。

"二曰勿为世俗之奴隶也。"[2] 教师要教学生有独立人格，不随便附和他人意见，不随众，不盲从，人云亦云，盲目跟风。正如梁启超所说，此种现象就如同在耍猴戏，"跳焉则群猴跳，掷焉则群猴掷，舞焉则群猴舞，笑焉则群猴笑，哄焉则群猴阋，怒焉则群猴骂"。教师要教学生获得心灵自由，就必须使他们有自己的主见，并清楚地知道，自己想要什么，去追求自己认为好的东西。

---

[1] 北京师联教育科学研究所：《梁启超"新民"教育思想与教育论著选读》，中国环境科学出版社2006年版，第150页。

[2] 北京师联教育科学研究所：《梁启超"新民"教育思想与教育论著选读》，中国环境科学出版社2006年版，第151页。

"三曰勿为境遇之奴隶也。"① 教师要教学生不被顺境、逆境所困扰左右。不要在顺境时得意忘形,不要在逆境时灰心丧气,"战境遇而胜之者则立,不战而为境遇所压者则亡"。在梁启超看来,学生能否超乎境遇之外,获得心灵自由,全靠教师之教,教师要教学生能够在各种境遇面前,保持头脑冷静,逆不馁,顺不骄,当以理智承之受之,并善于和各种境遇斗争,使自己立于不败之地。

"四曰勿为情欲之奴隶也。"② 教师要引导学生自觉克服低俗、不合理的欲望,自觉消弭偏斜的嗜好,合理地对欲望进行甄别、判断和取舍,避免被欲望诱惑吸引,成为欲望的奴隶,因为这些欲望会使学生心志昏昧,误入歧途。梁启超指出:"凡有过人之才者,必有过人之欲,有过人之才,有过人之欲,而无过人之道德心以自主之,则其才正为其欲之奴隶,曾几何时,而销磨尽矣。"③ 欲望是个无底洞,当才能为欲望所牵引、控制时,就可能走向邪恶的深渊。教师要引导学生以己克己,以道德心把持与控制不正之欲的诱惑,使学生保持聪明敏锐的脑力和活泼的精神,充分发挥自己的才智。

总之,梁启超认为,教师要教会学生善于破除前人、世俗、境遇和欲望对内心的束缚,将它们"一层一层的打扫排除",学生才会获得内在精神上的真正独立自由,才不会做古人、世俗、境遇和欲望的奴隶。

最后要说明的是,梁启超认为,教师的道术之教,更强调的是要用辩证的眼光看问题。他曾指出:"读书而令儿童自己思索,不为讲解,未免近于野蛮,然而为师长者或授一书而强使记诵,或变一

---

① 北京师联教育科学研究所:《梁启超"新民"教育思想与教育论著选读》,中国环境科学出版社2006年版,第152页。
② 北京师联教育科学研究所:《梁启超"新民"教育思想与教育论著选读》,中国环境科学出版社2006年版,第153页。
③ 北京师联教育科学研究所:《梁启超"新民"教育思想与教育论著选读》,中国环境科学出版社2006年版,第153页。

义而使之思索，衡以今日教授之方法固属不合，然往往因此而生记忆力与理解力焉。"① 在对待教师记诵传授和学生自己思索方面，梁启超所表达的便是一种辩证的教育教学方法。他要求教师教育学生，不管使用任何方法，都要从具体出发进行分析，不能走极端。

第五节　师生关系：生命合一

梁启超认为，教师和学生之间，是一种生命一体的关系和关联。在梁启超看来，教师和学生是不可分割的生命体，"教育事业如同种花一样：教育者和被教育者的生命是并合为一的；教育者所用的心力，真是俗语说的一分钱一分货，丝毫不会枉费；所以我们要选择趣味最真而最长的职业，再没有别样比得上教育了。"② 梁启超用"生命是并合为一"来定义师生关系，可谓是抓住了师生关系的核心。即是说，师生关系不是一种教学关系，也不是一种人与人的关系，而是一种生命关系，生命不是肉体意义上的，而是内在精神和灵魂。这意味着教师生命主体与学生生命主体之间，不再是主客、你我的关系，而是两者共同建构的关系。

梁启超的师生"生命是并合为一"论，提出的是一种"生命"式的新型师生关系。在这种新型师生关系中，教师不再是权威，学生不再是受控制的"奴隶"。教师要做到保持学生的独立性，发展学生个性，培养学生独立自主的人格。梁启超指出："人格不是单独一个人可以表现的，要从人和人的关系上看出来……总而言之，要彼此交感互发，成为一体，然后我的人格才能实现。"③ 学生的独立人格，是在师生生命一体中彼此交感互发而生，只有在这种交感互发

---

　① 舒新城：《中国近代教育史资料》（下册），人民教育出版社1981年版，第933页。

　② 梁启超：《梁启超论教育》，商务印书馆2017年版，第190页。

　③ 梁启超：《为学与做人》，古吴轩出版社2016年版，第7页。

中，学生的个性才能充分展示和发展，而走向独立自主，成为自我生命的主宰。梁启超以"尽性主义"表达了这种师生关系下学生的个性发展，"我们就借来起一个名叫做'尽性主义'。这尽性主义，是要把各人的天赋良能，发挥到十分圆满。就私人而论，必须如此才不至成为天地间一赘疣，人人可以自立，不必累人，也不必仰人鼻息"。①

学生的尽性发展是以学生主体内在生命的觉醒为原动力，进而通过师生生命共同体的沟通交流，最终实现学生自我自主、持续不断的完善与超越。在这里，师生生命并合为一的终极指向，就是实现学生生命个体自我教育的意识与能力，而这需要教师在教育中，要让学生尽其性，将其美好的天性、童性、人性，尽情地毫无保留地发挥出来，这样才能够实现自我发展和自立。正如梁启超所言："人人抱定这尽性主义……将自己的天才（不论大小人人总有些）尽量发挥，不必存一毫瞻顾更不可带一分矫揉。这便是个人自立的第一义。"② 教师须知，学生尽性是自立的第一前提，教师愈是对学生压制，学生也就越压抑自己的本性，也就愈奴性十足，也就愈难以自立。

梁启超认为，师生生命合一，教师对学生发挥尽性主义，使学生尽性，还有个自由意志问题。即是说，教师愈尽学生之性，就要培养和保护学生的自由意志。那么，什么是自由意志呢？梁启超指出："凡遇一件事到了眼前，我便想一想，或是应该做，或是不应该做，或是这样做法，或是那样做法，先打定一个主意。这个主意，虽然可以和别人参酌商量，但最后的决定，却全在自己。决定之后，自己便命令四肢五官去照着做，谁也不能拦阻我。这便叫作自由意志。"③ 在梁启超看来，自由意志就是自我决定能力，如果学生没有

---

① 梁启超：《梁启超全集》，北京出版社1999年版，第2980页。
② 梁启超：《梁启超全集》，北京出版社1999年版，第2980页。
③ 夏晓虹：《饮冰室合集集外文》（中册），北京大学出版社2005年版，第759页。

自由意志，不能自己做主，没有决定主意的能力，一旦受到外在力量的压制，就会很容易成为别人的奴隶。

梁启超接着说："我既为我而生，为我而存，以我之良知别择事理，以我之良能决定行为，义不应受非我之宰制，蒙非我者之诱惑，若是者谓之自由意志，谓之独立精神。"① 在这里，梁启超把自由意志与独立精神等同，说明在梁启超心中，教师培养学生的自由意志，就是对学生独立精神的培养，而学生精神之独立才是人格独立的核心和根本。梁启超接着指出："我所以极力说自由意志的缘故，因为必须承认意志自由，然后我之为我才能实现，然后人格才有价值。"② 可以看出，在梁启超看来，学生尽性，是为了自我实现，是为了人格这一人之为人根本的价值追求。

梁启超提出师生"生命是并合为一"论，是为了反对将师生关系异化为功利性的交易关系。梁启超指出："学业之相授受，若以市道交也。学校若百货之廛，教师佣于廛，以司售货者也，学生则挟资适市而有所求者也。交易而退，不复相闻问，学生之与教师，若陌路之偶值。"③ 师生以知识为纽带的情感关系，异化成了充满铜臭味的为了各自私利的交易关系，交易完成，师生便形同陌路，不复相闻问。那么，教育何以培养人格呢？这种交易性的师生关系下，教育成为一种脱离精神的纯粹物质活动，教育的价值被严重扭曲，师生关系的教育性荡然无存。

为此，梁启超才从生命合一的向度，重新定义师生关系，恢复师生关系的精神性，以期待把学生教会做个人，他指出："教职员和学生打成一片做共同的实生活，一面以身作则，一面对于不正当的

---

① 梁启超：《梁启超全集》（第五册），北京出版社 1999 年版，第 2752—2753 页。

② 夏晓虹：《饮冰室合集集外文》（中册），北京大学出版社 2005 年版，第 759—760 页。

③ 梁启超：《梁启超论教育》，商务印书馆 2017 年版，第 169—170 页。

习惯加以矫正,庶几乎把学生教成会做个人——会做个现代人。"①教师与学生"打成一片",没有共同的精神认同不行,教师与学生"做共同的实生活",单纯的利益交易关系根本不可能实现。教师与学生只有在精神上、生活上密切相连,才能"打成一片",才能共同生活,这样教师才能够更好地帮助学生、教育学生,才能够教会学生做人。

梁启超认为,在教师和学生的教育交往过程中,体罚最有害,他坚决反对教师体罚学生。梁启超对一些教师体罚学生的现象十分痛恨,他曾愤慨地指出:"今之教者,毁齿执业,鞭笞觥挞,或破头颅,或溃血肉,饥不得食,寒不得息。国家立法,七年曰悼,罪且减等,何物小子,受此苦刑。"② 教师把孩子视若寇仇,通过身体的摧残,妄图恐吓、威慑学生,逼迫学生服从就范。"教匪宗风,但凭棒喝,遂使视黉舍若豚笠之苦,对师长若狱吏之尊"③,梁启超对教师体罚学生非常愤慨,把这样的教师斥为"教匪"。一个"匪"字说明,此种教师不是在教育学生,而是在祸害学生。黉舍就是学校,豚笠就是猪圈,体罚让学生对学校产生恐惧,对教师产生畏怯,学生在这样的所谓"教育"中受教,又怎能指望获得发展呢?师生间以体罚为连接,教师妄图通过武力震慑来处理师生间的关系,使学生从肉体上痛苦出发,进而服从、屈服教师,做到"听"教师的话。梁启超认为,这不但不能教育好学生,"且足以妨害儿童之发育",即是说,教师对儿童施加暴力,不仅伤害了儿童的肉体,损害了儿童的人格尊严,而且摧毁了儿童的廉耻观。

教育是直指心灵的事业,需要教师像农夫那样,在孩子们心灵的土壤里细细耕耘,岂能是简单粗暴的"暴力"所能达到的呢?倘若任何一个人,凭借一把"戒尺",就可以达致教育目的,那谁都可

---

① 梁启超:《梁启超论教育》,商务印书馆2017年版,第207页。
② 梁启超:《梁启超论教育》,商务印书馆2017年版,第49页。
③ 梁启超:《梁启超论教育》,商务印书馆2017年版,第49页。

以成为"灵魂的工程师"了。在教育中,武力既征服不了肉体,也征服不了心灵,暴力只会严重危害师生关系,甚至会导致学生身体致残,精神致残,非但不能达到教育目的,反而会在学生内心埋下仇恨的种子。正因为如此,梁启超才大声疾呼:"非尽取天下之学究而再教之不可。"强烈要求教师彻底放弃这种用暴力连接的师生关系。

第十一章

陶行知：行知之师

杜威博士的最有创造力的学生却是陶行知，……陶行知是杜威的学生，但他正视中国的问题，则超越了杜威。①

——费正清

第一节 陶行知生平

陶行知（1891—1946年），原名文洛，安徽省歙县人，人民教育家、思想家。陶行知本名陶文濬，因信仰王阳明"知行合一"说，改名为"知行"，后又顿悟到"行是知之始，知是行之成"的真谛，最终将名字改为"行知"。陶行知毕生致力于教育事业，开创了中国近代教育的典范，"西方国家评论界有一种说法，认为除了孔子、陶行知和蔡元培这两个半教育家以外，中国没有真正的教育家"。② 郭沫若也曾说："二千年前孔仲尼，二千年后陶行知。"可以说，在中国教育史上，真正称得上"万世师表"的人，古有孔子，今有陶行

---

① 费正清：《伟大的中国革命（1800—1985）》，刘尊棋译，世界知识出版社1999年版，第240—241页。
② 刘道玉：《中国现代为什么不能产生著名的教育家》，《教育评论》2003年第6期。

知。孔子倡"有教无类",开平民教育之滥觞,陶行知主"生活教育",践行平民教育之务实,两人皆被尊为"圣人"。

1891年,陶行知出生于安徽省歙县一个贫寒的教师之家。童年的陶行知天资聪慧,他六岁时,有一次在邻居家厅堂,看到墙上挂副对联,就在屋前的泥地上临摹起来,这情形被邻村秀才方庶咸看到,大喜过望,因陶行知家贫,交不起学费,方秀才就免费为其开蒙。就这样,小陶行知正式就读于方庶咸门下,接受启蒙教育。启蒙后,由于陶行知家庭贫困,无力入学堂学习,只能由父亲来施教。后来陶行知家境有所好转,被送入吴尔宽先生处读私塾。吴先生学识渊博,在他的悉心教导下,陶行知打下了较为厚实的古典国学基础。

由于家道衰败,十一岁那年,陶行知被迫辍学。父母不忍耽误了孩子的学业,便把他送到城里程郎斋秀才门下,半工半读继续学业。每天,陶行知先挑柴到城里,卖掉后去上学,下午则被要提前离开,砍一担柴回家。就这样,陶行知每天往返二十里地,边干活边学习。后来,由于家贫日剧,陶行知艰辛的半工半读也中断了,他只好边劳作边自学。

当时歙县有位贡生王藻老先生,学问极好,陶行知带着自学中遇到的问题登门求教,王老先生看他勤奋好学,便破例收他为门生。就这样,陶行知一有空就去王先生学堂旁听。有一天下大雪,陶行知赶到学堂,看到王先生正在授课,便不敢惊动,恭敬地候在门外。一两个小时后,王先生才发现,此时陶行知满身是雪,立在门外。先生大为感动,不禁称赞道:古有程门立雪,今有王门立雪。

1906年,十五岁的陶行知进入崇一学堂学习,这是一所由英国传教士开的教会学校,只招收基督教徒推荐的学生,陶行知能进"崇一",纯粹是偶然。当时,陶行知的母亲在教堂帮佣,陶行知经常到教堂为母亲干些杂活。学校校长、英国传教士唐俊贤牧师发现,这孩子虽然家贫,却事母至孝,熟读诗书,就决定免去学费,收陶行知为学堂正式学生。在这里,陶行知开始接触近代自然科学和外语知识，使他眼界大开。在崇一学堂，陶行知逐渐形成了为国学习强烈意愿，在他寝室墙上，写着这样自勉的铭言：我是一个中国人，应该为中国做出一些贡献来。

陶行知从崇一学堂毕业后，目睹旧中国医学落后，便萌生了学医救国的思想。1909年，他考入了杭州广济医学堂，这是一所教会医学校，规定信基督教的学生，可以两年免费实习，非基督教学生则无此权利。陶行知无法忍受这种歧视性规定，在学校没待多长时间，就愤然退学。接着，陶行知考入南京汇文书院，次年汇文书院与宏育书院合并成立金陵大学，他直接转入金陵大学文科学习。

从1911年到1914年，陶行知在金陵大学生活学习了五年。在此期间，他担任《金陵光》学报中文版主笔，写文章宣传民主革命思想。辛亥革命爆发，陶行知拥护信仰三民主义学说，他甚至一度休学，参加屯溪阳湖余家庄的辛亥革命地方起义。他还组织大学运动会，发售门票募"爱国捐"，以帮助辛亥革命领导人黄兴解决财政困难。

1914年，陶行知以文科总分第一的成绩，从金陵大学毕业。由于金陵大学被美国纽约州认可注册，他毕业时，也获得了纽约大学毕业文凭，陶行知也获得赴美深造的机会。此时，陶行知和比自己小四岁的汪纯宜结了婚，汪纯宜为陶行知育有四子，后因病于1936年早逝。婚后，陶行知启程到美国伊利诺大学学习，获得政治学硕士学位后，转入哥伦比亚大学攻读教育行政学博士课程，并选修了杜威、孟禄、克伯屈等美国著名教育家的课程学习。

陶行知之所以选择学习教育，一方面是因为这时陶行知深深认识到"人民贫，非教育莫与富之；人民愚，非教育莫与智之；党见，非教育不除；精忠，非教育不出"，另一方面是因为，他切实地感到"教育实建共和最要之手续，舍教育则共和之险不可避，共和国不可建，即建亦必终归于劣败"。[①] 他由此萌生了教育救国的念头。陶行

---

① 周洪宇：《陶行知画传》，山东教育出版社2011年版，第20页。

知在哥伦比亚大学学习两年,如果想拿到博士文凭,就必须完成博士论文。而陶行知认为,解决中国教育问题的博士论文,还得回中国去写。

1917年,陶行知启程回国,在回国的轮船上,他和同学说:"我的志愿是要使全国人民有受教育的机会。"回国后,他应聘南京高等师范学校,写了题为《中国教育哲学与新教育》的博士论文,不幸的是,学校一次火灾把论文烧了。之后,陶行知一心为教育努力,也就无暇写博士论文了。

1921年,南京高师并入东南大学,陶行知任教授、教育科主任、教育系主任。同年12月,中华教育改进社成立,陶行知出任主任干事,并任该社《新教育》杂志主编。在任教务主任期间,陶行知力主教学改革,主张将"教授法"改为"教学法",他指出:"我自回国以后,看见国内学校里先生只管教,学生只管受教的情形,就认定有改革之必要。这种情形以大学为最坏。导师叫作教授,大家以被称教授为荣。他的方法叫教授法,他好像拿知识来赈济人的。我当时主张以教学法代替教授法。"[①] 就这样,教学法在南京高师开始实施,不就便很快传到其他学校,并辐射到全国各地的大中小学。教学法取代了教授法,这是陶行知在教育改革上做出的第一个贡献。

1923年,"中华平民教育促进会总会"成立,陶行知担任董事会执行书记。这时,陶行知把全部精力都投入平民教育运动中去,为此,他辞去了东南大学教育系主任之职,放弃了每月400块银圆的高薪,全家从南京迁到北京。

陶行知把"平民教育"称作平常人的教育,就是要用最少的时间和最少的经费,教导人民识字、读书、爱国、做好人。他和朱经农一起编撰了《平民千字课》课本,并不辞辛苦到全国各地,创办平民识字读书处和平民学校,把平民教育输入到农村、工厂、旅店、

[①] 华中师范学院教育科学研究所:《陶行知全集》(第二卷),湖南教育出版社1984年版,第41—42页。

军队、庙宇，甚至监狱中去。

陶行知在推行平民教育的时候，认识到了乡村教育的重要性，"中国以农立国，十有八九住乡下。平民教育是到民间去的运动，就是到乡下去的运动"。[①] 陶行知认为，乡村教育应是中国教育的首要问题，提出了乡村教育是"为我们三万万四千万农民服务。我们已经下了决心，要筹募一百万元基金，征集一百万位同志，提倡一百万所学校，改造一百万个乡村"。[②] 陶行知认为要改变乡村教育，教师是关键，乡村教师是改造乡村的灵魂，但当时的师范学校都设在城里，师范生不愿到乡间去。为此，陶行知发表了《师范教育下乡运动》，并决心创办乡村师范学校。

1927年，陶行知在南京神策门外老山脚下的小庄，创办晓庄师范学校，他改"小庄"为"晓庄"，寓意着日出而作。这所学校以培养农村教师为目标，是一所与以往学校根本不同的新型师范学校。晓庄师范学校实行生活教育，"我们的实际生活，就是我们的全部课程；我们的课程，就是我们的实际生活"。陶行知身体力行，亲自带学生走进农村生活，下田劳动，被戏称为"挑粪校长"。晓庄师范有一项"会朋友去"的活动，规定学生到农民家去访问，和农民交朋友，了解他们的困难和疾苦。

陶行知对求学于晓庄学校的学生，提出了五个要求：科学的头脑、健壮的双手、农夫的身体、艺术的情趣、改造社会的精神。陶行知还要求晓庄学校的学生，要在社会实践中进行学习，他把学校图书馆题名为"书呆子莫来馆"，并解释说："世上有两种人生活极无意义：一为读书而不做事，一为做事而不读书。敝校现在造一小规模之图书馆，名为'书呆子莫来馆'，盖专为用书而设，非为书呆子而设也。"他还在晓庄师范的招生广告上写道："小名士、书呆子、

---

① 华中师范学院教育科学研究所：《陶行知全集》（第二卷），湖南教育出版社1984年版，第494页。
② 华中师范学院教育科学研究所：《陶行知全集》（第二卷），湖南教育出版社1984年版，第646页。

文凭迷,最好不要来",书呆子是读死书,死读书,读书死呆头呆脑毫无用处之人。陶行知还为学生写了《自立歌》:"滴自己的汗,吃自己的饭。自己做事,自己干,靠人,靠天,靠祖上,不算是好汉!"以此来勉励学生们靠自己的双手自立自强。

晓庄师范学校的影响逐渐增大,获得了很好的社会声誉。美国著名进步主义教育家克伯屈,被陶行知称为"我的老先生",于1929年访华期间,参观了晓庄学校,并大加赞赏:"这学校是我这几年天天所想到而急要看到的一个学校,今天到这里,是非常快乐的事情!我现在无论到什么地方,都要宣传在中国的晓庄有一个试验学校,把这里的理想和设施,宣传出去,使全世界的人知道!"[1]晓庄学校的事业也迅速扩大,全国各地来参观学习的人络绎不绝。1929年,上海圣约翰大学为表彰陶行知为中国教育革新事业做出的突出贡献,授予他荣誉科学博士学位。

1930年4月,因陶行知支援南京和记洋行工人罢工,及反对日舰停泊下关,惹恼了国民党反动派,国民政府随以"勾结叛逆,图谋不轨"的罪名,通缉陶行知,并查封了晓庄师范。当军警们赶到晓庄学校,准备贴封条的时候,戏剧性的一幕出现了:执行命令的军警们竟拿着封条无处下手,因为他们发现,晓庄学校既没有校门,也没有围墙。这是陶行知毕生追求"没有围墙的学校"的真实写照,查封学校竟给他留下了如此令人骄傲的一幕。在晓庄学校被封后,陶行知为勉励新安小学(陶行知于1929年创办的一所实验性学校)继续坚持办学,奋笔写下了"捧着一颗心来,不带半根草去"的题词。虽然晓庄学校只开办了三年零二十四天,就被扼杀,但是它所代表的教育新曙光,将永远闪耀在中国教育史上。

陶行知在友人的劝说下,流亡日本,虽然时间不长,但日本发达的科学技术,给他留下深刻印象。1931年回国后,陶行知积极开展"科学下嫁"运动,在上海创办自然学园、儿童科学通讯学校,

---

[1] 周洪宇:《陶行知画传》,山东教育出版社2011年版,第61页。

力图把科学知识普及工人大众中去。

1932年,在上海宝山大场附近,陶行知创建了一所新型学校,即山海工学团。陶行知解释说:"九·一八"事变后,山海关危急,取名"山海"有共赴国难之意;工以养生,靠生产劳动养活自己;学以明生,学习科学明白事理;团以保生,团结起来保卫自己的生存权利。

山海工学团对学员进行军事、生产、科学、识字、运用民权、节制生育等六大训练,采用"教学做合一"的办法,学生要做什么,老师就教什么,学生就学什么,先生在做中教、学生在做中学。做中教,学生可以教先生,做中学,先生可以变学生。为解决工学团的师资不足问题,陶行知还创造了"小先生制",利用上学的儿童、小学生来教不识字的儿童、成年人甚至老年人。此后,抗战爆发,存在了近五年的山海工学团被迫停办。

1933年,陶行知与厉麟似、杨亮功等知名人士,在上海发起成立了中国教育学会。"一二·九"运动后,陶行知与宋庆龄、沈钧儒、李公朴等发起组织"上海文化界救国会"。1936年,国难教育社成立,陶行知被推选为社长。同年,陶行知当选全国各界救国联合会执委,并受救国会派遣,出访欧、美、亚、非28国,宣传抗日救国。

1938年,陶行知从国外返抵香港,倡导举办了"中华业余学校"。同年,在桂林正式成立生活教育社,当选为理事长。有一次,陶行知应邀到武汉大学演讲,他不慌不忙地从箱子中拿出一只大公鸡,接着又掏出一把米,放在桌上。台下听众都看愣了,不知道他葫芦里卖的什么药。陶行知一句话也没说,只是用手按住公鸡的头,逼它吃米,公鸡狠命地扭着头,就是不肯吃。接着,陶行知又掰开公鸡的嘴,硬往里面塞米,大公鸡拼命挣扎着,还是不肯吃。最后,他松开手,把公鸡轻轻放在桌子上,自己后退几步,只见大公鸡抖抖翅膀,四处张望一下,便从容地低下头,吃起米来。

这时,陶行知才开口说话道:各位,大家都看到了吧。当你逼着鸡吃米，或者把米硬往它嘴里塞，它根本不会去吃。但是，当你换一种方式，让它自由自在时，它就会自己主动去吃米。接着，陶行知又满怀感情地说：我认为，教育就跟喂鸡一样。先生强迫学生去学习，把知识硬灌给他们，他们是不情愿学的，即使去学，也是食而不化，过不了多久，他还会把知识还给先生的。但是，如果让学生自由主动学习，充分发挥他的主观能动性，那么，效果一定会好得多！瞬间，会场上便爆发出雷鸣般的掌声。教育不是硬性的干涉，而在于放手，给学生创造一个自由的学习环境，并激励学生自主主动地学习。教育就像喂鸡，强迫学生学习，把知识硬灌给学生，是违背人性极具杀伤力的做法，它催生的是学生对学习的厌恶。

陶行知是个感情非常细腻的人，对爱情有着温柔而知性的理解，他曾说过一句至理名言："爱情之酒甜而苦。两人喝，是甘露；三人喝，是酸醋；随便喝，要中毒。"陶行知的第二位夫人叫吴树琴，两人年龄相差20余岁，但彼此都很投心。吴树琴大学毕业后，放弃留在上海工作的机会，来到南京晓庄学校研究所工作，并与陶行知相恋。1939年12月，陶行知和吴树琴在重庆举行了婚礼，邓颖超特地赶赴婚礼，并送上一份贺礼。陶行知十分高兴，写了一首《结婚歌》："天也欢喜，地也欢喜，人也欢喜，欢喜你遇见了我，我也遇见了你。当时你心里有了一个我，我心里有了一个你，从今后是朝朝暮暮在一起。地久天长，同心比翼，相敬相爱相扶持，偶然发脾气，也要规劝勉励。在工作中学习，在服务中努力，追求真理，抗战到底。为了大我忘小己，直等到最后胜利。再生一两个孩子，一半儿像我，一半儿像你。"中华人民共和国成立后，吴树琴当选为全国政协委员，2003年12月，吴树琴在南京病逝，享年八十八岁。

1939年，陶行知面对成千上万流亡到重庆的难童，十分感慨地说：人才的幼苗，需要阳光、雨露。没有这些，人才的幼苗就枯萎了呀！我常常想，莫扎特的姐姐比莫扎特更有音乐天才，为什么莫扎特成为著名音乐家而他姐姐不能呢？因为他们的父母穷，只能供一个孩子念书。

陶行知还讲过一个故事，他说：昨晚孙总理周游晓庄十二村乡，见到三等小朋友，他心里产生了三种感觉：第一种人家的小孩子，不但能读书识字，并且会运用书中的道理，这些小孩子会写信，会认契据，会记账目，会看报，能懂国家大事。孙总理看了这种人家小孩，喜欢极了，就说："活人读活书，字字如珍珠。"第二种人家的孩子，像木鸡一样，整天读《百家姓》《三字经》……总理听了不耐烦，便说："活人读死书，愈读愈迂腐。"第三种人家的小孩子，一天到晚只会打架，相骂，偷东西，做种种不长进的事。总理见了气极，便说："活人不读书，不如老母猪。"这其实是陶行知的愿望，希望小孩子到学校里去，去读活人的书，做活人的事，过活人的生活。可见，小孩子最紧要的是要进学校。

为了使更多的孩子有书读，陶行知在重庆创办育才学校，并定育才学校的校训为：千教万教，教人求真；千学万学，学做真人。陶行知还把行乞兴学的武训，作为育才师生的榜样："一世到老，四处奔波，为了苦孩，甘为骆驼，于人有益，牛马也做。"

陶行知创办育才学校是非常艰难的。经费紧张，他就把卖字、卖文的收入以及当参政员每月300元的车马费全部捐出，还东奔西跑到处"乞讨"募捐。而陶行知自己却生活非常简朴，一日三餐粗茶淡饭，常年一身蓝布料的学生装和土布鞋，正像他自嘲的"生活不如老妈子"，连有钱人家的保姆也不如。但为了孩子们的教育，他却倾其所有。陶行知常说："唐僧西天取经，遭遇八十一难，不知者以为他是自寻苦吃，其实他是抱着一个宏愿要完成。"陶行知的宏愿，就是让每一个贫苦的孩子能够接受教育，那"抱着爱人游泳"的故事最能反映陶行知拳拳教育心。

1941年，由于经费不足，粮食短缺，育才学校陷入了最为困难的时期。学校只好以稀饭胡豆度日，孩子们个个面黄肌瘦，为了保持营养，孩子们只能长时间吃便宜的猪血度日。陶行知给学生和教师们打气说：学校虽然已经到了山穷水尽难以维持的境地，但育才一定要办下去，绝没有自动停办之理，为了生存，只能勒紧裤带，共渡难关。一些好心的朋友见陶行知如此艰难，劝他说：环境如此艰难，办不下去就不要硬撑了，还是放弃育才学校吧，你何必顶着石臼做戏，抱着石头游泳呢？陶行知则面带笑容风趣地说：你们说错了，我是抱着爱人游泳，爱人怎么能丢掉呢？抱着爱人游泳，我们会互相鼓励，游过激流险滩，一定能到达胜利的彼岸。教育不是负担，是心中最爱的那个人，这就是陶行知对待教育的态度。

进入育才学校的儿童，经过陶行知的施教，进步迅速，有了"天才"般的表现，这招致了一些人的非议，说陶行知丢掉了普及教育，在搞"天才教育"。面对非议，陶行知答复道："我不是办天才教育，我办的是人才教育。按照每个学生的特长才能、爱好，对他们提出一定的要求，加以定向培养，进行因材施教。这些'人'才在正确指导下经过'一'番努力，就转化成'大才'（'人'字上加一横就成'大'字）。对'大才'再进行深入的诱导，学生们自己再出'一'身力，流'一'身汗，'一'定时间之后，'大才'也就成为'天才'了（'大'字上加一横就成'天'字）。真正的天才是师生经过共同的教学实践活动，不间断的乐教乐学而培养出来的。若能为国家、为人民培养几个'天才'又有什么不好呢？"每个人都是"人才"，经过一番努力才能成为"大才"，再经过一番努力才能成为"天才"，这就是陶行知的天才论。

陶行知在育才学校提出了"每天四问"。一问：自己的身体有没有进步？有，进步了多少？为什么要这样问？因为"健康第一"，身体是生命的根本，没有了身体，一切都无从谈起。二问：自己的学问有没有进步？有，进步了多少？为什么要这样问？因为学问是一切前进的活力的源泉。三问：自己担任的工作有没有进步？有，进步了多少？为什么要这样问？因为工作的好坏，对我们的生活学习都有很大影响。四问：自己的道德有没有进步？有，进步了多少？为什么要这样问？因为道德是做人的根本，根本一坏，学问本领越大，对社会的危害也越大。陶行知强调，如果我们每天都这样自问，就会在这些方面有长足进步。

陶行知还在育才学校提倡六个"解放",他在《创造的儿童教育》一文中提出教育者需要提倡的,孩子们需要具备的六大能力素养为:解放头脑、解放双手、解放眼睛、解放嘴巴、解放时间、解放空间。从身体的器官到时空,这恰恰是教育以"教育"之名束缚孩子的最大枷锁,不消除这些枷锁,教育就不成其为真正的教育。

陶行知在育才学校的教育,体现了一个真正教育者对教育真谛的诠释。有一次,陶行知发现了一个音乐指挥的孩子,这个孩子又瘦又小,穿着又长又大的破衣服,长着癞痢头,流着脓血,只剩下几根头发,浑身又脏又臭。陶行知并未在意这些,并看出了这孩子的音乐天赋。于是,陶行知登门拜访冯玉祥将军,请他找个好医生,给孩子治病,并托朋友从美国买回贵重药品,把孩子的病治好。这个孩子就是后来的著名音乐家陈贻鑫。教育不是选美,而是善于发现,发现孩子身上的魅力和才华。

陶行知有一次在学校巡视,看见一个学生想用砖头砸另一个同学,他急忙上前制止,并让那名学生放学后到他办公室去。放学后,陶行知来到办公室,那个男生正等着挨训。不料,陶行知却微笑着掏出一颗糖果送给他,说:这是奖给你的,因为你很准时,没有迟到。男生接过糖果。随后,陶行知又掏出第二颗糖果给他,说:这也是奖励你的,因为我不让你打人,你就立即住手了,这说明你很尊重我,我应该奖你。男生对陶行知的行为略感惊讶,但还是收下了糖果。这时,陶行知又掏出第三颗糖果给他,说:我调查过了,你打那个同学,是因为他欺负女生,这说明你很正直善良,敢于同坏人做斗争,应该奖励你。

男生十分感动,流着眼泪说:陶校长,我错了,我砸的不是坏人,而是同学,不管怎么说,我用砖头打人是不对的。陶行知十分满意,掏出第四颗糖果递过来,说:你知错认错,实在难得,我再奖给你一块糖果,我的糖发完了,我们的谈话也结束了。普普通通的四颗糖,在陶行知这里饱含着教育的真义:第一颗糖是发现和尊重;第二颗糖是肯定和信任;第三颗糖是理解和鼓励;第四颗糖是赏识和宽容。教育是善的，教育就是用善良的力量来温暖人心，改变人性的。

陶行知曾说：你的教鞭下有瓦特，你的冷眼里有牛顿，你的讥笑中有爱迪生，你别忙着把他们赶跑。你可不要等到坐火轮，点电灯，学微积分，才认得他们是你当年的小学生。

有一次，一位朋友的夫人和陶行知聊天，说起了孩子把一块新买的金表拆得七零八落，自己狠狠地揍了孩子一顿的事。陶行知听后说：你打掉了一个"爱迪生"。夫人有点愕然地问道：难道我这样做不对吗？陶先生，您说对这样的孩子该怎么办呢？陶行知就和那夫人一起去见孩子，他微笑地问孩子：你为什么要把妈妈的新表拆开呢？孩子低声说：我听见表里嘀嗒嘀嗒的声音，想拆开看看是什么东西在响。陶先生说：你愿意跟我一起到钟表店，看师傅如何修表、拆表、装表吗？孩子很高兴地跟陶行知来到了钟表店，修表师傅说修好表要一元六角修理费。陶行知付了钱，并和孩子一起满怀兴致地在旁边看师傅怎样修表。一个小时后，表修好了，又重新发出清晰的嘀嗒声。临走时，陶先生又买了一只旧钟，送给孩子带回去拆装。那位夫人不解地问：还让他拆表吗？陶行知笑笑说：你不是问我，对这样的孩子该怎么办吗？我的办法是，把孩子和表一起送到钟表铺，看钟表师傅修表，这样修表铺就成了课堂，修表师傅成了先生，孩子成了学生，修理费成了学费，孩子好奇心求知欲就得到了满足。打孩子，不是把他的求知欲打掉了吗？与其对孩子暴打一顿，不如引导培养他的兴趣。兴趣和创造力从来不是在暴力中产生的，教育永远和暴力水火不容，任何掺杂暴力的东西都不是教育。

1945年，陶行知加入中国民主同盟，当选为中央常委兼教育委员会主任委员。随后，陶行知又在重庆创办社会大学并任校长。社会大学的办学宗旨是：大学之道，在明民德，在亲民，在止于人民之幸福。社会大学教育方针是：人格教育、知识教育、组织教育和技术教育。陶行知提出社大的招生原则是，凡是能听讲又能记笔记者，就有入学的资格。但国民党政府并不能容忍社大的存在，社大成立仅一年零一个月就被查封了。

1946年，国民党反动派残酷迫害爱国民主人士，李公朴、闻一多先后被特务暗杀，据说陶行知被列在黑名单上第三位，但陶行知毫无畏惧，正气凛然地说：我等着第三枪。

1946年7月25日上午，陶行知因长期劳累过度，健康过损，突发脑溢血住院，周恩来、邓颖超、沈钧儒等闻讯赶往探视。但最终抢救无效，不幸逝世于上海，享年五十五岁。"陶先生生前曾嘱咐家人，要把他的遗体葬到他一生热爱的晓庄，并要求把他的头朝北方（指延安），表示他对中国共产党的热爱和向往。"① 一个伟大教育家的伟大一生最终落下了帷幕，但他所毕生追求的"教育理想国"，在他伟大精神指引下一直薪火相传。

陶行知离开了我们，他的伟大事迹赢得了后世对他的崇高景仰，并一直激励感动着后人不断前进。毛泽东称陶行知为"伟大的人民教育家"，宋庆龄称其为"万世师表"，徐特立称他是"伟大的教育家、革命家、思想家"，并宣称要把自己的名字改为"师陶"。曾任美国副总统的华莱士评价陶行知说："陶博士并不仅仅属于中国，而是属于世界的。在美国，大家都知道陶博士是一个伟大的教育家。"2007年，哥伦比亚大学教育学教授维·汉森，将陶行知与美国的杜威、意大利的蒙台梭利等人，并列为世界最具影响力的十大教育思想家。

第二节　教师道德：自重奉献

陶行知非常重视教师的地位作用。他认为，对学校而言教师最为重要，一所学校的好坏，取决于教师的好坏，学校要办好，必先

---

① 夏志成：《陶行知先生传略》，《江苏教育》1980年第5期。

要有好教师,"小学教员教得好,则这一二十、一二百家的小孩子可以成家立业。否则,变成败家子,永远没有希望"①,学校是育人的地方,教育者很大程度上决定了学生能否成人,一个不重视教师的学校,永远不可能成为好学校。

陶行知认为,教师事关民族的前途和命运,他指出:"全民族的命运都操在小学教员手里。德国战胜法兰西,归功于小学教师,这是人所知道,中国之所以受不平等条约的束缚和帝国主义之宰割,追到根源,也要算教书先生为罪魁。这也是我们所不能否认的。所以小学教师之好坏简直可以影响到国家的存亡和世运之治乱。"② 在陶行知看来,"教师就是社会改造的领导者。在教师的手里操着幼年人的命运,便操着民族和人类的命运"③,教师关乎社会改造、幼年人命运、民族人类命运,对人类社会而言,教师能够驱散愚昧和野蛮,把文明的种子播撒到幼年人的灵魂中去,没有教师便没有文明的人类,也便没有人类的文明。陶行知指出:"农不重师,则农必破产;工不重师,则工必粗陋;国民不重师,则国必不能富强;人类不重师,则世界不得太平。"④ 教师关系到工农生产,关系国家富强,关系太平盛世。可以说,没有教师,人类可以存在,但没有教师,人类绝对不可以发展,人类要摆脱动物般的生存,要靠教师传扬人类的文明。

教师如此重要,陶行知要求,教师必须是高素质者。陶行知把道德素养作为教师的第一素质,他认为,为教师者必须有献身教育的责任感。他所说的"捧着一颗心来,不带半根草去"的箴言,既

---

① 陶行知:《陶行知全集》(第五卷),湖南教育出版社 2005 年版,第 219 页。
② 华中师范学院教育科学研究所:《陶行知全集》(第二卷),湖南教育出版社 1984 年版,第 219 页。
③ 华中师范学院教育科学研究所:《陶行知全集》(第二卷),湖南教育出版社 1984 年版,第 128 页。
④ 华中师范学院教育科学研究所:《陶行知全集》(第二卷),湖南教育出版社 1984 年版,第 501 页。

是对教师献身教育崇高精神品质的最集中描绘,也是他所要求教师必须具备的最根本、最重要的道德品质。

教师这种职业,是面向未来的职业,所面对的是正在成长中的人,其目的是为了育人,而育人本质上和名利毫不相关,任何从功利出发的育人,都会背离教育的本义,都会使受教育者掉入工具化的陷阱。这决定了,教师这种职业本质上只能是一种崇高奉献性的职业。

为此,陶行知指出:"教育者应当知道教育是无名无利且没有尊荣的事。教育者所得的机会,纯系服务的机会,贡献的机会,而无丝毫名利尊荣之可言。"[①] 作为教师,必须有坚定的献身教育的意识,必须有"鞠躬尽瘁,死而后已"的精神,没有服务教育、献身教育的高度责任心,想搞好教育工作就是一句空话。

陶行知认为,教育是事关国家、人民、未来的一件"大事",教师必须有崇高献身精神的责任心,方能搞好教育,他指出:"人生天地间,各自有秉赋:为一大事来,做一大事去。"[②] 对教师而言,一生的大事,就是做好教育。

好的教育,绝对不是有钱的教育,有钱就有好教育的逻辑十分荒谬,教师献身教育的精神才是根本的决定因素。为此,陶行知一直都警告教师,要做到"富贵不能淫,贫贱不能移,威武不能屈,美人不能动"。对教师而言,金钱主义是教师的大敌,教师所得的机会,纯系服务、贡献的机会,而无丝毫名利计较掺杂其中,"教师的服务精神,系教育的命脉。金钱主义,最是破坏教师职业的尊贵"。[③] 陶行知把为"金钱"而从事教育者斥为"守知奴",这是一

[①] 华中师范学院教育科学研究所:《陶行知全集》(第二卷),湖南教育出版社1984年版,第256页。

[②] 华中师范学院教育科学研究所:《陶行知全集》(第二卷),湖南教育出版社1984年版,第158页。

[③] 华中师范学院教育科学研究所:《陶行知全集》(第二卷),湖南教育出版社1984年版,第233页。

种把神圣工作变成了纯粹"做买卖"的交易,对教师的尊严和人格完善是巨大损害。

教师的服务精神是以教师的自觉、自愿、自动为基础的,金钱买不到,他人强迫不了。为此,陶行知在《我们的信条》一文中指出:"我们深信最高尚的精神是人生无价之宝,非金钱所能买得来,就不必靠金钱而后振作,尤不可因钱少而推诿","我们深信如果全国教师对于儿童教育都有'鞠躬尽瘁死而后已'的决心,必能为我们民族创造一个伟大的新生命"。[①] 教育不取决于金钱,只取决于教师的热爱和决心,这热爱和决心来自教师的责任感和献身精神。

当然,陶行知所谓的教师献身精神,并非指教师自我毁灭式的自我牺牲,而是一种贯穿教师人生价值实现的奉献,"他并不是一味地强调类似佛教徒的自我牺牲,同目前社会上流行的用'烛光'比喻教师有差别。'烛光',意味着照亮别人,毁灭自己。陶行知不这样看。他认为教师在奉献的同时,也实现了自我的人生价值。换句话说,教师的人生价值,体现在奉献于培育一代新人之中。陶行知不主张教师'埋头苦干',而应当'抬头乐干',意思是说,教师的奉献不是'苦'而是'乐'"。[②] 实现人生价值的奉献是生命的超越,其本质是快乐的,陶行知提倡的是实现教师生命价值的献身,教师乐在其中。

陶行知认为,教师要有教育的理想和信仰,这是教师道德素养的重要组成部分。只有心中有理想的教师才能做好教育,他明确指出:"普通许多做教员的,都是不得已而为之,这种心思我们应该着实革除!无论什么人,当教员必得有一个理想的社会悬在心中。"[③]

[①] 华中师范学院教育科学研究所:《陶行知全集》(第二卷),湖南教育出版社1984年版,第652页。

[②] 方善森:《试论陶行知的教师观》,《浙江师范大学学报》(社会科学版)1991年第3期。

[③] 江苏省陶行知教育思想研究会南京晓庄师范陶行知研究室:《陶行知文集》,江苏人民出版社1981年版,第217页。

当教师不是不得已糊口的一个职位，教师必须有自己的理想，心中有理想，方能成真教育，教师心中理想的高度，决定了教育的高度。

信仰是教师对教育坚信不疑追求的自觉，信仰使教师坚守教育的神圣，直面教育的困难，是教师从事教育活动的根基。陶行知指出，教师对于教育，"第一，要有信仰心。认定教育是大有可为的事，而且不是一时的，是永久有益于世的。不但大学校高等学校如此，即使小学校也是大有可为的"。[①] 教师对教育的信仰就是"大有可为""永久有益"，这种信仰是一种崇高的精神，它是教师从事教育的恒久动力和支撑。陶行知认为，教师对教育的坚定信仰是无价之宝，既非金钱所能买来，也非靠金钱而后振作，它是教师内在的一种强烈持久的驱动力。教师只有具有教育信仰，才能与教育事业结为终身伴侣。"那不信仰这事的，可以不必在这儿做小学教员"[②]，陶行知断定，没有教育信仰的人是不能做教师的。

信仰带给教师的只有阳光和快乐，正如陶行知所言："小学校里学生小，房子小，薪水少，功课多，辛苦得很，那有快乐？其实看小学生天天生长大来，从没有知识，变为有知识，如同一颗种子的由萌芽而生枝叶，而看他开花，看他成熟，这里有极大的快乐。"[③]"现任教育者，无不视当教员为苦途，以其无名无利也；殊不知其在经济上固甚苦，而实有无限之乐含在其中。愚蒙者我得而智之，幼小者我得而长大之，目视后进日上皆我所造就者，其乐为何如耶？"[④] 没有教育信仰心的教师，看不到这种快乐。

[①] 华中师范学院教育科学研究所：《陶行知全集》（第二卷），湖南教育出版社1984年版，第127页。

[②] 华中师范学院教育科学研究所：《陶行知全集》（第二卷），湖南教育出版社1984年版，第127页。

[③] 华中师范学院教育科学研究所：《陶行知全集》（第二卷），湖南教育出版社1984年版，第127页。

[④] 江苏省陶行知研究会南京晓庄师范学校：《陶行知文集（上）》，江苏教育出版社2008年版，第19页。

教师自我修养是师德的源泉和基础，陶行知指出："要人敬的必先自敬，重师首在师之自重。"[1] 自重就是要求教师要加强自我修养。教师要想获得尊重，首先要自珍自爱，这是要求教师要做到"一举一动，一言一行，都要修养到不愧为人师的地步"。[2] 教师自重，其核心就是要做到以身作则，表率为先，以人教人，陶行知在《我们的信条》一文中，把教师"以身作则"作为一条重要的信条列出："我们深信教师应当以身作则"[3]，这也是陶行知对教师品质的一贯要求，用他的话说就是："我们最注重师生接近，最注重以人教人"[4]，"教员的天职是变化，自化化人"[5]。以人教人，自化化人，教师要先于学生去做，才能在潜移默化中教育学生去做。陶行知还用了"自立立人""自勉勉人""自觉觉人""自达达人"等称呼，来表达教育的起点就是教师的自教，就是教师的自我修养。教师要以高尚的人格魅力去感召学生，恭德慎行，为世师范。无自教者无以教人，教师自身就是教的最本质展现，不自教本身就和教育的本义相背离。

师爱是最基本、最永恒的师德话题。陶行知认为，教师要有仁爱之心，爱是教师进行教育的灵魂，没有爱就没有教育。在晓庄师范建立三周年纪念会上，陶行知曾满怀深情地说："晓庄是从爱里产生的。没有爱便没有晓庄""晓庄可毁，爱不可灭""一个乡村小学里的教师有了这爱，便是一个晓庄，一百万个乡村小学里的教师有

---

[1] 华中师范学院教育科学研究所：《陶行知全集》（第二卷），湖南教育出版社1984年版，第501页。
[2] 华中师范学院教育科学研究所：《陶行知全集》（第二卷），湖南教育出版社1984年版，第576页。
[3] 华中师范学院教育科学研究所：《陶行知全集》（第二卷），湖南教育出版社1984年版，第652页。
[4] 华中师范学院教育科学研究所：《陶行知全集》（第二卷），湖南教育出版社1984年版，第500页。
[5] 江苏省陶行知研究会南京晓庄师范学校：《陶行知文集》（上），江苏教育出版社2008年版，第316页。

了这爱，便是一百万个晓庄"。① 陶行知主张，教师必须热爱学生，愿为孩子们献出一切，用他自己的话说就是：为了苦孩，甘为骆驼。于人有益，牛马也做。陶行知认为，爱是一种巨大的力量，教育只能从爱里产生出来，他在《第二年的晓庄》一文中指出："真教育是心心相印的活动。唯独从心里发出来的，才能打到心的深处。"②身为教师，倘若与孩子的心存在隔阂，不能与孩子心心相印，真正有效的教育就无法进行。所以，如果不具备"爱孩子"这一最起码的必备品质，就根本不配成为一个教师，就必须让他离开学校。

师爱是教师职业的本质特点和最基础的品格修养，对学生的爱是教师进行教育的前提和基础。陶行知认为，师德的核心在于教师心中要有爱，他说："我们奋斗的工具是爱力不是武力。"③ 爱力暖心，武力伤心；爱力赢得学生的心，武力丧失学生的心。谁爱孩子，孩子就爱他；谁伤孩子，孩子就远离他。只有爱孩子的人，才能教育孩子。高尚纯洁的师爱，是师生心灵沟通的桥梁，是开启学生心智的钥匙，是用以点燃照亮学生心灵的火焰。

陶行知的师爱，其最终目的是实现"爱满天下"，这是对民族人类的爱，"我们培养和引导他们对民族人类发生更高的自觉的爱"。④"爱满天下"是一种大爱、博爱，它以爱学生为起点，又超出学校的围墙，进而去爱家庭、爱社会、爱国家、爱人民、爱万物，爱天下之所有。正是这"爱满天下"的师爱，才能培养出"爱满天下"的学生，这世界也才能真正充满爱。

---

① 华中师范学院教育科学研究所：《陶行知全集》（第二卷），湖南教育出版社1984年版，第207页。
② 华中师范学院教育科学研究所：《陶行知全集》（第二卷），湖南教育出版社1984年版，第134页。
③ 江苏省陶行知研究会南京晓庄师范学校：《陶行知文集》，江苏人民出版社1981年版，第264页。
④ 方名：《陶行知全集》，四川教育出版社2009年版，第10页。

第三节　教师培养：立人兴邦

陶行知认为，教师的培养要靠师范教育，他对师范教育非常重视，从国家兴亡的高度来看。在他之前，著名实业家张謇提出了"普及教育，师资为先"的主张，并创办了江苏通州师范学校，这是我国第一所独立建制的师范学校。陶行知在《师范教育之彻底改革》一文中，提出了"师范教育可以兴邦，也可以促国之亡"[①]的观点，把师范教育同民族国家的命运联系起来，可以说是发前人之未发，令人振聋发聩，耳目一新，足见他对师范教育认识之深刻。

师范教育为什么可以兴邦？陶行知认为，"师范学校负培养改造国民的大责任，国家前途的盛衰，都在他手掌之中"[②]。国民的改造说到底靠的是教育，教育说到底靠的又是教师，于是，教师的好坏就与国家民族的兴亡密切相关。陶行知明确指出，小学教师的好坏，就完全能够影响到国家的存亡和世运的治乱，并说德国战胜法兰西，根本上就是归功于小学教师。正是在这个意义上，陶行知才斩钉截铁地说："全民族的命运都操在小学教员手里。"[③] 教师如此重要，教师的好坏，又要靠培养教师的师范教育，"要想小学办得好，先要造就好教师；要想造就好教师，先要造就办师范学校造就教师的教师"。[④] 可见，师范教育在国家兴盛中的作用非同一般。

师范教育为什么可以促国之亡？这是陶行知从对当时师范教育存在巨大问题的思考中得出的结论。针对当时师范教育的弊端，陶行知指出："好些师范学校只是在那里教洋八股，制造书呆子。这些

---

① 陶行知：《陶行知文集》，江苏教育出版社 2008 年版，第 247 页。
② 华中师范学院教育科学研究所：《陶行知全集》（第二卷），湖南教育出版社 1984 年版，第 166 页。
③ 陶行知：《陶行知文集》，江苏教育出版社 2008 年版，第 309—310 页。
④ 陶行知：《陶行知文集》，江苏教育出版社 2008 年版，第 310 页。

大书呆子分布到小学里去，又以几何的加速率制造小书呆子。倘使再刮一阵义务教育的大风，可以把书呆子的种子布满全国，叫全国的国民都变成书呆子！中华民国简直可以变成中华书呆国。老实说：20世纪的舞台上，没有书呆子的地位，称他为国，是不忍不为此称呼啊！想到这里，真要令人毛骨悚然。"① 这种造成书呆国的师范教育，这种培养"死"国民的师范教育，不是亡国的师范教育又是什么呢？陶行知对这样的师范教育恨之入骨，认为必须进行彻底的改造，否则国家和民族就不可能走向富强。

陶行知指出，这种亡国的师范教育"或是从主观的头脑里空想出来的，或是间接从外国运输进来的，不是从自己的亲切经验里长出来的"②。这种舶来品和空想式的教育，必须要进行根本的改造，为此陶行知忧心忡忡地指出："这种师范教育倘不根本改造，直接可以造成不死不活的教师，间接可以造成不死不活的国民。有生活力的国民，是要靠着有生活力的教师培养的；有生活力的教师，又是要靠着有生活力的师范学校训练的。中国今日教育最急切的问题，是旧师范教育之如何改造，新师范教育之如何建设。国家所托命之师范教育，是决不容我们轻松放过的。"③ 只有彻底改造这种不死不活的旧师范教育，国家和民族才有出路。可以看出，陶行知强调办师范教育，不仅仅是为了解决师资问题，其根本目的是为了民族和国家的前途，其着眼点之宏大，思虑之深刻，不得不令人敬佩。

对于师范教育体系，陶行知指出了存在的一些主要的问题。

一是只重视教师的培养，而不太关注培养教育行政人员、校长和教育职员。对此他指出："教育界所需要的人才可分四种：一是教育行政人员，二是各种指导员，三是各种学校校长和职员，四是各

---

① 陶行知：《陶行知文集》，江苏教育出版社2008年版，第247—248页。
② 陶行知：《陶行知文集》，江苏教育出版社2008年版，第224页。
③ 陶行知：《陶行知文集》，江苏教育出版社2008年版，第224页。

种教员。吾国自办师范教育以来，无论高等师范、初等师范，只顾到第四项，只是以造就教员为目的，对于教育行政人员、指导员、校长和职员的训练都没有相当的注意。"[①] 这确实是师范教育存在的一个需要引起重视的问题，对于师范生的培养，只是通识性地学了一些教育学、心理学的课程，忽视了教育中起很重要作用的教育行政人员和校长的培养。陶行知一针见血地指出了造成这种状况的原因："大家都以为这种种职务可以不学而能，人人会干，无须特别的训练，更无须科学的研究"，"结果只好把他们付交给绅士和小政客办理"。[②] 由绅士和小政客培养出来的校长和教育行政人员，其教育素养如何，可想而知，又怎能办好教育呢？

由此，陶行知提出了用"广义的师范教育"来解决这个问题，即"我们应当有广义的师范教育——虽所培养的人以教员为大多数，但目的方法并不以培养教员为限"。[③] 这里的"不以培养教员为限"就将师范教育的培养对象扩大了，但这种扩大不是简单地增加培养对象，更意味着师范教育要有"区别"地培养相关教育人员。也就是说，要根据学校的不同层级、城乡各地的不同需要、从事不同教育任务的人的特点等，进行师资培养，而不能笼统地进行一般性的培养。

二是师范教育的城市化倾向，师范教育所培养的学生不适应农村孩子的需要，而且师范生毕业后不愿意到农村去。对此，陶行知在《新学制与师范教育》一文中指出："初级师范大多数设在都市里面，毕业生所受的教育既不能应济乡村的特别需要，而他们饱尝都市幸福的滋味，熏染都市生活的习气，非到必不得已时，绝不愿

[①] 华中师范学院教育科学研究所：《陶行知全集》（第二卷），湖南教育出版社1984年版，第215页。

[②] 华中师范学院教育科学研究所：《陶行知全集》（第二卷），湖南教育出版社1984年版，第216页。

[③] 华中师范学院教育科学研究所：《陶行知全集》（第二卷），湖南教育出版社1984年版，第216页。

到乡下去服务。"① 在另一篇文章《师范教育下乡运动》中，陶行知再次表达了师范教育不能为农村培养教师的观点："中国的师范学校多半设在城里，对于农村儿童的需要苦于不能适应。城居的师范生平日娇养惯了，自然是不愿到乡间去的。就是乡下招来的师范生，经过几年的城市化，也不愿回乡服务了。所以师范学校虽多，乡村学校的教员依然缺乏。"②

陶行知所提出的问题，也是一直困扰师范教育的严重问题，即如何为农村培养教师的问题。城市和农村的教师培养，从某种意义上讲，可能是两个根本不同的问题，农村教师缺乏职业吸引力，仅靠城市里的师范教育，不可能解决问题。对此，陶行知提出师范教育走向农村，号召开展"师范教育下乡运动"，要求"师范学校，应当设在小的镇上"，"每个师范学校在乡间设立分校以为造就乡村师资之所"。这样，师范学校与乡下的环境相接近，也更容易培养师范生的乡村感情。陶行知自己率先下乡创办试验乡村师范，成为我国教育史上第一个创办乡村师范的人。

对师范教育的具体培养目标，陶行知在不同时期提出不同的认识，共同构成了师范教育的目标系统。1922年，在《新学制与师范教育》一文中，陶行知提出了确立师范教育培养目标的三原则：一是教育界需要什么人才，就该培养什么人才。这要求凡是教育界需要的人才，师范教育都应该进行培养，不仅仅局限于教师的培养。二是教育界各种人才要什么，就该教他什么。这里陶行知提出了要研究不同对象所教内容不同的问题，"究竟一位县教育局长、市教育局长、中学校长、初级师范国文指导员、高级中学理化指导员、小学校长、前四年的小学教员、幼稚园教员应当学的是什么？要多少

---

① 华中师范学院教育科学研究所：《陶行知全集》（第二卷），湖南教育出版社1984年版，第216页。

② 华中师范学院教育科学研究所：《陶行知全集》（第二卷），湖南教育出版社1984年版，第600页。

时候学了？"① 三是谁在那里就教谁。只要在教师岗位上的人，就是"实际上在那里操教育权"的人，都要接受师范教育。

1925年，陶行知在《女师大与女大问题之讨论》一文中，提出了师范生应具有的四大目标："一、信仰国家教育事业为主要生活。二、愿为中学教员者对于中学生之能力需要应有彻底之了解；那愿为师范学校教员者，于中学生外，还须了解小学生之能力与需要。三、对于将来担任之功课须有充分的准备，这准备包含中小学所需之教材、教法之研究，实习和参观。四、各人一举一动，一言一行，都要修养到不愧为人师的地步"。② 陶行知提出的这四个目标，涉及教师的几项基本素养，即教师的职业态度、教师的教育性知识素养、教师的教学素养和教师的职业道德素养。在这里，陶行知所提出的目标，展示了师范教育培养目标的特殊性，充分体现了他对师范教育本质特点认识之深刻。

陶行知长期关注农村教育，尤其重视农村教师的培养。1926年，陶行知对乡村师范学校培养教师提出了三条目标，即"一、农夫的身手；二、科学的头脑；三、改进社会的精神"。③ 农夫的身手要求教师既然生活在农村，就应该具备农村的生活技能，这样才能具备"农民甘苦化的心"，也才能更加理解农村，热爱农村，成为农村之真正一员；科学的头脑要求教师思想上要保持先进性，具备科学的知识和见识，能够科学地看待农村的问题；改进社会的精神要求教师要有改造农村生活的精神，"乡村教师应当做改造乡村生活的灵魂"。

后来，陶行知又加上了两条，即"健康的体魄"和"艺术的兴

---

① 华中师范学院教育科学研究所：《陶行知全集》（第二卷），湖南教育出版社1984年版，第217页。

② 华中师范学院教育科学研究所：《陶行知全集》（第二卷），湖南教育出版社1984年版，第576页。

③ 华中师范学院教育科学研究所：《陶行知全集》（第二卷），湖南教育出版社1984年版，第656页。

趣",并把"农人的身手"改为"劳动的身手"。这样,陶行知的师范教育培养目标就有了完整的表述,即健康的体魄、劳动的身手、科学的头脑、艺术的兴趣、改造社会的精神。就陶行知师范教育培养目标的精神实质来看,他对教师的基本素养已经概括得较为全面精当,完整地体现了对教师德智体美劳的要求,较为系统和全面地构建了师范教育的培养目标系统。

那么,师范学校如何培养师范生?

陶行知认为,培养师范生首先遇到的是"教什么"的问题。对于这个问题,陶行知的回答是根据"环境所已有的东西"来教,用他的话说就是:"施教的人不能无中生有,他必得要运用环境所已有的事物去引起学生之活动。"[1] 何谓"环境所已有的东西"呢?就是生活所已经有的东西,教的就是生活所有的,而不是别的什么东西,"我们没有课外的生活,也没有生活外的课",课就是生活,生活就是课,这就是陶行知的教材。

但是生活所有的并不都是教学所需要的,陶行知提出了根据所需要来学、来教、来培养师范生,"要什么,学什么;学什么,教什么;教什么,就拿什么来训练教师"[2]。在这里,陶行知要求师范教育的课程要以生活为中心,这与他认为乡村师范学校要服务于乡村生活、改造乡村生活的观点密切相关,他曾指出:"我以为乡村师范学校负有训练乡村教师改造乡村生活的使命""乡村师范学校是依据乡村实际生活,造就乡村学校教师、校长、辅导员的地方"。为此,陶行知在晓庄师范学校开设的课程都与生活密切相关,他经常对学生讲"不会种菜,不算学生","不会烧饭,不得毕业",等等。看似简单,其实都饱含着学生对劳动、对生活的态度,有着非常深刻的人生意义。

师范生该如何教呢?陶行知指出了以往师范生培养的弊端,即

---

[1] 陶行知:《陶行知文集》,江苏教育出版社2008年版,第217页。
[2] 陶行知:《陶行知文集》,江苏教育出版社2008年版,第217页。

先理论后实习。陶行知认为，这种理论和实践分离的"分割法"，或"教长实习短"，是极其不合理的，不符合师范生的培养规律，很难培养出合格的师范生。陶行知指出："按寻常的方法，师范生受了三年半的普通训练，到了最后半年并始实习。"这种方法十分不合理。他用一个比喻说明了其中的谬误："现今师范教育之传统观念是先理论而后实习，把一件事分成两截，好比早上烧饭晚上请客，除非让客人吃冷饭，便须把饭重新烧过，教学做合一的中心学校就是把理论与实习合为一炉而冶之"。① 陶行知要求摒弃这种知识传授与实习实践分开的做法，要将理论与实践结合起来，要求师范生"不但要自己学习，并且要同时学习教人"，也就是要求师范生边学习边教学，边学习边运用所学的教育理论知识。

在这里，陶行知所强调的就是"教学做合一"的师范生培养方法，其中，"做"是教、学的核心，他特别强调要根据"做"来培养教师，"事怎样做就怎样学；怎样学就怎样教；怎样教就怎样训练教师"。

师范教育应当培养谁来做教师呢？陶行知提出了自己对师范教育培养什么人的疑问："预备要做先生的是哪种人？他对于教师职业的兴味、才能如何？他充当某种教师是否可以胜任愉快？现在实际在那儿当教师的是谁？师范学校所期望于他所训练的人才有多少能做适当的教师？"② 这些问题确实是从事师范教育所应认真思考的问题，不是谁都能做教师的，师范教育也不能培养一大堆不愿从事教师职业的人。

对此，陶行知提出了自己的观点，"谁在那儿教，谁欢喜教，谁能教得好，就应当训练谁"③，也就是说，师范教育要培养的对象，是正在教书的人，是喜欢教书的人，是愿意把书教好的人。可以看

---

① 华中师范学院教育科学研究所：《陶行知全集》（第二卷），湖南教育出版社1984年版，第209页。
② 陶行知：《陶行知文集》，江苏教育出版社2008年版，第218页。
③ 陶行知：《陶行知文集》，江苏教育出版社2008年版，第218页。

出，陶行知把有当教师的动机，看作师范教育选择对象的最根本要求。事实上，对一个根本不愿意当老师的人，进行师范教育培养是无效的。

陶行知对师范生提出了两个要求，就是要学会两变，即变个孙悟空，变个小孩子。陶行知提出，师范教育就是教学生"变"的教育，师范生就是学"变"的学生，"师范教育是什么？教学生变成先生。先生是什么？自己会变而又会教人变的是先生。师范生不是别的，是一个学变先生的学生"。① 师范生要学"变"什么呢？就是要学变成先生。

师范生怎样才能变成先生呢？陶行知提出，师范生第一变就是要变孙悟空，像孙悟空那样求师拜学。陶行知要求师范生要像孙悟空那样，要有明确的目的和理想。师范生要抱着目的来拜师，"如果美猴王做了师范生，他必定要找一位能达他的目的的老师。不能达他的目的的老师，他是不要的"。② 那么，孙悟空要向什么人拜师，才能达到目的呢？"如果他是师范生，他决不访那教人做奴隶的老师，也决不访那教少数人做主人多数人做奴隶的老师；他所要访的是教一家人、一国人、一世界人，个个做主人的老师。"③ 这就是师范生要拜的老师，要拜教人做主人的人为师。

陶行知认为，师范生第二变就是要变个小孩子。他认为，师范生之所以要变个小孩子，是因为只有这样，才能懂得孩子，理解孩子。在他看来，做老师的往往小看了孩子，严重低估了孩子，事实上，教师对孩子的教育和认知，远远达不到孩子头脑所思所想的程度。这就会造成教师对孩子的错误判断，进而采取错误的教育方法，

---

① 华中师范学院教育科学研究所：《陶行知全集》（第二卷），湖南教育出版社1984年版，第237页。
② 华中师范学院教育科学研究所：《陶行知全集》（第二卷），湖南教育出版社1984年版，第238页。
③ 华中师范学院教育科学研究所：《陶行知全集》（第二卷），湖南教育出版社1984年版，第238页。

这样的先生就是一个糊涂先生:"你这糊涂的先生!你的学堂成了害人坑!你的墨水笔下有冤魂!"。由此,陶行知要求教师要变成一个小孩子,当教师真的变成了小孩子时,"您立刻会发现小孩子的能力大得很:他能做许多您不能做的事,也能做许多您以为他不能做的事。等到您重新生为一个小孩子,您会发现别的小孩子是和从前所想的小孩子不同了"①,才能用孩子的眼光来审视孩子、欣赏孩子,孩子的"恶行"也就变得可爱了。

从本质上言,陶行知的教师变小孩,就是要求教师要按照生命本来的样子接受生命,让孩子成为孩子,才能感到教育的成功。所以,陶行知才说:"我们必得会变小孩子,才配做小孩子的先生。师范学校的同学们!小孩子变得成功便算毕业,变不成功,休想拿文凭!"② 师范生合格与否,就在于能否变成小孩子,这就是陶行知的基本判断。

第四节 教师职责:教人变活

陶行知认为,教师担负着培养真善美的活人的重任。他认为教师从事教育就是在创造,"创造主未完成之工作,让我们接过来,继续创造"③,人天生的素质出自造物主的"创造",人后天的素质要靠教师创造。教师创造的最终目的就是要创造出真善美的活人,"教育者不是造神,不是造石像,不是造爱人。他们所要创造的是真善

---

① 华中师范学院教育科学研究所:《陶行知全集》(第二卷),湖南教育出版社1984年版,第244页。
② 华中师范学院教育科学研究所:《陶行知全集》(第二卷),湖南教育出版社1984年版,第244页。
③ 华中师范学院教育科学研究所:《陶行知全集》(第三卷),湖南教育出版社1985年版,第482页。

美的活人。真善美的活人是我们的神,是我们的石像,是我们的爱人"。① 在这里,真善美是老话题,活人具有重要创新意义和价值。因为,在陶行知看来,只有活人的教育才是真正的教育,活人的教育是教人变活的教育。他明确指出:"教育是什么?教人变!教人变好的是好教育。教人变坏的是坏教育。活教育教人变活。死教育教人变死。不教人变、教人不变的不是教育。"② 教师的责任是教人变活,成就活人。

活与死相对,陶行知要求教师把孩子当作活的来教育,他明确指出:"我们教育儿童,第一步就要承认儿童是活的。"③ 只有承认学生是活的,才会采取各种措施把学生教成活人。对学生而言,死的孩子是脑子迟钝的孩子,不是死人的意思。陶行知认为,孩子分两种,活的孩子、死的孩子,"活的小孩子与死的小孩子有不同的特点……活的小孩子,他秉性活泼些,他对于一切的事实上,也就进步得快些。死的小孩子,他的脑筋滞钝些,并不是说小孩子的确是死的……我们办教育的人,总要把小孩子当作活的,莫要当作死的"。④ 教师要培养的是活人,就要有教无类地培养,这个无类在这里就是学生死、活的天资差异,教师要做的,就是不管学生的天资差异如何,都要以成就活人,教人变活为目标。

教师要教人变活,首先自己得是活人,用陶行知的话说,就是不能用死的人去教活的人,而是"要用活的人去教活的人"。因为"活的教员与活的学生,好像汽车一样,学生比譬是车,教员比譬是车上司机器的。机器不开,车自然不动"。⑤ 教师变活,重要的就是

---

① 华中师范学院教育科学研究所:《陶行知全集》(第三卷),湖南教育出版社1985年版,第482页。
② 华中师范学院教育科学研究所:《陶行知全集》(第二卷),湖南教育出版社1984年版,第237页。
③ 方明:《陶行知全集》(第一卷),四川教育出版社2009年版,第341页。
④ 方明:《陶行知全集》(第一卷),四川教育出版社2009年版,第343页。
⑤ 方明:《陶行知全集》(第一卷),四川教育出版社2009年版,第345页。

要多看书学习，陶行知把不看书学习，没有新知识，"只是年年爬起来卖旧货"的老师，称为"教育中的败类"。所以，陶行知才说："我们现在要希望教育成活的，当教员的就要多看书——多看些活书，好去供给学生的需要，养成新而且活的学生"。①

教师自己变活之后，还要"拿活的东西去教活的学生"。其中，最重要的是教师"要拿活的书籍去教小孩子"，"我觉得书籍所记载的，无非是人的思想和经验，那个人的思想、经验要是很高尚的，与人生很有关系的，那就可算是活的书籍"②，高尚的、与人生有关的书就是活书，这是其一。

此外，活书还有更广泛的所指，"活书是活知识的宝库。花草是活书，树木是活书。飞禽走兽小虫微生物是活书。山川湖海，风云雨雪，天体运行都是活书。活的人、活的问题、活的文化、活的武功、活的世界、活的宇宙、活的变化，都是活的知识宝库，便是活的书"，教师要善于选择活书，善于运用活书，教学生"读活书""用活书"，广泛地接触社会现实生活，方能成就活人。

教师要教人变活，其核心就是教人求真。1945年，陶行知给广东浦县百侯中学写了一首校歌诗，其中就有为后世广为传颂的两句至理名言："千教万教，教人求真，千学万学，学做真人。"在这里，教与学的真谛就一个"真"字，"真"就是教师责任的根本定位。"真"有两层意蕴，一是真理，求真理，求真知；二是真人，做真人，不做假人。

教师教学生追求真理是义不容辞的天职，陶行知在创办育才学校时，就明确地将学校的办学宗旨确定为"引导学生团结起来，做追求真理的小学生"。真理有赖于教师传授，"得到真理的人便负有传授真理的义务"③，陶行知要求教师成为真理的掌握者，呼吁教师

---

① 方明：《陶行知全集》（第一卷），四川教育出版社2009年版，第346页。
② 方明：《陶行知全集》（第一卷），四川教育出版社2009年版，第345页。
③ 陶行知：《陶行知文集》（修订本），江苏教育出版社2008年版，第668页。

要撕掉精神的裹头布,扯碎嘴上的封条,敢于说真话,讲真理,对于说谎的骗子教育、麻醉人的歪曲理论要敢于迎头驳斥。

陶行知指出,教师的职责就是"让真理赤裸裸的出来","不要给他穿上天使的衣服,也不要给他戴上魔鬼的假面具。你不可以为着饭碗、为着美人、为着生命,而把'真理'监禁起来或者把他枪毙掉。教师只能说真话。说假话便是骗子,怎么能做教师呢?"① 教师要善于把真理的本来面目揭示给学生,要撕掉罩在真理上面的"外衣"和"面具",教师不能为外在的功利而掩饰真理、放弃真理,教师就是吹去掩盖真理黑云的人,"真理是太阳,歪曲的理论是黑云。教师要吹一口气把这些黑云吹掉,那真理的太阳就自然而然地给人看见了"。②

真理就是真知,教师向学生传授真知,学生学习真知,不是只掌握一堆死知识,而是要求教师培养儿童求真的情感。陶行知指出:"知的教育不是灌输儿童死知识,而是让儿童养成追求真理的感情,并能努力奉行。"③ 教师教学生求真知,更为重要的是让学生做,让学生在生活中学。为此,陶行知指出:"知的教育不是灌输儿童死的知识,而是同时引起儿童的社会兴趣与行为的意志。"行为就是要求学生做,社会兴趣就是生活,这就是要求教师要引领学生在做中、在生活中掌握真理。

陶行知认为"百见不如一做",求真知的过程,教真理的过程,是一个做的过程,"教学做是一件事,不是三件事。我们要在做上教,在做上学……先生拿做来教,乃是真教;学生拿做来学,方是实学。不在做上用功夫,教固不成为教,学也不成为学"。④ 在真知的学习上,陶行知特别强调教、学中的做,把做看作教、学的本质,

---

① 陶行知:《陶行知文集》(修订本),江苏教育出版社 2008 年版,第 676 页。
② 陶行知:《陶行知文集》(修订本),江苏教育出版社 2008 年版,第 677 页。
③ 江苏省行知教育思想研究会南京晓庄师范陶行知研究室:《陶行知文集》,江苏人民出版社 2008 年版,第 797 页。
④ 陶行知:《陶行知全集》(第一卷),四川教育出版社 1991 年版,第 126 页。

"从先生对学生的关系说,做便是教;从学生对先生的关系说,做便是学。先生拿做来教,乃真教;学生拿做来学,乃是实学"。教与学的实质就一个"做"字,离开了做,便无所谓教学,这就是陶行知对教学的革命性认识。

陶行知把离开"做"的师生间的教与学,称为"教员是教死书、死教书、教书死。学生是读死书、死读书、读书死",离开了做,一切的教育都成了"死"的。这种"死"的教育是没有学生双手参与的灌输式的教育,"学生在学校里天天接受老师灌输的知识,他们的头脑发胀,却很少使用他们的双手","像这种不正常的训练学生的方法,学生得到的只能是头脑里贮藏一些未经消化的、不理解和不真实的知识而已"。因此,在陶行知看来,与传统知识学习中博闻强记式的记诵相比,做才是更本质的东西,真知的获得过程中,没有做,记诵就没有价值,只要做,没有记诵,仍然可以求得真知。

所以,陶行知才说:"不做无学;不做无教;不能引导人做之教育,是假教育;不能引导人做之学校,是假学校;不能引导人做之书本,是假书本。在假教育、假学校、假书本里自骗、骗人的人,是假人——先生是假先生,学生是假学生。假先生和假学生所造成的国是假国,所造成的世界是假世界。"① 离开了做,一切的教育都是假的,陶行知一针见血地指出了真教育和假教育的区别,这是教育的大发现,更是陶行知教育思想的核心。而且,不仅知识学习,品格修养亦以作为核心,"我们要在'事'上去指导学生修养他们的品格。事应当怎样做,学生就应当怎样修养,先生就应当怎样指导。"② 学生品格就是在做上砥砺而成,做正确的事,就是品格修养。

陶行知认为,生活中蕴藏着真知、真理,生活即教育,"我们深

---

① 华中师范学院教育科学研究所:《陶行知全集》(第二卷),湖南教育出版社1984年版,第290页。
② 华中师范学院教育科学研究所:《陶行知全集》(第一卷),湖南教育出版社1983年版,第622—623页。

信生活是教育的中心"①，"教育的根本意义是生活之变化。生活无时不变即生活无时不含有教育的意义。"② 陶行知指出，教育要通过生活才能发出力量，进而成为真正的教育，如此，求真知就需要以生活为中心，我们不能在知识的真空里来实施教育，离开了生活的单纯书本式教育是死教育，死教育怎能获得真知呢？

对此，陶行知明确指出："没有生活做中心的教育是死教育。没有生活做中心的学校是死学校。没有生活做中心的书本是死书本。在死教育、死学校、死书本里鬼混得的人是死人——先生是先死，学生是学死！先死与学死所造成的国是死国，所造成的世界是死世界。"③ 教育离开了生活，从教育中出来的一切皆是死的——死人，死国，死世界！那是一副多么可怕的场景呀，陶行知看到了制造死亡的教育的恐怖，他才大声疾呼要教育回归生活，从生活中获得活的力量和生命。

陶行知反复强调说："过什么生活，便是受什么教育；过好的生活，便是受好的教育；过坏的生活，便是受坏的教育。"④ 教育好坏的判别是生活的好坏，决定教育好坏的，是受教育者所过的生活，这就告诫教师和家长，要给孩子创造好的生活才是教育的根本。正如陶行知所指出："过的是少爷生活，虽天天读劳动的书籍，不算是受着劳动教育；过的是迷信生活，虽天天听科学的演讲，不算是受着科学教育。"⑤ 生活教育即是真知，教师要引导学生用心去触摸、

---

① 胡晓风、金成林等：《陶行知教育文集》，四川教育出版社 2005 年版，第 199 页。

② 华中师范学院教育科学研究所：《陶行知全集》（第二卷），湖南教育出版社 1984 年版，第 633 页。

③ 华中师范学院教育科学研究所：《陶行知全集》（第二卷），湖南教育出版社 1984 年版，第 289 页。

④ 华中师范学院教育科学研究所：《陶行知全集》（第二卷），湖南教育出版社 1984 年版，第 634 页。

⑤ 华中师范学院教育科学研究所：《陶行知全集》（第二卷），湖南教育出版社 1984 年版，第 634 页。

去感悟生活，这样学生才能在生活中感受到真知，学到真理。

与教书相比，育人更加重要，学生知识的掌握可能囿于天资，因人而水平有所差异，但在做人上，则基本不受天资影响。所以，教师可能得不到"英才"，教不出"天才"，但教师可以教任何一个学生如何做人。1927年，陶行知在给其大儿子陶宏的家书中指出："先生不应该专教书，他的责任是教人做人。学生不应该专读书，他的责任是学习人生之道"。教师要教学生做人，那么做什么人呢？就是做真人。陶行知在1941年给儿子陶晓光的信中说："我们必须坚持'宁为真白丁，不做假秀才'……总之，追求真理做真人，不可丝毫妥协。"[1] 真人需要有真教师来塑造，真教师必须"有真知灼见；肯说真话，敢驳假话，不说谎话。我们必须拿着这两个尺度来衡量我们的先生，合于此者是吾师，立志求之，终身敬之"[2]。真教师不弄虚作假，说真话，办真事，有真本领，真道德，追求真理，以真教人，把"真"字作为自己的立教之本。

教师教学生做真人，就是要培养为百姓、为国家、为全人类谋幸福的人，而不是教学生做人上人。在《育才学校创办旨趣》一文中，陶行知指出，教师"不是培养他们做人上人。有人误会以为我们要在这里造就一些人出来升官发财，跨在他人之上，这是不对的。我们的孩子们都是从老百姓中来的，他们还要回到老百姓中去，以他们所学得的东西贡献给老百姓，为老百姓造福利；他们都是受到国家民族的教养，要以他们学得的东西贡献给整个国家民族，为整个国家民族谋幸福；他们是在世界中呼吸，要以他们学得的东西帮助改造世界，为整个人类谋利益"[3]。教育所要培养的真人，不是为了个人利益和地位，不是将高官厚禄、出人头地作为追求的目标，

---

[1] 陶行知：《行知书信集》，安徽人民出版社1981年版，第269页。
[2] 华中师范学院教育科学研究所：《陶行知全集》（第三卷），湖南教育出版社1985年版，第605页。
[3] 方明：《陶行知全集》（第四卷），四川教育出版社2009年版，第379—380页。

而是要学生做"人中人",就是要做从老百姓中来,到老百姓中去的人,要为民服务,为国造福。

陶行知在《如何使幼稚教育普及》一文中指出:"我们应当知道。民国中只有人中人,没有人上人,也就没有人下人"[1],"绝不承认社会上有什么'人上人''人下人',但是,'人中人'我们是逃不掉的"[2]。人中人就是普通人中的一员,是相对于把人分为上下等级而言的,人受教育不是为了把人区分为不同的等级,而是为了人与人之间更加平等,而是为了让每一个人的生活更加幸福。陶行知指出:"既不做人上人,也不做人下人,而要做'人中人',要把自己所学得的东西贡献给老百姓。"人本来就不应该有什么高低贵贱、上下尊卑之分,每个人接受教育获得本领,是为了给百姓谋福利,这是教育的根本追求。

有一次,育才学校有一学生用"吃得苦中苦,方为人上人"的古训,来鼓励同学要努力学习。陶行知得知此事,就把学生叫到办公室,让他思考所说的话是否正确,那个学生想了想,就把那句话改为"吃得苦中苦,方为人下人"。陶行知听了,不禁笑道:"这也不对,在公平合理的社会里,不应该有'人上人'和'人下人',有人中人,没有人上人,也没有人下人。"[3] 陶行知要求,每位老师都要时刻记住自己的使命,就是要教自己的学生成为"人中人"。

在陶行知看来,培养"人上人"的教育是一种剥削者和压迫者的教育,是一种"吃人"的教育,压榨农人、工人的血汗。这种教育所培养的"人上人",是一些高高在上、目中无人的人,或是骑在人民头上横行霸道、作威作福的人;这种"人上人"总是一心想着剥削人、压迫人和统治人。陶行知认为,培养"人下人"的教育是一种奴化的愚人教育,这种教育所培养的"人下人",是一些低三下

---

[1] 华中师范学院教育科学研究所:《陶行知全集》(第三卷),湖南教育出版社1985年版,第81页。
[2] 陶行知:《陶行知选集》(第一卷),教育科学出版社2011年版,第81页。
[3] 陶行知:《陶行知全集》(第五卷),湖南教育出版社1985年版,第81页。

四、唯唯诺诺、曲意逢迎的人，是一些卑躬屈膝、奴颜媚骨、趋炎附势的人，是一些缺乏自信、随波逐流、见风使舵的人。

陶行知指出，旧教育是制造"人上人""人下人""人外人"的伪教育："中国几千年是以少爷小姐为主人的小众教育，在学而优则仕、读书做官的名利引诱下，不仅陷入了造就伪君子的伪教育的歧途，而且成了制造骑在人民大众头上的'人上人'和避世、出世或不知世事的'人外人'的贵族教育。所谓'人上人'，是指那班做坏事，吃好饭而常骑在老百姓头上作威作福的统治者，而'人下人'就是那群身受压迫剥削而不加觉悟，为奴性窒息，失去自信心和自尊心的劳苦大众。""人上人""人下人"的教育，本质上都是教育对人性、人心的剥削和压迫的教育，它摧残的是人性，毁灭的是人心，这是一种伪教育、假教育，是一种反人类的教育。

陶行知认为，通过教育培养出的人应是"人中人"，他既不是"人上人"的剥削者，也不是"人下人"的奴隶，而是人格独立、人性善良、不卑不亢、为国为民的人。陶行知用孟子"大丈夫"的精神来阐述"人中人"，1924年，他在《安徽公学办学旨趣》一文中指出："做人中人的道理很多，最要紧的是要有'富贵不能淫，贫贱不能移，威武不能屈'的精神。这种精神，必须有独立的意志、独立的思想、独立的生计和耐劳的筋骨、耐饿的体肤、耐困乏的身，去做那摇不动的基础。"[①] "人中人"最重要的就是一种做人的精神和气节，教育要培养的就是有"大丈夫"精神和气节的人，这样的人才能更好地服务国家，造福人民。

陶行知认为，教师教学生做真人，成为一个真正的人，就是要培养学生成为一个整个的人。他认为在现实中存在五种人，都不算是整个的人：一是残废的人；二是依靠他人的人，这种人生活上不独立，只能依靠他人过活；三是为他人当作工具用的人，这种人没有独立人格，受他人支配；四是被他人买卖的人，受贿的官员、卖

---

① 陶行知：《陶行知文集》，四川教育出版社2005年版，第10页。

身的议员是代表；五是一身监管多种差事的人，结果难以兼顾，只能是只拿钱不做事。

陶行知要求教师要避免学生成为不整个的人，而要成为一个整个的人，"要做一个整个的人，别做一个不完全、命分式的人"，"我希望诸君至少要做一个人；至多也只做一个人，一个整个的人"。① 怎么才算做到一个整个的人，陶行知提出了整个人的三要素：一是身体好，要有健康的身体；二是要有独立的思想，有判断是非的能力；三是要有独立的职业，成为生利之人，获得社会报酬。

陶行知认为，教师教学生做真人，要培养学生成为有道德的真人。他指出："道德是做人的根本。根本一坏，纵然你有一些学问和本领，也无甚用处，并且，没有道德的人，学问和本领愈大，就能为非作恶愈大。"② 教育所培养的真人，必是有道德的人，教师所要做的，就是引导学生"建筑人格长城，人格长城的基础就是道德"，教师要把他们培养成为有道德的真人。

陶行知认为，有道德的真人是品行一致的人，他反对那种"把道德与行为分而为二"，"嘴里讲道德，耳朵听道德，而所行所为却不能合乎道德的标准"。③ 学生道德的培养不是掌握一大堆道德知识那么简单，更重要的是学生道德行为的养成，然而在学校道德教育中却缺少道德练习的机会，"修身伦理一类的学问，最应注意的，在乎实行；但是现今学校中所通行的修身伦理，很少实行的机会；即或有之，亦不过练习仪式而已"。④

陶行知要求教师要给学生进行道德行为践行的机会，通过实践

---

① 华中师范学院教育科学研究所：《陶行知全集》（第一卷），湖南教育出版社 1983 年版，第 594—595 页。

② 陶行知：《陶行知全集》（第四卷），四川教育出版社 1991 年版，第 522—523 页。

③ 华中师范学院教育科学研究所：《陶行知全集》（第一卷），湖南教育出版社 1983 年版，第 134 页。

④ 华中师范学院教育科学研究所：《陶行知全集》（第一卷），湖南教育出版社 1983 年版，第 134 页。

练习，让学生通过做事的实践练习，并在练习中发现自己，反省自己，进行自我道德行为的培养。他指出："我们道德上的发展，全靠着遇了困难问题的时候，有自己解决的机会。所以遇了一个问题，自己能够想法解决它，就长进了一层判断的经验。问题自决得越多，则经验越丰富。"[1] 教师通过让学生自己解决问题的实践来修炼道德行为，增进判断是非的能力。

陶行知指出，教育学生做真人，就要旗帜鲜明地反对做伪人，做假人。他在《假人》诗中写道："世界如何坏？坏在假好人。口是而心非，虽人不是人。"[2] 这种假人真真假假，四处骗人，把人弄得头昏脑黑，使社会一片黑暗。教师教人求真，第一要紧的就是不能教学生弄虚作假，不能让学生成为一个虚假的人。这看似容易，实则不易，且不说教育中弄虚作假现象的大量存在且难以根除，甚至我们的教育还在"逼着孩子说假话"，要知道，充斥虚假的教育是培养不出真人的。陶行知坚决反对培养假人教育的思想，这在教育时刻面临虚假侵袭的危机之时，具有恒久的意义和价值。

陶行知认为，比假人更可恨，更具有危害性的是伪君子，教师在培养真人时，更要注意不要把孩子培养成为伪君子。他指出："假君子之德以行诈，始谓之伪。故总名之曰：伪君子。"[3] 伪君子就是用道德来掩盖卑鄙无耻的人。陶行知认为，名利是伪君子的根本追求，虽追逐名利者不一定是伪君子，但伪君子一定是追名逐利者，"是故伪君子非趋利即求名，而趋利求名者，必是伪君子。伪君子之由来，名利为之也"。[4] 不管伪君子表面的伪善如何变化，其根本目

---

[1] 华中师范学院教育科学研究所：《陶行知全集》（第一卷），湖南教育出版社1983年版，第136页。

[2] 方明：《陶行知全集》（第七卷），四川教育出版社2009年版，第9页。

[3] 华中师范学院教育科学研究所：《陶行知全集》（第一卷），湖南教育出版社1983年版，第24页。

[4] 华中师范学院教育科学研究所：《陶行知全集》（第一卷），湖南教育出版社1983年版，第24页。

的只有一个,即名利,"伪君子虽百出而莫穷,然自外言之,其所以为诱者则一。一者何?名利而已。伪君子与世沉浮,随祸福毁誉而变,其本色以博名利","人之所以受名利之诱,而演出千百之伪状者亦一。一者何?心伪而已","人而心伪,则耳目口舌俨然人也,而实假人矣"。① 外在的利者来自内心,伪君子之伪,根本在于心伪,心伪之人是为假人,伪君子是假人的一种,且是最为恶劣的一种。

因为在陶行知看来,与真小人相比,伪君子的危害更大,他尖锐地指出:"天下非真小人之为患,伪君子之为患耳。真小人,人得而知之,人得而避之,并得而去之。"② 伪君子之所以危害更大,是因为伪君子本质是恶的,而展现给人的却是善,伪君子"无人非,无物议,伪君子以此自鸣,世人以此相隐慕"③,人们对待伪君子不但无非议,而且还非常羡慕,伪君子之危害就在于此,"一家行之而家声伪,一国行之而国风伪,行之既久而世俗伪。嗟夫!真小人之为患,深之不过数世,浅则殃及其身而已;伪君子则直酿成伪家声,伪国风,伪世俗,灾及万世而不可穷。"④ 伪君子带来的是家风、国风、世风的败坏,危害的是整体国民的人心,伪君子不除,民族无望,国家难兴,教育必须从人心上铲除伪君子滋生的渊薮。由此,陶行知才大声疾呼:"呜呼!真人不出,如苍生何。""真"教育比一切都重要,教师要做的,就是培养真人,要教学生,求真知,真求知,做真人,真做人,努力追求"至真"的教育境界。

教师要教人变活,就要教学生学。教师的职责不是教书,也不

---

① 华中师范学院教育科学研究所:《陶行知全集》(第一卷),湖南教育出版社1983年版,第26页。
② 华中师范学院教育科学研究所:《陶行知全集》(第一卷),湖南教育出版社1983年版,第26页。
③ 华中师范学院教育科学研究所:《陶行知全集》(第一卷),湖南教育出版社1983年版,第26页。
④ 华中师范学院教育科学研究所:《陶行知全集》(第一卷),湖南教育出版社1983年版,第26—27页。

是教学生，而是教学生学。陶行知把只会教书的老师称为"书架子字纸篓制造家"，因为这些老师"只会拿一本书要儿童来读它，记它，把那活泼的小孩子做个书架子，字纸篓"①，这显然与教师所肩负的育人职责相违背。对于教学生的老师，陶行知认为，这种老师比教书的老师好，但也有很大的问题，他说："因为先生不能一生一世跟着学生。热心的先生，固想将他所有的传给学生，然而世界上新理无穷，先生安能尽把天地间的奥妙为学生一齐发明？既然不能与学生一齐发明，那他所能给学生的，也是有限的，其余还是要学生自己去找出来的。况且事事要先生传授，既有先生，何必又要学生呢？所以专拿现成的材料来教学生，总归还是不妥当的。"② 这种老师只是完成了自己职责的一部分，但学生依然是被动的，学生所得的不过是先生所有的，并没有解决学生持续发展、终身成长的问题。

陶行知认为，只关注教的教育，是一种把教与学分离的教育，都是片面的，不利于学生发展，不能充分实现教师的责任。他指出："现在的人叫在学校里做先生的为教员，叫他所做的事体为教书，叫他所用的法子为教授法，好像先生是专门教学生些书本知识的人。他似乎除了教以外，便没有别的本领；……而在这种学校里的学生除了受教之外，也没有别的功课。……论起名字来，居然是学校；讲起实在来，却又像教校。"③ 陶行知认为，教师一味地"教"，从根本上讲，是在抛弃学生"学"的自动自得，是在隔离学生的生命体验，遮蔽了学生对自己生命的认识。

所以，陶行知认为教师光教书不关注学生是绝对错误的；关注

---

① 华中师范学院教育科学研究所：《陶行知全集》（第一卷），湖南教育出版社1983年版，第87页。
② 华中师范学院教育科学研究所：《陶行知全集》（第一卷），湖南教育出版社1983年版，第88页。
③ 华中师范学院教育科学研究所：《陶行知全集》（第一卷），湖南教育出版社1983年版，第87页。

学生学而不教会他们怎么学也是不对的。由此，陶行知指出："先生的责任不在教，而在教学，而在教学生学"，"好的先生不是教书，不是教学生，乃是教学生学。教学生学有什么意思呢？就是把教和学联络起来"。① 好的教师不只是教书，不只是教学生，更加重要的是教会学生怎样学习，充分发挥学生的主体作用，使学生掌握自学的本领，自觉主动地学习一切知识和一切真理。

教师的责任不在于教学生去搬可以致富的金子，而在于使学生具有点金的手指。用陶行知的话说就是："对于一个问题，不是要先生拿现成的解决方法来传授学生，乃是要把这个解决方法如何找来的手续程序，安排停当，指导他，使他以最短的时间，经过相类的经验，发生相类的理想，自己将这个方法找出来，并且能够利用这种经验理想来找别的方法，解决别的问题。"② 陶行知的精辟见解深刻地揭示了，教师的责任不是仅教学生"学会"，更为根本的是要教学生"会学"，与"学会"相比，"会学"才是教师之教所要达到的真正目标。因此，教师教学生，教只不过是一种手段，教"学"才是最终目的。

陶行知把教师的责任定位于教学生学，就是要求教师要从教学生"学会"向"会学"转变，这是教师教责任的质的转变。教师教学生"学会"意味着，学生只需要掌握教师所教的知识即可，"会学"则要求教师引导学生，通过学生自己分析、比较、判断获得知识，并能够进一步思考创新知识。"学会"就像掌握桶里的水，数量总归有限，只能满足学生一时用水之需；"会学"就像掌握如何开水龙头的方法，可以随时打开水龙头取水，从根本上解决学生按需用水的问题。

所以，"学会"强调的是学生掌握知识的多寡，重视学生对知识

---

① 华中师范学院教育科学研究所：《陶行知全集》（第一卷），湖南教育出版社 1983 年版，第 88 页。
② 华中师范学院教育科学研究所：《陶行知全集》（第一卷），湖南教育出版社 1983 年版，第 88 页。

接受的量的多少，以学生习得知识为衡量标准，培养学生的是一种直线思维；"会学"强调的是学生对知识的理解和运用，重视学生运用知识解决实际问题的能力，以学生习得学习能力和思维品质为衡量标准，培养学生的是一种创新思维。

由此可见，教学生"学会"之师，其实质就是"知识的搬运工"，教师教学关注的是知识的讲解、分析和考评，教师和学生之间是单纯的"一桶水和一滴水"的关系，好老师就是五车腹笥、满腹经纶的人。教学生"会学"之师，是启迪学生自己对问题思考的"精神助产士"，教师和学生是思维激发和主动发现的关系，教师并不直接教给学生具体的知识，教师的着力点是"引导"，知识来自学生自己的发现和建构。

对教师而言，传授现成知识已是非常不易，而唤醒学生潜能，激发学生思维，让学生自我建构发现知识，实现高效深度学习，则更加不易。这就给教师的"教"提出了很高的要求，亦使"教"成为一种只有超高智慧的人才能从事的职业。

第五节　教师素养：创造学习

陶行知认为，创造是教师最核心的素养。在《第一流的教育家》一文中，陶行知提出了教师素质的核心要求，他首先批判了三类所谓的教育家，即"政客教育家""书生教育家"和"经验教育家"。陶行知认为，"政客教育家"只会"运动、把持、说空话"，这种素质的教师根本不值一提；"书生教育家"只会"读书、教书、做文章"，"经验教育家"只会"盲行，盲动，闷起头来，办……办……办"，这两类教师也不合格。

在此基础上，陶行知提出了"第一流的教育家"所应具备的素质：一是"敢探未发明的新理"，二是"敢入未开化的边疆"。敢探新理，敢入边疆，一个理论，一个行动，都要求教师要敢于创造，

"敢探未发明的新理,即是创造精神,敢入未开化的边疆,即是开辟精神"①,创造成为陶行知眼中一流教师的核心素养。

陶行知指出,葆有创新精神的教师才是优秀的教师:"在教育界,有胆量创造的人,即是创造的教育家;有胆量开辟的人,即是开辟的教育家,都是第一流的人物。"② 陶行知所要求的具有创造素养的教师,不是传统意义上"教书匠"式的教师,而是"第一流"的教师。可以看出,他对教师的创造精神有着多么大的期待与渴望。之所以如此,是因为陶行知非常清楚,只有教师走进了教育创造的神圣殿堂,成为一流的教育家,我们的教育才真正有希望。

陶行知指出,教师之所以缺乏创造素养,一是因循守旧,二是没有胆量。教师一味因循守旧,沿袭陈法,表面看对教育无伤大雅,实则大害于教育,因为"因循之人,除退化无收效,除敷衍无方法。对于事言,是为放驰责任;对于己言,是自暴自弃"③,这样的人在教育界当老师,"既足以自误,复足以误人,更足以误国"。④ 陶行知认为,"因循既由畏、惰、自满、自私、宴安诸念所致,则欲远离因循,自非排去畏、惰、自满、自私、宴安五念不可"⑤,唯有如此,教师才可能克服因循,走向创新。

陶行知指出,缺乏胆量,胆量太小,教师便无法创造。陶行知批判了教师中普遍存在的胆量太小,因循守旧的问题,他指出:"我们在教育界做事的人,胆量太小,对于一切新理小惊大怪。如同小

---

① 华中师范学院教育科学研究所:《陶行知全集》(第一卷),湖南教育出版社1983年版,第114页。
② 华中师范学院教育科学研究所:《陶行知全集》(第一卷),湖南教育出版社1983年版,第114页。
③ 华中师范学院教育科学研究所:《陶行知全集》(第二卷),湖南教育出版社1984年版,第12页。
④ 华中师范学院教育科学研究所:《陶行知全集》(第二卷),湖南教育出版社1984年版,第15页。
⑤ 华中师范学院教育科学研究所:《陶行知全集》(第二卷),湖南教育出版社1984年版,第15页。

孩子见生人，怕和他接近。又如同小孩子遇了黑房，怕走进去。究其结果，他的一举一动，不是乞灵古人，就是仿效外国。也如同一个小孩子吃饭、穿衣，都要母亲帮助，走几步路，也要人扶着，真是可怜。"① 倘使一个教师连创造的胆量都没有，只会求助古人，依靠国外，虽然无害，但却必然带来教师创新精神的缺失，终将阻碍中国教育的进步。当前很多教师"率任已意""仪型他人"，甚至以他者的思想来替代自己的思想，是难以真正做好教育的。

陶行知认为，教师只有放开胆量去创造，才能发现新的教育奥秘，"我们在教育界任事的人，如果想自立，想进步，就须胆量放大，将试验精神，向那未发明的新理贯射过去，不怕辛苦，不怕疲倦，不怕障碍，不怕失败，一心要把那教育的奥妙新理，一个个的发现出来。"② 教师放胆创造，意味着教师要与过去的自己说再见，这是一个需要教师克服困难和艰辛付出的过程。陶行知指出，创造需要教师付出，辛勤的付出是创造的源泉，"只要有一滴汗，一滴血，一滴热情，便是创造之神所爱住的行宫，就能开创造之花，结创造之果，繁殖创造之森林"。③

陶行知批判了教师不愿意创造的种种借口。有的教师把不能创造归结为环境，说"环境太平凡了"，不能创造，陶行知却说，一张白纸，一块石头，最平凡不过，但在画家和雕塑家手里，就变成了杰作。有的教师把不能创造归结为"生活太单调了"，陶行知却说，即便是最单调的蹲监狱，也有《易经》的产生，"可见平凡单调，只是懒惰者之遁词。既已不平凡不单调了，又毋需乎创造。我们是

---

① 华中师范学院教育科学研究所：《陶行知全集》（第一卷），湖南教育出版社1983年版，第113页。
② 华中师范学院教育科学研究所：《陶行知全集》（第一卷），湖南教育出版社1983年版，第113页。
③ 华中师范学院教育科学研究所：《陶行知全集》（第三卷），湖南教育出版社1985年版，第486页。

要在平凡上造出不平凡；在单调上造出不单调"。① 有教师说自己年纪太小不能创造，陶行知说爱迪生、帕斯卡尔幼年就开始了研究创造。有教师说自己太无能了不能创造，陶行知说鲁钝的曾参却传了孔子之道，"无能也是借口。蚕吃桑叶，尚能吐丝，难道我们天天吃白米饭，除造粪之外，便一无贡献吗？"② 有教师说自己已经山穷水尽，走投无路，陷入绝境，等死而已，不能创造。陶行知说，"绝望是懦夫的幻想"，"生路是要勇气探出来，走出来，造出来的"，"当英雄无用武之地，他除了大无畏之斧，还得有智慧之剑，金刚之信念与意志，才能开出一条生路"。③ 陶行知倡导教师要勇敢创造，任何艰难险阻，都会无往而不胜。

陶行知告诫教师，创造"像屋檐水一样，一点一滴，滴穿阶沿石。点滴的创造固不如整体的创造，但不要轻视点滴的创造而不为，呆望着大创造从天而降"④。"点滴的创造"正如那星星之火，终将以点燃大火的方式，诱导产生"大创造"。陶行知认为，对教师而言，"处处是创造之地，天天是创造之时，人人是创造之人，让我们至少走两步退一步，向着创造之路迈进吧"。⑤ 教师的本质就是创造，无论何时、何地、何人，任何不创造都只是借口。

陶行知把创造素养作为教师成为一流教育家的素养，其观点是振聋发聩的，充分体现了陶行知教育发展根本靠教师、靠教师创造的思想。教育的发展，不仅需要上有政策，更需要下有创造，尤其

---

① 华中师范学院教育科学研究所：《陶行知全集》（第三卷），湖南教育出版社1985年版，第483页。

② 华中师范学院教育科学研究所：《陶行知全集》（第三卷），湖南教育出版社1985年版，第484页。

③ 华中师范学院教育科学研究所：《陶行知全集》（第三卷），湖南教育出版社1985年版，第484页。

④ 华中师范学院教育科学研究所：《陶行知全集》（第三卷），湖南教育出版社1985年版，第484页。

⑤ 华中师范学院教育科学研究所：《陶行知全集》（第三卷），湖南教育出版社1985年版，第484页。

是第一线教师的创造精神。一线教师对教育的优劣有着最切身的体验,他们对教育最有发言权,教育的发展,虽然离不开教育行政领导和专家学者,但根本上只取决于站在三尺讲台上的一线教师。因此,只有广大教师们具有创造精神,形成创造自信,放开胆量去创造,努力成为创造的教育家,教育才真正有希望。

陶行知认为,教师要具有好学的精神和素养。他指出教师要"活到老,学到老,教到老,做到老",这要求教师要始终处于学习状态,从教一生,学习一生。在陶行知看来,一个出色的教师必定是一个好学、饱学之士,"好学的教师最为重要。想有好学的学生,须有好学的先生,换句话说,要想学生好学,必须先生好学。惟有学而不厌的先生,才能教出学而不厌的学生"。[1] 一方面,教师的学习具有熏染作用,"好学是传染的,一人好学,可以染起许多人好学"[2],教师自己学习,把学习传染给学生,这比通过强制力督促学生学习更有效果。

另一方面,更重要的是,教师只有做到"学而不厌",才能"诲人不倦",教师之学习是为了教,即为教而学,从这个意义上讲,学习是教师从教的前提。陶行知明确指出:"我们可以归纳出一条最重要的学理。这学理就是'为学而学',不如为教而学之亲切。为教而学必须设身处地,努力使人明白,既要努力使人明白,自己便自然而然的格外明白了。"[3] 教师的学,不是可学可不学,教师要教学生,就必须学,否则就无法教,教不成立,又何谓教师呢?"他因为要教大家,所以先教自己"[4],教师教自己就是学。

---

[1] 华中师范学院教育科学研究所:《陶行知全集》(第五卷),湖南教育出版社1985年版,第119页。

[2] 华中师范学院教育科学研究所:《陶行知全集》(第五卷),湖南教育出版社1985年版,第119页。

[3] 华中师范学院教育科学研究所:《陶行知全集》(第二卷),湖南教育出版社1984年版,第48页。

[4] 华中师范学院教育科学研究所:《陶行知全集》(第二卷),湖南教育出版社1984年版,第47页。

陶行知指出："做先生的，应该一面教一面学，并不是贩卖些知识来，就可以终身卖不尽的。现在教育界的通病，就是各人拿从前所学的抄袭过来，传给学生。看他书房里书架上所摆设的，无非是从前读过的几本教科书，就是这几本书，也还未必去温习的，何况乎研究新的学问，求新的进步呢？先生既没有进步，学生也就难有进步了。"① 在陶行知看来，学问是进化不止的，教师只有不断补充知识，更新知识，研究新学问，求得新进步，才能不断发展完善教育教学。否则，仅照搬旧知识，依靠教科书，必误人子弟，误人青春。

陶行知认为，教师只有学而不厌，具备好学的精神，才能真正体会到教学的快乐，"我们做教师的人，必须天天学习，天天进行再教育，才能有教学之乐而无教学之苦"。教师不学习，教学难以有效进行，自然是越教越苦，反之，则越教越快乐。"因为时常研究学问，就能时常找到新理。这不但是教诲丰富，学生能多得些益处，而且时常有新的材料发表，也是做先生的一件畅快的事体。因为教育界无限枯寂的生活，都是因为当事的人，封于故步，不能自新所致。孔子说：'学而不厌，诲人不倦。'真是过来人阅历之谈。因为必定要学而不厌，然后才能诲人不倦，否则年年照样画葫芦，我却觉得有十分的枯燥。所以要想得教育英才的快乐，首先要把教学合而为一。"② 教师教、学合二为一，在学的过程中发现新理，去除枯燥，一乐也；把新理传授给学生，培育人才，二乐也。这便是教学最大的快乐。

陶行知认为，当教师感到教学无趣、乏味、倦怠之时，必是缺乏学习所致。"有些人做了几年教师便有倦意，原因固然很多，但主要的还是因为不好学，天天开留声机，唱旧片子，所以难免觉得疲

---

① 华中师范学院教育科学研究所：《陶行知全集》（第一卷），湖南教育出版社1983年版，第89页。

② 华中师范学院教育科学研究所：《陶行知全集》（第一卷），湖南教育出版社1983年版，第89页。

倦起来。唯独学而不厌的人，才可以诲人不倦。要想做教师的人把岗位站得长久，必须使他们有机会一面教，一面学；教到老，学到老。当然，一位进步的教师，一定是越教越要学，越学越快乐。"① 教师不学习，内心就会空虚无聊，迷茫而无所适从，只能天天干同样的事情，毫无新意，如同天天吃一样的菜，自然就会感到厌倦。

所以，陶行知指出："倘若自己全不加以研究，只照着别人编的书本，自己抄的老笔记，依样画葫的教去，当学生的，固然不能受多大的益，当教师的，也觉得不胜其烦，没有多大的趣味。如是的粉笔生涯，不能不厌烦了，倘若当教师的，自己天天去研究，有所得的，即随时输之于学生，如此则学生受益较多，即当教师者，也觉得有无穷的乐趣。"② 人之最大的乐趣，就在于天天有所获得，有所进步，而况于教师还能使学生有获得、有进步，更是乐在其中。一个不断在学习中精进的教师，既充实了自己，又使学生受益，又怎会有教学之苦呢。

教师好学就是追求上进，陶行知认为，教师必须有力求长进的精神。力求上进是教师的一种不断"成长"的精神追求，教师的成长过程就是一个不断上进的过程，陶行知说："教师必须力求长进"，"我们确不能懈怠，不能放松，一定要鞭策自己努力跑在学生前头去引导他们，这是我们应有的责任。师道之可敬在此。所以我们要一面教，一面学。我们要虚心尽量接受选择与本职本科及修养有关系之学术经验来帮助我们研究。要教学生向前进，向上进，非自己努力向前进、向上进不可"。③ 师道为什么可敬，因为教师是学习的引领者，知识的引领者，一个不学无术的教师，又有什么值得人们的尊敬呢？"教员最重要的精神，是求事业能力的长进，要把我们的教

---

① 方明：《陶行知全集》（第四卷），四川教育出版社 2009 年版，第 545 页。
② 华中师范学院教育科学研究所：《陶行知全集》（第一卷），湖南教育出版社 1983 年版，第 569 页。
③ 华中师范学院教育科学研究所：《陶行知全集》（第一卷），湖南教育出版社 1983 年版，第 501 页。

材教法一天长进一天。否则年年卖旧货,还有什么意味呢?"所以,为师者最要紧的就是要不放松,不懈怠,不断追求进步。

陶行知提醒教师说:"有些人一做了教师,便专门教人而忘记自己也是一个永久不会毕业的学生。因此很容易停止长进,甚而至于未老先衰。只有好学,才是终身进步之保险,也就是常青不老之保证。"① 教师永远不能忘了自己一直是个"学"者,只有学习才能保持自己不断长进,那种不思进取、得过且过、消极懈怠的思想,只会使成长的机会从身边溜走。停滞不前的教师,随着时光的流逝,也便真的成了"老"师了。陶行知说:"教师必须不断的长进,才能教大众。一个不长进的人是不配教人,不能教人,也不高兴教人。"② 不思长进的教师,没有了工作热情和追求,只能落得个"教死书,死教书,教书死"的下场,自然也就不配教人,不能教人了。

为了使教师时刻保持上进的热情,陶行知对教师提出了著名的"每天四问":"第一问:我的身体有没有进步?第二问:我的学问有没有进步?第三问:我的工作有没有进步?第四问:我的道德有没有进步?"③ 这是教师对自己进步与否的自觉督促和反思,每一位教师,都应以一颗虔诚的心,把陶行知先生的"每天四问"作为不断进步的鞭尺。

陶行知认为,教师学习要虚心,跟一切人学。陶行知在所写的《育才校歌》中写道:"我们要虚心,虚心,再虚心!承认我们一无所知,一无所能。我们要学习,学习,再学习!学习到人所不知,人所不能。"④ 教师只有虚心,才能更好地学习,才能发现处处、人人皆学问,皆可以学,"但好学必先虚心,才能够学得进去,才能够

---

① 方明:《陶行知全集》(第四卷),四川教育出版社2009年版,第545页。
② 方明:《陶行知全集》(第四卷),四川教育出版社2009年版,第382页。
③ 华中师范学院教育科学研究所:《陶行知全集》(第三卷),湖南教育出版社1985年版,第464页。
④ 华中师范学院教育科学研究所:《陶行知全集》(第三卷),湖南教育出版社1985年版,第598页。

容得下更多更好更实际更有用的学问"①，教师虚心才能虚怀若谷，看到他人的长处，才能学到知识，补己之短。

陶行知在《学生的精神》一文中，对教师骄傲自满的毛病批评道："中国许多学生及一般教员，有一个很大的通病，就是容易'自满'。不论研究何种学科，只有相当的了解，即扬扬自得、心满意足。尤其是在过教员生活的，觉得自己处在教师地位，不必再去用功研究了。"② 在陶行知看来，教师不应当自视清高、目空一切，而应当向一切人学习。陶行知认为，"那些高谈阔论，妄自尊大，不屑与三百六十行为伍的都不是真教师"③，教师必须不自负、不自满、不武断、不固执，放下架子，恭恭敬敬地向三百六十行学习，拜三百六十行为师，虚心请教，才配得上教师这个称号。

因此，陶行知指出，教师要"做到名副其实之'虚心'学习，将'骄'字从我们态度里拔掉，这骄字是阻碍我们进步的最大的敌人。我们要虚心跟一切人学：跟先生学，跟大众学，跟小孩学，跟朋友学，也跟敌人学，跟大自然学，也跟大社会学，要学得专，也学得博"④，一辈子做教师，就要一辈子学做教师，就要一辈子向一切人学做教师。

陶行知认为，"要有好的学校，先要有好的教师。好的教师有生成的，有学成的。生成的好教师如同凤毛麟角，不可多得，恐怕一百万位乡村教师当中，九十九万九千九百位是要用特殊的训练把他们培养成功的。这是一件伟大的事业，要全国同志运用心力财力才

---

① 方明：《陶行知全集》（第四卷），四川教育出版社2009年版，第505页。
② 华中师范学院教育科学研究所：《陶行知全集》（第一卷），湖南教育出版社1983年版，第569页。
③ 华中师范学院教育科学研究所：《陶行知全集》（第二卷），湖南教育出版社1984年版，第54页。
④ 华中师范学院教育科学研究所：《陶行知全集》（第三卷），湖南教育出版社1985年版，第512页。

能办到。"① 既然自然生成的好老师凤毛麟角，那么对绝大多数老师来说，就需要后天的学成，这意味着教师要成为好老师，就必须不断地学习。

教师首先要向优秀的同行学习，"要想做好教师，最好是和好教师做朋友"②，好老师有丰富的教学经验，精湛的教学技能，鲜明的教学风格，独特的人格魅力，通过和好老师做朋友，才能在耳濡目染中真正提升自己。陶行知认为，教师还应该向两种常常被人遗忘的人学习，一是老百姓，二是自己的学生。

陶行知要求教师要拜人民为师，要向人民大众学习，教人民进步者，拜人民为老师。陶行知特别强调要向自己的学生虚心学习，不拜儿童做先生，就做不好先生，不向学生学习，就难以真正了解学生，教育就会陷于盲目和无从下手，"你要教你的学生教你怎样去教他。如果你不肯向你的学生虚心请教，你便不知道他的环境，不知道他的能力，不知道他的需要；那末，你就有天大的本事也不能教导他。"③ 很多老师教育学生效果不佳，最根本的原因就是不了解学生，和学生心理上存在较大距离，自己空有一身本事，却无处用力。陶行知自己就经常拜学生为师，他说："这些年来，不但是青年教我前进，小孩也教我前进。有时青年对老师说话要客气些，不便逼人过甚，而小孩倒天真烂漫，心里有什么说什么。我个人的经验是，得到小孩的指导多于青年指导。"④

向学生学习，才能让教师更加自我完善，"只须你甘心情愿跟你的学生做学生，他们便能把你的'思想的青春'留住，他们能为你

---

① 华中师范学院教育科学研究所：《陶行知全集》（第一卷），湖南教育出版社1983年版，第664页。
② 华中师范学院教育科学研究所：《陶行知全集》（第二卷），湖南教育出版社1984年版，第54页。
③ 方明：《陶行知全集》（第四卷），四川教育出版社2009年版，第383页.
④ 江苏省陶行知教育思想研究会南京晓庄师范陶行知研究室：《陶行知文集》，江苏人民出版社1981年版，第545页。

保险，使你永远不落伍"①，学生心灵的泉水，让我们的人格，让我们的教育，让我们的事业也日臻完美。

陶行知指出，教师要有研究试验的素养。他认为"夫国之盛衰，视乎教育，而教育之新旧，视乎研究"②，教育研究关系到教育的发展进步，教师从事教育活动，就需要进行研究以推动教育的进步。在陶行知看来，"教育原理不是一成不变的，天天去研究，就天天有进步，天天有革变"③，研究是教师走向进步与改变的重要路径，"学问是一切前进的活力的源泉"④，教师只有不断地研究新的学问，才能求新的进步。教师的发展不能仅靠经验，教师在实践中，会遇到各种教育、教学的问题和困惑，就需要通过研究来解决教育问题，"好的先生……他必是一方面指导学生，一方面研究学问"，"学问是进化不已的，从事教育的人应当有继续研究的机会"。⑤ 教师天天从事教育事业，但只是感觉到了教育，要理解教育就必须进行研究，只有研究教育，才能深刻理解教育的真谛，也才能深刻地感受教育，进而掌握教育规律，按教育规律办事。

陶行知认为，教师进行研究要在五个字上下功夫，即"一""集""钻""剖""韧"。

"一"是要求教师研究要有一个专一的问题，有了一个专一的问题做中心，从事研究，便可旁搜广引。教师研究"必须择定一个题目从事研究，即使是一个很小的问题，也可以研究出很深刻很渊博

---

① 方明：《陶行知全集》（第四卷），四川教育出版社 2009 年版，第 383 页。
② 华中师范学院教育科学研究所：《陶行知全集》（第二卷），湖南教育出版社 1984 年版，第 74 页。
③ 华中师范学院教育科学研究所：《陶行知全集》（第一卷），湖南教育出版社 1983 年版，第 168—169 页。
④ 华中师范学院教育科学研究所：《陶行知全集》（第三卷），湖南教育出版社 1985 年版，第 467 页。
⑤ 华中师范学院教育科学研究所：《陶行知全集》（第一卷），湖南教育出版社 1983 年版，第 221 页。

的大道理来"。①

"集"是要求教师研究要广泛地收集资料,"有了丰富的材料,便可以源源本本的彻头彻尾的来研究它一个明明白白,才能够真正理解这个问题的症结所在","我希望大家对于每一个问题,都必须多多搜集材料,以便精深的精益求精的研究"。②

"钻"是要求教师研究要深入钻研,把问题彻底弄清楚明白,"我希望大家对于一个问题拿定了,便要尽力向里面钻,钻出一大套道理来"。③

"剖"是要求教师研究要进行鉴别分析,去伪存真,"有些材料钻进去还不够,必须解剖出来看它的真伪","我希望大家对于每一个问题搜集得来的材料,除了钻进、深入之外,必须更加着意做一番解剖的工夫,分析入微,如同在解剖刀下,在显微镜下,看得明明白白,分析得清清楚楚,真的有用的没有毒素的就拿来运用;如果是假的有毒素的就舍去抛掉不用"。④

"韧"是要求教师研究要克服各种困难,有恒心,坚韧不拔,"做学问是一种长期的战斗工作,所以必须有韧性战斗的精神,才能在长期战斗中,战胜许许多多的困难,化除种种障碍,开辟出一条新的道路,走入新的境界"。⑤

陶行知所提出的几个方面,对教师作研究具有重要的指导意义,能够有效地帮助教师更好地做好教育研究,提升自己的教育研究

---

① 华中师范学院教育科学研究所:《陶行知全集》(第三卷),湖南教育出版社1985年版,第468页。
② 华中师范学院教育科学研究所:《陶行知全集》(第三卷),湖南教育出版社1985年版,第468页。
③ 华中师范学院教育科学研究所:《陶行知全集》(第三卷),湖南教育出版社1985年版,第469页。
④ 华中师范学院教育科学研究所:《陶行知全集》(第三卷),湖南教育出版社1985年版,第469页。
⑤ 华中师范学院教育科学研究所:《陶行知全集》(第三卷),湖南教育出版社1985年版,第469页。

素养。

陶行知认为,教师要有试验的精神和素质。陶行知把教育实验看作教育救国的根本方法,"吾敢断言曰:非试验的教育方法,不足以达救国之目的也"。① 而且,在陶行知看来,教育之进步和盛衰系于试验,"近二百年来教育界之进步,皆由试验而来","举凡今日教育界所视为金科玉律者,皆昔贤试验积累之成功。是故试验之消长,教育之盛衰系之"。② 教育之盛衰,创新与否是关键,教育之关键在教师,教师创新与否就成为教育盛衰之关键,教师必有试验主义精神和实践,方能去旧创新,方能迎来教育之进步和昌盛。

陶行知认为,在中国教师更加需要有试验之精神,因为中国教育存在严重的"五旧"问题,阻碍了教育的发展进步。这"五旧"是指:一曰依赖天工。将成败利钝,皆委于气数。二曰沿袭陈法。行一事,措一词,必求先例。三曰率任己意。或"凭空构想",或"武断从事",或"不了了之"。四曰仪型他国。盲目抄袭、过分相信别国经验。五曰偶尔尝试。计划不确,方法无定,朝令夕改,浅尝辄止。③ 陶行知认为这五种弊端的产生,根源于中国教育缺乏试验精神,中国教育的改造只能通过试验来进行。

为此,陶行知奋力疾呼道:"欲求常新之道,必先有去旧之方。试验者,去旧之方也。盖尝论之,教育之所以旧者五,革而新之,其惟试验。"④ 试验之所以能去除五旧,就在于试验能够进行发明,发明就意味着创新,"试验者,发明之利器也。试验虽不必皆有发明,然发明必资乎试验"。⑤ 而教育欲求进步,则必依赖教育之试

---

① 华中师范学院教育科学研究所:《陶行知全集》(第一卷),湖南教育出版社1983年版,第62页。
② 方明:《陶行知全集》(第四卷),四川教育出版社2009年版,第8页。
③ 方明:《陶行知全集》(第四卷),四川教育出版社2009年版,第6—7页。
④ 方明:《陶行知全集》(第四卷),四川教育出版社2009年版,第5—6页。
⑤ 华中师范学院教育科学研究所:《陶行知全集》(第一卷),湖南教育出版社1983年版,第59—60页。

验,以发明求新去旧,"欲求教育刷新进步,必先有试验,以养成其自得之能力。能自得,始能发明;能发明,则陈法自去,教育自新矣"。① 教育自立离不开教育试验,教育自立必须通过教育实验发古人之未有,明今人之未明,"欲教育之刷新,非实行试验方法不为功。盖能试验,则能自树立,能自树立,则能发古人所未发,明今人所未明"。②

教育是一项处在新旧不断转换之中的事业,若想持久保持常新,就需要不断进行发明,不断进行试验,"教育之真理无穷,能发明之则常新,不能发明之则常旧。有发明之力者虽旧必新,无发明之力者虽新必旧。故新教育之所以新,旧教育之所以旧,亦视其发明能力之如何耳。"③ 新旧教育的本质区别就在于发明能力,也就是说,当一种教育丧失了发明能力时,不管它一时的表现是多么风光无限,这种教育根本上说已经是陈旧的了,被淘汰只是时间问题。

对教师而言,只有通过试验,才能发现教育中的规律,才能彻底解决教育中的问题,也才能求得教育的进步,有试验的精神,然后对于教育问题,才有彻底地解决,"对于教育原理,才有充量的发现……我们若想教育日新日进,就须继续不已地去开辟,继续不已地去试验"。④ 试验是教师一辈子的事,是为师者必备的素质,陶行知自己就是名副其实的试验教育家,他所创办的每一所学校,所从事的每一项教育改革活动,所攻克的每一道教育难题,都贯穿着追求创新的试验精神。可以说,陶行知对教育所有贡献,都得益于他的教育试验。

当然,进行教育实验并非易事,教师要进行教育试验,既要懂

---

① 方明:《陶行知全集》(第四卷),四川教育出版社 2009 年版,第 6 页。
② 华中师范学院教育科学研究所:《陶行知全集》(第一卷),湖南教育出版社 1983 年版,第 62 页。
③ 方明:《陶行知全集》(第四卷),四川教育出版社 2009 年版,第 5 页。
④ 华中师范学院教育科学研究所:《陶行知全集》(第一卷),湖南教育出版社 1983 年版,第 173 页。

试验，不断提高自己的试验能力，还要有试验的胆气，"试验岂易言哉？知其要而无其才，不足以言试验，有其才而无百折不回之气概，犹不足以言试验也！"① 而且，教师进行教育试验，失败在所难免，必须具有持之以恒的精神，方能成功，"试验者，当内省其才，外度其势；视阻力为当然，失败为难免；复贯以再接再厉之精神，然后功可成也"。② 教育试验不同于纯科学实验，它周期长，试验条件极其复杂，外在阻力又非常大，难以短期成功，对教师而言，坚韧不拔、迎难而上的精神更为重要。

陶行知以自身的经历向教师说明，进行教育试验遇到困难、碰钉子时该怎么办，"我在这几个月当中，也碰了四五个钉子。碰钉子的时候有两个法子解决：第一是硬起头皮来碰，假使钉子是铁做的，我们的头皮就要硬到钢一样，叫铁钉一碰到钢做头皮上就弯了起来；第二是要把我们的热心架起火来，把钉子烧化掉。我们只怕心不热，不怕钉子厉害……"③ 教师必须不怕困难，知难而进，不怕钉子，勇于碰钉子、化钉子，运用困难发展思想及奋斗精神，方能取得教育试验之成功。

第六节　师生关系：共同生活

在师生关系上，陶行知所着力要打破的是师生间的身份界限和区别，这是理解陶行知师生关系的根本前提。1927年，陶行知在试验乡村师范学校开学典礼上的讲话中明确表明："本校只有指导员而

---

① 华中师范学院教育科学研究所：《陶行知全集》（第一卷），湖南教育出版社1983年版，第62页。
② 华中师范学院教育科学研究所：《陶行知全集》（第一卷），湖南教育出版社1983年版，第62页。
③ 华中师范学院教育科学研究所：《陶行知全集》（第五卷），湖南教育出版社1985年版，第67—68页。

无教师，我们相信没有专能教的教师，只有比较经验稍深或学识稍好的指导。"① 将教师的称谓改为"指导员"，这不仅仅是称呼的改变，其更深刻地表明了陶行知要从根本上消解师生之间的严格区分，"指导员和学生只有很少的区别，他们的界限实在是分不清楚的。每个人都是教做，也都是学做。'会做的教人，不会做的跟人学'是我们的座右铭"。② 师生关系的改变，意味着首先要消除教师的权威身份，去掉教师知识身份上高学生一等的外衣，师生双方只是可以互相学习的学习者，师生之间真正实现了互教互学、共同进步的教学相长，"师生本无一定的高下，教学也无十分的界限；人只知教师教授，学生学习；不晓得有的时候，教师倒从学生那里得到好多的教训"。③

师生身份没有了分别，陶行知要求教师要和学生打成一片，师生要同生活，共甘苦。教师要"事事要和学生同甘苦，要和学生表同情，参与到学生里面去，指导他们"④，教师只有放下了身份之别，才能和学生同甘苦。陶行知指出，教师和学生共同生活，就是把大家人格拿出来互相摩擦，真正实现以灵魂相见。这样，日久教师便成为学生中之一分子，成为学生的朋友，师生间的隔阂也才能彻底打通，也才能真正实现师生间的精神融合，"教师对学生，学生对教师，教师对教师，学生对学生，精神都要融洽，都要知无不言，言无不尽。一校之中，人与人的隔阂完全打通，才算是真正的精神

---

① 华中师范学院教育科学研究所：《陶行知全集》（第二卷），湖南教育出版社 1984 年版，第 10 页。
② 华中师范学院教育科学研究所：《陶行知全集》（第二卷），湖南教育出版社 1984 年版，第 35 页。
③ 江苏省陶行知教育思想研究会南京晓庄师范陶行知研究室：《陶行知文集》，江苏人民出版社 1981 年版，第 24 页。
④ 华中师范学院教育科学研究所：《陶行知全集》（第一卷），湖南教育出版社 1983 年版，第 128 页。

交通，才算是真正的人格教育。"① 师生精神融洽，无话不说，就能实现心灵的真正的沟通，就能逐渐发生相亲相爱的关系。

师生共同生活，从消极的意义上来讲，将有利于教师及时发现问题，解决问题。为此陶行知指出："教员虽好，不与学生共生活，也就不知道学生的问题，不知道随时帮助他们解决，积久成多，一旦爆裂起来，也是不可收拾。我们大家共生活，自无阶级之可言，那因阶级隔阂而发生的问题也就消灭于无形了。校内一发生问题便立刻知道，立刻解决，那么，积久爆裂的危险也就可以预防掉了。"② 师生之间的隔阂消失了，那么，一切的烦恼忧愁、幸福美好与问题困惑都可以分享，师生可以一起面对问题，一起享受快乐，还有什么不能解决的呢？反之，教师不与学生共同生活，不知道学生的问题，不知道随时帮助他们解决，久之，一旦关系破裂，就难以收拾。

以此为基础，陶行知认为师生之间"这种共学、共事、共修养的方法，是真正的教育"③。真正的教育是什么？它既不是"教什么"，也不是"怎么教"的问题，而是教育中人的问题，是教育中师生这两种人的问题。陶行知把这两种人的"共学、共事、共修养"，称为真正的教育，这与雅斯贝尔斯所谓的"教育是一朵云推动另一朵云，一棵树摇动另一棵树，一个灵魂唤醒另一个灵魂"，有异曲同工之妙。

陶行知认为，师生关系中更重要的是教师一方要做得更好更多，毕竟教师是成年人，在面对学生的时候，是强势的一方，是教的一方，倘若教师要把学生的认识平移到成年人的视角上来，那教育就一定会出问题。所以，陶行知要求教师要从学生出发，去理解、尊

---

① 华中师范学院教育科学研究所：《陶行知全集》（第一卷），湖南教育出版社1983年版，第500—501页。
② 华中师范学院教育科学研究所：《陶行知全集》（第一卷），湖南教育出版社1983年版，第59页。
③ 方明：《陶行知教育名篇》，教育科学出版社2006年版，第362页。

重学生,去解放学生。

　　教师必须理解学生,懂得学生。陶行知认为,教师不理解、不懂学生,就不能收到很好的教育效果,他说:"从前的先生只管照自己的意思去教学生,凡是学生的才能兴味一概不顾,专门勉强拿学生来凑他的教法,配他的教材。"① 教师教学生,不仅是个知识问题,更是个"人"的问题,即是说,教师不能仅停留在自己对教材知识的理解、处理水平高低上,更为重要的是要理解学生这个"人","教什么和怎样教,绝不是凌空可以规定的。他们都包含'人'的问题","人不同,则教的东西、教的方法、教的分量、教的次序都要跟着不同了"。② 学生个体存在着巨大的差异,不同的儿童有着不同的需求和潜能,这就需要教师能够懂得这些不同,才能进行有效的教育。

　　陶行知以爱迪生小时候上学不被老师理解为例:"我们拿爱迪生的幼年来说吧,他小时候在学校求学,因为喜欢动手动脚,常常将毒药带到学校里来玩,先生不理解他,觉得厌恶,便以'坏蛋'之罪名,把仅学了三个月的爱迪生赶出学校。然而他的母亲却不以为然,她说她家的蛋没有坏,她便和她的儿子约好,历史地理由她教他,化学药品由自己保管,将各种瓶子做记号,并且放在地下室里。他欣然的接受了母亲的意见,于是这里那里的找东西,高高兴兴地玩起来。结果,就由化学以至电学,成为世界有名的大发明家,虽然那三个月的学校教育是他一生仅有的形式教育,但是由于他母亲的深切地理解他,终能有此造就。像爱迪生母亲那样了解儿童的精神,是值得我们学习的。"③ 不了解学生,教师很可能会把"天才"看作"蠢材",我们说师者如父、如母,就是要求为师者要像爱迪生妈妈那样去理解自己的"孩子"。

---

　　① 陶行知:《陶行知文集》(修订本),江苏教育出版社 2008 年版,第 38 页。
　　② 华中师范学院教育科学研究所:《陶行知全集》(第一卷),湖南教育出版社 1983 年版,第 638 页。
　　③ 方明:《陶行知全集》(第四卷),四川教育出版社 2009 年版,第 378 页。

陶行知指出："有的儿童天资很高，他的需要力就大些；有的儿童天资很钝，他的需要力就小些。我们教育儿童，就要按他们需要的力量若何，不能拉得一样，比方：吃饭，有的人饭量大些，他要吃五碗或六碗；有的饭量小些，他只能吃一两碗。我们对于他，就只能听其所需，不能定下死规。要是我们规定了，比如吃两碗的定要逼他吃五碗才及格，那么，这一定就要世人生病了！"① 学生的天资如何，全凭教师来判断，这是教师的难题，也是教育的难题，教育之难，恰恰就在于此。教育最核心的问题是什么？最本质的问题是什么？就是教师对作为学生的这个"人"的天资潜力进行判断。判断错误了，就是坏教育；简单肤浅的判断，就是误人子弟的教育；没有判断，就不能称之为教育。

那么，教师如何才能理解学生、懂得学生呢？陶行知认为，教师要首先认识学生，明了学生的特点，才能理解学生，采取相应的教育措施。他用一个比喻形象地说明了这个问题："松树和牡丹所需要的肥料不同，你用松树的肥料培养牡丹，牡丹会瘦死；反之，你用牡丹的肥料培养松树，松树受不了，会被烧死。培养学生的创造力要同园丁一样，首先要认识他们，发现他们的特点，而予以适宜之肥料、水分、太阳光，并须除害虫，这样，他们才能欣欣向荣，否则不能免于枯萎。"② 不认识学生，就不会懂学生，教育就会出错，就会错把松树当牡丹，就会毁了孩子。可以说，懂孩子是教师从教的前提，教育要想不"毁人不倦"，就要教师"识人不倦"。

陶行知认为，教师要理解学生，最好的办法是加入学生中去，生活在学生中间，真正成为学生中的一员，才能认识和了解他们，才能知晓他们的性格特点、兴趣爱好和能力需要，"把我们摆在儿童队伍里，成为孩子当中的一员。我们加入到儿童队伍里去成为一员，

---

① 华中师范学院教育科学研究所：《陶行知全集》（第一卷），湖南教育出版社1983年版，第176—177页。

② 华中师范学院教育科学研究所：《陶行知全集》（第三卷），湖南教育出版社1985年版，第528页。

不是敷衍的，不是假冒的，而是要真诚的，在情感方面和小孩子站在一条战线上"。① 教师只有真诚地和孩子生活在一起，对孩子投以真情实感，方能成为孩子中的一员，方能用孩子的眼光看孩子。否则，"一个人不懂小孩的心理，小孩的问题，小孩的困难，小孩的愿望，小孩的脾气，如何能教小孩？"②

陶行知甚至要求教师要"变"成孩子，"我们必得会变小孩子，才配做小孩子的先生"③，教师要学会变成孩子的本领，才可能进入孩子的生活，去认识他们，了解他们。教师只有变成孩子，才可能想孩子之所想，急孩子之所急，感孩子之所感。为此，陶行知对教师忠告道："您若想在笨伯中体会出真牛顿，在凡庸中体会出真瓦特，在坏蛋中体会出真的爱迪生，您必得把自己变成一个小孩子。"④ 陶行知认为，教师教育的失败，很大程度上是不了解孩子所致，"我们应该了解儿童的能力需要。儿童有许多痛苦是由于父兄师长之不了解。不了解则有力无处用，有苦无处说。我们要知道儿童的能力需要，必须走进小孩的队伍里去体验而后才能为小孩除苦造福。我们必须重生为小孩，不失其赤子之心，才能为儿童谋福利。"⑤

孩子的事情只有孩子才能理解，为了理解孩子，教师就要重生，重生为孩子，教师才能用孩子的感情来理解孩子："您不可轻视小孩子的情感！他给您一块糖吃，是有汽车大王捐助一万元的慷慨。做

---

① 华中师范学院教育科学研究所：《陶行知全集》（第三卷），湖南教育出版社1985年版，第522页。
② 华中师范学院教育科学研究所：《陶行知全集》（第三卷），湖南教育出版社1985年版，第606页。
③ 华中师范学院教育科学研究所：《陶行知全集》（第二卷），湖南教育出版社1984年版，第244页。
④ 华中师范学院教育科学研究所：《陶行知全集》（第二卷），湖南教育出版社1984年版，第242页。
⑤ 华中师范学院教育科学研究所：《陶行知全集》（第三卷），湖南教育出版社1985年版，第530—531页。

了一个纸鸢飞不上去,是有齐柏林飞船造不成功一样的踌躇。他失手打破了一个泥娃娃,是有一个寡妇死了独生子那么悲哀。他没有打着他所讨厌的人,便好像是罗斯福讨不着机会带兵去打德国一般的怄气。他受了你盛怒下的鞭挞,连在梦里也觉得有法国革命模样的恐怖。他写字想得双圈没得着,仿佛是候选总统落了选一样的失意。他想您抱他一忽儿而您偏去抱了别的孩子,好比是一个爱人被人夺了去一般的伤心。"[1] 教师只有从孩子出发思考问题,才能感同身受,才能真正理解孩子,很多"问题"也就不成为问题了。

因此,陶行知对教师们大声疾呼道:"未来的先生们!忘了你们的年纪,变个十足的小孩子,加入在小孩子的队伍里去吧!您若变成小孩子,便有惊人的奇迹出现:师生立刻成为朋友,学校立刻成为乐园;您立刻觉得是和小孩子一般儿大,一块儿玩,一处儿做工,谁也不觉得您是先生,您便成了真正的先生。"[2] 真先生和假先生的区别就在于,真先生让孩子觉得不是先生,而是朋友。只要你在孩子眼里还是那所谓的先生,那你就还没有成为真先生。

教师还要尊重学生,善于宽容接纳学生。陶行知说:"小朋友是我们的总指导。不愿受小朋友指导的人不配指导小朋友。"[3] 尊重学生就要教师改变居高临下的习惯,教师敢于承认学生可以"指导"老师,没有对学生的极大尊重是不可能的。尊重就是相信,教师要相信学生是伟大的,"在我的教育里,小孩和青年是最大,比什么伟人还大"。尊重就是承认,教师要承认学生的人权,"承认了儿童的人权并了解儿童的能力需要,才有可能谈儿童福利,否则难免隔靴

---

[1] 华中师范学院教育科学研究所:《陶行知全集》(第二卷),湖南教育出版社1984年版,第243—244页。

[2] 华中师范学院教育科学研究所:《陶行知全集》(第二卷),湖南教育出版社1984年版,第244页。

[3] 华中师范学院教育科学研究所:《陶行知全集》(第二卷),湖南教育出版社1984年版,第240页。

搔痒，劳而无功"。①

　　陶行知认为，教师尊重学生，就不能凭主观好恶而褒贬学生，更不能伤害学生的自尊心，尤其不能体罚学生。任何一种体罚都是使学生肉体痛苦的辱人之举，它没有任何的善，即使教师的出发点是无比的善，目的也是无比的善，甚至偶尔在结果上也仿佛取得了善，但它在本质上只有恶，因为这是一种背离教育向善本质的行为。陶行知深知体罚学生的恶本质，也最反对体罚，他明确指出："体罚是权威制度的残余，在时代的意义上说它已成为死去的东西，它非但不足以使儿童改善行为，相反地，它是将儿童挤下黑暗的深渊。"② 体罚带给学生的是黑暗，是深渊，教育留给孩子的应是永久的甜蜜回忆，而不是体罚携来的一辈子抹不去的伤害。

　　因此，陶行知希望教师能够宽容学生，而不是体罚和嘲笑学生，他在《糊涂先生》诗中写道：你的教鞭下有瓦特，你的冷眼里有牛顿，你的讥笑中有爱迪生，你别忙着把他们赶跑。你可不要等到坐火轮，点电灯，学微积分，才认得他们是你当年的小学生？。教师是学生发展的支持者和帮助者，而不是打击者和摧毁者。

　　他批评有些教师惯用种种方法去找学生的错处，这种教师的任务就是找学生的错，把学生看作对立者，师生之间是一种对立的关系，是两个不同阶层和世界的人，他说："学生是犯过的，他们是记过的，他们和学生是两个阶级，在两个世界里活着。"③ 陶行知认为这是一种极坏的师生关系，必须坚决将师生间的对立消除，教师必须"要打破侦探的技术，丢开判官的面具。他们应该与学生共生活，

---

　　① 华中师范学院教育科学研究所：《陶行知全集》（第三卷），湖南教育出版社1985年版，第531页。
　　② 华中师范学院教育科学研究所：《陶行知全集》（第三卷），湖南教育出版社1985年版，第373页。
　　③ 华中师范学院教育科学研究所：《陶行知全集》（第一卷），湖南教育出版社1983年版，第622页。

共甘苦，做他们的朋友，帮助学生在积极活动上行走"[1]。

陶行知认为教师要解放学生，砸碎各种禁锢对学生造成的戕害。他认为那些儿童没有解放的学校，可称之为"鸟笼式的学校"，儿童就是关在笼子中的鸟，学校使用的是"干腌菜的教科书"，在这样的学校里，孩子们的"精神营养非常贫乏"。

在《创造的儿童教育》一文中，陶行知提出了要对儿童进行五大解放："（一）解放小孩子的头脑；（二）解放小孩子的双手；（三）解放小孩子的嘴；（四）解放小孩子的空间；（五）解放儿童的时间"[2]。在这里，陶行知表达了考试对孩子时间挤压的忧心忡忡，"现在中学校有月考，学期考，毕业考，会考，升学考"，"日间由先生督课，晚上由家长督课，为的都是准备赶考，拼命赶考"[3]，学生拼了命去考试，其结果只能是"赶考首先赶走了脸上的血色，赶走了健康，赶走了对父母之关怀，赶走了对民族人类的责任"[4]。在我国的教育中，有着强大的考试基因，不管时代如何变换，考试总是挥之不去的教育控制力量，它驱使着老师和学生，朝向背离学生身心全面发展的方向疾驶。于是，学生的一切时间都被考试霸占，学生成了"拼命赶考的机器"，学生与父母间的亲情，国家民族的责任感，甚至自己的身体健康都顾不得，这种教育不是在摧残人又是在干什么呢？为此，陶行知才大声疾呼，要解放儿童的时间，把属于儿童的时间还给儿童。

---

[1] 华中师范学院教育科学研究所：《陶行知全集》（第一卷），湖南教育出版社1983年版，第623页。

[2] 华中师范学院教育科学研究所：《陶行知全集》（第三卷），湖南教育出版社1985年版，第524—527页。

[3] 华中师范学院教育科学研究所：《陶行知全集》（第三卷），湖南教育出版社1985年版，第527页。

[4] 华中师范学院教育科学研究所：《陶行知全集》（第三卷），湖南教育出版社1985年版，第527页。

陶行知又提出了儿童的"六大解放"①。在《实施民主教育的提纲》一文中,陶行知又强调了对儿童的"六大解放",包括"(一)解放眼睛;(二)解放双手;(三)解放头脑;(四)解放嘴;(五)解放空间;(六)解放时间"。② 陶行知要求教师要解放学生,可以归纳为两个大的方面,一是解放学生学习的器官,二是解放学生学习的环境,这两点的实质是让儿童在教育中立起来,真正成为教育中的主人,自己学习的主人。

儿童的解放,首先是人格的解放,获得与成人同样的人格权利。当儿童在人权上获得了解放时,儿童这个"人"在成人面前立了起来,但是在教育中,儿童仍然是矮化的,没有立起来,仍然受到种种"教育的压迫"。陶行知呼吁儿童解放,就是要儿童在教育中彻底摆脱各种"教育的压迫"。由此,陶行知才在《敲碎儿童的地狱,创造儿童的乐园》一文中斩钉截铁地说:"我们应该负起责任来,敲碎儿童的地狱,建立儿童的乐园。不够,我们应该引导儿童把地狱敲碎,让他们自己创造出乐园来"。③ 教育本是儿童的乐园,现在却成了儿童的"地狱",这是教育的悲哀,这是儿童的悲哀。要让儿童走出"地狱",只能从教育内部着手,教师要和儿童一起,敲碎压在儿童身上的"地狱",回归教育的本源,让教育成为儿童成长的乐园。

什么是成功的教师呢?陶行知认为,能够和学生彼此进行创造的教师,才是最成功的教师,"教师的成功是创造出值得自己崇拜的人。先生之最大快乐,是创造出值得自己崇拜的学生。说得正确些,先生创造学生,学生也创造先生,学生先生合作而创造出值得彼此

---

① 华中师范学院教育科学研究所:《陶行知全集》(第三卷),湖南教育出版社1985年版,第606页。
② 华中师范学院教育科学研究所:《陶行知全集》(第三卷),湖南教育出版社1985年版,第542—543页。
③ 华中师范学院教育科学研究所:《陶行知全集》(第三卷),湖南教育出版社1985年版,第530页。

崇拜之活人。"① 教师的成功与否,与外在的各种功利性的考评、荣誉无关,只与教师培养的学生密不可分。学生决定教师的成功,教师培养学生的成功,就在教师创造值得自己崇拜的学生之时,就在不知不觉中实现了。

---

① 华中师范学院教育科学研究所:《陶行知全集》(第三卷),湖南教育出版社1985年版,第482页。

第十二章

杨贤江：人生之师

"圣人"，那是一个已经过去了的名辞，但拿它来形容贤江的崇高纯洁的性格，那他是足以当之无愧的。"英雄"，那又是一个已经过去了的不甚好听的名辞，但拿它来代表贤江的艰苦卓绝的斗争精神，则它也似乎恰恰的好用（用在最好的一方面的字义上）。①

——郑振铎

第一节 杨贤江生平

杨贤江（1895—1931年），又名李浩吾，字英父（或英甫、英夫），浙江慈溪人，马克思主义教育理论家。

1895年4月，杨贤江出生于浙江慈溪市长河镇分江市村。杨贤江的父亲杨树芳，读过几年村塾，是个聪明的裁缝。母亲方氏，是位勤劳善良的农村妇女，主要通过纺纱织布和种些蔬菜卖钱，以贴补家用。杨贤江是家中长子，父母节衣缩食，供其读书，在本村私塾接受启蒙教育。

---

① 杨贤江教育思想研究会：《杨贤江纪念集》，商务印书馆1985年版，第12页。

有一天，母亲带杨贤江去拜访邻村一位很有学问的先生范樵生。在范先生家门口，碰巧遇见他儿子不小心摔破了饭碗，范先生很生气，顺手就是一个耳光，孩子大哭起来，杨贤江母亲赶忙去哄孩子。过了一会儿，范先生冷静下来，仔细打量了一下杨贤江，便问道：假如你家里有人打碎了碗，你会怎么办呢？小杨贤江回答说：那要看是谁打破了碗？是故意还是失手？打破的碗是不是值钱？范先生被小杨贤江的思维震惊了，连声说：这孩子真聪明！后来，范先生就推荐杨贤江到余姚郑巷奚山初等小学堂插班读书。

1909 年，十四岁的杨贤江，到余姚泗门镇诚意高等小学堂学习，毕业后因品学优异，被母校聘为初年级国文助教。不久，杨贤江在父母的包办下，与邻村姑娘张淑贞结婚。张淑贞对杨贤江的为人一直比较钦佩，后来两人虽然离婚，但在杨贤江亡命日本，身患疾病时，张淑贞还千方百计通过经济上的援助，给杨贤江在日本治病和生活给予了极大帮助。

当时，因为家庭生活穷困，杨贤江父母希望他当个小学教师。但杨贤江当了小学教师之后，发现自己教育学知识根本不够用，他在给父亲的信中曾这样写道："儿以高小毕业之程度，遽出为人师，微独于教育上之原理未能明了，即于科学上之文字句读，亦恐自误误人。"[①] 杨贤江一心求学，充实自己的教育教学知识。不久，他顺利考入浙江最有声望的省立第一师范学校，开始了 1912 年到 1917 年的一师求学阶段，当时一师校长就是有"蔡元培第二"之称的著名教育家经亨颐先生。

在浙江第一师范学校，杨贤江努力求学，勤奋异常，人生观和世界观发生了重大转变，逐渐认识到教育的重要作用，产生了教育救国的思想，用他的话说就是："造就良好之国民，促进一国之文

---

① 金立人、贺世友：《杨贤江传记》，光明日报出版社 2005 年版，第 16 页。

明，小学教师实肩其初基。"① 正是在浙江一师，杨贤江充分认识到国家兴亡教育有责的深刻道理。1913 年，他在一篇论文中这样写道："欲应世界之潮流，挽多年之狂澜，使我国学校皆能产出实际有用之学生，以与列强相见于二十世纪之舞台"②。杨贤江才从思想深处树立了从教为国培养人才的崇高志向："男无他志，在今为师范生，将来为小学教员，惟期教育此辈之儿童，使之为一国之增光者耳。"③

在浙江一师，杨贤江发奋读书，除了学会学校规定的课程外，还制定了每周自学的时间规划："国文占九小时，英文占四小时半，教育占四小时，数学占二小时，物理、博物、地理各占一小时（综计为二十二小时半者，因夜间每科只研习半小时故也）。"④ 除了学习，杨贤江还撰写教育论文，他的文章《论教育当注重实用》，得到了经亨颐校长的亲自指导，并被推荐到《浙江省立第一师范校友会志》上发表，这大大激发了杨贤江的创作热情。1915 年，在商务印书馆出版的《学生杂志》征文比赛中，杨贤江的文章《我之学校生活》，获得了杂志的特别征文，被评为一等奖。此外，杨贤江还跟夏丏尊先生学会了日文，浙一师藏书楼中的日文书，他几乎借了个遍，他对日文书籍的翻译，受到夏先生的高度赞赏。

1917 年，杨贤江以"模范学生"从浙一师毕业，校长经亨颐非常赏识他，推荐他到南京高等师范学校工作。在南京高师期间，杨贤江刻苦自学，旁听了教育学、心理学等大学课程，并与恽代英成为挚友。杨贤江和恽代英是通过阅读彼此文章而相知相识的。1917

---

① 任钟印主编：《杨贤江全集》（第一卷），河南教育出版社 1995 年版，第 52 页。

② 金立人、贺世友：《杨贤江传记》，光明日报出版社 2005 年版，第 41 页。

③ 任钟印主编：《杨贤江全集》（第一卷），河南教育出版社 1995 年版，第 96 页。

④ 任钟印主编：《杨贤江全集》（第一卷），河南教育出版社 1995 年版，第 40 页。

年,杨贤江偶然读到恽代英的文章《我之人生观》,对之顿生崇拜之感,他在日记中写道:"代英不过二十四岁,与余同年,然彼之思想,彼之文字,较余周到流利得多。"[1] 便萌生了结交恽代英的念头。同时,恽代英也读到了杨贤江的文章《学生之兼善思想》,对他非常赞赏。1918年,恽代英给杨贤江写了一封交友信,收到信的杨贤江非常高兴,急忙回了信。由此,恽、杨二人开始了密切交往,并走上了共同的革命道路。

1919年,李大钊等人创立了"少年中国学会",宗旨是"创造中国少年",杨贤江经邓中夏介绍,参加了少年中国学会,并被推选为南京分会书记,与他一起参加学会的还有毛泽东、张闻天、蔡和森、恽代英等人。1921年,杨贤江受商务印书馆《学生杂志》主编朱元善的邀请,到上海担任该杂志编辑,在此期间,他又主动参加了复旦大学心理学系的学习。

1922年5月,通过沈雁冰、董亦湘的介绍,杨贤江加入中国共产党。他从一个民主主义者,转变成具有坚定信仰的共产主义者,实现了他人生的重大转折。从此,杨贤江以《学生杂志》为阵地,发表大量文章,引导青年学生树立革命理想和目标,使《学生杂志》销路大增,遍及全国大中学校,一跃达到全国同类杂志发行量之冠,成为指导青年走向光明之路的明灯。从1921年到1926年,杨贤江在《学生杂志》上发表各类通讯130篇,社评文章190篇,答问多达1500余则,逐渐形成了独具特色的"全人生指导"思想。

杨贤江个人生活极其简朴,甚有节制,他没有不良嗜好,饮食也非常简单,有朋友回忆他的生活:"星期六晚上,喝一杯五加皮酒,也好像参加大宴似的。在将近三十岁的人,对于私生活这样的不苟认真,在朋友中是少有的。"[2] 杨贤江即使生活如此拮据,他还

---

[1] 任钟印主编:《杨贤江全集》(第一卷),河南教育出版社1995年版,第263页。
[2] 杨贤江教育思想研究会编:《杨贤江纪念集》,商务印书馆1985年版,第26页。

向中共江苏省党部捐助光洋 100 元，以解决经费的困难。

杨贤江生活上的自律节制，得到好友郑铎振的无比钦佩，给予他很高的评价："郑铎振心目中的杨贤江形象是十分高大的。他认为，像贤江这样朴质无华的人物是极少数的；认为贤江从没有走不到的路，从没有过失败的事，也从没有过半途而废的事业。他曾喻之为'圣人'，说拿它来形容贤江的崇高纯洁的性格是当之无愧的；又喻之为'英雄'，说拿它来代表贤江的艰苦卓绝的斗争精神，也是恰到好处的。"① 叶圣陶也对杨贤江的生活规律性记忆深刻，他后来回忆杨贤江时说："他的生活最有规律。工作时间以外，什么时候读书，什么时候运动，很少有更改；偶尔去看他，见他毕恭毕敬的坐在那里用功，立刻想起这是他的读书时间，就不好意思多坐了。"②

1923 年，中共上海地方兼区执行委员会成立，杨贤江任委员，与恽代英一起负责青年学生方面工作。1925 年，杨贤江和张淑贞离婚，并与杭州女子师范毕业的姚韵漪结婚。"五卅"惨案发生后，杨贤江与沈雁冰、董亦湘等人，发起组织了上海教职员救国同志会，宣传反帝救国的道理。同时，杨贤江还担任上海学生会会长，领导学生与敌人进行斗争。

国共合作后，杨贤江参加国民党，1926 年杨贤江出任国民党上海市党部青年部长，积极准备上海武装起义。此时，杨贤江还兼任浙江上虞春晖中学教务主任，上海大学附中教务主任。在上海第三次武装起义时，杨贤江结识了周恩来，他负责组织学生纠察队，参加闸北激战。起义胜利后，他又积极参加上海临时政府的筹备工作。

1927 年，蒋介石发动"四·一二"反革命政变，血腥屠杀共产党人，杨贤江被列为通缉的重犯。杨贤江在党的指派下，来到武汉，任国民革命军总政治部机关报《革命军日报》总编辑。不久，汪精卫叛变革命，杨贤江被迫返回上海，白色恐怖笼罩的上海，局势十

---

① 金立人、贺世友：《杨贤江传记》，光明日报出版社 2005 年版，第 230 页。
② 叶圣陶：《纪念杨贤江先生》，《人民日报》1949 年 8 月 9 日第 3 版。

分凶险。在这样艰难的环境下,杨贤江表现出了一个真正共产党人应有的品质,李一氓在一篇追念杨贤江的文章中曾说:"他律己甚严,虽然在大革命失败后,在上海那样穷困,从不看见他发一些牢骚,有什么一点意见。党的工作,总是尽一切力量去做,甚至于把自己的为生活而写作的工作停下来。在地下工作中,假如分配什么文字工作,总是他首先交卷,并且按月自动交纳党费。这在今天来讲,组织观念,艰苦生活,杨贤江同志无愧为前辈的典型。"① 一次,杨贤江从上海回余姚重建党组织,一天夜晚他走在通济桥上,眺望星光点点的姚江水面,想到反动派杀害革命同志的暴行,心中无比悲愤,禁不住吟出了"脚踏一天星斗,手摇万里江山"诗句,成为后人传颂的名句。

由于上海形势急剧恶化,杨贤江受党的指示,东渡日本避难,化名李浩吾,他先到东京,后迁居京都。在日本,一方面,杨贤江继续从事党的工作,负责中国留日学生中共特别支部工作,先后周密安排董必武、林伯渠、钱介磐等人安全离开日本,并为来日的高尔松、高尔柏、沈雁冰等人提供安全保障。

另一方面,杨贤江刻苦从事教育研究工作。他抓紧一切时间工作学习:"早晨 5 点钟起,除三餐外,一直工作到晚上 10 点以后,一天工作在十五六小时。他把下午和晚上的时间都放在研究和撰写教育史上。"② 在日本,杨贤江利用精通日语的优势,深入研究了日本的教育,并翻译了《家庭、私有制和国家的起源》《世界史纲》等著作,撰写了《日本教育政策之背景》《日本政府的军备扩张热》等文章。尤其值得一提的是,杨贤江还撰写出了《教育史 ABC》这样的著作,这是我国第一本用历史唯物主义观点研究教育史的名著。

1929 年,杨贤江从日本返回上海,任中共中央文化工作委员会(简称文委会)委员。文委会成立后,杨贤江根据任务分配,开始撰

---

① 夏衍:《回忆杨贤江同志》,《人民日报》1981 年 8 月 13 日第 3 版。
② 金立人、贺世友:《杨贤江传记》,光明日报出版社 2005 年版,第 27 页。

写《中国教育状况的批评》一文。他夜以继日，仅用了短短五天，就完成了这篇约2.5万字的文章，用事实充分揭露了国民党统治下的教育丑态。文委会为了推进马克思主义宣传，决定组织编写"新兴社会科学丛书"，丛书教育方面的书籍编写任务，由杨贤江承担，正是这次编写，成就了杨贤江辉煌不朽的著作。

接受了任务的杨贤江，积极准备书稿的撰写。他一边收集资料，一边构思书的写作内容，"构思完成，需要的资料准备就绪，于是，日夜兼程地进行写作，平均每天以5000多字的进度撰写，一部近20万字的书籍在一个多月的时间内完成了初稿，然后进行修改、润色，最后定名为《新教育大纲》"。① 书稿出来后，文委会书记潘汉年看后，大加赞赏，并交付上海南强书局出版。南强书局加班加点，仅用两个多月就编排完成，于1930年3月公开发行。

此书出版后，受到了极大的欢迎，许多师范学校将其定为教材，第一版很快就销售一空，同年9月，又印发了第二版。随着《新教育大纲》的影响力越来越大，引起了国民党政府的注意，并在1936年将其列为禁书，但这并不能阻碍进步人士对此书的喜爱，1937年又发行了第三版。《新教育大纲》是杨贤江最重要的一部书，它是中国第一本用马克思主义观点阐释教育理论的著作。

杨贤江在上海的地下工作十分紧张，环境也非常艰苦，他一边要做好党交付的工作，一边又要夜以继日地从事翻译研究工作，繁重的劳动严重透支了他的身体。1931年，杨贤江到一个日本人开的医院诊治，被确诊为肾结核。经过一段时间治疗，效果不好，病情持续恶化，出现了尿血现象。在这种情况下，组织决定由姚韵漪带杨贤江到日本长崎进行治疗。到达长崎后，杨贤江进行了手术治疗，切除了一个肾，手术进行得很顺利，谁知到了第二天，病情突然恶化，最终医治无效，与世长辞，年仅三十七岁。

杨贤江在这个世界的时日不多，但他留给后人的精神财富却无

---

① 金立人、贺世友：《杨贤江传记》，光明日报出版社2005年版，第236页。

比丰富。杨贤江的夫人姚韵漪曾用"精密、睿智、坚韧、沉着、恳挚、切实"这十二个字概括他的品质。潘汉年称他"堪为革命知识分子的模范",李岚清称赞他为"国之瑰宝"。杨贤江用他短短的三十六个人生春秋,谱写了人生最光辉的篇章,他的光辉的思想和革命精神,直到今天仍然闪耀着熠熠光辉,激励着后人不断前进。

第二节 教师属性:被支配者

教师的阶级属性是什么,一直是有争议的问题,杨贤江明确地将教师定位于被支配者地位。他在《新教育大纲》中指出:"教师是'工银劳动者'(即工资劳动者)","他们属于被支配阶级而不是立于支配阶级"。[①] 杨贤江提出教师属于被支配者,明确了教师劳动者的基本地位,它所针对的是社会上把教师看作"非生产劳动者"观点而言的。

杨贤江认为,教师和工人一样,都是受资本家剥削的被剥削者。当时社会上有种论调认为,"教育者是支配阶级方面有意识地唱奏着的留声机,又是具有所谓知识的特权的"[②]。杨贤江对此进行了分析指出,就教师的知识特权而言,这个特权并不见得因出售而获大利,至多也不过换得一张许可状,有可就教师职务的优先权而已。教师的特权只是一张证书,能够证明从事这个职业而已,而且教师的薪水极其微薄,甚至不如汽车夫或包车夫。

在杨贤江看来,教师和工人其实没有多大区别,他们"都是工银劳动者。他们中谁也没有生产手段,除单靠出卖劳动力以维持生

[①] 中央教育科学研究所、厦门大学编:《杨贤江教育文集》,教育科学出版社1982年版,第557页。

[②] 中央教育科学研究所、厦门大学编:《杨贤江教育文集》,教育科学出版社1982年版,第557页。

活外，别无法想"①，他与工银劳动者处于同一范畴之内的。教师和工人一样，都靠出卖劳动力，受雇于人，只不过教师工作的地点是学校工场，出卖的是智力，教师必须按照支配阶级的意图完成教育教学任务。如果教师想教规定外的东西，就会被赶出学校工场。可见，教师完全是被控制的"机械人"，没有任何选择权，自己的个性被完全抹杀，与工人相比，教师表面似乎更体面些，被称为"长衫帮"罢了。

教师既然是被支配者，是工人阶级的一部分，教师就不是革命的对象，而是具有革命性的革命的参与者，教师应当成为革命者，在民众的运动中发挥革命的作用。但杨贤江认为，教师成为革命者还有相当的阻碍因素，使教师这类革命者经常避忌革命。

杨贤江指出，教师有一种还算温饱安定的生活状态，使教师的革命性不足，"教育者是有所谓教员许可状这类的特权的。取得了这个特权，似乎生活的安定性较多一点，而且劳动时间也比较少一点，此外或者还有年功加俸、养老金及其他优遇"②，这种较为稳定保险的生活状况，很容易消磨教师的革命性。

杨贤江认为，教师的意识也是阻碍教师革命性的关键因素。他指出："使自己的子女成为教师的家庭，大都以安全第一主义——安分守己——为生活信条的。他们以为做'人师'的人必得循规蹈矩，温文尔雅才是。"③ 教师的这种安分守己、循规蹈矩的意识，使他们在革命面前没有自信，不敢充分发表自己的见解，不能尽情表现自己的主张，更不敢有任何过激的行为。而且，杨贤江还指出，教师"要做'人师'或要做人之模范一类的训诫，就形成了俨然不可一

---

① 中央教育科学研究所、厦门大学编：《杨贤江教育文集》，教育科学出版社1982年版，第559页。

② 中央教育科学研究所、厦门大学编：《杨贤江教育文集》，教育科学出版社1982年版，第560—561页。

③ 中央教育科学研究所、厦门大学编：《杨贤江教育文集》，教育科学出版社1982年版，第561页。

世的教员根性"①，正是这种教员根性的模范，把教师圈在一种场域内，他们时时刻刻小心翼翼，不敢逾越，仿佛越雷池一步就是大逆不道，这种根性严重地阻碍了教师的革命性。

教师的这些软弱性是否就意味着教师革命性泯灭了呢？杨贤江认为，教师本质上是革命者，教师也是可以成为革命者的，这是由教师的任务和社会趋势所决定的。

杨贤江指出，教师的任务就是培养人，培养能够适应当前和未来社会，并有实现能力的人，这就对教育者提出了较高的要求，"但在现实的社会里，我们见有许多缺陷，每个教育者就得先自具备改造这许多缺陷的信念与力量，就得先使自己具备洞察社会弊害的识见与实行改造的热情"②，一个没有革命性精神的教育者，是不可能具备改造社会缺陷的力量的，这就决定了教师首先要具备洞察社会弊端，并敢于在自己生活中表现出来，才能把它影响到要教育的学生身上。

杨贤江指出，从教师的对象学生来讲，教师也必须具有革命精神。在杨贤江看来，学生中之绝大多数本身就是被压迫者，他们要获得解放，取决于教师教育的影响，"教育者所日夕与共的儿童，不是极大部分属于中下阶层的子女吗？他们是被压迫者，他们要求一切的解放：在政治上，在经济上，在法律上，在社会上，乃至在教育上。究竟他们能获得解放的门路，抑或依旧为支配势力所屈服而不获见天日，就视今日的教育者如何教育他们以决定"③。若果教师软弱，一味地教学生"安分守己"，那么，学生将不得解放。教师只有具有革命精神，才能教学生真正明白自己的阶级地位，也才能给

---

① 中央教育科学研究所、厦门大学编：《杨贤江教育文集》，教育科学出版社1982年版，第562页。
② 中央教育科学研究所、厦门大学编：《杨贤江教育文集》，教育科学出版社1982年版，第562页。
③ 中央教育科学研究所、厦门大学编：《杨贤江教育文集》，教育科学出版社1982年版，第554页。

学生指出人生选择上正确的政治方向，促使学生积极参加社会变革。

杨贤江指出，从社会的发展趋势来看，教师要积极引领民众参与革命。他认为教师与产业劳动者更接近，有被压迫者的意识，"教育者和一般民众的生活条件，在实际上是一致的。教育者帮助受苦难的民众，谋苦难之解决，实际也就为自己谋解除苦难"[1]，正是因为教师的阶级地位和一般民众一样，教师就和民众一样有革命谋幸福的要求。而且，教师比一般民众更有文化，头脑清醒，能够洞察时代，"在现代职业中，要象教育那样居于有洞察时代的聪明与努力求其实现的地位者，殊不多得"。[2] 所以，教师肩负着带领民众革命的重任，应当立于被压迫阶级运动的先头。

由此，杨贤江对教师提出了要求，教师要有大眼光，大格局，要打通文化与民众之间的联系，"教育者于此，就不要拘于现在所见所处的那样狭小的天地，要自认自己是通文化与民众之间的一条大路"。[3] 教师必须走出狭小的天地，将民众引入缤纷灿烂的社会革命中去。由此，杨贤江认为，社会政治与教育密切相关，政治败坏，就会阻碍教育的发达，因此教师不能不问政治。

杨贤江指出，有些教师"自命清高"，不问政治，为教育而教育，这是一种十分错误的倾向，"中国的教育者，处在这个时候，还要说'我们专讲教育，不问政治'的话，真是最无常识、最没良心的"。[4] 在杨贤江看来，做教师的就要从政治的高度，来看待自己引导民众革命的使命，这要求教师的人生观不应局限在学校的狭小范围内，而应当走向社会，走向民众，实现自己所肩负的社会使命，

---

[1] 中央教育科学研究所、厦门大学编：《杨贤江教育文集》，教育科学出版社1982年版，第555—556页。

[2] 中央教育科学研究所、厦门大学编：《杨贤江教育文集》，教育科学出版社1982年版，第562—563页。

[3] 中央教育科学研究所、厦门大学编：《杨贤江教育文集》，教育科学出版社1982年版，第555页。

[4] 中央教育科学研究所、厦门大学编：《杨贤江教育文集》，教育科学出版社1982年版，第79页。

"教育者决不该以幽禁在校门之内，研究研究学理，教教书本，以维持个人的生活，满足个人的欲望算已尽职。教育者的人生观教育观是不局限于个人，而是公开于社会的。教育者负有社会的使命，他们应从讲坛上解放，向着社会民众走去，参加甚或领导社会民众运动"[1]。这样教师就不仅是文化的传播者，更是造就革命的力量。

但这并不是要求教师去直接革命，做职业革命家，而是要发挥自己的力量，在文化领域尽革命的责任。教师所负的使命自然非常重大，这并不是他们有单独救国的力量，是说他们在文化这个领域确有尽一部分革命任务的可能和必须。作为教师的教育者，在文化领域尽革命的责任，有革命的精神最为重要，"教育者应当是一个革命者。要评定教师能不能尽职，就看他有没有革命的精神。有革命精神底教师，是不为利势所动的，不为章部所拘的，不为成例旧习所迷蒙的，乃是向着更善更美更适宜更光明的路上走。能指导受教育者都有活泼的态度奋斗的勇气的。"[2] 教师要有革命精神，才能用教育这一"斗争武器"更好地参与革命，杨贤江指出，中国所需要的教育者，正是革命的教育者。

杨贤江关于教师被支配者地位的分析，实际上是作为共产党员的杨贤江，在号召身处被雇佣、被压迫者地位的广大教师们，积极与党合作，在党的领导下，积极参与中国革命，为建立新中国而奋斗。而且杨贤江本人就是教师革命活动的积极倡导者，1925年他就与沈雁冰等人发起组织了"上海教职员救国同志会"。在当今，时代与革命时期大不相同，但教师是革命者的思想依然具有重要意义，它仍要教师"须有与时俱进的精神及世界的眼光"，以革命的精神，促进社会主义建设事业更好地发展。

---

[1] 中央教育科学研究所、厦门大学编：《杨贤江教育文集》，教育科学出版社1982年版，第555页。

[2] 中央教育科学研究所、厦门大学编：《杨贤江教育文集》，教育科学出版社1982年版，第51—52页。

第三节　教师责任：改造人心

杨贤江认为，教师的责任重大，是因为教育的对象十分特殊，"因为教育事业底对象是一个个活泼泼的人，教育事业就可以说是造人的事业。所以做教师的人，应得认清这一种职业底关系，而有以尽自己做人的义务"①；教育作为培养人的事业，非常特殊，又十分重要，作为教师，则肩负着为国家造就新人的神圣使命。这就要求教师充分认识这一职业的重要性，要时刻审视自己的责任，明确自己的责任。

杨贤江指出，作为教师，有消极和积极两种责任。就教师的消极责任而言，杨贤江指出，教师"不当看教师职业是糊口的职业。我们虽然解脱不了经济底支配，但在可能底范围之内，应当拿出真心诚意来干"②，就是说，教师的责任和其他职业大不相同，从事教师职业的教师，不能拿这个职业作为谋生糊口的营生，即使教师经济收入很低，即使教师处于艰难的生存状态，教师也不能因为经济条件的不好而降低了自己的责任，教师的责任不是为了吃饭，教师吃饭是为了责任。杨贤江提出了这种消极状态下，教师最低线的责任观是"拿出真心诚意来干"，这种"真心诚意"就是师之为师的"良心"，即教师要从良心上对得起自己所从事的教师职业，这就是教师的底线和责任，突破这一点，就不可为师。

杨贤江指出，教师的积极责任是"培养有改造能力的人"，"现

---

① 中央教育科学研究所、厦门大学编：《杨贤江教育文集》，教育科学出版社1982年版，第51页。
② 中央教育科学研究所、厦门大学编：《杨贤江教育文集》，教育科学出版社1982年版，第51页。

代学校教师，要做一种改造人心的事业"。① 他认为当时的社会有问题，需要教师培养新人进行改造。其实，何止当时的社会需要改造，整个人类社会的进步，就是在不断的改造中推进的，教育要承担推进社会进步的责任，教师培养有改造能力的人就至关重要。如何培养有改造能力的人呢？杨贤江提出，教师要从"人心"入手，改造人心，与人心关联，这是教师工作崇高的原因，也是教师责任高尚的原因，这是一种更高的教师责任观。

杨贤江认为，教师要培养有改造能力的人，就要担负起对学生进行"全人生指导"的责任。杨贤江之所以会对教师提出"全人生指导"的要求，与他对当时旧教育把人生割裂，教育实是在"误人子弟"弊端的认识有关。

杨贤江认为，当时的教育"未能对于健康、工作、社会活动及学艺研求普遍的注意，未能使日常生活发生乐趣，适合需要，更未能使生活形式有规律，有计划"②。这种教育与人生割裂，是片面的、畸形的和蹩脚的。这种教育对学生产生了极大危害，"大多数学生不善说话，不会唱歌，不能活动"，"但是做事逗感情，读书凭高兴，或者敷衍因循，或者如和尚念经，丘八上操般过机械式生活"，致使学生们的生活"实在是贫窘得很，枯寂得很，不切实得很"。③

杨贤江指出，当时教师教育学生，依然把学生生活误认为只是读书。"学生生活只是读书"，读书考试成为衡量学生学业的唯一标准，这种教育不过是科举考试的变种而已，"故现在所谓学校教育，真不过是科举的变相，或是洋式的八股罢了"。④ 在这种以应试升学

---

① 中央教育科学研究所、厦门大学编：《杨贤江教育文集》，教育科学出版社1982年版，第51页。

② 中央教育科学研究所、厦门大学编：《杨贤江教育文集》，教育科学出版社1982年版，第247页。

③ 中央教育科学研究所、厦门大学编：《杨贤江教育文集》，教育科学出版社1982年版，第244页。

④ 中央教育科学研究所、厦门大学编：《杨贤江教育文集》，教育科学出版社1982年版，第245页。

为唯一目标的状况下，学校费尽心力培养出来的"甲等第一名学生"，竟然是"近视的眼，弯曲的背，迂缓的步"，他们口讷讷然，性格怯懦，行动呆笨，感觉迟钝，貌似好学生，实则是废品。

杨贤江指出，还有把儿童当成人来要求的教育，这种教育"把青年甚至刚入学的儿童视为'候补的大人'，强制他们要按照大人的言行型式来规范自己的生活。于是七八岁的小儿也要穿起长袍马褂，也要用着高椅高桌，嬉戏是被禁止了，举止要有规矩了；至于读的书，教的法，自然一切拿成人社会来作标准。可怜孩儿们竟如被人看管和宰割的牛羊一般，全无自由活动可言！"① 用这种教育来教育儿童，不仅是一种不幸，更是一种罪恶，它不是对儿童进行教育，而是在残害儿童，这种教育误民误国，贻害无穷。

在这种状况下，杨贤江提出，有良知的教育者，就应当责无旁贷地担当起教育孩子的真正责任，对学生进行"全人生指导"，帮助学生树立正确的世界观、人生观和价值观，使他们完善发展，成为能适应社会并有实现能力的人。

杨贤江的"全人生指导"思想，最早出现在1925年发表的《中学训育问题的研究》一文中，他在提到当时训育目标与学生人生割裂时指出："向来的学校教育，大都偏于知识的传授，而对于良好习惯的培养、青年问题的探索，未尝加以留意；换句话，就是未能为全人生的指导。于书本的教室的课业以外，对于如何过日常生活，如何交友，如何消闲，如何处世，如何发现并解决本身各种问题，如何满足并发达学生所喜欢做的活动，都在所不问。试问：这种教育怎能完成他的指导人生的责任呢！"② 杨贤江把这种与人生割裂的教育称为"畸形的或蹩脚的教育"，畸形蹩脚的教育肯定不能使学生获得全面的发展。针对学校教育中只关注知识而忽视学生人生指导

---

① 中央教育科学研究所、厦门大学编：《杨贤江教育文集》，教育科学出版社1982年版，第245—246页。
② 任钟印主编：《杨贤江全集》（第二卷），河南教育出版社1995年版，第329页。

的弊端，杨贤江要求教师要对学生进行全人生指导教育。

杨贤江指出，当时的学校教育与学生的生活严重脱节，学生学以无用，"普通中学的毕业生，他们在校时，并未受过任何种职业的训练，甚或并未受过有关职业的陶冶，他们本只是空空洞洞地学些功课，渺渺茫茫的似以升学为目标的"①，学校教育教学脱离生活实际，学生毕业即失业，于学生之人生发展十分不利，这就需要对学生进行全人生指导教育，使教育与生活实际相结合。

杨贤江认为，青年时期是人生发展的关键时期，特别需要全人生指导。杨贤江指出，青年人格形成的关键期，是身体和心理发生激变的时期，容易发生这样那样的问题，"青年时代实在是个矛盾冲突的时代。因为种种本能，如恐惧（包括羞耻）、愤怒（包括嫉妒）、社交、模仿、色欲及恋爱、宗教心等，都用强烈的势力表现出来，而且多互相竞争，形成一种宏涛阔浪，激起身心两方面的动摇变化。又以自我之感忽然增高，渴望刺激和动作，故心情大大地转变"②。杨贤江认为，青年时期，是一个人身心处于迅速成长发育的时期，也是富有青春热血和生机活力的时期，同时又是孤独清高、爱慕虚荣、贪图享乐心态的多发期，还是状态起伏大、情绪多变的时期，容易走向迷茫、衰弱、消沉和堕落。因此杨贤江指出："在教育上讲，青年期的指导万一贻误，这不但青年个人的不幸，实是社会全体要受影响的。"③ 这样，教师要对青年学生进行全人生指导，才能帮助青年学生身心健康地发展，使他们的人生更有意义。

杨贤江认为，教师要对学生进行全人生指导，其目的是为了使学生成为一个具有"健全人格"的，懂得"人生"的"完成的人"。

---

① 任钟印主编：《杨贤江全集》（第二卷），河南教育出版社 1995 年版，第 571 页。

② 任钟印主编：《杨贤江全集》（第二卷），河南教育出版社 1995 年版，第 546—547 页。

③ 中央教育科学研究所、厦门大学编：《杨贤江教育文集》，教育科学出版社 1982 年版，第 70 页。

杨贤江在《我之学校生活》一文中说："盖人生光明，不在为显官、得利禄，惟能全人格者，始为真成功。"① 人生全在人格之养成，不在外在功名利禄，那种为金钱的人生是"苦闷"的，没有价值的，那种"买卖式的生活，大家并不是为了人生而生活，却是为了金钱而生活"。② 这不是青年学生应追求的人生，在杨贤江看来，是否养成人格，才是教师教育学生是否真成功的标志。

杨贤江认为，教师对学生进行全人生指导，就是要让学生成就一个"完人"。对于这样一个"完人"，杨贤江进行了详细的阐述说明："第一要有坚强的身体，能够忍得住辛苦，担得起责任；第二要有灵敏的头脑，能够应付随发的事项，解决疑难的问题；第三要有消闲的能力，能够利用空余的时间，丰富社交的趣味；第四要有文化的修养，能够浚发高尚的思想，增进想象的能力；第五要有劳动的习惯，能用自力取得一部分的生活资料；第六要有社会的人格，能有力谋人群幸福、铲除公众祸害的志愿。"③ 这几个方面涵盖了德、智、体、美、劳的全部内容，又有超越德、智、体、美、劳的更高的人格要求，是对学生发展的全面要求。

值得一提的是，杨贤江这里对学生人格的要求是"社会的人格"，这就意味着，教师要培养学生为社会服务的精神。他认为那种为书本、为文凭的自私功利的读书，只能使学生成为"冷酷无情、自私自利的呆子"。他要求青年学生担当起为国家社会而学习的责任，这不仅是求学的目的，更是人生的重要目的。

对于全人生指导的具体内容，杨贤江从"身体及精神""智识及技能""理想与才干""好尚与习惯"四个维度进行了说明。1926

---

① 中央教育科学研究所、厦门大学编：《杨贤江教育文集》，教育科学出版社1982年版，第16页。

② 中央教育科学研究所、厦门大学编：《杨贤江教育文集》，教育科学出版社1982年版，第160页。

③ 任钟印主编：《杨贤江全集》（第二卷），河南教育出版社1995年版，第261—262页。

年，杨贤江在《学生生活改造论》一文中指出："一个人要过圆满的生活，应当有强健的身体及精神，有工作的智识及技能，有服务人群的理想与才干，有丰富生活的好尚与习惯；必须对于这四方面有相当的具备，才算是正常的人生，否则无论怎样有所专长，毕竟是偏颇的、畸形的发展，揆之圆满生活的原则，终不能不认为缺憾。"[1] 这四个维度涉及人生的四个核心方面，体现了一个"全"字。杨贤江认为，教师只要从这四方面对学生进行人生指导，就达到了"全人生指导"的目标，所培养出来的人就是"完成的人"。

在这四个方面，杨贤江特别强调教师要对学生进行"身体及精神"的指导。他认为身心统一是全人的首要要求，"我们的生活应该是全人的。有肉体和精神的两方面，精神依通常的分法，又有知、情、意三项。有的人专门守静读书，这是把肉体忽略了；有的人专门游玩运动，这是把精神忽略了；有的只会讲讲，不会实行，这是缺少意的修养；有的只会盲动，不会思想，这是缺少知的修养；也有很会想很会做事的人，可惜感情上缺少和乐和同情，就不能与人相得。这种种显然都不是全人的生活。"[2] 只关注肉体或精神，或精神的某一方面，都是片面的。学生片面的发展，必然会产生某方面的极大弱点和不足，这不但是人生的不完美，而且会给学生发展带来危害。杨贤江认为，这不是"全人的生活"，教师的全人生指导，就是要帮助学生克服身心隔离，或精神各个部分的偏颇，达到身心协调发展，精神的各个方面全面发展。

总的来讲，杨贤江要求教师对学生进行全人生指导，就是要求教师要为学生的一生负责，使学生的人生有意义。这就决定了教师所进行的全人生教育，必然是涉及人生的方方面面，从人生观、思想道德品质、心理健康，到求知学习、择业交友、兴趣爱好等，都

---

[1] 中央教育科学研究所、厦门大学编：《杨贤江教育文集》，教育科学出版社1982年版，第242页。

[2] 中央教育科学研究所、厦门大学编：《杨贤江教育文集》，教育科学出版社1982年版，第33页。

对学生给予全面指导。即是说，身为教师，关注的不仅是学生文化知识的学习，更要对学生成长中遇到的所有问题给予指点和疏导，要对学生进行全面的关心、引导和教育，使学生能够真正实现健康成长。

杨贤江的全人生指导教育，是要学生实现从学知识到学人生的转变，教师要从教知识到教人生的转变。《礼记》有云："经师易得，人师难求。"人师就是人生之师，一个教人生的教师，一个能对学生人生产生持久影响的教师，才可称得上"人师"。

第四节　教师素养：准备自己

杨贤江非常重视教师素养的提高，他提出教师要时刻"准备自己"，"教育者却有准备自己与训练儿童及民众的责任"①，身为教育者的教师，教育儿童，进而教育民众，自然是其必须承担的重要责任。但比这更重要的是教师自己的自我完善，杨贤江把教育者"准备自己"，放在教育"儿童及民众"责任之前，充分说明了教师具有较高的素养是教育儿童和民众的前提，没有高素质的教师，所进行的教育就不可能有良好的效果。

"准备自己"是教师的一种责任，这意味着教师对自己的准备，是必须要做的分内之事，它要求教师必须去准备，必须去持续不断提高自身素质，增强各方面修养，这样才能完成赋予自己的教育任务。换句话说，一个放弃了自我准备的教师，就丧失了为人师的资格，这对教师而言，既是一种压力，又是一种动力，它是每一位教师的座右铭，能够激励教师不断走向卓越与优异。

杨贤江认为，卓越与优异是教育的本质要求，亦是教师的本质

---

① 中央教育科学研究所、厦门大学编：《杨贤江教育文集》，教育科学出版社1982年版，第556页。

要求，任何一个教师必须是一个"知能优秀的学者和道德高尚的贤才"。[1] 教师既是优秀的知识者，更是品格的高尚者，要做到这一点，就必须时刻"准备自己"，做到"继续自修，力求进益"。[2] 否则，从事教育，身为教师，所教所育，又怎能取得优异呢？

杨贤江指出，教师"准备自己"，要从以下方面素养入手。

杨贤江认为，教师成为品德高尚者，是为师"准备自己"的首要素养，因为"教员之人格，为教育动作之要素，良否之所由分也。盖儿童之于教师，犹水之于源，木之于根。欲流清须浚其源；欲叶茂须固其根，欲感化生徒，活用教授材料，导之为善之境，大半在教员品德之高尚也"。[3] 教师自身高尚的品德，纯洁的人格品质，就是一种最有力的教育，学生受其影响与感召，亦步亦趋，进入为善之境，成为品德高尚之人。

杨贤江所认为的教师道德，首其要者就是教师要与时俱进，要有大眼光，"学校的各科教员须有与时俱进的精神及世界的眼光"。[4] 与时俱进，这是杨贤江对教师向上的精神要求，对教师不断进步的观念要求，对教师不断学习的行动要求。教师只有跟上时代的要求，才能用时代的精神感染学生，与时俱进体现的是教师的一种时代性品格。世界的眼光，是教师胸怀的高度、广度和宽度的展现。眼光是一种修养，有什么样修养的人就有什么样的眼光，教师的眼光是其修养高低的重要表现。教师有什么样的眼光，就决定了他会看到一个什么样的世界，也决定了他会带给学生一个什么样的世界。一个目光狭隘的教师，带给学生的绝不可能是丰富，一个只看到眼前

---

[1] 中央教育科学研究所、厦门大学编：《杨贤江教育文集》，教育科学出版社1982年版，第49页。

[2] 任钟印主编：《杨贤江全集》（第一卷），河南教育出版社1995年版，第685页。

[3] 中央教育科学研究所、厦门大学编：《杨贤江教育文集》，教育科学出版社1982年版，第8页。

[4] 中央教育科学研究所、厦门大学编：《杨贤江教育文集》，教育科学出版社1982年版，第266页。

的教师，带给学生的东西绝不可能长远。

为此，杨贤江批判了一种观点，即"真心希望学生好"的教师就是好教师。他认为"真心希望学生好"的教师，如果眼界不高，不能与时俱进，很可能是一个不合格的老师，用杨贤江的话说就是"尽有非凡热心的教师，希望学生能有'日新月异'的进步的，可是他的思想，他的见识，他的生活态度，都违背了时代潮流，都不合乎教育原理；换句话：他的所谓'好'是不合理的，如强迫学生读经，禁止学生集会……，则就不免为一个头脑顽固的老先生而非我们所需要的教师了"。① 一个精神世界落后的教师，越是对学生热心，学生所获得的就越可能是伤害。

所以，教师进步品格的养成，对教育的进步具有决定作用，杨贤江把这作为好教师的标准来看，"所以我对于好教师的条件提出二个：（一）他须是真希望我们好的，（二）他须是具有现代知识和现代思想的——就是他的所谓'好'，须是合乎进步的人生的要求的"。② 教师"好"，就是出自内心的"好"和进步思想的"好"的统一，前者是基础，后者是价值目标和方向，与前者相比，后者更具有决定意义。因为前者大多数做教师的都能做到，算是教师的基本条件。后者要靠教师努力才能获取，不是谁都能做到，是教师的人格素养要求，这种人格素养才是决定教育的关键所在。正是在此意义上，杨贤江才说，一个教师与时俱进，有世界眼光，"如此才配称为'教育'，才配称为'教育者'"。③

杨贤江认为，教师还需要有爱生乐业的道德品质。教师如何对待所从事的教育事业，是师者之所以为师的一个很重要的品格课题。

---

① 中央教育科学研究所、厦门大学编：《杨贤江教育文集》，教育科学出版社1982年版，第156页。

② 中央教育科学研究所、厦门大学编：《杨贤江教育文集》，教育科学出版社1982年版，第157页。

③ 中央教育科学研究所、厦门大学编：《杨贤江教育文集》，教育科学出版社1982年版，第219页。

杨贤江认为，教师不应以外部环境的好坏利弊而改变自己对所从事的教育事业的态度，尤其是小学教师，既无社会地位，又无经济地位，很容易出现对教育事业的厌恶之情。

杨贤江指出："小学教师的地位常不受社会的重视，小学教师的自待也只为糊口的打算。教育两字的力量，在他们的思想圈里是不受什么影响的。所以做小学教师的，并不把教师职务视为愉悦的工作，也非'可以有为'的工作。"[①] 一个只拿教育当糊口职业的教师，又怎能指望在他们心中有"教育"两个字的力量呢？他们的"思想圈里"又怎会有教育的影响呢？心中无教育的人从事教育，只会让教育变得更糟；心中无教育的人从事教育，是不可能感受到教育之乐的。

杨贤江指出："小学教师所受的压迫，尤以经济上的为最厉害。生活程度日日增高，而收入的微俸不足以应付。除'坐冷板凳'以外，又无别种生计可图。日夜焦心于衣食问题，尚觉难以解决，安有余心余力来热心办教育？"[②] 经济收入问题一直是教师，尤其是小学教师必须面对的一个问题，倘若教师只焦心于生计，将之作为为师的头等大事，那么，教育是无法搞好的。

面对社会实际地位不高，经济地位又十分低下，杨贤江指出："教育事业固然不比别的事业神圣、高尚，任教育事业的人，固然也不必比任别种事业的人清苦。但就教育事业本身而论，毕竟是一种很有关系的事业。因为教育事业的对象是一个个活泼泼的人，教育事业就可以说是造人的事业。所以做教师的人，应认清楚这种职业的关系，而有以尽自己做人的义务。"[③] 做教师的人，必须要有教育

[①] 中央教育科学研究所、厦门大学编：《杨贤江教育文集》，教育科学出版社1982年版，第123页。

[②] 中央教育科学研究所、厦门大学编：《杨贤江教育文集》，教育科学出版社1982年版，第123—124页。

[③] 任钟印主编：《杨贤江全集》（第二卷），河南教育出版社1995年版，第375页。

的高度来看待教育这个职业的"清苦"与"神圣",才能有积极的教育热情和态度从事教育。

杨贤江认为,"一个人的境地遭际,是没有定分的。唯有处世立身的道理,可以有些把握,而且应该要有把握"①,这就是说,教师这种职业的外部环境可好可坏,但身为教师,何以为师者的道理是必须要把握的。尤其是为师者的德性,从根本上说完全依靠教师自己来把握,这是一个教师的"质地","譬如勤勉、诚实、和善、勇敢、精细、忍耐等几种德性,在无论从事何项职业的人,都应得具备的。这就是所谓'质地'"②,失去了"质地",也就失去了做人的根本,无"质地"的教师将无以自立。

所以杨贤江指出,真正有品质德性的教师对待十分不利的环境时,不"徒然抱怨,却能善为利用"。杨贤江要求,教师必须对于学校生活具有深切的兴味,觉得与学校是休戚相关的,教师必须是乐于从教的人,才能于教师之苦中作乐,而不知其为苦。杨贤江认为,身为教师者不当"视从事教育事业只为吃饭的方便",视"教师只是庸人的佣工之一种"③,教师必须以内在精神之快乐,对待外在环境之艰苦,不但能适应环境,且能愉快地从事改造。教师所依靠的这内在精神,就是对教育的无比热爱,这就是杨贤江所说的教师之乐业的品格。

杨贤江指出,教师要热爱学生,这是教师的天职。爱学生是具体的,杨贤江要求教师要从细节上入手,时时处处关心学生,"要从学生本身着想",从学生出发,是教师爱生的原点,要做到"能知学

---

① 中央教育科学研究所、厦门大学编:《杨贤江教育文集》,教育科学出版社1982年版,第32页。
② 中央教育科学研究所、厦门大学编:《杨贤江教育文集》,教育科学出版社1982年版,第32页。
③ 中央教育科学研究所、厦门大学编:《杨贤江教育文集》,教育科学出版社1982年版,第314页。

生的长处，同情于学生的短处"。① 教师要能从人、从孩子、从童心出发，来看待孩子，教师要始终牢记，自己不仅是聪明学生的老师，还是笨拙学生的老师，不仅是伶俐乖巧孩子的老师，更是调皮捣蛋孩子的老师。一个只向少数学生播撒爱的教师，绝不是一个爱孩子的教师，"教师"一词只有覆盖百分之百的孩子，才能说教师是真正热爱学生。所以，杨贤江要求教师对所有学生都能体现爱，要求教师对最笨拙的孩子都始终要有耐心与信心。

杨贤江指出，教师爱学生，更要处理好师生间的关系。在杨贤江看来，师生之间，教师一直处于强势地位，"惟就现在师生的地位而论，强者到底还在'师'的方面"。② 作为强势的一方，这要求教师必须有爱，试想，一个没有爱的强势者，对弱势的学生来讲，将是一种怎样的体验，甚或是一种灾难。

那么，教师高尚的道德品质如何养成呢？杨贤江提出，教师道德品质的养成关键在于日常，要在平时的教育教学中修炼自己的品格，"品格何由而高尚乎，苟不蓄之于平日，断难应之于临事"。③ 此外，杨贤江更加重视集体力量在教师道德品质形成中的作用，他指出："教师有了结社集会，使得集思广益，使得努力实行。等到形成教育者多数的意志以后，自可发生社会的力量。故教师的组织，是在发挥教育的本质上所最必要的。觉悟的教育者，必须从事于教师的组织运动才是正路。"④ 在这里，杨贤江提出了教师道德品格的养成不仅是自我的个人道德修养，更是一个集体养成的过程；教师不仅要进行个人的自我道德修炼，更要依靠集体的影响力来形成道

---

① 中央教育科学研究所、厦门大学编：《杨贤江教育文集》，教育科学出版社1982年版，第156页。

② 中央教育科学研究所、厦门大学编：《杨贤江教育文集》，教育科学出版社1982年版，第270页。

③ 中央教育科学研究所、厦门大学编：《杨贤江教育文集》，教育科学出版社1982年版，第8页。

④ 任钟印主编：《杨贤江全集》（第二卷），河南教育出版社1995年版，第449页。

德品格。

杨贤江指出，教师的道德修养若彻底隔离集体，单讲个人的道德修养，实际上很难有大的作用，"单讲个人的道德，在实际上是没有什么用处的。我国人从来讲道德修养，必自个人始，而且自正心诚意始。所谓'身修而后家齐，家齐而后国治，国治而后天下平'。殊不知道人与人生活在一起，彼此的影响感染非常有力，往往形成一种风习而不容易改变。个人处在不良的环境中，耳濡目染久了，自会同化于无形。虽也有见识卓越、意志坚决、不易受着环境影响的人，但他所能为力的，至多不过自身不堕落，终无法去改善这个不良的环境。"① 倘若一个集体的教师，都对集体不管不问，各自为政，这样氛围的集体本身就不是一个道德的集体，又怎能从这样的集体中产生道德品格十分高尚的教师呢？所以，杨贤江指出，教师的道德修养"不在空洞的内心修养"，"不应该是斯文的、客气的、拘迟的、敷衍的、驯服的、为个人私利的、讲性灵涵养的"②，教师必须通过集体，依靠集体，在集体内部成员的相互切磋琢磨、交流沟通和鼓励监督下，涵养自我的道德品格，涵养教师集体的道德品格。

杨贤江认为，教师的文化知识素养是教师的基本素养。身为教师而无知，巧妇难为无米之炊，拿什么去教学生呢，教师知识面越是渊博，知识根基越是深厚，教起学生来就越得心应手。杨贤江指出，教师的知识不能局限于专业，要有广博的知识面，只有这样才能消除知识传授中的偏见，做到知识的贯通理解，"普通各科，学相联络之处甚多。例如讲历史，不可不明地理；教理化，不可不讲数学；教手工，不可不习图画。其余各科，亦皆有密切之关系。为教师者，若非略涉门径，窥见全豹，必有自相冲突之处；而偏见之弊，

---

① 中央教育科学研究所、厦门大学编：《杨贤江教育文集》，教育科学出版社1982年版，第189页。

② 中央教育科学研究所、厦门大学编：《杨贤江教育文集》，教育科学出版社1982年版，第190页。

必不能免矣。"① 杨贤江这里在告诫教师，不能只专注于自己所教学科，更要通晓其他学科知识，从各学科联系的上进行教学。而且教师还要尽可能学习新知识和新思想，"去学习一切新的学问和技术"②，不至于使自己成为落伍的头脑顽固的老先生。

杨贤江指出，教师不但要有知识素养，更要有"教育之术"的素养。教师有知识并不等于教师会传授知识，在《我之学校生活》一文中，杨贤江指出："盖教员者，所以传道、授业、解惑者也。不第贵有丰富之知识、擅长之技能，尤贵能通晓教育原则、儿童心理，利用其熏陶之法，善使其教育之术，庶几能于不知不识间，收教育之效果。"③ 教师有知识是一回事，教师把自己的学识修养转换给学生则是另一回事，不懂"教育之术"的教师，面对一个个活生生复杂的人，是难以对学生起到真正教育作用的。

事实上，不要说教育、培养及转变一个人，就是知识的传授本身，也并不是由教师所具有的知识本身所决定的，教师如何高效顺利地将知识传授给学生，绝不是靠简单的灌输就可以解决的。杨贤江指出："各科教员须有专门的学识并且懂得教学的方法。没有专门的学识，固然不足以令我们受益；但徒有专门的学识而不明教学的原理，则也难使我们学习有效。"④ 学生学习要有效，教师掌握娴熟的教学方法非常重要。这种教学方法绝不是一种简单的技术方法，而是一种艺术，即教学艺术，是一种精神方法，"更须练习其所修学

---

① 任钟印主编：《杨贤江全集》（第二卷），河南教育出版社1995年版，第33页。

② 任钟印主编：《杨贤江全集》（第二卷），河南教育出版社1995年版，第236—237页。

③ 中央教育科学研究所、厦门大学编：《杨贤江教育文集》，教育科学出版社1982年版，第7页。

④ 中央教育科学研究所、厦门大学编：《杨贤江教育文集》，教育科学出版社1982年版，第266页。

科得以传于他人之精神方法，以为教授之妙术"①，也是一种教师教授之术的最高境界追求，更是教师教学有效的基础，它要求教师能够灵活、创新、审美地进行"教"，这就要求教师要不断修炼教育之术。

那么，教师应从哪里着手修炼教授之术呢？杨贤江指出，高效的教师教授，关键在于能够激发学生的内在主动性，因为在杨贤江看来，经自己磨炼而得的知识，才能确切不移，久而不忘。教师教学生，最重要的就是激发学生学习的主动性，"欲明一理、知一事，固有藉乎教师之教授；而举一反三之功，则仍在吾学生。是以教授之力，仅为诱导之具，而自动之力，实为成功之基"。② 教师最高明的教育之术就在"诱导"二字，纵使教师满腹经纶，也不可能"倾倒"给学生，学生也不可能直接从教师那里拿走。身为教师，如何使学生拥有进入丰富知识殿堂的内驱力，使学生获得掌握知识的兴趣和方法，全在于教师对"诱导"的修炼上。

杨贤江指出："有的人并非不能学，只是没有人先来启发他，因此终于不学的多。"③ 能学的人，没有教师的启发诱导，就很可能学而无果，即便是学习能力很强的学生，仍然离不开教师诱导启发，"譬如草木，具有生长发达的能力，但若不得适当的阳光雨露来滋养助长，也将终于枯萎"。④ 教师诱导就像阳光雨露一般，对学生学习主动性的发挥，必不可少。

所以，杨贤江才坚定地指出："做教师的能够考察各个学生的天性特长，引导他到有益的一条路上去尽量发展，然后用学生自动的

---

① 中央教育科学研究所、厦门大学编：《杨贤江教育文集》，教育科学出版社1982年版，第7页。

② 任钟印主编：《杨贤江全集》（第二卷），河南教育出版社1995年版，第7—8页。

③ 中央教育科学研究所、厦门大学编：《杨贤江教育文集》，教育科学出版社1982年版，第29页。

④ 中央教育科学研究所、厦门大学编：《杨贤江教育文集》，教育科学出版社1982年版，第29页。

能力，来谋学业的精进，这实在是教师莫大的天职。"① 教师的引导在前，学生的自动在后，教师的天职就是引导，就是使学生自动发生的引出者和推进者。而要引导学生自动实在不是一件容易之事，明白了这一点，才能真正懂得教师的伟大之处。试想，通过一个人的作用，能够让另一个主动自觉地去求知、学习、修德，那将是多么了不起的一件事呀，教师不愧是天底下最光辉的职业。

杨贤江认为，教师教授之术的修炼，还要在教学的琐碎"具体"上下功夫。杨贤江要求教师的教授要"生趣""亲切""有味"："教师的教授须热心而有生趣"，"教师的教授就应特别亲切而有味"。② 要把枯燥深奥的理论知识，讲得有趣味，就涉及教师语言的趣味性，教师个性品质的趣味性，教师领悟知识本身的趣味性等方面的修炼。

杨贤江还要求教师要善于处理教材，要把教材用活。他指出："当注重于人生的关系，以求各科教材的活用"③，把教材用活，最重要的就是要把教材和人生相联系，"把固定的无生气的教科书上的材料，使与目前的实际需要及问题发生关系"④，书本是死的，实际是活的，要让死的书本知识变活，就要把书本的死知识和实际需要与问题相联系。在这里，人生是价值取向，实际需要与问题是具体的应用。

杨贤江要求教师还要有强健的身体素质。在杨贤江看来，教育事业是一项艰苦的事业，需要教师付出巨大的努力，没有健康的身体，就无法完成教育任务，"教育职务，须连贯进行，不宜间断。运用心思才力于内，因应五官四肢于外。盖实为至劳苦之事业。设身

---

① 中央教育科学研究所、厦门大学编：《杨贤江教育文集》，教育科学出版社 1982 年版，第 29 页。
② 任钟印主编：《杨贤江全集》（第二卷），河南教育出版社 1995 年版，第 617 页。
③ 任钟印主编：《杨贤江全集》（第二卷），河南教育出版社 1995 年版，第 617 页。
④ 任钟印主编：《杨贤江全集》（第二卷），河南教育出版社 1995 年版，第 680 页。

体不健,情神不振,何能胜任所担诸务"。① 而中国传统的知识分子不重视身体素质,以柔弱儒雅为追求,"我国从前的读书人,是以'斯文儒雅'为'商标'的,所以'未老先衰'"。②

因此,杨贤江郑重指出,教师责任重大,对教师身体素质的要求,不同于那些为了养生、娱乐、身材漂亮等而进行的身体锻炼,这是一种从事教育所必须具备的素养。在他看来,"如果教师疲于奔命,鞠'躬'尽'骨',瘦损了筋骨,熬干了血气,呕心沥血而未老先衰,即使才华横溢,又和'出师未捷身先死,长使英雄泪满襟'的感慨哀音有什么区别?"③ 所以,对教师来讲,要时刻面对来自家长的压力,学校的压力,经济的压力,育人的压力,等等。教师要完成自己肩负的责任,就需要对教育倾注大量的心血,如精神萎靡,体弱多病,就很难胜任此重任。

因此,杨贤江要求教师"应把身体培养得健康,能够忍劳、耐苦。否则,身体力量不够,虽有努力工作的志愿也不能达"④。那么,教师应该如何养成强健的身体素质呢?杨贤江号召教师,要"积极的励行运动,来锻炼体魄","使筋肉运动常能听从意志的命令"。⑤

杨贤江提倡教师到大自然中进行自然的身体锻炼,"我主张一种自然的运动法,如走路、跑步、做工、种植、登山、游水等……因

---

① 中央教育科学研究所、厦门大学编:《杨贤江教育文集》,教育科学出版社1982年版,第8页。

② 任钟印主编:《杨贤江全集》(第二卷),河南教育出版社1995年版,第774页。

③ 吴洪成、秦俊巧:《传递人类文明的火炬手——从十七大解读杨贤江的教师观》,《河北师范大学学报》(教育科学版)2008年第9期。

④ 任钟印主编:《杨贤江全集》(第二卷),河南教育出版社1995年版,第604页。

⑤ 任钟印主编:《杨贤江全集》(第二卷),河南教育出版社1995年版,第203页。

为这种种能锻炼体魄,能愉快精神。"① 这种"自然的运动法",不但能够强健筋骨,锻炼体魄,更重要的是能够在优美的环境里得到陶冶,心情愉悦,使人的身心都得到放松,能够很好地促进教师的身体健康。

在这里,杨贤江非常重视精神的愉悦对身体健康的作用,并认为精神是身体健康的根底,即要以快乐的精神扶植体育的根底。在杨贤江看来,"精神不快乐,暗中可以亏损、摧残肉体的发达,虽讲究体育到个尽头也是徒然。日常生活无规律的,不知不觉间可以耗费精力的使用,无论怎样热心运动终于无补"②。一般而言,大多数人认为,健康就是"身体健康",只要身体强健就代表健康了。杨贤江却把精神健康看作身体健康的根底,只有在心灵上健康,思想上健康,才能最终达致身体上的健康,这要求教师首先要学会保持精神快乐,这样才能从根本上促进身体健康。

---

① 中央教育科学研究所、厦门大学编:《杨贤江教育文集》,教育科学出版社1982年版,第86页。
② 中央教育科学研究所、厦门大学编:《杨贤江教育文集》,教育科学出版社1982年版,第86页。

参考文献

一 著作

白奚:《稷下学研究——中国古代的思想自由与百家争鸣》,生活·读书·新知三联书店1998年版。

北京师联教育科学研究所:《梁启超"新民"教育思想与教育论著选读》,中国环境科学出版社2006年版。

蔡元培:《蔡元培全集》,浙江教育出版社1998年版。

陈鼓应、白奚:《老子评传》,南京大学出版社2001年版。

陈鼓应:《老子注译及评介》,中华书局1988年版。

陈柱:《诸子概论》,中国书籍出版社2006年版。

邓正来:《反思与批判》,法律出版社2006年版。

董诰等:《全唐文》,上海古籍出版社1990年版。

方明:《陶行知全集》,四川教育出版社2009年版。

冯友兰:《中国哲学简史》,新世界出版社2004年版。

高明:《帛书老子校注》,中华书局1996年版。

高平叔:《蔡元培教育论著选》,湖南教育出版社1987年版。

河上公:《老子道德经河上公章句》,王卡点校,中华书局1997年版。

洪应明:《菜根谭》,岳麓书社2006年版。

胡适:《中国哲学史大纲》,上海古籍出版社1997年版。

华中师范学院教育科学研究所:《陶行知全集》,湖南教育出版社1985年版。

黄宗羲：《明儒学案》（全两册），沈芝盈点校，中华书局 1985 年版。

金立人、贺世友：《杨贤江传记》，光明日报出版社 2005 年版。

李零：《何枝可依：待兔轩读书记》，生活·读书·新知三联书店 2009 年版。

李学勤：《十三经注疏·孟子注疏》（卷 13 下），北京大学出版社 2000 年版。

李泽厚：《论语今读》，安徽文艺出版社 1998 年版。

梁启超：《梁启超论教育》，商务印书馆 2017 年版。

梁启超：《为学与做人》，古吴轩出版社 2016 年版。

梁启超：《饮冰室合集·文集三》，中华书局 1936 年版。

刘笑敢：《老子古今》（上卷），中国社会科学出版社 2006 年版。

刘昫：《旧唐书》，中华书局 1975 年版。

柳宗元：《今译柳河东全集》（上、下），朱玉麟译，燕山出版社 1996 年版。

柳宗元：《柳宗元集》，中华书局 1979 年版。

柳宗元：《柳宗元全集》，上海古籍出版社 1997 年版

马其昶：《韩昌黎文集校注》，上海古籍出版社 1987 年版。

《马克思恩格斯全集》（第四十卷），人民出版社 1982 年版。

牟宗三：《中国哲学十九讲》，学生书局 1983 年版。

南怀瑾：《论语别裁》，东方出版社 2014 年版。

钱穆：《孔子传》，生活·读书·新知三联书店 2002 年版。

钱穆：《论语新解》，生活·读书·新知三联书店 2002 年版。

钱穆：《晚学盲言》，广西师范大学出版社 2004 年版。

钱穆：《庄老通辨》，生活·读书·新知三联书店 2002 年版。

钱锺书：《管锥编》，生活·读书·新知三联书店 2001 年版。

任钟印：《杨贤江全集》，河南教育出版社 1995 年版。

沈善洪、崔志海：《蔡元培自述》，河南人民出版社 2004 年版。

束景南：《朱子大传》，复旦大学出版社 2016 年版。

司马迁：《史记》（第七册），中华书局1963年版。

孙钦善：《论语本解》，生活·读书·新知三联书店2009年版。

谭嗣同：《谭嗣同全集》（增订本），蔡尚思、方行编，中华书局1981年版。

陶行知：《陶行知文集》，江苏教育出版社2008年版。

王邦雄：《老子哲学》，东大图书股份有限公司1986年版。

王弼：《老子道德经注校释》，楼宇烈校释，中华书局2008年版。

王炳照、阎国华：《中国教育思想通史》（第一卷），湖南教育出版社1996年版。

王夫之：《船山全书》，岳麓书社1991年版。

王叔岷：《先秦道法思想讲稿》，中华书局2007年版。

王阳明：《译注传习录》，邓阳译注，花城出版社1998年版。

夏晓虹：《饮冰室合集集外文》，北京大学出版社2005年版。

萧萐父、许苏民：《王夫之》，陕西师范大学出版社2017年版。

严敏：《〈老子〉辨析及启示》，巴蜀书社2003年版。

杨伯峻：《论语译注》，中华书局2009年版。

杨倞：《注荀子》，东方朔导读，王鹏整理，上海古籍出版社2010年版。

杨泽波：《孟子与中国文化》，贵州人民出版社2000年版。

于永昌：《老子解读：老子与宇宙物理学及其哲学思想》，中国社会科学出版社2004年版。

张立文：《朱熹评传》，南京大学出版社2000年版。

张世英：《新哲学讲演录》，广西师范大学出版社2004年版。

中央教育科学研究所、厦门大学编：《杨贤江教育文集》，教育科学出版社1982年版。

周洪宇：《陶行知画传》，山东教育出版社2011年版。

朱熹：《四书章句集注》，中华书局1983年版。

朱熹：《四书章句集注》，中华书局2010年版。

朱熹：《朱子全书》，上海古籍出版社2002年版。

[奥] 维特根斯坦：《逻辑哲学论》，商务印书馆1962年版。

[德] 黑格尔：《美学》（第三卷），朱光潜译，商务印书馆1979年版。

[德] 卡尔·雅斯贝尔斯：《大哲学家》（上），李雪涛等译，社会科学文献出版社2010年版。

[德] 康德：《道德形而上学原理》，苗力田译，上海世纪出版集团2005年版。

[法] 帕斯卡尔：《思想录》，何兆武译，商务印书馆1985年版。

[美] 布鲁纳：《教育过程》，邵瑞珍译，文化教育出版社1982年版。

[印度] 奥修：《老子心解》，谦达那译，陕西师范大学出版社2007年版。

[印度] 泰戈尔：《飞鸟集》，郑振铎译，中国书籍出版社2007年版。

[英] 李约瑟：《中国科学技术史》（第2卷），上海古籍出版社1990年版。

二 论文

毕淑敏：《柔和》，《教师》2011年第1期。

陈桂生：《"君子之所以教者五"辨析》，《湖北大学学报》（哲学社会科学版）1997年第5期。

陈桂生：《孔子身教研究》，《江苏教育研究》2012年第3A期。

陈桂生：《荀子"师术"说辨析》，《云梦学刊》1997年第3期。

程斯辉：《蔡元培的教师观及其现实意义》，《高等师范教育研究》1993年第3期。

杜钢：《美国汉学研究中的孔子教师形象》，《教育学报》2015年第4期。

冯文全、冯碧瑛：《论孟子对孔子德育思想的传承与弘扬》，《教育研究》2013年第1期。

甘民：《论孔子"不轻授"施教方式及其历史影响》，《教学研究》2004年第4期。

高德胜：《人的尊严与教育的尊严》，《高等教育研究》2012年第2期。

郭翠华：《儒家教育哲学的现代启示》，《浙江学刊》1997年第2期。

黄季鸿、朱成涛：《"君子之所以教者五"与"学生层次"论》，《古籍整理研究学刊》2016年第5期。

黄克剑：《老子"不言之教"义趣疏证》，《哲学研究》2013年第9期。

金生鈜：《无知之教中的智性解放》，《教育研究与实验》2017年第6期。

李三达：《走向审美的政治——论朗西埃审美平等理论的两个维度》，《天津社会科学》2014年第1期。

李泽厚：《荀易庸纪要》，《文史哲》1985年第1期。

刘道玉：《中国现代为什么不能产生著名的教育家》，《教育评论》2003年第6期。

刘晓东：《论教育学的"哥白尼式革命"》，《教育研究与实验》2017年第4期。

刘笑敢：《老子之自然与无为概念新诠》，《中国社会科学》1996年第6期。

娄岙菲：《黑暗与光明的消长——蔡元培与北大的合离》，《文史知识》2018年第1期。

沈明明：《"水德"：老子哲学思想的灵魂》，《福建论坛》（人文社会科学版）2010年第3期。

石中英：《师道尊严的历史本意与时代意义》，《当代教师教育》2017年第2期。

王步贵：《朱熹教育思想的特点探析》，《社会科学辑刊》1989年第5期。

王海明：《论言教与身教》，《中国大学教学》2008年第3期。

王建疆：《从人生境界看"无为而无不为"的审美生成》，《山西大学学报》（哲学社会科学版）2006 年第 5 期。

王康宁：《"不言之教"原解——由老子之"道"解读"不言之教"》，《当代教育评论》（第五辑）2017 年第 6 期。

王维庭：《天地君亲师考释》，《文史哲》1984 年第 4 期。

吴洪成、秦俊巧：《传递人类文明的火炬手——从十七大解读杨贤江的教师观》，《河北师范大学学报》（教育科学版）2008 年第 9 期。

夏志成：《陶行知先生传略》，《江苏教育》1980 年第 5 期。

项贤明：《塑造儿童乃教育学之原罪》，《华东师范大学学报》（教育科学版）2018 年第 5 期。

肖川：《学而不厌与诲人不倦》，《基础教育课程》2016 年第 9 期。

徐伯鸿：《谈柳宗元的拒为人师》，《山西师范大学学报》（社会科学版）2008 年第 2 期。

于漪：《奉献——教师的天职》，《人民教育》1992 年第 4 期。

张传遂、岳喜凤：《从〈师说〉的"传道"思想看大学教师的文化使命》，《现代大学教育》2006 年第 5 期。

张永路：《"生活世界"理论下的老子哲学论析》，《理论月刊》2013 年第 6 期。

赵新国：《论柳宗元的教育思想及影响》，《湖南师范大学教育科学学报》2009 年第 2 期。

周可真：《儒道之"信"探微》，《杭州师范大学学报》（社会科学版）2015 年第 3 期。

后　　记

　　本书是我主持的国家社科基金教育学西部项目"六盘山连片特困区乡村教师支持政策精准落地研究"（XMA180283）的部分成果。

　　对中国历史上著名教育家的教师教育思想进行较为系统的思考，是我早就有的念头。早在六年前，当时刚刚完成《西方教师教育思想——从苏格拉底到杜威》一书，就已经着手写中国教育家的教师教育思想。但各种繁杂的必须要完成的琐事、不是很好的身体状况和写作时遇到的困难，时不时打乱写作计划。很多时候，会有很长一段时间的停笔，甚至偶有放弃的念头。于是，就一推再推，写作时间不断延长。

　　然而，《西方教师教育思想——从苏格拉底到杜威》一书出版后，数年之内又有了多次重印，这虽然只是芝麻粒大小的成就，却给我带来了巨大精神鼓舞，把我一次次从放弃的边缘拉了回来。就这样，每天、每周、每月、每年完成一点，断断续续，耗时五年，总算完成了初稿。

　　之后，又有一些虽无聊，却又必须要应付的事情要做，致使书稿又躺在电脑里一年。人生就是这样，真正属于自己的时间，细一思量，感觉实在太少太少，我们往往被许多迫不得已所绑架。还好，到了如今，总算能够出版，也算完成了一桩件心事。

　　阿根廷作家博尔赫斯曾说："我写作，不是为了名声，也不是为了特定的读者，我写作，是为了光阴流逝使我心安。"名声，非此书所能获得；读者，只能是初衷为此，期待如此而已。就本书而言，只有自我的心安，才最重要。因为，只有用心来写作，才能心安。光阴流逝，一去不返，但在写作的这段时间，确实是老老实实地把心交给了书写，这就是我写作的所为。因此，当此书完成之际，我可以无愧地告诉自己：在此你已经尽力，这就是光阴流逝的最大回报——安心！

写书本是一个灵魂交涉的过程，但在这个"著作等身"的时代，灵魂或许早已悄然飘落书外，成为孤魂野鬼，剩下的只是堆砌的干瘪文字。在本书的写作过程中，阅读了大量已经逝去的、伟大思想家的文字，与他们神交，用自己的灵魂与伟大的灵魂对话，并将这对话及其所思，转换成文字。虽然文字表述功夫有限，词难以达意，但最重要的是，真诚地把自己的灵魂感受，用虽笨拙却带有灵魂烙印的文字，叙述出来，唯希望能够传递给那怕是一个读者，并能够激起其灵魂的共鸣，便已此心意足。

如果说，若想享受到生活中的欢乐，那么辛苦与逍遥缺一不可。那么对本书写作而言，辛苦是经常的常态，逍遥似乎总是吉光片羽、转瞬即逝的片刻时光。但在这辛苦与逍遥的变换中，作为学者在文字的输出中，才真正确证着自我，也才不断拓宽着自我的边界。

有人说，写作正如找对象，好题材就要追着写。本书的内容，自认为就是好题材，自从有了此书的初步想法，就欲罢不能，一直为之所吸引，总有追的冲动。当然，真正追的过程，常常充满了苦累，但总有片刻的逍遥惬意闪现，或许这就是所谓的痛并快乐着的感觉。但无论如何，最终结果则确实享受到了写作生活中的欢乐。

此书的完成，与家人的大力支持密不可分，正是爱妻对孩子学业的全权负责，对家庭杂事的大包大揽，才给我了充裕的时间爬格子，感谢爱妻的辛勤付出！

当然，我更要感谢宁夏大学教育学院王安全院长，正是在王院长的大力支持下，本书才能够得以顺利出版。王院长在得知此书出版计划后，毫不犹豫地表示给予全力支持，并多次询问书的出版状况，殷殷关切之情，让人无比温暖，无比心动！

谢延龙

于宁夏银川阅海万家居所

2021 年 9 月 23 日